"湖北省荆楚文化研究会资助项目"

■ 刘守华 余惠先 主编

yierbashi ezhong kangri shiji shilu

一二八师鄂中抗日史迹实录

华中师范大学出版社

新出图证(鄂)10号

图书在版编目(CIP)数据

一二八师鄂中抗日史迹实录/刘守华 余惠先编. —武汉:华中师范大学出版社,2016.9(2024.6重印)

ISBN 978-7-5622-7574-9

Ⅰ.①一… Ⅱ.①刘… ②余… Ⅲ.①八路军-抗日战争-史料-湖北 Ⅳ.①E297.3 ②K265.106

中国版本图书馆 CIP 数据核字(2016)第 265305 号

一二八师鄂中抗日史迹实录

ⓒ 刘守华　余惠先　编

责任编辑:郭志刚	责任校对:罗 艺	封面设计:甘 英
编辑室:学术出版中心	电话:027-67863220	

出版发行:华中师范大学出版社有限责任公司
社址:湖北省武汉市珞喻路 152 号　　　邮编:430079
销售电话:027-67863426/67863280
传真:027-67863291　　　　　　　　　邮购:027-67861321
网址:http://www.ccnupress.com　　　电子信箱:press@mail.ccnu.edu.cn
印刷:武汉邮科印务有限公司　　　　　督印:刘 敏
开本:710mm×1000mm　1/16　　　　印张:23　插页:14　字数:350 千字
版次:2016 年 12 月第 1 版　　　　　印次:2024 年 6 月第 2 次印刷
定价:56.00 元

欢迎上网查询、购书

敬告读者:欢迎举报盗版,请打举报电话 027-67861321

一二八师王劲哉师长

仙桃中学校园内的王劲哉师长雕像

百子桥2组是国民党一二八师师长王劲哉的司令部所在地,旧址门前有一棵历经劫难的巨大桑树。1943年2月,日寇出动数十架飞机,对一二八师部狂轰滥炸,将司令部门前的一棵桑树炸得枝断骨折,后来树兜上一个芽儿长成现在这个样子。

一二八师军事训练大队毕业证章正面　　一二八师军事训练大队毕业证章反面

　　这是陕西抗战名将李俊彦将军生前珍藏的照片。1937年6月22日，任兰圃大婚，邀请军中袍泽合影。17天后抗战全面爆发，新三十五师（后来的一二八师）转战大江南北，照片上的军人九死一生，即使没有战死沙场，恐怕也已经作古。那个可爱的小女孩是谁家的，她还健在吗？估计也80多岁了。

一二八师司令部参谋处参谋乐韶舞

王劲哉师长勤务兵赵彭年

一二八师军事训练大队学生队队长中校闵尚志

陕西渭南一二八师老兵刘景民

一二八师军事训练大队老兵张学智

一二八师女兵程银宝

一二八师老兵张永春

一二八师老兵白祖章

一二八师老兵鄢烈中

一二八师老兵黄铁成

一二八师老兵冯银香

一二八师老兵高在新

一二八师军事训练大队急基三中队学生兵王振中

一二八师老兵向世柏和志愿者胡南航(前排右一)、彭玉婷(前排左一),
后排左起:志愿者老人儿子向德胜、戴家场镇文化站站长崔中海、邻居胡耀庭

刘守华教授和夫人陈丽梅教授看望一二八师军事训练大队急基二中队学生兵王小花

刘守华教授和赵福汉先生看望王小花

刘守华教授和夫人陈丽梅教授及余惠先副教授、赵福汉先生带领志愿者看望王小花

赵福汉先生与王振中及老伴合影

赵福汉先生看望一二八师老兵鄢烈中

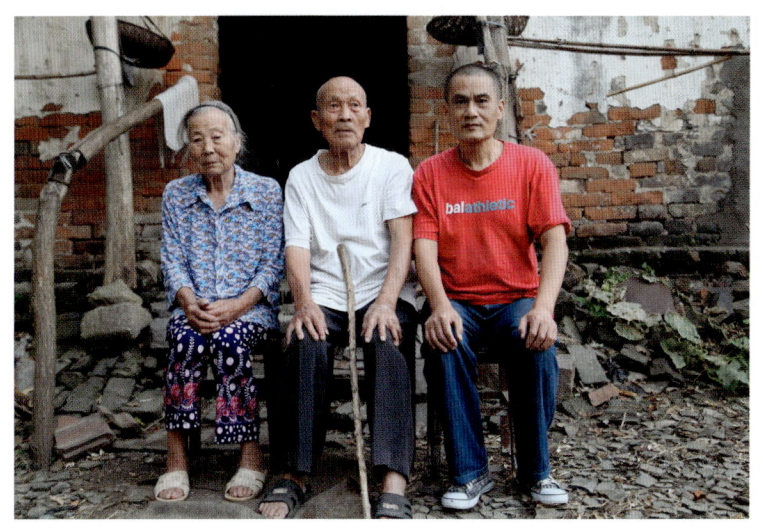

赵福汉先生看望一二八师老兵黄铁成及其老伴

老兵冯银乡和志愿者合影

老兵高在新与志愿者合影

王劲哉渭南故居

峰口百子桥一二八师司令部旧址

一二八师堡垒的对联"师座格言"：训条即军人灵魂　口号是我们法宝

一二八师三八四旅七六七团三营九连修筑的堡垒

序

刘守华

今年是中国人民抗日战争和世界反法西斯战争胜利70周年。70年前中国人民经过艰苦卓绝的浴血奋战，打败了穷凶极恶的日本军国主义侵略者，赢得了近代以来中国反抗外敌入侵的第一次完全胜利。在那个血雨腥风的年代，抗击侵略、救亡图存成了中国各党派、各民族、各阶层共同的意志。"地无分南北，人无分老幼"，全国人民义无反顾地投身到抗击日本侵略者的洪流之中。

湖北是全面抗战初期全国抗日运动的中心，是抗日战争的重要战场，是中国共产党领导的敌后抗日游击战争的重要战场，是战略相持阶段屏障西南大后方的前哨阵地。在中国人民14年英勇抗战过程中，湖北抗战具有十分重要的战略地位。1938年的武汉会战，侵华日军妄想迅速攻下武汉，中日双方投入上百万兵力，战场横跨长江南岸及北岸，战火蔓延至安徽、河南、江西及湖南等省。战役进行了四个半月之久，虽然以日军惨胜告终，但它粉碎了日军速战速决的计划，削减了侵华日军的有生力量，使日军陷入持久战的泥潭，使抗日战争由战略防御阶段转入战略相持阶段。

武汉会战结束后，日本侵略军妄图在三个月内消灭襄南地区国民党野战军，占领襄南，西进重庆，逼迫国民政府投降，进而南下打通中国大陆交通线。1938年10月至1943年2月，日军先后派遣两万六千多兵力入侵洪湖地区。当时驻扎在该地区的正是国民党一二八师。在师长王劲哉的领导下，一二八师凭借有利的地形和成百上千个隐蔽的地堡，经历了大大小小近百次战斗，屡次挫败日军的疯狂进攻。

在整个抗日战争中，无论是正面战场国民党领导的军队，还是敌后战场共产党领导的敌后抗日武装，抑或是民间自发的各种游击力量，中国人民同仇敌忾、共赴国难、铁骨铮铮、视死如归，奏响了气壮山河的英雄凯歌。

过去学界对国民党正面战场已有很多叙述,对共产党敌后战场的贡献也十分关注,但对像一二八师这样具有特殊性质的抗日部队却描述过少,着墨不多。因此我们特别选编了这部《一二八师鄂中抗日史迹实录》,向以王劲哉师长为首的一二八师抗日志士们致以崇高的敬意,献礼中国反法西斯战争胜利70周年。

一二八师师长王劲哉,原是发动西安事变的西北军杨虎城将军的部下,抗日战争初期就立有战功。1938年底率部转移至江汉平原的沔阳(今仙桃、洪湖市)、监利一带,依托这里湖港交错的水网地势抗击日寇,在数十次激烈战斗中歼敌达3000余人。他们只能以轻武器对敌,却根据当地特殊地形地貌,构建了一种易守难攻的"村落型堡垒",克敌制胜;又在大片水稻田里铺上稻草,诱使敌方坦克陷入其中动弹不得,先后击毁坦克数辆,沉重打击了日寇在华中地区的嚣张气焰。一二八师还在沔阳、监利一带建立了军政合一的地方政权,开办学校,组织民众,以铁的手腕整顿军纪、整顿社会秩序,保持了辖区内的稳定。对王劲哉师长率领一二八师官兵英勇抗击日寇的壮烈史迹,2006年由武汉大学出版社出版的《湖北抗日战争史》做过如下概述:

> 第一二八师在沔阳、监利等地的英勇斗争,沉重打击了日伪军,在客观上支援了鄂中等地国共友军的对敌斗争,功不可没。但由于王劲哉执行孤家寡人的政策,未能处理好与重庆国民党政府和新四军的关系,因而不可能得到这些方面的援助。同时,王劲哉及其部下军阀作风极严重,经常出现毒打民工事件和杀人冤案,致使当地民众在苛政下不堪重负,军民关系紧张。最后,还因一名旅长叛变而出现内奸策应的情况。这样,该师终于遭受极为惨重的损失,是为深刻的历史教训。

一二八师最后在日军炮火的猛烈攻击和部下叛变投敌的双重打击下,于1943年春遭到惨败,王劲哉师长在战场上被俘。人们本以为这位在战场上叱咤风云的"王老虎"就此销声匿迹;哪知被俘后他又死里逃生,抗日战争胜利后他不愿接受发动内战的蒋介石集团的委任,却直接写信给毛泽东要赴延安参加共产党领导的人民革命事业,后被委任为陕西渭南军分区的副司令员并参加了共产党,直至1968年病逝。这就使这位抗日英雄的生平事迹更富有传奇色彩了。

王劲哉率领一二八师在江汉平原英勇抗日的事迹至今已有70余年了。由于他是以军阀作风来治军理政,构建自己的独立王国,最后又遭到惨败,以致长时期来人们对其所作所为毁誉不一。怎样评价他在抗日战争中的是非功过,有待历史学家继续努力。但他在中华民族处于生死存亡的紧急关头,以满腔爱国热情和勇猛刚强的战斗精神,在无险可守的江汉平原英勇抗击日寇竟达五年之久,无论是他个人老虎般的威猛,还是他麾下浴血奋战的陕西渭南子弟和湖北健儿的壮烈,都将永远烙印在中国人民的心头。先父刘承烈,作为在县府任职回乡的地方乡绅,曾积极支持一二八师抗战,除担任一二八师辖区的税务主任,协助筹办修械所,还作为王劲哉师长的特派员,成功收编黄卫军苏振东部。本人受家乡父老亲历抗战鲜活壮烈事迹的感染,对其人其事更有着刻骨铭心的感受,历久未能忘怀。

由于种种原因,一二八师抗战事迹长时期未受到学界和社会的关注。直至上世纪80年代中国进入改革开放的历史新时期以来,才受到湖北政协系统文史委员会的重视,有关方面多方搜求有关一二八师抗日史料,并出现了《抗日战争中的王劲哉》(内部发行)、《王老虎传奇》(汪烈九)、《虎入平原》(团结出版社)等著作和《中天悬剑》、《长江一号》等影视作品。我们这次从《抗日战争中的王劲哉》、《沔阳文史资料》、《荆州文史资料》、《湖北文史资料》和网络中选取有关资料编辑成书,陕西一二八师研究者李远望先生将自己掌握的珍贵史料也毫无保留地提供给我们。这些资料大多是亲历者的回忆,也有弥足珍贵的王劲哉本人的自述和新发现的历史文献,还有新近发表的一二八师幸存抗战老兵的回忆与采访报道等,讲述的史迹虽集中于湖北江汉平原一隅,但这些讲述者现今的足迹已遍及海内外。文章从多个侧面记述了一二八师抗击日寇的英勇壮烈,也展现了王劲哉治军理政的方方面面,虽多属片段回忆,内容却十分真切生动,可谓是一二八师与湖北江汉地区人民共同谱写的抗日战争的壮烈史诗。多篇文章以饱蘸血泪的笔墨写成,至今读来仍具震撼人心的魅力。本书是由湖北省荆楚文化研究会约请华中师范大学的刘守华教授和余惠先副编审编选成书的,这些材料总的来说还比较零散,又为个人各自的见闻所限,还未能对一二八师抗日所处的复杂情势及功过是非做出全面准确的评判,这就有待历史学者和相关人士继续努力以成全璧了。我们谨以此书献给70年前英勇抗敌的一二八师众英烈,献给为抗日战争做出巨大贡献与牺牲的江汉地区人民,献给正为中华民族伟大复兴事业而奋斗的祖国人民!

2015年清明

目 录

苦战沔监的王劲哉部 …………………………………… 敖文蔚(1)
记王劲哉先生 …………………………………………… 侯若愚(6)
抗日战争中的一二八师 ………………………………… 许中和(22)
一二八师在洪湖 ………………………………………… 闵尚志(29)
一二八师纵横谈 ………………………………………… 侯若愚(34)
我所知道的王劲哉其人其事 …………………………… 唐良雄(40)
日军占据仙桃的前前后后 ……………………………… 龚茂发(43)
我担任一二八师江监潜边区总指挥经过 ……………… 徐兴南(45)
一二八师七六四团驻地见闻 …………………………… 王传早(54)
一二八师七六八团一营在尺八 ………………………… 朱先发(61)
一二八师在朱河 ………………………………………… 李蓝田(64)
王劲哉驻官湾 …………………………………………… 柳晞扬(68)
我在一二八师辖地县区政府所见 ……………………… 黎支香(71)
刘承烈和王劲哉 ………………………………………… 刘大发(78)
烽火童年 ………………………………………………… 刘守华(83)
一二八师抽壮丁及其他 ……………………… 赵永树 樊孝礼(88)
回忆一二八师片断 ……………………………………… 李宝清(91)
记一次祝捷大会 ………………………………………… 费克富(94)
崔家拐角痛歼日寇纪实 ………………………………… 肖国禄(96)
周帮三战 ………………………………………………… 周杏元(99)
施家港据点争夺战 ……………………………………… 赵正祥(103)

一场血战	刘功文(106)
战斗在敌后战场	李钰亭(107)
使日寇丧魂失魄的一次战斗	
——陶家坝大捷	乐韶舞(110)
血战汊河口 沈美绪	沈银绪(113)
我所知道的王劲哉	周 仁(116)
王劲哉在沔阳地方的盛衰	黎澍德(121)
竹桥战斗	谢 威(125)
曾家湾战斗	王海山(132)
一项未完成的使命	米暂沉(134)
同王劲哉的一次会晤	聂菊荪(138)
陶铸、杨学诚给王劲哉的一封信 陶 铸	杨学诚(140)
在与王劲哉相处的日子里	张 进(141)
我与王劲哉兵戎相见	郑桓武(147)
回忆慰劳王劲哉	吴先铭(154)
王劲哉与六战区刘总参议的一次通话	闵尚志(160)
一二八师政治部制造一次摩擦事件的真相	熊武琪(162)
另类抗战英雄王劲哉	秦怀玺(169)
我所知道的国军第一二八师师长王劲哉	余 俊(177)
张茹艿巧答王劲哉	黄梓荃(179)
回忆王劲哉的几件事	乐韶舞(180)
王劲哉印象	杨萍湖(183)
采访王劲哉的回忆	冯英子(185)
王劲哉与沔城	谢守道(192)
王劲哉赦免两位小学教员	夏少阶(194)
王劲哉处决一名可疑军官的两次批示	王浚川(197)

王劲哉杀人三例 ……………………………………	王德元（199）
陈裁缝之死 …………………………………………	张十斤（201）
百子桥老人忆国民党一二八师师长王劲哉 ………	刘宗明（203）
欢迎游击支队长王楚斌 ……………………………	谢革非（206）
在药品奇缺的日子里 ………………………………	员立品（208）
一二八师野战军医院学医记 ………………………	郭忠伦（212）
王劲哉对沔阳中学师生的一次训话 ………………	黎光林（218）
王劲哉与教育 ………………………………………	李骧五（220）
王劲哉的两次召见 …………………………………	孙昭淦（222）
我在一二八师军训班 ………………………………	贺　成（225）
一二八师从军记 ……………………………………	袁国玉（227）
我在王劲哉部下当兵十二年 ………………………	王金和（235）
王劲哉扶持峰口商业 ………………………………	熊林章（238）
我和王劲哉师长的交往 ……………………………	郑少培（241）
王劲哉的"训条" ……………………………………	余雅英（244）
一二八师的几条标语口号 …………………………	朱河区志办（246）
王劲哉等人的三首诗 ………………………………	陈习鹏（248）
一二八师与荆州花鼓戏 ……………………………	李刃夫（250）
王劲哉建抗日忠烈陵园 ……………………………	王浚川（252）
一二八师忠烈第一陵园 ……………	政协洪湖县峰口镇文史组（253）
古鼎新叛变 …………………………………………	邹东俊（256）
古鼎新媚日投敌　王劲哉兵败被俘 ………………	何德州（261）
掩护师长突围的最后时刻 …………………………	张恒山（264）
王劲哉被俘目击记 …………………………………	王德元（266）
长江汉水、平原地区之作战 ………………………	邱正民（268）
王劲哉与日寇的最后决战 …………………………	吴　越（274）

篇目	作者	页码
我在旧社会的最后一段历史	王劲哉	(276)
回忆王劲哉先生	孙仲铭	(292)
日本防卫厅所编战史中有关王劲哉的记载	胡逢林 毛道海	(295)
王劲哉的后半生	白明东	(302)
沔阳抗战时期史料概述	白明东	(306)
抗日悍将王劲哉	张燃明	(313)
未尽乡情恨未回：一位八旬台湾"一二八"老人的故园情	吴国庆 许立菊	(326)
抗战第一师：一个"一二八"老兵的回忆	许生兵	(329)
抗日老兵的光荣——访一二八师师长王劲哉警卫兵黄铁成	汪烈九	(331)
91岁抗战女兵的传奇人生	周琦	(336)
一位幸存一二八师老兵的自述	冯银香	(342)
一连歼灭四名日寇的高在新	胡慧娟	(346)
忆抗战中的外公赵彭年	张毓琴	(348)
一二八师老兵王振中的抗战经历	王明权	(353)
王劲哉师长教育军事训练大队学员的几件事	王启红	(356)

苦战沔监的王劲哉部*

敖文蔚

在汉阳、岳阳、潜江之间的江汉三角地带中,活跃着一支特殊的抗日武装,这就是王劲哉①率领的国民政府军第一二八师。在武汉会战末期,属于第九战区的王劲哉部在粤汉路咸宁一带进行游击战有功,曾受到蒋介石在电报中的多次表扬。1938年11月,当他发觉所部有被蒋介石嫡系汤恩伯部吞并的危险时,便带领残部经嘉鱼北渡,在沔阳东部沙湖芦苇地带休整,后移驻彭家场和汉水南岸的仙桃镇。1939年春,日军侵占仙桃,部队南退至沔阳县治沔城一带,师部则驻东荆河南之峰口(沔城东南16公里)。3月,该师改属第五战区江防司令部。1940年2、3月间,日军又进攻峰口,师部迁监利官湾(柳关东偏北4公里),1941年5月迁百子桥(监利东北戴家场南偏西3.5公里处)②。

第一二八师占据的汉水、洪湖间地区为水网地带,交通不便。所谓道路,几乎全是河、沟两旁的堤埂,日军大部队和重武器难以运动。当时,敌军兵力有限,只是通过北方的汉宜路和南方的长江水道占据这一地区的北面与南面,因而这一地区成为日军后方,王部则利用这一有利地形建立敌后战场,威胁武汉西南和汉水及长江交通,并多次抗击日寇。

---

* 原载敖文蔚主编《湖北抗日战争史》,武汉大学出版社2006年版。
① 王劲哉(1895—1968年),陕西渭南县人。原系西北军杨虎城将军的第十七路军的一名旅长。抗日战争爆发后,他参加了豫东会战、武汉会战,后在日军发动的"江北歼灭战"中被俘。抗战胜利后,因与蒋介石及胡宗南的尖锐矛盾而投奔陕北革命根据地,被任命为陕西自卫纵队司令员,1948年加入中国共产党。解放后曾任渭南军分区副司令员、陕西省政协常委等职。
② 参见柳晞扬:《王劲哉驻官湾》,见政协湖北省荆州地区联络组王劲哉史料征编组:《抗日战争中的王劲哉》,1987年编印,第50页。

初到沔阳,王部与新四军达成共同抗日、互不侵犯的协议,又奉令在仙桃成立汉(川)沔(阳)游击区指挥部。除对原部队加紧训练外,还积极收编伪军和地方游杂部队,并征募新兵,培养军事骨干。后部队从不足4个团扩大到3个正规旅,共1万余人。自1939年起,为解决部队的服装问题,王部就地设立被服厂。还在戴家场附近的侯家湾建立修械厂,不但能修理步枪,还可生产迫击炮弹。在作战方式上,王部巧妙地利用堤坝连接处和道路交叉处修筑大批堡垒。这些堡垒以峰口为中心,其范围沿北口街(沔城西南12公里)——周老嘴(北口街西南17公里)——毛家口(监利东北15公里)以东,经福田寺、柳关(监利东北25公里)、瞿家湾、小沙口等内荆河畔一线至峰口,仅大型堡垒就有80个。在已出版的"日本战史"中,特别提到柳关的村落型堡垒。柳关镇北临内荆河,其他三面的高厚围墙及堡垒外均深挖壕沟。这种生活设施齐全的堡垒群为土木结构,最大者高约20米,底部直径约15米,呈圆柱形;中间设有天井,通过木梯,可上顶端,直通瞭望哨。朝外一面均有暗堡,设有射击孔;底部挖曲线交通壕,与堡垒内侧的地道连接,战士随时可通过地道和交通壕进入暗堡作战,对付一般轻武器的进攻。

第一二八师来到这一地区后,与日军作战达数十次,其中,规模较大者有:

1940年夏,日军为了打通经仙桃、白庙、汉河通往江南蒲圻、临湘的通道,并将江汉三角地带拦腰斩断,派重兵进攻东荆河南岸第一二八师的军事要地陶家坝(白庙西南偏西8.5公里)、崔家横堤。6月7日,王劲哉亲临前线指挥部队阻击,经整整两天两夜战斗,日军攻势受挫。后敌集结600余人的兵力,在坦克掩护下,向陶家坝阵地猛烈冲击。王劲哉指挥部队与日军白刃格斗,毙伤并俘虏日军400余人。此役为襄南地区首次大捷,极大地鼓舞了第一二八师将士的抗日斗志。他们便乘胜追击,先后收复峰口和汉河。

位于沔城东南、东荆河南岸的军事要地施家港,是日军进攻第一二八师后方中心区的突破口。1941年1月,日寇集中1万余人的兵力,进攻东荆河南岸,占据白庙,接着,便向西南之施家港进攻。第一二八师奋起抵抗,终因敌强我弱,施家港失守。为挽回损失,王劲哉采取围魏救赵的战术,令张海平团偷渡东荆河,北袭仙桃,沔城、张家沟。乘施家港之敌回救仙桃之时,王劲哉率主力前堵后追,收复了施家港。7月上旬,日军调动1万余众,在飞机、大炮的掩护下,再次向施家港发动猛烈攻击。王劲哉指挥两个精锐团与日军奋战了7昼夜,击毙日军官兵1800余人,击毁坦克4辆。日军不支,丢盔弃甲而逃。1942年7月,日伪军1万余人,以坦克、大炮作掩护,第三次进攻施家港。王劲哉电令驻施家港官兵"死守",并令10余里外的骑兵团二营支援。援军沿东荆河堤坡草丛中潜行至敌人背后,与守军一道对敌人首尾夹击,打退了敌军。这次战斗,歼敌1000余人,击毁坦克4辆。

1942年5月初,日军第十一军第五十八师团对王部发动了"沔阳作战",战事主要在峰口周围进行。事先,新四军第五师送来了敌军将攻击第一二八师的情报,王师有所准备。经几天激战,王部最后利用夜袭粉碎敌之攻势,并在追击中收复峰口。敌退至白庙,共伤亡1800余人。

王劲哉部在管理沔阳、监利等地的5年多时间里,地方建设取得了一些成绩。为使军政合一,易于协调,他在峰口设立了有士绅参加的"沔阳县兴革委员会",其职能是建议和讨论地方各项兴利除弊之事。因此,先后举办了区、乡、保行政人员训练班,以完善保甲制度,清查户口,并开展了严惩贪污、严戒鸦片和其他整肃社会治安的工作。在峰口还设有"妇女劝勉队",由稍有文化的妇女组成,除宣传抗日外,还提倡妇女放足、幼童上学和改良风俗等。经兴革委员会决定,在沔监边境三官殿建立了沔阳县初级中学。为防治水灾,准备加筑监利下车湾一带长江堤防和疏浚河川,但这些计划因后来日军的全面进攻而未能实施。王部势力最盛时,其管辖范围到达沔阳、监利、江陵、天门、潜江、汉川等地。

1943年2、3月间,日军为改变在中国战场日趋不利的战略态势,企图打通赤壁、岳阳至沙市间之长江航运,乃纠集约4万人的兵力,实行所谓"江北歼灭战",企图消灭第一二八师。2月中旬,日军发动第一期攻势。敌第四十团从临湘等地渡江后占领监利县城和朱河。同时,敌第十三师团由沙市以南分别进攻郝穴(江陵东南江边)、普济观、沙岗(白露湖西)。这样,敌军从南、西两面完成了对第一二八师的包围态势。2月18日,敌第十三、四十两师团会合后,转入第二期作战,以一部兵力守备长江北岸,封锁交通,主力则转进于峰口方面。

2月20日,日军第四十师团在监利下车湾东北部署第二期作战,因峰口南面是洪湖,不能作战,故敌计划以重兵从西南进攻峰口。22日中午至23日夜,小柴部队(步兵第二三六联队基干)攻下福田寺角型大堡垒,紧接着,利用夜幕向柳关突进。自23日晨开始,柳关守军凭借堡垒在敌步炮兵和飞机联合进攻下顽强抵抗。同时,小柴部队另一支由福田寺东沿蓝湾、卢家墩等村落之堤外隐蔽向柳关南部前进,但被马王庙(柳关南偏东约1公里)据点守军发觉,予以抵抗。敌立即退至后敖湾老墩,架炮轰击马王庙,将其占领。此时,柳关已经失守。21日,户田部队(步兵第二三四联队基干)经洪湖西北岸谢家墩、卢家湾(柳关东北3.5公里)向瞿家湾迂回前进,于23日攻下瞿家湾堡垒。在此之前,第四十师团仁科部队(第二三五联队)在赤壁渡江后,经新堤沿洪湖东岸北进,其主力于22日经吴家宝子完成对峰口的包围态势。此时,第五十八师团经仙桃、张家沟南下,完成了对峰口北部之东荆河一线的封锁。日军各路在完成对峰口的包围后,于25日黎明正式进攻峰口。面对敌军这种强大攻势,守军为避免不必要的损失,已分批撤退,敌军于中午占领峰口。

据日本战史记载,至2月26日,第一二八师在此战役中共牺牲2200人,被俘3750人①。该师所剩人员撤至白露湖和洪湖等地后,一部分投入新四军第五师继续参加抗日战争。25日晨,第一二八师司令部百子桥被来自白露湖方面之第十三师团一部攻占后,王劲哉在窘境中带少数随从人员乘船向内荆河上游撤离。第四十师团骑兵队队长太田寿男中佐奉命率部队追捕。傍晚,王劲哉只身一人躲在内荆河西岸彭李湾(卢家湾西南1公里余)后面菜园里,"躬身于篾制的团窝内,匍匐爬行",因一绰号为"叫花子"的村民彭明辉告密而被俘②。扬威一时的第一二八师就这样被瓦解了。

---

① 参见[日]日本政府防卫厅防卫研究所战史室著:《昭和十七、八(1942、1943)年的中国派遣军》(中译本)下,中华书局1984年版,第40页。
② 参见王德元:《王劲哉被俘目击记》,见政协湖北省荆州地区联络组王劲哉史料征编组:《抗日战争中的王劲哉》,1987年编印,第225~226页。

第一二八师在沔阳、监利等地的英勇斗争,沉重地打击了日伪军,在客观上支援了鄂中等地国共友军的对敌斗争,并保卫了这一地区的人民生命财产不受日寇侵犯,功不可没。但由于王劲哉执行孤家寡人的政策,未能处理好与重庆国民政府和新四军的关系,因而不可能得到这些方面的援助。同时,王劲哉及其部下军阀作风极严重,经常出现毒打民工事件和杀人冤案,致使当地民众在苛政下不堪重负,军民关系紧张。最后,还因一名旅长叛变而出现了内奸策应的情况。这样,该师终于遭到极为惨重的损失,是为深刻的历史教训。

记王劲哉先生[*]

侯若愚

前 言

欣见荆州地区天门、潜江、沔阳、监利、洪湖五县于1986年6月发起征集前中央陆军第一二八师师长王劲哉抗战时期史料，拟编《抗日战争中的王劲哉》专集征文函。时隔半个世纪，该地区的政府和社会贤达，对日军侵华，国军第一二八师师长王劲哉先生率部英勇抗日的事迹，记忆犹新，显见真正为国的忠臣良将，是不会被埋没的，是非功过，自有公评。

我曾为该师一员，现虽侨居国外，年届七七之龄，在老眼昏花、腰酸腿疼的苦况中，也愿勉力执笔，将我亲历目睹王劲哉先生（以下简称劲公）的奇闻轶事，凭回忆所及，分军、政两部分，以简单笔墨，写出事实的缘起、轮廓、重点、结果，只求真切，不尚藻丽，共襄义举，借示曝献。惟以岁月久远，我曾饱经忧患，资料无存，对事实发生月日，记忆不清，故以某月某日代之。附此说明。

一、关于军事的

1. 劲公召见

中华民国（以下简称民国）二十三年（1934年），劲公任第十七路军第三十八军第十七师第四十九旅旅长时，我任该旅补充第一团（团长程鹏九，陕西渭南人，为人正派，文武兼优）步兵炮连排长，时驻汉中（南郑县）地区备

---

[*] 原载《抗日战争中的王劲哉》，政协湖北省荆州地区联络组王劲哉史料征编组编，1987年内部发行。

战。5月某日,团长电话通知我说"明早五时旅长召见你。我同你去"。我于次日黎明就先到团部,团长说:"我早想升你当连长,以本团苦无机会,我就只好向旅长推荐,请他在本旅设法,机会较多。他已答应了,所以今天召见你。"说毕我就随团长赴旅司令部,此时劲公着蓝色的晨装站在接待室门前矣。见面之后,我向劲公行了一个礼,未待团长介绍,劲公先说:"我认识他。"随即让团长和我坐下,只简单问了几句话说:"你们团长用人水平很高,他当面向我推荐你。现在他又带你来见我。你一定是很好的,你回去好好地干,听候命令吧!"我即起立鞠躬,说声谢谢,随团长辞去。

时隔年余,我奉命调升连长,以那时升迁的机会很少,况我团在该旅的地位而言,是一个外牌的团,不是该旅的基干(但干部素质良好,战斗力亦强),而我又是一个外牌团中外省(山东省)人,承团、旅长如此器重,也是难得的。由上而观,劲公记忆力强,也是重信之人也。

2. 辣牛肉犒军

我于民国二十年、二十一年、二十二年、二十四年(1931年、1932年、1933年、1935年)先后四度随军进驻西安,对西安城内钟鼓楼清真馆烹制的羊肉泡馍和辣牛肉佐酒,颇感兴趣。假日到钟鼓楼清真馆先要半斤辣牛肉,一小壶白干,再来碗羊肉泡馍和一盏睁眼辣椒,酒足饭饱,周身热腾,飘飘然真过瘾,颇有神仙不如我之慨也。

以后我也到过开封、北平,曾吃上述的美味,但是在我的感觉上,以西安和北平的为最佳,开封的次之。所以到过西安的人如不去吃一碗牛(羊)肉泡馍或尝一尝辣牛(羊)肉佐酒的美味,真是有虚此行。

民国二十四年(1935年),东北军和第十七路军的一部分由张学良、杨虎城两将军分任正副总指挥,向陕北的"共军"进攻,于某月某日晨集结大军于西营房大校场,黎明之前,大军集合完毕,准备聆听总指挥誓师进军剿共训话。以时间尚早,各部队官兵多未早餐,此时我代理连长,也觉得有点饿了,忽闻传令:"十九旅各连派人赴某地点领辣牛肉吃早餐。"我即派特务长带兵赴指定地点,天尚未明,于灰暗中看到两辆大型轿车,车上的副官说:"这车上是辣牛肉,是旅长送给大家吃的,先到先领。"(以上的话是特务长向我报告的)将领到的辣牛肉随即分给官兵每人一包,皆大欢喜,助长士气不少。食毕天明,恭聆总指挥张学良将军誓师训话。聆训毕,我旅任右翼军先头部队,我团为先锋,士气如虹,即时出发,经耀县、洛川、宜郡、麟县(旅司令部驻地),径向延安挺进,沿途无阻,直达延安,至次年双十二事变发生,才奉命回师西安。民国二十六年(1937年)一月某夜,劲公率部脱离第十七路军。劲公此种以全国闻名的辣牛(羊)肉犒军来振奋士气的大手笔,真是奇谋异想。

3.接待检阅官

劲公于民国二十六年(1937年)一月在某夜晚率所属基本部队九十八团及补充第一团的一部分官兵脱离第十七路军,宣布隶属中央。以事出突然,故第九十七团及补充第一团大部分官兵均未能奉到命令,以此随其投效中央的官兵不到两千人,先赴西安市以南的王曲地区,旋即奉命调驻河南省的巩县、荥阳地区,奉令改为王司令军,受河南绥靖公署指挥;再奉命进驻开封、太康、杞县、睢县地区,待命检编。

此时经数月的准备补充兵额,官兵已逾两千人,奉绥靖公署命令于某月某日派员就地检阅改编。劲公以此次检阅,关系前途至大,他一方面召集连长以上各级主官,说明此次上级检阅,关系将来前途的重要性,希望对各种被检阅的事项,要充分准备,尽善尽美。另一方面派员探知前来检阅大员以及随员的职级、姓名、人数,以便办好接待事宜,又在各部队中挑选了数十名接待人员预加练习,以便为检阅大员以及随员服务,以上当然是应当准备的事项。但劲公特出花招,手腕灵活,对检阅官员的食宿问题也特别安排,我部以驻乡镇中无高楼大厦可接待大员,只好选择较宽敞的几家大户的砖瓦房屋,洽商租借数间,以便接待之需。再派员赴开封采购高级军用床铺及被毯、睡衣、毛巾、牙膏、香皂、刮胡刀、镜子等所需一切,按照检阅官员的职级人数每人一套。检阅官员回程时,一律代为捆包奉赠,各员喜形于色。

这一特别花招,果生奇效。在检阅过程中,一切顺利。检阅官回报后不久,即奉命将王司令军名称改编为"新编陆军第三十五师",以上小动作证明,劲公对其智慧的运用,非常人所能及,我可以说他是粗中有细之人也。

4. 严束违纪伤患官兵

我师改编为新编陆军第三十五师之后,不久即奉命进驻开封城郊。劲公奉命兼任开封警备司令。此时我国军前方将士正为抗日圣战浴血疆场,伤亡惨重。部分伤患官兵集中开封郊区军医院治疗,因此,开封成了一部分伤患治疗运转中心。在此期间,有少数伤患官兵经常进出开封城垣,在公共场所滋事,军宪劝告无效,商民不堪其扰。

劲公兼警备司令之后,有鉴及此,即对各医院伤患官兵先礼后兵,善意劝导无效,即施出他的杀手权责,公告周知。其内容要点:(1)凡进出开封城的伤患官兵,必须持有其医院证明并注明日期时限;(2)一般官兵凭其部队官兵外出证,经城门卫兵验证放行;(3)违者予以拘留,通知原发证单位派员带回,无证伤患及一般官兵不准进出城垣;(4)分派纠察队经常巡逻各街巷公共场所,遇有滋事官兵,即行拘捕,移送宪兵部队处理,或通知其原发证单位派员带回。将以上办法报请上级备查,公告通知,自某月某日起执行。在公告执行之日,仍有少数官兵以身试法,城门卫兵即予拘留,经过数日,彼此互传,消息不胫而走。伤患及一般官兵出入城垣者,果然锐减,滋事者亦不闻矣。从此城郊秩序井然,商民无忧,人人称赞,蒙上峰嘉奖。劲公不畏艰难的责任感,是令人钦佩的。

5. 颁布训词

民国二十八年(1939年),劲公为使官兵有一个共识目标,"建设"精神,随即拟训词十条如后:

(1)重良心　(2)尚道德　(3)明大义　(4)尽职守

(5)爱团体　(6)信命令　(7)知待遇　(8)要效忠

(9)亲人民　(10)卫国家

颁示官兵,朝夕诵读,以启发官兵的爱国思想,也可以说是一种修身、爱国、卫民的精神教育,以后连学校的师生和地方政府的公务人员也要读训条,几乎成为监、沔、天、汉各县的精神教育。

我在奉到这训词之时,觉得以"天下为公"的这句话来衡量训词中的"爱团体"这一条,似不够宏伟,好像有点小气,但是这种想法只藏在我的心中,向未对人说过,也无从体会到这句训条的重要性。民国三十二年春(1943年)我师抗日战争失败,目睹官兵(我也是其中的一员)流离失所,失去团体的惨状,这时真正知道了一个团体存在的重要性,到现在时隔近五十年,才将我以往对"爱团体"这句话的肤浅想法写出来,供社会人士参考。

6. 成立军事训练大队

民国二十七年(1938年)秋,我师奉命由武汉外围的咸宁、通山撤至汉、沔地区,随即奉命成立汉沔地区游击队指挥部于仙桃镇。撤至该地区的部队,除素质较优、战斗力较强的第三八二旅(辖第七六三、七六四两个团),因旅长李俊彦负有特别任务——率部向襄阳、樊城方向移动外,其余驻汉、沔地区的部队计有第三八四旅,旅长古鼎新(民国三十一年即1942年,抗日战争中首先降日者)和一部分直属杂牌部队。劲公鉴于部队力量有名无实,且素质太差,如不加强军事教育,不但无法自保,且难以应付日寇强敌,遂决心成立军事训练大队于仙桃镇。大队部设于甘露寺,劲公兼任大队长,参谋长李德兴兼任大队副,下设学生、军士、军官三个中队,以教育长、中队长、教官人才难求,故先成立学生队,就地招考青年知识分子组成学生队,派不谙军事的师司令部副官处长蔡澄(武汉大学毕业)兼任学生队中队长,闵尚志(现任陕西省政府参事)、刘养吾、何汝贤(均殁)任分队长。待第七六三团团长任兰圃(苏联留学)和我(军校毕业)率部由河南回沔之后,任团长升第三八二旅旅长兼教育长,我以团副的身份兼学生队队长。学生队毕业之后,再成立军士队,我兼任中队长,以部队中的优秀军士轮流调训。师司令部移驻峰口之后,再成立军官队,派李钰亭兼任中队长,以排、连、营长轮流调训,学生队第一期毕业后,第二期开始改名称为"急基队",闵尚志专任队长,派员赴陕西招考十五至二十岁的学生来沔为训练对象。由劲公以"急基队"命名的意义观之,可见部队中的干部待补之迫切。

军士、军官两队于民国三十年(1941年),以军事告急停办,我专任重点防御工事及重点建筑物监督,"急基队"仍由闵尚志任队长继续训练,直到随我师战败,同归于尽。青年学子,牺牲大半,良可浩叹!

劲公深知我师进驻汉、沔地区后,内部的实况和外在的环境,非自强不足以自保；若靠中央补充干部和兵源，比登天还难。为求生存，为保卫国土，只有自力更生之一途，故棋先一着，成立军事训练大队充实本身，军中士官大部分受训，团结力、向心力以及战斗力增进不少。所以我师以有限的兵力，在周围环敌、"四面楚歌"环境中，独立生存近五年之久，使地方安谧，户户乐业，实非幸致。

7．设被服厂

我师官兵服装，向由中央制发，自进驻汉、沔之后，一切军备补给，均极困难，在此游击区物资维艰之时更难，即以中央统一制发的冬、夏服装而言，有两个大缺点（这两个缺点并不是无法改进）：一是容易褪色；一是缝线质劣，纽扣及扣缝钉不牢，常易断线、脱纽，乃至冬季棉衣的棉花，以断线而自揉成团，不但减少御寒功效且有碍观瞻。究其原因，就是偷工减料，未尽监制之责所致。试观日本的军服，很少有断线脱纽之事。他们的纽扣永不变形，这就证明他们做事务实，因而国强。

我师以环境所限，官兵的服装自民国二十八年（1939年）起就无法继续向中央领取，只好就地设厂招商制发。承包商得标后，仍本赚钱第一，对制军服的缝线品质和施工的粗细以及纽扣的好坏，均未能特加注意，官兵穿着后，也发现断线、脱纽的缺点。此种事实，为劲公发现，他曾亲临被服厂抽验，果然发现是偷工减料所致，随召承包商负责人面诘，说明事实，予以处决。从此，次年的服装承包商就全部改进，上述缺点不再发生矣。因此事而枪决承包商，依法似属过分，但就事而言，也是应该。

8．设修械厂

我师所辖各部队以编成分子复杂，持有的枪械除几个基本部队枪械较为精良之外，其他收编的各部，枪械既杂且劣，可能有十分之一枪支都不能使用。劲公有一次对我说："各部队的枪支虽然有一部分不太好，如能加以修理，还是勉强可用。当然又比一根木棍还是好多了。如果没有这些不好的枪支时，你想要去砍几百根木棍，也是不容易的。有些枪支虽然靠不住，但当初得来，也是不容易的。我想化废枪为好枪，建一所修械厂，加以修理。你看怎么样？"我说："那是太好了。"劲公又说："你就筹建厂房吧，其余的事我来计划。"

我奉面谕之后,即详加计划,勘测地址,数月之内,在戴家场附近的侯家湾(距百子桥司令部约3公里)附近的堤防上,建造一栋巨型的修械厂。在此期间,劲公已派干员潜赴武汉,暗洽汉阳兵工厂未随政府西迁重庆的技术人员,并购妥部分修理机器,密运来沔矣,此修械厂各种机具如安装妥当之后,不但能修理步枪,还可以生产迫击炮弹。

可惜天不假予时日。在修械厂厂房建妥,正安装机器之时劲公亲临视察,认为满意,并说我们可以自制迫击炮弹了。当时我曾大胆地回劲公两句话:"恐缓不济急,早作准备还是需要的。"劲公叹了口气,对我说:"我们的底子太重了,移动不易。"不数月间,日军向我开始进攻,我师也随即步上了最悲惨、最后的战败之路!

9. 不纳细言

民国二十八年(1939年),我曾任独立营营长,直属师司令部,再兼任军士队中队长,我营有郝祥麟连长,出身行伍,是劲公由基本部队中提升的,他自以为是劲公的老干部,为人特别狂妄,我对他很不满意,他此时正在军官队受训(军官、军士队同驻一个营房)。某日他趾高气扬地进到我的队部办公室,礼貌不周,当时我就对他很不客气地予以纠正。他对我也是气愤而去。

时隔月余,闻郝祥麟连长被劲公枪决于师司令部院中,我惊闻之后,始终不悉何故。有一天劲公对他的一个卫士说:"郝祥麟常向我打他营长的小报告,经查都是捏造,这种人只会捣乱,所以把他除掉,以免好人被害。"以后这个卫士告诉我郝祥麟被杀的原因,我才明白真相。

10. 学员说我教得好

民国二十九年(1940年)军事训练大队随师司令部迁移百子桥附近的侯家湾,在一个偶然的机会中,军官队中队长李钰亭对我说:"师长对我说,他召集部分学员个别谈话,问他们哪一个队长教得好,学员们都说侯队长教得好,没有人说你们教得好,那是怎么一回事?"我听了李队长这句话,感到有些不安。原因之一是怕招人嫉妒,原因之二是怕劲公对我怀疑,可能疑我对学员们有拉拢情感的野心。我随即笑一笑,对李队长说,"我一向对学员们很严格,他们说我教得好,那是不可能的事;你才教得好呢。"用几句客套的话敷衍过去。自此之后,我凡事小心了(以劲公的性格论,他是喜欢直接领导,部属都信仰他一个人,也就是好像有冯玉祥式的带兵方法)。

我现在说实在的,那时我孤家寡人,吃、喝、嫖、赌无我份,每天专心看书、教学,和学员们生活在一起,对每天教的课程(军士队的典、范、令和军官队的地形学),不敢说背得烂熟,可以说上堂不需看书本。又加上我的基础较好,学员们有问必答,有疑即释,他们当然说我教得好,相信学员们的评语是公正的。

11. 对我找茬

民国二十八年(1939年),师司令部驻峰口,住的是一栋三面无邻的二层楼房,左连十余公尺宽的空地,后面是地势较低的一大片广阔稻田,将稻田的一部分约五千平方公尺的面积辟为操场。驻司令部附近的部队每星期一、三、五在此会操,劲公每早也亲临巡视。按惯例劲公到达操场边缘时,由总值星官发出"立正"口令,全体官兵即暂停操作立正示敬,待劲公答礼毕,再发出"稍息"口令,各部即回复操作,然后劲公再随意到各队视察,各队也不必再发立正口令,向来如此,这也是礼节的常规。

有一次劲公走近我军士队时,我以为已由总值星官发出"立正"口令,不必再行礼,但我未能运用"礼多人不怪"这句俗语,再发立正口令示敬,只行个举手礼示敬,当时看到劲公的面色沉重,他也没向我答礼,满脸怒容,恶声恶气地责备我说:"你当的什么队长,连礼节都不知道。"我看情形不对,光棍不吃眼前亏,笑骂由他为之,一句话也没敢说。时隔近五十年矣,当时情景如在目前,心有余悸。

此时天将黎明,劲公离开我队十余分钟,就将特务连赵排长和一个营副寇永笃,在操场边的稻田中用刺刀杀死了。事后据闻:曾任劲公卫士的周某,在特务连当排长,劲公很喜欢这个周排长。赵排长和周排长是特务连的同事。在为时不久的一场对日战斗中,周排长阵亡,劲公伤心之余,责怪赵排长未能充分支援周排长,致周阵亡,怒气未消,就将赵排长杀死泄愤。寇营副是因吸鸦片烟被检举,劲公为贯彻禁毒重刑的命令,将他杀死的。

劲公是早就带怒而来,在未处决赵、寇之前,盛怒未消,理智失常。当时他对我找茬,我若稍有应付不当,触怒于他,在他理智丧失之下,今天便减少一个真正为他撰文之人也!

12.给我一个面子和一支手枪

我师独立第五旅旅长程权五,是劲公过去军中的好友,于民国二十八年来投效劲公,劲公先委以团副、团长,继再擢升为旅长,可以说是无功受禄,也可以说对他的重用是有特殊原因的。我和他见过几次面,从未长谈,对他的来历也不知其详,他年四十余岁,尚称豪爽。

民国二十九年(1940年)师司令部迁驻百子桥,劲公发觉程权五旅长夫妇有嗜阿芙蓉癖好,为贯彻禁吸毒命令,随将程旅长夫妇禁闭于师司令部庭院地下防空洞中,加锁,钥匙由其卫士保管,每日只供三餐,傍晚放风一次约一小时,不准人探视。此防空洞系由上向下掘深,上加覆盖而成。雨水可灌入,非常潮湿,等于地牢,即身体健壮的人,拘此数日也会致病,况程夫妇身体都不太好,将他二人禁闭于此,如时间稍久,不死也要害场大病,情形可悯!

我生性颇慈,念及袍泽之谊,几次想去探望安慰他,但劲公命令森严,况无深交,不敢冒昧行动。可是我的心中总觉得不安。某日我向劲公报告公务,察言观色,劲公心中兴奋,我就胆大心细地说:"我去看看程旅长可以吗?"此言已出,也就不计后果了。承劲公点头,微笑说:"可以。"随命令卫士带我去看程旅长夫妇于防空洞中,予以安慰。程说我是第一个看他的人,感激流涕。谈话数分钟,我再去向劲公报告:"程旅长决心戒绝吸毒,可否把他放出,将来戴罪立功?"劲公说:"他决心戒毒,可以考虑。"我说谢谢师长!将要辞出时,劲公问我说:"若愚,你有没有手枪?"我回答说没有。劲公说:"我给你一支手枪,到隔壁房子里去挑一支吧。"我以事出无由,只好听命挑了一支白朗宁的新手枪,拿着给劲公看,劲公说:"好,如没有子弹,可到军需处向王处长要些。"我即行礼再说声谢谢而出。

我因公报告,蒙劲公给我一个面子,特准探监慰友,由探友而赠意想不到的一支名牌白朗宁手枪。由以上事实来分析劲公的想法，真是变幻莫测。不过以后我还是找到了一个答案。是劲公对我设计建造的师司令部办公室、师长宿舍及训练大队各队的课室、学员宿舍等，都很满意。因此，劲公对我适时的公务报告，也都开心，在他高兴之时，才对我有以上的好感，"有求必应，无求亦应"。

13. 给我两千元加菜金

民国三十年（1941年），我带了一个营驻汉河口（原属沔阳县，位于县城东南方向），距日军占据的新堤（位于汉口上游，长江左岸，是一商业重镇）仅十余华里，在此筑一个坚固堡垒，竣工之后，我赴师司令部向劲公述职，劲公说："你两年来在各地监督构筑工事很辛苦，给你两千元的加菜金"，随出一手谕。以事出突然，我只好接过手谕，说声谢谢退出。

那时的两千元，不是一个小数，可抵我一年的薪俸。劲公虽在司令部，他对外面各主官行为生活的状况，也很灵通和注意。

14. 给我做媒

我师营长以上的正、副主官，多数携眷，民国三十年（1941年）劲公升我为副旅长之后，他又要为我做媒，示意兴革委员会主任委员李竹香老先生给我留意（李说是劲公示意），李老先生就介绍我认识了金少玉小姐，时经数月，尚无文定消息，以此，李无法向劲公复命。某月某日劲公电话召我到师部，先问公务，随又说："我给你做个媒吧，有个陕西的老朋友给我来信，说他有个女儿，年已及笄，托我给她找个对象，你若觉得可以，我请他先寄张照片看看。"我听完劲公这一段话，以话出突然，当时我急中生智地一想，婚姻之事，关系我太大，劲公本是一片好意，他说了算数。如相片寄到后，不成则负劲公盛情，更可能导致误会，于我不利，如答应下来，倘不如意时，如何是好，还是托词婉谢为上策，就实话以对，说："李主任委员给我介绍了一位金小姐正在相谈中，师长的美意多谢了。"劲公说"那很好"，我随即说声谢谢辞出。

我本拟和金少玉小姐于民国三十二年（1943年）结婚，可是天违人愿，好事多磨，是年一月初，日军就以重兵向我师进攻，激战近月，以我师内部生变，外无援兵，寡不敌众，遂被各个击破，全师瓦解，劲公和我先后受伤被俘。

我和金小姐于民国三十三年（1944年）结婚，住汉口时，劲公曾来我家探望，并赠一件红缎被面为贺礼。劲公先为我做媒未成，后有缘补赠贺礼，至感盛情，亦奇逢也。

婚后，我妻有相夫之命，使我遇事逢凶化吉，化险为夷，诸事顺利，以迄于今，希到永远，感谢上苍福佑，也多谢劲公的美意。

15.送还日军阵亡官兵尸体

兵凶战危，两军交锋，必有伤亡。无论伤、亡都已丧失战斗能力。劲公的想法是："将我俘获轻伤的日军官兵，有利用价值者，送上级处理。对重伤和死亡官兵的尸体，以留之无用，且处理上增加困难，不如送还日军，使他们收到这些重伤、阵亡官兵之后，产生兔死狐悲之心，瓦解他们的士气，此为上策，同时也可以表示我军的宽大仁慈。"

因日军对他们阵亡官兵的尸体，极为重视，以能收尸化灰送回日本国土为安心。劲公此举，果生奇效，事证如后。当我师败于日军之时，劲公和我均受伤被俘，日军将劲公送汉口，将我先送仙桃镇野战医院，后再送汉口治疗。即对俘虏我师一般的官兵，也未残暴伤害。以后于民国三十四年（1945年）日本战败投降后，据其高级军官说："一二八师王师长，在战时送还我们受伤者和阵亡官兵的尸体，他是有正义道德感的人。所以我们也不伤害他被俘虏的官兵。"这真是证明劲公当时高明奇异的想法，德被袍泽，兼及己身，善恶报应，似有循环也。

16.设置我师抗日阵亡官兵墓园

民国二十八年（1939年），我师由仙桃撤至峰口，劲公想到对抗日阵亡以及病故的官兵，总得有个适当墓葬之地，以慰忠魂。于是派师部两处长会同勘察位于峰口东南方向近两华里堤防左岸一片平坦之地，面积约五千平方公尺（是公或私地，我以未参与其事不详）。随即分两部分设计，一为灵堂，一是墓地。灵堂建筑宏伟，庄严肃穆。墓园分官、兵编号，该墓园竣工后在装饰内部时，有多副楹联、匾额，是由师部汝秘书和我写的。

由此，部分抗日阵亡官兵的遗体得以安葬。在我的记忆中，在我师撤离峰口之前，该墓园已葬有上、中、少校级，尉官级，士兵级官兵近百人矣。我师以战败之故,故后死官兵,均未能安葬于此,可悲已极,曷胜浩叹!

事实胜于雄辩,由以上证明,劲公不但为国家民族的生存,率属英勇抗敌,还要安置死者的遗体,告慰忠魂,使各得其所而煞费苦心,其保卫国土,爱被袍泽的一腔热血可知。窃思全国抗日的国军有两百余师之多,但未闻有为其阵亡官兵设置墓园者,以此相较,我师抗日阵亡官兵,为国捐躯,死得其所,重于泰山,亦不幸中之幸矣。

闻此墓园尚存,时经四十余年,无人修茸,谅必荒芜不堪或遭破坏。现荆州地区五县发起为王劲哉先生抗日事迹编印专集,以启发民族爱国精神,意义至善。作者现虽侨居外邦,亦极感义举。复希对一二八师抗日阵亡官兵的墓园,惠予修茸,设专人管理,植树栽花,使墓园公园化。供民众游览凭吊,培育民众爱国的意识,意义更大,以迄永久,功德无量。

二、关于政治的

1. 设兴革委员会

汉沔游击区指挥部先设于仙桃镇,次撤至峰口,再迁百子桥,以上三地区皆属沔阳县管辖。所以沔阳是我师游击区防地。当时虽关系监、沔、天、汉四个县,但仍以沔阳县为主要根据地,沔阳县长由中央委派。以政令无军事协助,无法推动;军事无地方配合,也施展困难。劲公为使军、政合一,易于协调计,必先沟通军、政意见。以此,就洽地方政府,成立沔阳县兴革委员会,聘地方德高望重的士绅,再派军中的代表,出任委员。第一届正、副主任委员,选举李竹香、唐馨陔两位先生分任,委员会办公室设于峰口,至各委姓名,我以与该会无关,不知其详。该会类似县议会性质,其主要任务,是对地方兴利除弊之事,有所建言,使军、政配合执行,促成军民两利。该会虽无实权,但成立之后,对军、政沟通意见方面,亦颇有收获,功不可没。

2. 成立妇女劝勉队

我师驻防监、沔、天、汉地区。时为民国二十七年(1938年)秋至三十二年(1943年)春,该地区僻远乡间,民智尚未大开。尤以湖沼僻地渔农民为甚,不独尚有少女缠足,儿童无校读书,更有不知我国抗日为何事者。劲公以此种现象是地方政府限于环境,宣传不够,忽略教育所致。如想增加抗日力量,必须先启发民智。于是招考知识妇女,成立"妇女劝勉队",简称劝勉队,队部设于峰口。

该队性质,近似妇工会,其主要任务是在渔、农民较暇季节,经常派队员赴各僻远乡村,对民众作宣传工作,如抗日的意义,妇女放足,幼童上学,孝敬父母,敦亲睦邻,注意清洁,破除迷信,支援国军,等等。凡所到之处,由地方政府或当地驻军事先通知,届时集合观众由劝勉队员——打鼓、敲锣、唱歌、演戏——先引起观众的兴趣,再穿插上一段宣传的短剧,每次以两小时为限,各演员很卖力,也很热闹,惜为时不久,因日军进攻而停办。

3. 复建县中

沔阳县城原设有初级中学,是个有名无实的学校,学生寥寥,教师也是东拼西凑,为时不久,于民国二十八年(1939年)因战事而消失。自我师驻沔以后,地方政府及热心教育人士,再倡议将初中复校。经兴革委员会建议于劲公,承慨允协助。随派员召开沔中复校会议。勘定三官殿为建校地址,大兴土木,不数月,课室、礼堂、操场即告落成,聘教师,招学生开学。这是地方上一件大事,劲公曾邀我前往参观。我写到这里,忽想起一段小故事:我于1970年服务台湾省台中市电台时,因公访台中师管区司令魏××(陕西人),而识其副司令萧××(沔阳人)。彼以与内子同乡之故,情感上也就自然比较接近。在谈完公务聊天时,他问我:"你是否在沔阳住过?"我说:"住过。"他又说:"我认识你,你是一二八师的侯团副吗?"我说:"不错。"他说:"我是沔中的学生啊,有一天你同王师长到我们学校参观,那时我们正在放学回家,你看见我上衣荷包盖脱线,开了一个小口,对我说:'服装不整齐很不好看,你的荷包盖开了一个小口。你不注意缝好,我再给撕大一点,你回家就注意缝了'。随手将我上衣的荷包盖开口撕得更大了,你还记得吗?"我仔细地回忆一下,对他说:"好像有这么一回事。"时隔近五十年矣,那时我是一个中校团副,他现在当了上校副司令,但他和我对这点小事还都印象深刻。

劲公在他匆忙之中,犹热心出钱出力为培育青年而兴校,其爱护地方之心,可见一斑。

4. 便民缴赋

我师驻汉沔期间,以距中央辽远,况是游击地区,补给不便,加以收编游伪部队为数不少,因此粮饷不足。在迫不得已的情况之下,只有洽商地方政府并报请中央核准,就地筹饷。地方民众完粮缴赋,一向集中县城,距县城僻远地区的人民,当天不能往返,多感不便。劲公为使人民缴赋能节省时间计,即每届完粮缴赋时期,在各乡镇设临时专责收赋人员,专办其事,人民可就近缴赋,当天可以往返,并规定缴交现金或以谷折合代金缴交均可。此种变通措施,人人称便。

5. 严禁代书敲诈

我国在抗日期间,汉沔地区农民教育尚未普及,文盲很多,一般人民完粮纳税,遇有纠纷诉讼,仍需求人代写书状。以此,代书职业自古有之,也就等于现在的律师、会计师、房地产代书等。政府虽订有收费原则,但这些代书者良莠不齐,有的未能遵行,擅向善良苛收,乡愚不堪其扰,又无解决的好办法。劲公获此消息,派人洽商县府对代书资格品行,严加考管;订定合理收费原则,公布执行。对故违者撤销执照并加惩处,由此肃清代书敲诈恶风。

6. 严惩贪污

古人说:"文官不爱钱,武官不怕死,天下治矣。"真是名言。如能确实实行,则政治清明,天下定矣。惜文武官员良莠不齐,清者自清,浊者自浊,致各级政府以及社会团体,对贪污之事,时有所闻。地方政府,以及我师各级官员中,亦难免有见利而以身试法者。劲公为防微杜渐计,倘有所闻,必查虚实,如属确实,即予严惩,并公布两句警语:"吃饭不做事的人,是国家的罪人!营私舞弊的人,是我们的敌人!"通令官兵及地方政府官员,各体斯旨勿违!试观古今中外,凡一国之亡,一团体失败,多肇因于此。劲公布此警语,意义非常重大。

7. 严戒鸦片

鸦片烟亦名芙蓉膏,还有罂粟、鸦片、烟土、黑货等名词,其为害我国至大，尤以清朝末年，官员以及庶民多染此癖，乐而不倦，其精力多消耗于此，吸者虽感有一时提神之效，然不察其戕身体之毒已暗藏于无形。致怠忽职守，甚至倾家破产，男盗女娼，贻害终身，祸延子孙！

林则徐明智禁烟，曾焚毁英商鸦片二万余箱，引发中英之战。遭昏庸无能的清政府贬放，致丧地辱国。然若清政府能认清鸦片为害之巨而支持林则徐抗英禁烟的政策，则鸦片为害我国可能消形灭迹矣。

劲公深知鸦片为害之深，所以在其辖区决心禁烟。惟我师组织，分子复杂，在中、上级正副主官中亦有极少数染嗜此癖者。劲公鉴于法应从上施，随严令禁烟，凡贩卖以及吸鸦片者，均予以重惩或死刑。令出法随。我所知道的曾有一旅长夫妇因吸鸦片被囚于地牢，一团长、一营长、一营副、一顾问被枪杀，从此其辖区再无人敢蹈法网。

8. 疏浚河川

民国三十一年（1942年）秋，某日劲公邀我随其视察一仓库区。该区有军粮和重要军用物品，视察完毕之后陪劲公进餐时，谈到沔阳地区水灾之事，应早预防，以湖沼棋布，河道淤浅，倘发生水患，我们部分仓库，将难免为水所浸。如能早为防范得宜，不但可减低水灾，也可使舟楫畅通，商旅方便，繁荣地方，增辟土地，有利生产。劲公频频点头，颇以为然。当时就说："这是一件重要的大事。你就洽地方政府去办吧。我回去就函洽有关单位协助。"劲公此种明快的决定，不愧为军人本色。我的腹案中是先勘察监利县属的下车湾长江堤防，如何予以加强，以此处堤防溃决，监、沔、汉遂成泽国矣。次再疏浚主要河川。以上均拟于涸水时期以兵、农、工合作施工，期以三年完成之。可恨日军提前发动攻势，我师于次年春战败，上项计划遂成泡影。

后　语

我将劲公轶事文脱稿以后，正拟撰写"后语"，苦思无适当话题。正在此时，忽接从未通信的老同事闵尚志同志由陕西省政府参事室寄来一封长信，信中并有劲公夫人孙仲铭女士附笔问好字样。我随即各复一函。旋接闵君复信，附劲公生前玉照及仲铭女士复函（如另件）和玉照，我凝视再三，如见其人。忆当年追随劲公近八年之久。对其夫人虽有数次在远处看见,但均未能识其庐山真面目。今承寄函和玉照并略示劲公生前及家庭状况,真是奇事、奇缘。

我抚今追昔,感慨万千!世事如白云苍狗,变幻莫测,也像劲公生前理事的奇异想法一样。时隔四十余载,今见劲公遗照,神采奕奕,目光炯炯,威仪一如当年,惜已永别人寰矣。

引用古词一首,权充"后语"的含义。词曰:"滚滚长江东逝水,浪花淘尽英雄,是非成败转头空……古今多少事,都付笑谈中。"以示撰文之感。

侯若愚撰写寄自美国加州圣荷西

1986 年 10 月 10 日

抗日战争中的一二八师[*]

许中和

我曾担任过王劲哉师长最后一任卫士长。1943年春,他被俘时,我只身逃走,回到了陕西老家。

王劲哉率部先后参加了豫东会战,武汉会战,并在汉、沔地区坚持敌后抗战达五年之久。现将我部的抗战经历,记述如下:

豫东战役打围歼

"西安事变"和平解决,全面抗战爆发。1937年我部奉命调往河南开封地区集结待命,整编为国民党新编三十五师,仍由王劲哉任师长,担任黄河、陇海、平汉铁路各一段的防务。后归属于程潜的第一战区,由商震军长指挥参加豫东会战,开往山东郓城,增援鲍刚的二十三师。在我部开至距郓城二十里地时,郓城陷落,我部奉命折回,参加围攻曹州城的日军。王师长亲临前线指挥,攻城那天下午,狂风暴雨,雷电交加,枪炮、坦克、飞机一片轰响,我军士气旺盛,冒着枪林弹雨,攻上日军坦克往里扔手榴弹,殊死拼搏,激战半日,因敌人武器精良,兵力悬殊,我部伤亡过半。这时传说日军已到考城县境,我部奉命于当日晚撤离战场。王师长率我部抢占考城,并派石杰三团长率部埋伏在曹州至考城之间的公路两旁和大黄集内外伏击敌人。次日晨七时左右,敌以一个加强连掩护六十多辆军用物资汽车,自曹州方向开来,车至大黄集外的公路时,我集内守军,当即开枪射击,将手榴弹扔向敌群。

---

[*] 原载《抗日战争中的王劲哉》,政协湖北省荆州地区联络组王劲哉史料征编组编,1987年内部发行。

我伏击部队向敌车队冲杀,敌汽车十七辆被烧毁,余部狼狈逃回曹州。此次战役,我部缴获战利品甚多。当时,石杰三团未撤走,遭敌两路增兵反扑,孤军死守大黄集,石杰三团长受伤阵亡,部队撤到兰封师部所在地。紧接着我师又会同几个兄弟师围攻三义寨、曲兴集的日军(两地驻有日军一个半师团,约三万多人),经我军数日围歼,日军大败,将重武器埋于地下,狼狈逃到黄河北岸。

不幸的是,正当我军围歼战获胜之时,徐州战役失利,中央军纷纷撤退。战区长官部命令我师坚守兰封三昼夜,掩护自台儿庄前线撤下的部队。结果我部坚守了五昼夜,使前方部队安全撤离战场。当我师撤离兰封后,日军已占领杞县、太康,我部只得在夜间从敌隙中突围,撤到周家口。因我师在此次战役中战绩卓著,战区长官部报请上级国民党中央,受到最高统帅部的传令嘉奖。

保卫武汉打阻击

豫东会战结束后,第一战区长官部后撤迁往西安,拟调我部为陕西警备师,王师长婉言谢绝,他说:"我们是中国军人,国难当头,怎能到大后方去,为国家民族立功效力乃我军人之天职。"故此我师拨归三十一集团军汤恩伯指挥,奉命开往江西丰城县集结。不久,因九江、瑞昌沦陷,武汉保卫战的序幕拉开,我师又奉命开至九江西边的瑞昌县山区阻击敌人。王师长当即派出一个五六十人的小部队,乘敌不备,夜袭敌后一据点,缴获日本大洋马六匹,小马十余匹,还给汤恩伯送去了三匹日本大洋马,此事在当时成为战场上的奇特新闻。

随后,我师又奉命开往瑞昌西边公路正面的和尚垴山地布防,王师长亲临阵地视察,当晚在我营部住了一夜,营长张玉秀向师长汇报了前沿情况,电话彻夜不断,师长几乎一夜没有合眼。黎明前,师长写了一封信,里面还装有汤恩伯的电报,叫我送给三团一营营长李保蔚(黄埔四期学生),然后又由李介绍我到离前线阵地十里之处的第三师师长黄杰(黄埔生)那里,借回十挺轻机枪和五挺重机枪,以加强我师的战斗力。在和尚垴的一仗打得非常激烈,王师长亲临第一线指挥作战。战斗中张玉秀营长和几个随兵,被敌炮弹击中,血肉横飞,惨不忍睹。因我军打阵地战武器火力不足,又奉令转移到西边的高山地带布防。山下是通往武汉的公路要道。当时王师长命令一团团长李俊彦指挥两个团(一、二团)六个营的兵力。负责堵击沿公路西犯的日军。李团长亲临前线指挥作战。我时为一团一营营副,三个连不足百十人,二、三两个营均无营长,二团团长生病,只有三个营长指挥作战。虽然我兵力不足,但士气高昂,浴血奋战,坚守阵地达百日之久,进行大小战斗十余次。直至武汉失守后,完成了阻击任务,部队才转移到了咸宁附近山区待命。汤恩伯在总部召开的一次军事会议上,一再称赞我新三十五师在此次战役中打得好。为此,汤报请统帅部将我师改编为国民党军第一二八师。

识破汤恩伯　挺进汉(阳)、沔(阳)

汤恩伯系蒋介石的嫡系亲信,他的部队武器比较精良,兵员比较充足。他对国民党中的"杂牌部队"经常采取整编、改编等方法,对其高级军官调职或明升暗降,进行打击和吞并,以消灭异己。抗战中,汤就把豫军一一〇师师长张轸升为十三军军长,另派一亲信担任该师师长,对张名为升职、实则削兵权。对川军一九三师师长×××,调任一补给处处长,也削了兵权。对川军二十三师师长鲍刚也采取此手段削了兵权。汤把"杂牌部队"的高级军官削权之后,再逐步更换原部队的中下级军官,以达到他彻底吞并"杂牌军"之目的。为此,军中称汤恩伯为"汤剥皮"。

我师到达咸宁地区之后,汤恩伯决定调王师长到湖南浏阳训练新兵,部队由副师长代理。并请师长即刻到总部开会复命,其阴谋当即被王师长识破。王在电话中与汤据理相争,坚不到会复命,另派一副师长赴会。王师长抗命拒不赴任,自感汤恩伯决难容忍,迅速将所部撤离汤的防区。整编队伍,将李俊彦的三八二旅第一团改为七六四团,由李法典任团长;第二团改为七六三团,由任兰圃任团长;古鼎新的三八四旅七六七团,先由李保蔚任团长,后为李钰亭,七六八团由赵天时任团长,补充团团长为程权五。部队整编后,在长江以南的通城、崇阳山区和蒲圻、嘉鱼等地与日寇打了一段游击,于1938年冬过江,挺进到汉沔地区,师部先后设在彭家场、仙桃等地。这时被国民党十三军军长张轸诱骗到河南南阳的原我师七六三团从随枣战役中拉出,到仙桃重归旧部。

王师长率部挺进汉沔地区后,我先为王的卫士长月余,后被任命为特务营一连连长、营长等职。我师初到汉、沔,即经常出击日、伪军。为了动员民众,扩大抗日力量,在军事上除对原部队加紧操练外,还积极收编伪军和地方游杂部队(如收编伪军苏振东部和游杂部队周兴部等),招收青年学生,征募新兵,成立军事训练大队,培养军事骨干,使我师力量迅速壮大。在政治上,举办地方行政人员训练班,培训区、乡、保人员,完善保甲制度,清查户口,登记造册,建立民哨,检查行人,整顿地方治安;制订爱国训条,进行抗日救国的教育,辖区之内,妇女老幼,人人背诵。

击败日酋　大张军威

1941年春节前后,日寇调集联合兵种六千余人,并纠集两个军的伪军和金亦吾的部队,向我驻仙桃师部所在地进行围剿,我军因兵力分散,敌众我寡,主动撤出仙桃、沔城和峰口,实行焦土抗战,火烧了沔城、峰口,使人民的财产受到了极大的损失。之后,师部移驻监利县柳关。

1942年五月间日军驻武汉军团司令命新任武汉警备司令河野率步兵五千余、骑兵二千余、坦克四十辆、飞机三十架向我驻地围攻,限在三五日内消灭我师。战役开始,河野集结日、伪军万余人于仙桃地区,并将指挥部设于仙桃镇。战斗打响的前一天,日军先用飞机投放传单,进行恫吓和诱惑。第二天,日军向我第一道防御工事展开进攻,三十架日机对我防地进行轮番轰炸,我军凭借工事,以轻机枪、步枪、手榴弹等武器进行还击。头一天,日军伤亡三百余人,被击毁坦克四辆,三天时间才攻下我两个工事。由于敌我武器装备、兵力悬殊,我军且战且退。第三天下午,敌炮已打到百子桥左前方的湖垸之内。傍晚时分,枪炮声暂停,王师长由一排卫兵护卫,还有卫士和我,在一河堤上散步。他坐在草坪上,独自思考,这场战争怎样打下去?不一会,师长猛跳起来说:"快回师部,有办法了。"回到师部,师长速令参谋向各团营连下达紧急命令,每团选派奋勇队精壮士兵共百余人配备精良武器,组成三十或五十人的数支小部队,会同增援部队,指定攻击地点,夜袭日军防地。午夜时分,一声令下,我军按预定计划向日军各个据点展开了猛烈攻击,枪炮声响成一片,打得敌人张皇失措,伤亡惨重。河野下令日军退到白庙。据各团营上报,此次战役中,日军伤亡一千八百余人,并在白庙将死亡日军尸体烧毁。日军败退后的第二天,王师长命我带两个排的兵力,配合李钰亭的七六七团追击日寇,一举收复峰口等地。日军败退后,自武汉派飞机到百子桥上空投放传单,传单上画了一个铁笼,里面装了一只老虎,还写道:总有一日非把王劲哉装在笼里不可。传单由河野署名,我拾了一张交给王师长看,师长一笑置之。

　　蒋介石在重庆得知我军大败日寇的消息后,立即派了他的中将参议马青苑送来金质抗日勋章一枚,师长对马说,蒋介石不补充我武器弹药,要这"勋章"何用,师长拒绝受勋,马青苑扫兴而归。

杀掉日军来使　抗拒陈诚命令

　　1941年春,师部移至监利柳关后,驻汉日军派来使者三人,到师部同王师长谈判劝降,并以高官厚禄相许。师长拒绝投降,当天晚上,师长就派人将这三个汉奸杀掉了。

　　王师长杀掉那三个汉奸使者之后不久,第六战区司令长官陈诚派其总参议刘××,在长江边陈的防区给师长打来电话,说刘要到我师检阅部队,并声言陈长官命令:一二八师系汉沔地区的部队,柳关以南不许活动,命一二八师部队迅速撤回汉沔,否则,将予进剿。师长在电话上再三向刘恳求(刘在讲武堂任教官时,师长是刘的学生),讲了我师在敌后抗战兵员伤亡严重,弹药补给困难,目前不能撤离防区。刘讲,你说得很对,但这是陈长官的命令,念及你我师生之谊,你必须设法先退出柳关,否则,我难以复命。这时,陈诚已派五十三军的两个师(原东北军)和金亦吾的挺进总队向我防地进逼,大有一触即发之势。师长在电话上故作姿态大声呼喊李参谋长(使刘参议听到)火速调集兵力,并讲有人想消灭我们,要叫敢来者试试看,又对刘参议讲:"老师如不能和解,后果只有陈诚负责了!"说完师长放下耳机。又立即打电话到五十三军一三〇师(原东北军)找到王副师长,师长对他讲:"咱们弟兄的部队都是'杂牌'军,像没娘的娃,你的家乡(东北)沦陷,无家可归,寄人篱下,哪能中国人打中国人呢?"好像把王说得掉下了热泪,王大声深情地说:"请兄放心,我决不会做伤害良心的事!"时已是午夜十二时。至三时许,王的一三〇师开始向南撤退,天明情报讲,该师已南撤三十余里。金亦吾的部队更是逃之夭夭了。

最后一仗 全军败散

1943年春节前后,日军纠集强大兵力,号称十万之众,由我师叛变投敌之旅长古鼎新为前导,兵分三路,一路自襄河一线,一路自长江边,一路自新堤方向,对我师形成了一个强大的包围圈。开始,师长估计错误,认为敌人是向西进,不是打我们的,谁知敌人襄河线与长江线的兵力合拢后,完全切断了我军向西的退路。自正月初三起,我军四面受敌,日军以强大的炮火和飞机向我前沿阵地猛烈轰击扫射。我前沿工事大都被摧毁,战士无险可守,浴血奋战达半月之久。在此紧急关头,新堤日军一部乘汽艇冲破洪湖防线直插柳关师部所在地区。王师长带我们卫队十余人,来到电话总机旁,适电话铃响,师长接电话问:"你是哪里?"回话人讲:"我是皇军!你是谁?"王答:"我是传令兵!"日军讲:"我军已将贵军全部包围了,请你们师长快投降。我们欢迎!"王怒斥道:"你们侵略我中华,惨杀我同胞,即使战至一兵一卒,我军也绝不投降!"师长放下了耳机。敌人猛烈的炮火即向我柳关阵地和我军最后一道防线发起轰击,敌军冲向我阵地,我战士奋力抵抗,直到正月十六日晨。敌机九架连续四次飞临我百子桥师部上空疯狂投弹扫射,炸死我警卫连战士三名。我师部办公室和一部分民房被敌机的燃烧弹烧毁。师长于是日晨,冒着敌机轰炸到西北方关圣庙督战,命我在百子桥坚守阵地。傍晚,我同一部分战士来到关圣庙阵地和排长张恒山一起向师长汇报了前方战况,工事被炸毁,战士伤亡惨重,无法抵抗。张恒山在柳关监护军需处时,老婆被敌机炸死,把一个吃奶的娃背了回来。第二天(正月十七日)敌军直逼关圣庙阵地。十八日下午,师长与参谋长张元明、副官处长蔡澄、军法处长史伯侨和刚从后方来的秘书长米暂沉(现为全国政协委员)等人商议,决定在天黑月亮未升起前向西突围。当时议定我连掩护师长突围。天黑后我把师长的马拉来,请师长上马,师长把我训斥一顿说:"峰口的部队还未赶到,我先走了,落个不仁不义,我不干!"直到凌晨一时左右,明月当空如同白昼,敌人的包围圈越收越近,我突围战士左冲右突,未能跳出敌包围圈。我们到廖家桥时,天已大亮,又碰上了敌人。我带领警卫战士抵抗,命张恒山排长保护师长到湖垸子去。我则且战且退,在湖中会到了团长×子彬。他带领一部分战士和马匹躲在湖水中,等待师长命令。这时,四面八方之敌已占领周围河堤,居高临下,向湖中炮击扫射。我军在水中坚持抵抗终日,日落时,湖中传来消息说,师长带了几十名战士,出了湖垸子,向官湾方向突围时遇上了大股日寇,激战半小时,不幸受伤被俘。未死士兵,全部被日军用刺刀刺死。战斗结束,我只身逃散,回到陕西渭南家中务农至今。

(杨绍祖整理)

一二八师在洪湖

闵尚志

国民党一二八师，原系杨虎城将军的部队，是杨的三十八军十七师四十九旅，旅长王劲哉乃十七路军战将之一。西安事变以前，我就在该部任职。历任班、排、连、营、队、副团长，军事教官等职。直到一九四三年春，一二八师抗战失败，王劲哉师长被俘，部队瓦解，我即离开该部。本文谨以转战洪湖地区抗日的片断回忆，撰写成篇。

西安事变以后，我部奉调河南开封整编，改为新三十五师，王劲哉任师长。1938年秋末，我部奉令参加"保卫大武汉"战役，在江西瑞昌、湖北阳新、通城、通山、咸宁等地，与日寇作战，归国民党第九战区司令长官陈诚以及三十一集团军司令汤恩伯指挥。由于杨虎城将军回国抗日被蒋介石扣押，故陈诚、汤恩伯对我部也有疑恨之心，百般歧视、虐待，企图分化瓦解，命令我部到湖南浏阳整训，拟将王劲哉升任副军长，另委派师长率领我部。此明升暗降，削除王劲哉军权之计，被全师官兵识破，故于行军途中杀死蒋介石派来我部的某副师长，决定脱离国民党的羁绊。同时派旅长李俊彦率两个团渡过江北，屯驻保康，以保存实力；王劲哉率两个团在蒲圻一带开展游击战争，并向第九战区通电："我师坚持爱国抗日，愿在敌后游击，不赴湘省浏阳整训！"随即王劲哉自称"抗日义勇军"湘鄂边区总司令，脱离了第九战区。

我随李俊彦旅屯驻保康山区，后经国民党十三军诱骗开往南阳，最后在枣阳战役中，我七六三团被乘机拉走，而七六四团则被汤恩伯解散、分化。

---

* 原载《抗日战争中的王劲哉》，政协湖北省荆州地区联络组王劲哉史料征编组编，1987年内部发行。

1938年冬，王劲哉率部进入沔阳地区，我七六三团也随即回归沔阳。次年，沙市、宜昌等地相继失守，日寇扬言西进四川，南取长沙。此间，我部立足洪湖地区，成为日寇心腹之患；蒋介石也处于进退维谷，无可奈何之中，欲派兵进入该区剿灭我部，又恐嫡系部队被日寇消灭。于是采取坐山观虎斗之策，由军政部转第五战区司令长官李宗仁与我部协商，将我部划归五战区指挥，驻防原地，进行抗日战争，并委任一二八师师长王劲哉兼任汉沔游击区指挥部指挥官职务（该区包括沔阳、汉川、监利、潜江、天门五县）。至此，我部遂以国民党第一二八师的名义在洪湖地区开始了艰苦的抗日游击战争。

由于参加武汉会战，我部兵员、武器均耗去大半，损失惨重，在师部驻扎沔阳仙桃镇期间，部队均散驻各游击区，一面抗敌，一面训练，不断扩充兵额。经我部驻老河口办事处和五战区联系，把收编的陕西商洛惯匪古鼎新的四个营拨归我部建制，任命古为三八四旅旅长。同时，师部广泛地收编各地零星武装，收容零散兵员，千方百计地招收军官，广泛团结爱国志士以共同抗日。在军队建设方面，建立了军事训练大队，我那时担任新兵营营长兼任军训大队学生队长，除轮训基层干部外，还在各地招募学生施以训练，以增强军队素质，严明军纪，同百姓一道同御外侮。在战术上，最初不与日寇打硬仗，广泛开展游击战争，以零星小股部队与敌接触，灵活机动地消灭敌人。在行政、纪律管理方面，特别强调一切行动听指挥，严禁吸贩毒品、贪污盗窃、营私舞弊。总之，在军事、政治、文化教育诸方面，一二八师在洪湖地区的五年抗战中都作出了一定贡献。其具体表现如下：

一、军事方面：首先，为了抗战的需要，在军队建设方面采取了种种特殊措施，诸如有计划地整军、建军、收编、集训等。抗日策略的制定，都是以怎样有效地建立自己的军队和怎样有力地打击日寇为出发点。在战术上，则以沔阳、监利为根据地，以天门、潜江、汉川及汉阳西部建立外围据点，与敌作游击阻击战，暂时避免正规战争，以减少损失而作充分的蓄精养锐。其次，建立军事训练大队，下分军官队、军士队、学生队、进忠育基队。师长王劲哉兼大队长，参谋长、旅长分别兼任大队副。团长李钰亭兼任军官队长，我和副团长侯若愚等分任其他队长。军官队轮训营以下军官，两个月一期；

军士队是轮训班长级,三个月一期;学生队是六至八个月毕业;育基队是由本地区和陕西招收的十四岁至十八岁的学生,初为一个中队,后扩大为四个中队,这个队由我负责培训,施以文化、军事学习,毕业后分到部队,补充下级军官。第三,在训练内容方面,除施以军事技术、作战方法等外,还特别注重思想教育,其重心是树立爱国救亡思想,崇拜王劲哉是抗日的唯一领导者,仇视蒋介石嫡系对我部歧视、瓦解之策;藐视其他一切抗日武装力量,强调独立抗日,收复失地。师长王劲哉以"一要求"、"二进忠"、"三项"和"三绝对"、"四字"、"四口号"、"五到"、"十训条"为思想教育的中心内容,另以手令、训令教育全体官兵。其具体含义是:"一要求":即要求每个人积极主动地为抗日出力,不许做一天和尚撞一天钟。"二进忠":即自己进步、人群进步、团体进步、国家进步;忠于自己、忠于职守、忠于集体和国家。"三项":即爱国、良心、勤苦。"三绝对":即绝对服从命令、绝对与日寇拼命、绝对遵守军人纪律。"四字":即勤、廉、公、忠。"四口号":即营私舞弊的人是我们的敌人,吃饭不做事的人是国家的罪人,绝对能打胜仗,绝对能打敌人。"五到":即脚到、手到、眼到、口到、心到。"十训条":即重良心、尚道德、明大义、尽职守、爱团体、信命令、知待遇、要效忠、亲人民、卫国家。第四,不断扩大自己的队伍。具体方法是对汉沔内外以及其他地方的爱国或地方武装给予优惠,设法收编,以温和亲善的手腕逐步加强对他们的控制或分化瓦解。此外就是征兵服役,在后方招募官兵,建立新军,施以短期训练。第五,构筑坚固的防御工事,加强对敌策略,在交通要冲、战略要地,组织民工和军队构筑工事。所筑工事大小不一,务求坚固,使敌人的大炮摧毁不了。又设置民哨和盘查哨。各项制度严格,奖惩分明,要求内部人员不得四处游窜,使外部敌人、汉奸难以入境,并且时常清乡查找坏人,健全户口法令,使敌人无可乘之机,巩固和扩大游击区域。此外,还不断加强对敌伪分化瓦解:对被俘日军,一般情况下都送上级机关处理;对战场上击毙的日军尸体,一般交还日方,并积极争取伪军投入抗日洪流。五年时间,我部在洪湖地区和日寇作战比较频繁,其中规模较大的战斗有十多次,使日寇感到棘手和头痛。仙桃镇的日寇官兵给王劲哉取了一个诨名,叫做"秋天的老椒辣——吃不了吞不了的狠东西"。因此,从1942年秋天开始,日寇修通汉沔公路,运来大口径炮参加战斗,以致我部失利。第六,加强后勤方面的建设。在洪湖抗战期间,我部曾设立过兵工厂、被服厂、修配厂,自己制造迫击炮、六零炮和各式手榴弹及其它后勤军用物品等。此外,还设立关卡,征收税款,以补军需之不足。

二、政治方面:首先整编、完善组织机构,调整人事,建立区、乡、保、甲组织层层负责制。乡以上干部由汉沔游击指挥部委派。在王劲哉主持期间,洪湖抗日游击区的政权建设基本上实行的是集权制。王劲哉亲自颁布法律、命令,他立法严,执法更严,重赏重惩,杀一儆众,百姓莫不畏其威也。有一个时期,日寇大量派遣汉奸特务潜入游击区破坏捣乱,王劲哉命令军民密切配合,消灭潜入之敌。由于游击区森严壁垒,致使日、伪军数次进攻我部皆以失败而告终。此外,我部也不断地从精神方面瓦解敌军,如向伪军汉奸散发劝告书,让他们认清形势,分清敌我,走爱国道路,取得了一定效果。经过教育,一些汉奸前来我部自首。第二,戒烟、戒赌,除暴安良,严惩吸毒、贩毒人员。对于违反禁令人员,一律严惩不贷。为了贯彻执行禁令,由指挥部劝勉处(宣传机关)组织学生进行宣传,我也带领学生到各地做此项工作。第三,大力开展爱国爱民活动,在我部辖区、县、区、乡经常组织各团体、学生进行爱国爱民宣传,慰问构筑工事的民工,还派出军队帮助农民耕种、收割。正因如此,才得以使我部在洪湖地区扎下根基。第四,合理地征粮、征兵、征役。关于这些,一二八师也是基本上按照后方统一的政策灵活进行的。征收稻谷、棉花、布匹以田赋为基础,征兵、征役以劳力为依据。

三、教育文卫方面。在抗战时期,洪湖地区民心不安,对于此项工作,区、乡也不甚重视。我部根据战时需要,开设了文教人员训练班,以军训大队教育内容为基础,以爱国抗日为重点,对学生加紧军训锻炼,使学生一面学习,一面作抗日宣传,并由指挥部劝勉处在各县学校协助学生联合下乡宣传抗日。对于教育界人士,则采取多奖少罚的政策,这对促进教育工作的发展起到一定效果。为了鼓励抗日志士的爱国热情,一二八师在沔阳峰口镇(现洪湖市峰口镇)修建了一座抗日烈士陵园,安葬阵亡抗日官兵。王劲哉亲自为烈士陵园题写了"以己身报国,为死者复仇"的对联,对于安慰死者,鼓励生者积极投身于抗战起到了一定作用。

但是,当时驻防天门田二河的三八四旅旅长古鼎新酷嗜鸦片,治军不严,对部队的战斗力影响很大,官兵几乎个个敲骨吸髓,吃喝嫖赌,弄得防区十室九空,民怨沸腾。王劲哉为了维护他"令必行、禁必止"的军威,总想撤掉古鼎新旅长之职,而古对王亦萌有离叛之心。此间,国民党第六战区司令长官陈诚,鉴于王劲哉桀骜不驯,难以驾驭,采取以毒攻毒之策,密令古鼎新杀掉王劲哉,事成之后师长由古接任。而王认为古为人诡谲,决心将古除掉,授意驻防天门的潘尚武旅长相机行事,不料此计为古所悉,连夜潜逃脉旺嘴投降日寇,并向日寇献计献策,愿立功擒王。

1943年春天,日寇调集了大量兵力进攻洪湖地区:一面从沙市进逼白露湖而下,一面沿长江和汉水往上推进。古鼎新把这当作为日寇效力和报仇泄愤的时机,甘当日寇先锋,配合进击王劲哉。由于古对一二八师防线的部署、兵力配备、部队位置及战斗力等均了如指掌,在此战役中,日寇由古引导,绕过防线直驱王劲哉的司令部。王腹背受敌,见败局不可逆转,遂率残部败逃洪湖,为日、古搜索部队所俘……

总之,一二八师从西安事变到武汉会战,饱受了国民党排除异己之苦,部队所存无几。作为一支经历游击、发展、壮大以至最终消失在洪湖地区的抗日武装力量,在抗日战争严峻的岁月里,为中国人民抗击日本帝国主义侵略的历史写下了不可磨灭的一页。它不仅牵制、消灭了日寇大量兵力,而且粉碎了日寇妄图取道华容进攻长沙的计划,为赢得长沙保卫战的多次胜利、推迟日寇南侵做出了一定贡献。由于数年来在洪湖地区抗日斗争中的胜利,滋长了王劲哉的个人崇拜、我行我素、独霸一方、自立为王的思想。他既反对国民党蒋介石政权及嫡系保皇派,又仇视亲日派的汪精卫伪政权,更仇恨日本帝国主义的侵略,他的眼睛越打越红,连主动争取他一道抗日的共产党领导的部队,他也拒而远之,说他们存心不良,甚至兵戎相见,打得互有伤亡。在他的心目中,认为国民党是敌人,共产党也是敌人,汪伪军更是敌人,日寇则是头号敌人,所以他一直自陷于孤立境地。可惜周恩来同志派米暂沉到洪湖做王劲哉的工作因故来晚了,如果王劲哉早接受共产党的领导,一二八师是不会惨败的。

(余志民整理)

一二八师纵横谈

侯若愚

我要分四个部分来说：(一)一二八师的来源；(二)王师长劲哉先生的为人；(三)笔者(以下称"我")与一二八师以及王师长的关系；(四)我对一二八师与王师长功过的持评。

(一)一二八师的来源

一二八师的原部队为杨虎城将军所辖第十七路军(杨虎城将军初归靖国军,总司令于右任先生,副总司令张钫先生,复归冯玉祥将军,于民国十七年即1928年脱离冯玉祥归顺中央。同年开赴山东,击溃山东巨匪刘桂堂而名噪一时)第三十八军(军长孙蔚如将军)第十七师第四十九旅(旅长王劲哉),辖部九十七团、九十八团、补充第一团三个团。该旅为三十八军的精锐部队,能征善战,所向无敌,威震陕甘。自民国二十五年(1936年)"双十二"事件之后,脱离三十八军直属中央,于二十六年春奉命移驻河南省巩县、荥阳地区,编为王司令军,归河南绥靖公署刘峙将军指挥。随后驻开封、杞县、太康、睢县地区,改编为新编陆军第三十五师,王师长兼开封警备司令,仍归刘峙将军指挥。任开封警备司令时曾奉命逮捕山东省主席韩复榘。民国二十七年(1938年)移驻商邱,归商震将军指挥,于是年五月间,开赴山东省菏泽参加抗日圣战。是役日军以精锐部队土肥原部强渡黄河攻菏泽,我守军商震部不支,先行撤退,菏泽失陷;我师原奉命援菏泽,攻至菏泽城外,以上级联络不够,未能将菏泽失守消息通知,致我师陷于菏泽城外,腹背受

---

* 原载《沔阳文史资料》第4辑,沔阳县政协文史研究委员会1986年3月编印。

敌,及至发现菏泽城上为日军时,已伤亡惨重,旋急撤退。幸得尚存一部分力量,奉命向某地集中,此乃本师参加抗日圣战第一次,以上级联络不畅而失利,也是王师长自带兵作战(内战)以来第一次尝到战败的苦味。我也是于是役中受重伤,转送湖北省枝江军医院治疗,暂时离开部队。我于九月间伤愈,闻我师已撤至湖北省通山及咸宁地区,参加武汉外围保卫战,即再赴前线。据闻,我师于撤出菏泽地区之役有功,奉蒋委员长手谕将我国军上海抗日一·二八的荣誉纪念日颁与我师作番号,改编为一二八师,辖三八二、三八三、三八四三个旅的番号。第三八二旅为本师原辖各部整编,第三八四旅为中央收编的陕西巨匪古鼎新部,该旅官兵均为陕籍,此为中央易于协调的措施。

民国二十七年(1938年)秋,武汉失陷,我师奉命渡过长江进驻汉川、沔阳地区,王师长奉命兼任汉沔地区游击指挥官,随后成立汉沔地区游击指挥部于沔阳仙桃镇,重新整编部队。汉沔游击区介于长江、汉江之间,为一锐三角地形,湖沼棋布,河流纵横,著名的大湖有洪湖、排湖、沙湖、青草湖、汈汊湖等。陆上交通,只靠沿河堤而行;水上交通,倚赖舟楫摆渡;对兵源、物资补给均极困难。在军事上而言,该三角地区为一死地。王师长原来为补充兵源计,于部队到达汉沔之后,随密遣旅长李俊彦(李为王师长心腹干部)率七六三、七六四两个精锐团及部分辎重溯汉江而上,秘密向襄樊挺进(此时我也随辎重队到达襄阳养病),企图在豫陕边区建立基地、补充兵源。该旅长率两个团到达襄樊之后,为中央侦知,即阻止其前进。并拨归河南南阳驻军张军长轸指挥,进驻南阳附近的赊旗镇。嗣以该旅内部失和,几将火并。上级借机将七六三团暂拨张连三旅长指挥(张连三原是河南巨匪为中央收编者)。该七六三团于二十八年(1939年)秋由团长任兰圃(苏联留学)、团副侯若愚率领脱离张连三旅,经由赊旗镇附近出发,沿桐柏山区日军、国军、"共军"夹缝之中以七昼夜的时间,行程近千里回到沔阳归建一二八师。而七六四团以李俊彦旅长生变而仍归十三军军长张轸指挥。一二八师于1939年获有立足地盘之后,以兵源及干部人才亟待补充和培养,我师长即着手成立军事训练大队于仙桃镇油榨湾,大队部及学生队设于甘露寺。

王师长自兼大队长，参谋长李德兴兼大队副，团长任兰圃兼教育长。下设学生队（亦称急基队）、军士队、军官队三个中队。以中队长及教官人才难求，故先成立学生队，次军士队，再次军官队。除学生队队员系当地招收18至25岁青年知识分子，施以六个月至一年的军事教育，毕业之后先分发各部队充任排长外，其余军士、军官队队员与各部队营长以下军官和军士轮流调训。此举对增进干部素质与充实战斗力，极有帮助。军事训练大队后以仙桃镇陷于日军，随师司令部移驻峰口，为训练最盛时期，自峰口失守，移驻戴家场之后，以环境所限，即行停办。

王师长感到自1938年奉命进驻汉沔湖沼地区之后，该区地形南有长江，北临汉江，东系武汉，西为荆沙，皆为日军所据，我师成为四面楚歌之势，且湖沼密布，日军、伪军、"共军"、湖匪出没无常，处境危险。所谓置之死地而后生，王师长为消灭肘腋之患，安定防区计，为生存保卫国土计，对少数日军进行突击消灭，对大部日军避免接触，对新四军以系友军互不侵犯（此点前新四军第五师师长，现国家主席李先念知之甚详），对其他伪军及障碍丑类，认为可招抚者即予收编，否则痛剿消灭。经年余的收编痛剿，大奏奇功，以此日军敛迹，伪军降服，湖匪无踪。自1939年至1940年间，计收编伪军潘尚武部为独立第一旅，苏振东部为独立第二旅，招抚潜江地区游击队倪辑五部为独立团，对伪军汪步青部正洽编中，又奉中央命令，将中央收编的河南巨匪薛豫屏部拨归我一二八师为三八三旅，再实行征兵补充兵源。在此三年间，一二八师共有三个正规旅，四个独立旅，一个工兵营，一个通讯连，至二十九年（1940年）监、沔、天、汉三角湖沼地区，自古以来，所有匪类，均被肃清；同时铲除劣绅、恶霸、地痞、流氓、滥民、赌户，办保甲，兴学校，浚河道，开农田，免苛捐，废杂税，人民得以安居，夜不闭户，路不拾遗。一二八师在日军四面包围、宵小环伺的恶劣环境中，自求生存，保卫国土，实非侥幸所得来。一二八师司令部及沔阳地区游击指挥部，于二十七年（1938年）先设于仙桃镇，次年以日军攻陷仙桃镇，即移驻峰口；二十九年（1940年）日军又攻陷峰口，再移驻戴家场乡间。迄三十一年（1942年）初，日军用飞机先轰炸师司令部及通信设备，继以重武器向我师各重要据点阵地猛攻，我师以通讯失灵,失却指挥功能,各部不能互相支援,王师长受伤被俘,古、潘、苏三个旅长通敌,以此惨败,我一二八师由此结束,曷胜浩叹！归于天意,降祸我国。日军以倍我兵力的陆海空约万余人先攻我师的理由,是因为日将进行常德地区大会战,我师以驻日军之背,日军为后方安全计,故先以重兵出击我师,以除后患。

(二)王劲哉先生的为人

王师长劲哉出身于西北军讲武堂,由排、连、营、团、旅至师长。他的为人分善与不善两方面来说,我对他很客观的看法是:善良的方面是刚毅、机警、勇敢善战,明是非,不贪污,为孙蔚如将军所器重,曾倚为"长城"。他于"双十二"事件中擅自脱离十七师直附中央,由此与孙蔚如将军关系断绝。其不善良的方面是凶悍嗜杀,恃勇傲物,他决定之事无人敢参与意见,我曾借机偶尔进言,也是胆战心惊。

(三)我与一二八师以及王师长的关系

1929年我初参加国民革命军新编陆军第十四师(师长杨虎城1930年改为陆军第十七师)第三旅(旅长孙蔚如)第九团(团长刘宗宽,黄埔第三期毕业)团部服务时,王师长任该团第二营营长,以公务关系略识其人。我于1931年被保送师部所办的陆军第十七师随营军官训练班(孙蔚如师长兼主任)接受军事教育,毕业后分发陇东绥靖司令部第二旅第一团第二营第七连任排长,旋又被保送中央陆军军官学校深造,毕业后归队。以我团奉拨第四十九旅(旅长王劲哉),我任补第一团连长,以后一二八师在汉沔地区失败,其间我曾任营长、团副、旅副、旅长等职。在任团副及副旅长期间兼作训练与构筑工程的工作。迨1941年日军向我师进攻之前,升为独立第六旅旅长(原旅长系参谋长李德兴),1943年春,对日战争中我于监利县柳关受重伤被俘,前后十年由此结束。

(四)我对一二八师及王师长驻监、沔、天、汉三年功过的持评分述如下:

1.王师长劲哉先生,服务军旅以来,很少打过败仗,王师长在汉沔三年对俘虏日军的伤亡官兵，一般给予送还，我们不可以成败论英雄，王师长劲哉不愧为一杰出的将领。

2. 王师长的缺点是过于凶悍、嗜杀，举三事如后。

A. 暗杀谢副师长

我师驻防开封附近，编为新编陆军第三十五师之后，中央派谢某（忘记其名）为副师长，谢系刘峙将军亲戚，且毕业于黄埔军校。新官上任仗势而骄，有谋师长职位企图，为王师长侦知，即命心腹李俊彦旅长乘机在前线将谢暗杀。由此获罪中央部分主管，对王师长处处掣肘，事事刁难，同时使李俊彦旅长寒心。此为我伤愈后重赴前线在咸宁所闻之事。

B.C. 王师长枪杀其师刘汉文及团长李保蔚

刘汉文为王师长在讲武堂上学时的教官，由陕远道来沔投靠王师长。王师长予以师部顾问名义，刘有阿芙蓉之癖，王师长屡诫无效。为贯彻其戒烟令计，即用刺刀杀死。以刘与古鼎新旅长是同乡，加之王师长在峰口司令部枪毙其多年伙伴李保蔚团长（原因不明，传说是以李嗜鸦片或贻误战机），古鼎新旅长曾跪地求饶，未准（当时我也在场目睹实情，现在写述如在眼前）。此次双杀，增加古鼎新反叛的思想，乘机投敌。

以上三杀固属咎由自取，或以触犯法网，但以情而论似属过分。

3. 以所属对其命令的执行，容有偏颇，致受冤屈而死者亦有所闻。实行焦土抗日而火烧沔阳县城，是一大错。传说王师长已故，如其有灵，应该忏悔！

附记：我在台湾时，曾承前第五战区副司令长官孙震将军见示（他对一二八师处境极为了解）：一二八师孤军对日作战，我长江江防司令郭忏未予支援，致遭惨败，对我军常德会战影响甚大。蒋委员长非常震怒，曾予郭忏记过处分等语。由此可证明中央当局对我一二八师的重视。王师长在天之灵，可以安慰矣。

以上浅述一二八师的经纬，均属实在，除我之外无人能知如此之详者。惟年代已久远，我已届七六高龄，记忆欠清，对年月的忆述，难免与实际有出入。兹应王庆汉先生之请，勉打精神，戴老花眼镜，并由内子金少玉（沔阳县城下关头天门巷人)协助忆述于灯下。所记如有时间与地方记载不符之处,敬请贵编辑委员会参考实情,订正是盼。

侯若愚

忆述于 1985 年 10 月 10 日

美国加州圣荷西市

我所知道的王劲哉其人其事

唐良雄

前陆军一二八师王师长劲哉，率部驻防沔阳时，我适主持某地区抗敌工作，虽相距不甚远，亦只偶闻其名而已。民国二十八年冬，我因公返渝，往返经过沔阳，都是微服而过。去时，仅有随员数人，行李简单，更无长物，过境颇顺利；回时不但随行人众，且携有现款武器，故极费踌躇。当抵达老新口时，曾约监利县长郑桓武兄与高佩元兄等，共商过境办法，桓武方与一二八师为敌，极言王劲哉跋扈不可理喻，高兄亦无善策，于是我决定分批过境。首由我率卫士二人，购棕绳数大捆，暗藏部分现款分三马驮载，化装成商人经府场南下，余则分制夹底木船，暗藏武器，沿洲河而行，途中虽经王部哨所盘查，幸均无事。二十九年，我于消泗沟设一临时办事处，以便往来工作人员休歇。其地正当一二八师与伪八二师交争之衡，此来彼往不胜其扰，乃派唐良杰持军事委员会证明文件，往晤王师长交涉。其时，该师部设府场，另有一建设委员会由我族唐伯馨陔长亲李竹香分任正副主委，亦在近处，两人皆王所礼聘，颇为尊信，因嘱唐良杰先访唐、李托为介见。王师长约见询明来意后，但说："前线巡逻不便撤除，有事我当负责，不必过虑。"此外，寄语问好而已。交涉可说无结果，但其左右认为王于中央机关过境人员，从未有如此笑语款待者，可能因唐李两人先容之故。据唐良杰说，王之礼堂，只悬国旗，两旁挂有蒋委员长及王本人照片，各有题字，一为"你蒋委员长如抗战到底"，一为"我王劲哉誓死不做汉奸"。众信为王所亲题。

三十年冬，李果谌同志奉准参加伪黄卫军，任参谋长，暗中策划反攻，敌

---

* 原载《沔阳文史资料》第4辑，沔阳县政协文史资料研究委员会1986年3月编印。

对李颇怀疑，屡逼他率部进攻一二八师，他乘机与王师长联络，要我写信介绍，我适在鄂南，不及阻止，乃修一函致王师长，派杜矶星夜往府场，相机行事。幸而李部行至白庙遇大风雪中途折回，此信不知浮沉何所矣。

在二十七年至三十一年间，我和王师长之间只有过这样几桩间接的接触，并未见过一面。不过后来馨陔伯告诉我，王师长曾有几次谈及我，竟然举起拇指，频频点首微笑；大约他从别人口中略知我当时任务；亦可能由于性格关系，他比较同情踏实而苦干的人。

同时，我亦于别人口中，略知王所行所为。不过，由于各人爱憎不同有些传说恰正相反。一种人说，王劲哉为人极为残暴，动辄杀人，遇壮丁尤严酷，如有逃避兵役者，一旦捕获，立即以梭镖当胸刺毙，并株连其家属，旁及乡保。凡过境者不问官商，稍不遂意，即行杀戮，凡犯盗窃、斗殴、赌博等罪，罪不至死者，亦被打死，无一幸免。地方工作人员，被活埋者，不可胜计。另一种人又说，在他驻防四年中，盗窃、赌博、鸦片、娼妓等伤风败俗害民之事，皆已绝迹，凡学龄儿童应入学而不入学者，重罚其家长。严禁妇女缠足，至于民间夜不闭户，一种承平景象为民国以来所仅见。亦有人说，王劲哉和杨虎城同为行伍出身，终不免有江湖粗犷之气质。

我以为论人当论其大者，王劲哉是军人，受命抗敌，在很长一段时间中，他驻防在一个无险可守的地带，与敌人犬牙交错；他的士兵大半是就地补充之新兵，并非训练有素，武器亦非精良，他能在优势敌人多次进攻中，坚守他的阵地，寸土不轻让人，并且使敌屡犯屡挫，伤亡甚重，即此，也足以证明他有勇略，虽然他后来在众寡悬殊情形下，战败被俘，却并未投降，更未做不利于国家的事，即此又足以证明他亦明大义。历史上，很多起自行伍的人，只因其有明大义有勇略两大优点留名青史，往往比所谓正途出身的人，声名更为辉煌而隽永。

日本投降后数日，我到武汉，日军特务部长阿部宪兵司令美座来见，因谈交换俘虏事，偶尔谈及王劲哉，他们言下颇称赞其为人（王每次战后常将日军战死者用棺收殓，送还日方）。我曾询问他的下落，阿部等说，他们对于像王劲哉这样颇讲气节的人，一向加以优待，故王被俘后不久即恢复其自由，惟久已不知其下落。或说他被"共军"绑架至豫鄂边境，因不甘受"共军"利用，卒为所害，不知确否。但不管他是死于日军抑或是死于"共军"，像他这样有性情的人，在承平时代求之于士大夫中，亦难数觏，何况是乱世，又何况他是一个行伍出身的军人！假设修史的人重气节，他是不该被遗忘的。

唐良雄　七月二十二日灯下

《我所知道的王劲哉其人其事》作者良雄先生姓唐名新，别号良雄，湖北省沔阳县人，毕业于北大，任戴笠将军机要职务多年，后任南昌市长，抗日胜利后任美中最高情报主管，此文系在台湾于"民国"五十四年七月间请其对前中央陆军第一二八师驻汉沔期间功过的评估，特予附记。

侯若愚　识

日军占据仙桃的前前后后

龚茂发

1939年正月上旬的一天，日寇从汉江下游开出两只汽船，溯江而上，巡逻侦察，驶至龚家台，又于中午转头返汉。至此，日寇的魔爪伸向了仙桃。

这一年的9月17日中午，三架日机飞到仙桃上空盘旋几周后，投弹数枚，这是日寇用火力向仙桃进行侦察的手段。在这之前，驻扎在仙桃的王劲哉得知日寇将来轰炸的消息后，已提前两天命其部队撤离仙桃，向沔城而去。独王与几个贴身侍卫没有急于离开。王于17日早上7时许到英国教堂话别。王劲哉一跨进教堂的门槛，对着迎面走来的神甫深深打了一躬说："我对不住仙桃的民众，不能打呀！一打，仙桃的百姓就更加受灾受难了。"随即又派人把仙桃商会会长滕茂棠找来对他说："你要成立维持会，尔后我打回来了，不认为你是汉奸就行了，但你一定要周旋于日军和老百姓之间，不让日军闹得剧烈。我这次撤离仙桃，也是不得已的事呀！"王劲哉交代后，即率其部下二十多人也朝沔城方向撤去。

由这事看来，王劲哉虽生性暴烈凶狠，所为多有过分，但还能上明大义，下体民情，是个思想感情较复杂的人物，我们对他应予以适当的评价。

同日晚上，日寇由汉水乘三十余艘汽艇占领仙桃，却是水陆并进的。进镇后，烧杀抢掠，无恶不作。一闯进百姓住宅，首先将堂屋的中柱锯断，再把室内的家具砸毁，然后放火烧屋。是晚镇上火光冲天，一直烧到翌日中午，据不完全统计，全镇共烧毁、拆毁一千一百四十九栋房屋，其数实为可惊。流离失所、无家可归者遍地遍野，呼天嚎娘，惨不忍见。对全镇居民进行残

---

* 原载《沔阳文史资料》第4辑，沔阳县政协文史资料研究委员会1986年3月编印。

酷屠杀和凌辱，自不待说。据所知，片刻之间，鬼子光天化日之下明目张胆地强奸了妇女十多名，其中暗里强奸的无法统计。无辜杀害我居民肖桂生、郭又坤等二十余人。

同年①正月初四，一二八师王劲哉率领部队夜袭仙桃日寇，晚八时左右，双方对峙战斗至翌晨始停，达十四小时之久。文昌阁粮仓炸毁，龙华山、十全街民房全部烧光，小河街豆腐店董检宝，居民郭玉山、杨××中弹而亡，损失很重。这是日寇给我仙桃带来的灾难。

此外，日寇又对仙桃从经济上进行掠夺，开设了十五家大洋行，对居民颁发"良民证"，婚丧之事，也得经过所谓的"宣抚班"批准，从中苛索银钱，才能发丧举婚。

总之，仙桃被占领后，人民处在水深火热之中。

作者龚茂发，仙桃镇镇政府干部。

---

① 同年，当为次年。

我担任一二八师江监潜边区总指挥经过[*]

徐兴南

1940年春,王劲哉委派我担任江监潜边区总指挥,并继续兼任我的前职:龙南乡联保主任。所谓"总指挥",只不过空有其名,纯是王劲哉利用我在地方的影响而已。这年十一月,驻防当地的一二八师薛豫屏旅调走,我的这段经历随之结束。时光飞逝,往事淡漠,现将犹有印象者忆述如下,错误之处,敬请大家指正。

一、任职经过

我家乡肖桥在江陵县第四区龙南乡徐李市附近(现属西大垸农场)。龙南乡公所所在地徐李市位于江、监、潜三县交界处,下辖八个大保,大保下共设三十二个小保。乡联保主任即乡长。乡里有黄学会组织,每大保建一个大队,大队下有中队、小队,成员全系农民,不脱离生产。我家良田一百六十余亩,是当地的大户。祖父徐一钧,前清武秀才,父亲徐茂权,熟读四书五经,以教学为业。势因财而大,地方官匪对我家也畏惧三分。我十四岁习武,后又就读于沙市职业中学。"西安事变"后我回到家乡。不久,即被当地黄学会组织的各大队长和一帮绅士推举为联保主任。

徐李市一带的社会秩序非常混乱,历来匪患不息,早先是孙大谋、孙大智窜犯乡里,继而是漆彩亭、漆松柏骚扰百姓。带有浓厚的封建迷信色彩的

---

[*] 原载《抗日战争中的王劲哉》,政协湖北省荆州地区联络组王劲哉史料征编组编,1987年内部发行。

黄学会组织就是在这种形势下发展起来的,慑于黄学会的声威,地方土匪相继逃遁。我在这种情况下出来主持乡政,必须把主要精力用于黄学会了。黄学会对我的话有时听,有时也不听,当他们不听的时候,也奈何不得。1940年初,黄学会收缴了土匪二十多条步枪（他们自己所使用的武器一般是梭镖、大刀）,为讨好一二八师,我把这些武器送到了周老嘴。负责接收人是师参谋长李德兴。对我这种举动,他深表赞许,当即奖励我法币五百元,我与李德兴从此相识,我将这笔钱根据各地交枪数量按比例分下去了。

不久,一二八师委派我为江监潜边区总指挥。这当然与我主动送枪有关系,王劲哉也需要我这样一个控制地方势力的角色,"江监潜边区总指挥",权辖三县,还冠以"总",多大的官衔呀！其实既不拿军饷,也无兵可指挥,完全是一顶纸扎的高帽子！但我受宠若惊。

二、工作任务

联保办公室,设在徐李市街上,联队副徐兴烈,师爷一职由杨海芳、徐建树、徐兴阶三人相继充任,此外还有保丁五人,均无枪。1940年5月一二八师曾派师部副官孙荣富帮了一段时期忙,具体任务,大致有以下几个方面:

1. 汇报日军、伪军、新四军及国民党其他部队的活动情况。
2. 挖战壕,修堡垒。
3. 军队出发时,组织担架队。
4. 办好辖区内的余家埠、黄穴口、古井口和徐李市的四所学校。
5. 在主要交通道口设卡派哨,监视敌情和盘查过往行人。

上述军事、政治、文化、教育等工作,王劲哉都亲自抓,很少假手于人。他还注重教育。在我任职期间,他曾给余家埠等四所学校下拨教育事业补助费(法币)一百六十元。该师为学校编课本,内容大都是王劲哉的政治口号,如"吃饭不做事的人,是国家的罪人；营私舞弊的人,是国家的敌人"以及"重良心、尚道德、明大义"等。王劲哉对于军令、政令的贯彻执行极其严格,他专权、专制、专横,常说："中国人是奴隶,你说他不听,一打呢就听了！"他特别看重对各地联保主任的掌握,办法就是以联保为核心推行政令,有关联保的人事安排，都由他亲自指派或确定。这样一来，我们这些人的地位也就是显得高出三分，在地方说一不二，为所欲为。比如要民伕一百，九十九个就不行，限令六点钟到达的地点，五点五十九分到也要打屁股。如果说王劲哉是"独立王国"的国王，我们这些联保主任就成了当地的土皇帝。当时在群众口头中流传的什么"一二八，手段辣"，"宁可日本人过刀杀，不愿一二八来驻扎"等话，一半说明了王劲哉的冷酷无情，一半也说明了我们这些人狐假虎威，仗势欺人。老百姓对一二八师闻风丧胆，怨声载道，此其源也。

三、两次晋谒王劲哉

我第一次见王劲哉，也就是他正式委派我为江监潜边区总指挥后的五月间，虽然任命了职务，但他却没有给我颁发总指挥的关防，我怎好进行工作呢？于是我就与师爷徐兴阶商定，写了个请示报告，派人送到峰口师部，不久我收到回复。王在报告上批示："持此来见我。"我心中非常害怕，我以前听说曾有一位国民党区长，戴着眼镜穿着大衣去见王劲哉，王看不惯他这种官僚腐化样子，一时火起，打了他两记耳光，因为还不解恨，又把这位区长拉去戳了！我深恐发生同样事情，后悔当初不该冒失写信。通知既来，不去也是违令。经过考虑，我就将小分头剃光了，脱下大衣，扮成很朴素诚实的样子去见王。为了更加保险一点，到峰口后首先去见参谋长李德兴（此时李已从周老嘴回峰口），万一有个好歹，请李看在我曾主动送枪的分上给说个情。

见到李德兴后，他叫我马上去见师长，自己随后就来。进了师部，副官说师长正在打电话，令我稍等。不一会，副官叫我进去。我走进里间，王劲哉还在打电话，只见室内四壁，共挂有四排约三十多部电话机子。据说王劲哉打起仗来，一直指挥到排。有时他调动了一个排长，顶头上司的连长还不知道。这也证明了王劲哉要见见我这个小小联保主任，不是什么稀奇事。

王劲哉四十来岁，油黑脸，光头，一身灰棉布军服，很是平常，但深邃的眼睛闪闪发光，显得严肃吓人。等他打完电话，我递上他的"持此来见我"的字条。他掠了一眼，劈头就问："是哪个叫你们委派这多大队长的？"这是指联保下面的大队,大队长的委任状也是由师部下的。我说:"李参谋长知道。"正说时,李进来了,王问李,李说:"我曾向师长电话讲过。"王微领首,并用手指了一下脑袋,表示忘记了,然后回转身来很客气地对我说:"徐总指挥请坐。"稍顿,又说:"你们自己刻个关防。"他说还有几件事要处理,约我明晨再来。

次日,我如约而去,王劲哉首先向我询问了黄学会、地方士绅和薛豫屏的情况。他之所以问到薛旅,是因为薛被国民党中央收编并拨归一二八师管辖不久,他还有些不放心,接着说:"以后如有事就找李参谋长。"最后又批发了二百多本师编的教材,叫我带回去好好办教育。他说话不紧不慢,令人感到十分亲热。当时情景,至今历历在目,宛如昨天的事。我离开时,王劲哉一直把我送出门外,经过两道岗哨才停步。我请他回去,他站着不动。我走了一截路,回过头去,他仍站在那里目送我,频频点头。我又前行一截路,再回头,他还在那儿向我挥手告别,我的眼眶一热,不禁掉下几滴泪来!这时我体会到:王劲哉的性格不单是有勇猛凶狠的一面,而且刚中有柔,对部下有一股脉脉温情。这大概就是他的部下又怕他又心甘情愿为他卖命的原因。

我第二次与王劲哉见面是六月间。一二八师在峰口一所小学召集了一次行政人员会议,各区区长和联保主任参加会议,加上工作人员,共二百来人。开会时,每两人合坐一张课桌,像学生上课一样。王劲哉讲了话,主要内容是要联保主任应遵守一二八师的规定,不要剥削、欺压老百姓;对于各地"刁棍",必须严厉打击;同时要抓紧情报工作,及时递送,不得有误。他说:"只要司令我有办法,你们就前程无量。"会后,每人在原课桌上就餐,一人一菜,颇为简便。散会时,工作人员通知各区区长留下,我因是江监潜边区总指挥,也留下来了。原来王师长对我们这些人特别从优,来了一个小会餐。大家围坐在一张圆桌上,气氛甚为热烈。

四、士绅联名证告

在当时那种复杂的情况下,我为了推行一二八师的政令,自然有罪于穷苦百姓,也触犯了一些有钱人的利益。我初任联保主任时,家兄就说过准备用十四亩田的家产为我付官司钱,我说,我一不杀人,二不贪污,你放心吧。但是,总算被家兄料到了。王劲哉禁烟,我在徐李市街上收了约十条非常精致的烟枪,关胡台的绅士胡富昌等要用钱赎回,被我拒绝,反将烟具当面给砸了!胡对此怀恨在心。于是由胡领衔,有李善方、王运臻、史嗣银、徐芝寿等三十余人联名向一二八师诬告我贪污公款。一二八师处置贪污非常严厉,申言联保主任贪污十元即予枪毙。胡等控我犯贪污罪,就是企图置我于死地。师部指派驻余家埠的薛豫屏旅长查处。薛派他的副官主任李子刚通知我,将经手账目带到旅部,与原告三十多人当面对证。事情是这样的:当时联保办公室工作人员的生活费、办公费及来往客人招待费等,均需钱,所以我们就向各保摊派了一笔款子,而收支项目,账面上皆有记载。经查对,收支相符,全属诬告。李副官主任将查对结果电话告薛公馆,薛指示:"将原告全部扣押!"这时,我如趁此机会,落井下石,是完全有他们的好看的!但转而一想,时局这样动荡不定,谁能保证这里永远是一二八师的天下呢?冤仇宜解不宜结,反不如做个顺水人情。于是我又回过头来,向薛、李二人求情,希望他们高抬贵手,马虎了事。薛等理解我的心情,也便将他们放了。这段公案了结后,王将我与监利黄谭的联保主任进行了对调。

五、一二八师内部情况一斑

一二八师辖三八二、三八三、三八四共三个旅的番号,旅长古鼎新、薛豫屏、任兰圃,下辖十二个团(包括倪辑五的独立团),对外号称十五个团。团旅之间,有时也常你争我夺,互相摩擦:一、我将黄学会收缴土匪的二十多支步枪上交师部后,该师驻老新(属任旅的)张平海团(七六三团)听此消息,马上派老新联保主任田绍子前来要枪,我只好将实情告诉了田。他回后,来电话说,张团长要我马上到老新口去一趟,这当然不会是善意的,我硬着头皮前去,一见面,张就用揶揄的口吻说:"你这个联保主任,竟瞧不起我这个团长,我的手下不知放过多少像你这样的官咧!"在这种情况下,我知道软求是不能解决问题的,于是不卑不亢地说:"张团长您当然知道,我的委任状是师长签署的;至于枪嘛,您说迟了,如果早点说,可以一人分几支,反正都在王师长的麾下。"他听我这话出语不俗,明知后台有人,也便作罢。二、张平海团长看到要枪之事不成,过了几天,又派一个叫杨圣清的并带一姓金的副手来接我的事,我考虑不管怎么样,"总指挥"是师部委派的,"联保主任"是地方选举的,怎能随便交卸?但是不交又怎么下台呢?情急之下,我摇通了余家埠薛旅长的电话,问薛如何处理,薛说:"不能交,你是师长委派的。"我放下话筒,如实奉告。杨、金只好灰溜溜地回老新口去了。

以上两事,可窥一二八师内部矛盾之一斑。

六、薛部与黄学会的摩擦

薛豫屏,河南人,我与他打交道较多。当薛被国民党中央收编后还没有拨归一二八师之前,顶着国民党团长番号驻高小口(现潜江张金高口乡)时,只有一百多条枪,被当地的黄学会势力压得抬不起头来。听说薛部下有一营长的马吃了老百姓的青苗,老百姓仗着黄学会势力将马扣下,该营长派人去讨,老百姓不予理会,营长暴跳如雷地说:"即使我这个营长不当,也要与他们大干一场。"薛制止了这一场火并,但他同时也感到与其在高小口受制于黄学会,不如趁早归附一二八师,这样还可自保;王劲哉对此,当然求之不得。经过谈判后,王升薛为旅长,调至隔师部不远的余家埠驻防,薛部由高小口至余家埠头,必须通过徐李市黄学会的八个大队所辖的地盘,这事如果不得到黄学会的同意,就会受阻。薛豫屏派了副官主任李子刚前来与我洽谈,希望我们能提供方便。我考虑到薛部移防余家埠后,我们徐李市正在他的势力范围之内,锅里寻不到碗里寻,得罪不起,于是同意了。后来,对薛团准备通过的路线给黄学会打了招呼。但黄学会是没有经过严格训练、缺乏组织纪律性的乌合之众,对我的命令,并非完全遵从。所以当薛部有一个连在通过玉皇阁(现在老新徐李乡)时,被黄学会缴了械。黄学会将枪送来徐李乡公所时,我才知道此事。我怕事情拖久了惹麻烦,当即亲自带人将收缴的全部武器送到伍家场(现监利余埠区)交还给薛部。薛豫屏对我这一举动,非常感激,听说他后来在王劲哉面前,经常对我称赞不已,有一次薛对我说:"王师长很爱才,他夸奖你文武都很不错。"

薛旅驻下后,由于工作上的关系,我们常有来往。有一次,我去余家埠薛豫屏那里,走在街上,一伙士兵指着我说:"这就是黄学会的指挥头头,他杀了我们不少人。"他们边说边进了酒馆。我一听这话,浑身都起了鸡皮疙瘩:原来薛的部下对我是这样看的?!我深感自危,于是马上买了几十包上好香烟,追到酒馆去将烟往桌上一放,说声:"兄弟请,小弟如有不周之处,还望担待一二。"虽然我这样告了低,但天刚黑时,还是有人前来通知:"曾营长(薛部下某营营长)请你去一趟。"我估计要出事了,即刻找薛豫屏将此情况说明,薛说,"没有什么"。并派了秦副旅长同我一道去曾营长那儿,寒暄几句,就告辞了。

这事本来就算过去了,不知怎的这消息传到了肖桥,说是我已被薛部扣押。当晚十二时左右,各村黄学会发动起来,将整个余家埠头团团围住,剑拔弩张,大有一触即发之势!情况万分危急,薛豫屏打电话向王劲哉请示,王说:"不能打,一定要和平解决,黄学会由徐总指挥负责,薛部由薛旅长负责。"薛放下电话说:"我身为军人,与黄学会这般老百姓打仗,即使打赢了,又有什么光彩?"我立即向薛保证:"如果黄学会伤了你们一根毫毛,由我负责。"我当即写了个条子,派人给黄学会徐新烈、伍方章等几个大队长送去。不一会,送信的人回来说:"大队长们说薛豫屏扣押了总指挥,不见总指挥不收兵。"薛听后要派一个连的人护送我回去,我拒绝了。我一个人走到中岭上一个庙里,派人叫了几个大队长来,我说:"只要你们退兵,薛旅保证不动干戈,我可以用家小担保。"此时,大队长们已无法指挥情绪冲动的黄学会员,他们要我去当面跟会员们"交涉"。我又来到伍家场,命令四个大队长把所有人员带到一个大禾场里集合,我宣布:"在场的人统统站好,一个也不准下马(即请菩萨,充当马脚),凡下马者都要捆起来执法。"下马请神是维系黄学会这个群众迷信组织的生命,会员下起马来,即疯疯癫癫,声称按菩萨的意念行事,置组织纪律而不顾,甚至置生命而不顾。我坚决不准下马以便调解纠纷,于是解释:薛旅"扣押"我和我"反水"背叛黄学会都是谣传,薛旅是王劲哉师长领导的抗日部队,绝没有与黄学会过不去之意,只要大家领会我的心情,听我一番话,退兵后保证相安无事,在我讲这番话的时候,一些嗷嗷叫唤的黄学会员也平息下来。四个大队长鸣金收兵,时已深更,我亦返回余家埠向薛汇报。薛听了我的叙述,沉吟不语,忽又提议邀秦副旅长、王参谋长和我共打麻将,打了一圈牌,那个曾营长又来报告说:"黄学会围上来了!"闻听此言,薛把麻将往怀里一收,站起来问我:"你是怎么搞的?"事情再也无法挽回,我只好充好汉地说:"你枪毙我吧!"薛知杀我无益,换了口气:"这些黄学会连他自己老子的话也不见得听,能听你的话?那我也没别的办法了。"薛一面替我解围,一面下令:"打!"

这一仗,以徐李的黄学会彻底垮台而告终。黄学会的武器全部收缴,并由徐李各保筹款三千元,送给薛旅作"慰劳"。十一月间,薛部调走,我也无法存身,遂投奔金亦吾部,当了一名上尉副官。

七、薛豫屏之死

1943年春,由于古鼎新的叛变,一二八师全军覆没。我在金亦吾部队与日军的一次战斗中负了伤,就偷偷地回到徐李家中隐蔽。这期间,一二八师参谋长李德兴也率残部败退到徐李市一带来了,被日军逼得走投无路,集体缴械。我当时正在养伤,不能动弹,与李未有联系,倒是薛豫屏比较机警,在重重围困中,他竟然带着全旅人员向西南方向溜走了。以后薛到处游动,曾有两个方面的势力对他收编:一是国民党江防司令兼四区专员张振国,一是国民党一九七部队的丁司令。薛觉得丁的地位及势力均强于张,于是接受丁的收编,仍当旅长,驻沙市对江弥陀寺一带。丁、张、薛都是握有枪杆子的人,谁对谁也奈何不得,但却给薛留下了后患。

1947年阴历冬月二十七日,徐李市解放。此前,我是国民党赵蒋乡副乡长,在地方上做了许多对不起人民的事,恐被清算,跑到沙市,经原职业中学老同学宜都白洋区长史嗣海的推荐,在白洋长丰中学担任国术教员。

1948年四五月间,沙市尚未解放,当时江陵县长李少怀开办戡乱讲习会,我参加该会受训,受训期间,国民党宋希濂将军向我们讲过一次话,结业后我没有找到工作,一天在街上闲逛,忽然遇见了薛豫屏。相见之下,甚为高兴,薛邀我到他沙市九十铺一家两层楼上公馆去玩。来到薛家,见了他的太太,因为我过去曾同他们一块抹过麻将,彼此熟识,谈笑同前,也没有什么拘束的。可当我敞开衣服薛瞥见我胸前露有戡乱讲习会胸章时,顿现冷淡。我稍坐一会,便知趣地告辞了。

几天以后,我听人说在童家花园枪毙了一个薛旅长。出于对老熟人的关心,我特地跑到刑场去看看究竟,果然在六具处决的死尸中有薛豫屏,枪弹从头部射入,其状甚惨。

经过打听,原来情况是这样:薛的三位太太中的归太太,放出二老板,抢劫沙市同震银楼的金器首饰共七十二件,归太太贪心,独吞了全部赃物,二老板不服,故意泄露消息。这事很快就被张振国的侦缉队侦破。一天,薛豫屏带护兵一人,从弥陀寺回家,陷入张振国经过周密布置的罗网中。接着,侦缉队在薛家搜出全部赃物。从事发到处决,只经过短短几天。张振国作为一个行政专员,如此迅速地处决一位堂堂旅长,在旧社会是不简单的事。这不难断定,薛当初没有接受张振国的收编,自然是他这次致死的原因了。

(詹特芳、毛道海整理)

作者徐兴南,住潜江西大垸农场肖桥分场四队。

一二八师七六四团驻地见闻

王传早

我家住总口农场三分场二大队一队,这里的地名叫中沟,以前是个小集镇。与中沟一沟之隔就是我们王家滩村。村北一条洲河,可行船,沿着河堤上可到潜江城、岳口镇、刁家庙,下可到通海口、彭家场等地。中沟和王家滩同属沔阳县通海口区段市乡第六保一甲。王家滩村上有三十七户人家,一百五十多人。1939年冬至1940年春,王劲哉的一二八师所属七六四团进驻中沟和王家滩。那年我十七八岁,给七六四团筑过工事,送过子弹,亲历或目睹了该团在村里驻防三年的一些情况,现在就印象深刻的一些事,概述如下:

开口就是"以汉奸论处"

1940年5月的一天夜饭后,保长王道成通知甲长催人到段市乡公所开大会。甲长传令说:"凡十八至四十五岁的男人,一个不准少,都去乡公所开会,违者以汉奸论处!"在这一片吆喝声中,保长把全保的人星夜带到离王家滩五里远的乡公所会场。一进会场,就听到一个区队副提高嗓门吼叫着:"各保清点人数,只准进,不准出,就地蹲下,违者以汉奸论处!"昏暗中,模模糊糊地看到会场四周布满了荷枪实弹的士兵,士兵全着草绿色军装,一个个板着脸孔,像怒目金刚,这和平时我们见到的穿灰色军装的管子芳支队有点不一样,到会的人屏声静气,鸦雀无声,气氛紧张极了,但心里都在忖度

---

* 原载《抗日战争中的王劲哉》,政协湖北省荆州地区联络组王劲哉史料征编组编,1987年内部发行。

着:"世道变了,这是哪家的军队?"

餐风露"坐"整整一夜,翌日早晨六点左右,乡长刘品山宣布大会纪律"五不准":"不准讲话,不准吃东西,不准吸烟,不准戴斗笠,不准离开会场",末了又是一句"违者以汉奸论处!"刘品山说:"这次大会是欢迎王师长军队到来的大会,也是欢迎朱念武区长亲临我乡的大会。从今天起,我们全乡百姓都要敬仰王师长,服从王师长。王师长领导我们抗战,我们坚决不当亡国奴,违者以汉奸论处!"接着朱念武区长和一二八师的一个营长讲话,但除了"以汉奸论处"外,再也记不清说了些什么了。特别那个营长是北方口音,我们乡下人第一次听外地人讲话,很难听懂。最后还是乡长刘品山又讲了四大任务:一、全乡各保各甲立即组织农民义勇队,年满十八至三十五岁的男性除残废外,一律要参加,凡参加者每人自打梭镖一把。编制是乡为大队,保为中队,甲为小队,每中队选出一名当过兵的队员当军事教练指导员。二、各保以甲为单位成立民哨一所。民哨要求男性,十八至四十五岁,不要残废,每所民哨要有哨棚、梭镖、值日牌。值日牌是一块小木牌,平时挂在哨棚上,民哨换班时以此办交接手续。三、在驻军范围的堤道、狭路上,每两里筑三米高的土墩三个,以作敌进攻之障碍和御敌之掩体。四、从驻军那里领取小麦加工成面粉,保证军队不断粮。上述四项任务,要求两天完成,否则唯保长是问,并"以汉奸论处"。

这个会,从黑夜到天明,从早晨到晚上,一天一夜的时间里,参加会议的人被画地为牢,憋屎憋尿,舌干口渴,饥肠辘辘,不敢越雷池一步,会后,大家议论纷纷地说:"要谨慎一些,当心以汉奸论处!"

王家滩的哨所

王家滩的哨所设在村南头,全村二十八个合乎民哨条件的男人轮流守哨,四人一班,约六七天轮一次。担任民哨的人提心吊胆,生怕自己当班时发生意外。

王家滩距潜江城约三十里,潜江城内驻有日军,从1940年5月到1943年春将近三年的时间里,王家滩哨所的警戒范围内没有发现一个日军,但值勤的民哨却经历了比日军到来时更为紧张恐怖的情景,这就是一二八师驻军和乡保人员为训练民哨的警惕性,采取的一些使人不寒而栗的异乎寻常的手段。

一天夜里,邻居王传香守哨,乡队副杨元发带着区、乡、保五人联合查哨,当离哨所大约一百米远时,杨元发令保长王道成站住,自己带着其余四人一个冲锋,猛跑过哨所。王传香一阵惊慌,措手不及,结结巴巴地喊道:"干……干什么的……"杨元发回过头来,夺过王传香手中的梭镖,直朝王打去!其他人一齐对王拳脚交加,王当即休克,倒在哨所旁的河沟里,王传香被亲邻抬到家里后,杨元发还不罢休,又责令王道成把王传香送到区里"结账"。王传香连惊带吓又遭毒打,躺在床上昏迷不醒。天亮后王道成到乡公所据实禀报,杨元发大骂王道成"混蛋",并说"是死尸也要看一看",无奈,王道成只得用船把王传香送到乡里,经过验证,才勉强了事。

如此手段,笔者本人也领教过一回。那天,我与家叔王厚堂守哨,在伸手不见五指的黑夜里,我突然听到哨棚下的大桥"吱吱"响了几下,大喊几声没人应,家叔厚堂说:"这桥上历来闹鬼,不是人哪,放心吧!"话音刚落,就见两个全副武装的士兵冲到了我们面前,开口就骂娘,说我们放跑了从哨所通过的两个敌人,不容分辩,给我们一顿梭镖把!我的手被打肿了,腿被打跛了,这两个士兵还要把我们带去李家窑连部见他们的斜眼马连长。走到中沟街上,家叔厚堂对这两个凶神说:"长官辛苦了,我真对不起,腰中香烟也没有一根,能不能等一会,我去喊门买两盒香烟慰劳长官?"这两个兵未置可否,却停住了脚步,于是家叔敲开店铺子门,赊来八盒绿宝牌香烟给了他们,才把我们放回哨所。

我在写这篇史料时,询访了村里守过哨的人,结果是,在二十八个守哨者当中,大约有二十二三人被毒打过。这种情况直到1940年10月七六四团团长程权五率团部机关从通海口移防王家滩后始有好转。

驻防王家滩的七六四团所属单位有卫士班、传达班、副官处、军需处、电话通信排、医务所、直属步兵连、机枪连、骑兵连和炮兵连等,共一千多人。军队进村后,烧柴自己砍,面粉自己运,军民联合守民哨。有时民哨也帮军队送信,帮司务长上街挑菜、洗粪池。什么队长、乡队副之类的人也很少来老百姓面前逞威风了。有一次,那个狐假虎威、仗势欺人的乡队副杨元发来村里催月捐,要把甲长刘功成带走,刚巧被团部卫士郭新福见到,大伙就朝郭新福努了努嘴。郭新福会意,用木棍子狠打了杨元发一顿,杨元发哭着鼻子,喊爹叫娘,老百姓在一旁笑得前仰后合,拍手叫好,心头的怨气为之一抒。

王家滩的堡垒

1941年春,程权五团长下令在中沟和王家滩修筑四个堡垒,其中在王家滩范围三个堡垒的构筑位置涉及全村三十七户中的二十户人家,这二十户人家只得迁出村外,搭起茅棚栖身,让方圆五里内,大树锯倒,小树拔光,扫清障碍,破土施工。

王劲哉部队虽然抗日,但王劲哉的下属不懂得爱护人民,只知道把人民当奴狗驱使,所以他的抗日业绩未能被人民群众完全理解,至今一提起王劲哉,特别是一提起修工事,人们还怨声载道。

在王家滩和中沟修的四个堡垒,每个高二十米,底直径十五米,成圆柱形,主要的结构是土、砖、木(圆木、方木、板木)。堡垒分上下层,均有射击孔,顶端设置瞭望哨所,底部挖曲线战壕,与堡垒外的地道联结。四个堡垒通过地道连成一体,屯兵把守,本地人称之为"城堡"。城堡外挖十米深的水沟,以约三米厚的树枝覆盖,叫"护城网"。堡垒从里到外非常坚固。这四个堡垒从二三月间开工,到八九月间修成,耗费了大量的人力物力,使老百姓吃尽了苦头。

堡垒的材料,全是伐的民树,拆的民房,从王家滩到刁家庙、深江站、杨林口等地的大小道路上,运送木料的民工往来如蚁,许多林木掩映的村庄被毁坏殆尽。这些堡垒完全是老百姓用血汗甚至用生命构筑成的。在修筑过程中王劲哉的军队只是充当"监工"的角色,他们不能和民工同甘共苦,造成了军队与群众的距离,甚至对立。我们全村二十多人给步兵连修堡垒,有一天,一部分人在下挖土,一部分人站在陡竖的木梯上传土块,往上传的土块落到黄光柱手上散了,掉到地下,监工发现后,抄起棍子就朝黄直打,边打边骂黄是"汉奸",黄疼痛难忍,辩解说是挖的土块不够结实,而不是自己有意所为,监工又跑到土仓子里,将挖土的乡亲们各打了三棍子。我还看到他们借上工迟了为名,把一个保的民工赶到一个狭路口排好队,一个一个挨着打,打一个走一个,施工越是紧张,"监工"的态度越是凶狠。许多民工因为吃大麦、喝生水,得了肠道疾病,无人过问。一天杨林口、深江站的民工中暑倒下八个,死了三个。我家门板被"借"去七扇才抬走了那些不幸者。

段市乡束家剅有个姓胡的保长目睹民工惨状,生了恻隐之心,给本保为之修工事的炮兵连连副张运清送了钞票、香烟、鸡蛋等财礼,冀求照应。后来不知是谁在炮兵连高连长面前告了阴状,说某保民工不仅没有安排木梯上的高空作业,而且民工人数也少。于是高连长在收工时亲自清点民工人数,发现确实与要求人数不符,当即给带队的小队副一顿杠子,又命令小队副转告胡保长于次日带齐民工到连部候令。胡保长闻讯,还以为是给张连副送礼而开罪了高连长,于第二日早带人挑了鸡蛋、香烟等礼来到炮兵连部。高连长不但未接受礼物,反把胡保长打了一顿,直至动弹不得,用人抬回家。后来人们提起这件事就说:"胡保长送鸡蛋,屁股被打烂。"

军队内部一瞥

1941年冬,七六四团在中沟和王家滩的堡垒修成后,搞了一段军事训练。白天黑夜都是实弹射击、野外演习、防空防毒、紧急集合,紧张极了,把全团人马弄得像绷在弦上的箭。这期间,我们所谓农民义勇队也集合下操、跑步、齐步走、正步走、用梭镖练刺杀等等,尽跟着忙。每次操练前,都要立正高唱"三民主义"国歌,齐诵王师长的"重良心,尚道德,明大义,尽职守,爱国家,爱团体"等训词。到了1941年,七六四团大约有三次集中了全团兵力出外作战。他们在襄河沿岸,既打日军,又与新四军闹摩擦,还在蚌湖一带袭击过聂大辉匪部。这一年八月,该团在天门干驿与新四军闹摩擦的一次战斗中,听说炮兵连死了三人,伤十多人。退回防地途中,他们又在岳口对河的马王庙与日军一个小队遭遇,歼灭了这个小队,第一连缴获歪把子机枪一挺,掷弹筒一个,还活捉一名日军兵士。有一次打了聂大辉回来,村子里的人都看到他们带回来一个年轻女人。先是关押在团部,后来放在程团长跟前打杂。据说那女人姓蔡,是聂大辉部下的家属,程团长的太太吃醋,对那个姓蔡的女人极其残忍地用剪刀刺奶,用棍子捅下身,将其活活折磨死了。

七六四团从团部机关到连队,许多军官都私通女人,他们瞒着上级,把从通海口、潘家场、姚家嘴等地弄来的女人安排在驻地附近,常以值勤、查哨为名,寄宿在外。如卫士班班长朱秀山就把一个名叫张幺姑的女人安排在离团部半里路远的罗家台住,每晚去罗家台时,通过岗哨问口令,有时还训斥哨兵几句,装得像得很。又如驻我们村的骑兵连长(姓名忘记了)就把自己的姘头藏在堡垒内,后来怕上级追究,竟带着全连人马逃离了一二八师。

一二八师虽然军纪甚严,部属对王劲哉的训令也背得烂熟,但从七六四团的情况可以看出只是徒有其表,好像强按冒水的葫芦,未从根本上治军。像程权五团长这样的中上层军官不仅放纵部属抢劫、赌博,而且本人也是一个鸦片嗜好者。这大概也是军队的性质决定的吧。程权五与杨场、坡场一带的绅士钟扶益、程定邦结成朋友,接受他们的馈赠,又通过他们搜刮地方的钱财。他的第一连刘连长常深夜远行,以探敌情为名,行抢劫之实,其抢劫财物变卖之后,程团长都要坐地分赃得大头。团部副官处的汪副官、罗副官与地方土匪康禄松、王祖章、池建银等勾结,夜袭谢家场,杀了本师委派的乡长郝××,抢来银元、金器不少,全都私分。团长程权五派军需官任××去外地为自己购烟土,任××长期不归,团长抗不住瘾,任回来后,被程打得遍体鳞伤,住院一个多月。任一气之下,到师部王劲哉那里告了程一状,后经王劲哉派人调查属实,撤了程权五的职,软禁在百子桥师部。继任七六四团团长的是史耀先。原为七六六团某营营长,年纪三十出头,外省人。他上任后,采取了一些整军措施,比如严禁赌博、玩女人,甚至还杀了几个贩卖烟土的人。其中有一个是乡民代表,区署小队队长汤明白。这是1942年秋天的事。

两次逢险

1942年冬月的一天,我被派去给机枪连挑子弹,四个民伕,一人一挑,机枪连刘连副和两个士兵押送,据说子弹要送到襄北的干驿。我们天擦黑时到了沔阳束家剅,那个曾被炮兵连张连长打过屁股的胡保长就找了些人来换班。子弹交出去后,我一人提前赶到离束家剅十三里的父亲老家龚家湾过夜(父亲是王姓上门女婿)。后来才知交接班后,负责押送子弹的刘连副并未按时把子弹送到目的地,而是跑到萝卜台姘头家去了。史团长为此要将刘连副"军法论处",刘为了逃避责任,诬说是一个"姓王的"(指我)中途挑着子弹偷跑,为寻找而耽误了时间。史团长一听怒火中烧,一面下令将我父亲、爱人、小孩抓到团部,严刑拷打,关进地牢,要他们交人,一面派卫士在村里挨户搜查。我于第二日中午回到洲河边喊船过渡时,碰见了下河挑水的保长王传香,他告诉了我上述一切,叫我赶快逃命,家中的事由他们再想办法。我一听傻了眼,但又苦无良策,简单地向王叙述了事情的真相,转身便往北西垸的柴湖林里跑,一口气跑到湖中一所名为杨家庙的破庙里,庙中一个老尼姑听了我的诉说,十分同情,白天给碗稀饭我充饥,夜间在柴林里给我找个地方藏身。在我藏匿破庙期间,保长王传香及家中亲族一起为我找乡长刘品山说情,求刘品山请史团长的肖太太出来说话(肖是沔城人,刘认识);同时,刘品山乡长又亲自拜见史团长说明了原委。这样,史团长亲自向那两个押送子弹的士兵问清了实情,又把刘连副抓到团部死"扎"了一顿杠子,才放了我全家并宣布我无罪。刘品山乡长本来是为我们全家做了一件大好事,我感恩戴德。可是当保长把我接回家时,他却硬说要到乡公所开会释放。原来所谓"开会释放"就是当众二十大板,并索交了二十块银元的"草鞋费"!此次我家被整得一贫如洗,碗米无存,以上算是一险。

时隔不久,我在田里放火烧田时,因风势太大,把驻军从几百亩田里砍来做烧柴的茅草烧着了,邻居刘其传的一只刚上油的新船也被烧了,一下子全村驻军,全体出动,抢柴灭火。从村里传来的哭声、喊声、骂声、"抓汉奸"声,不绝于耳,我吓得心惊肉跳,缩在屋里动也不敢动一下!这一次如果是被查出来了,那是非杀头不可的!知道是我放野火的人,只有乡邻沈根柏,他守口如瓶,一字不说,使我再次幸免一死,我至今都感激他。

1943年的元月,日军向沔阳、监利大举进攻,驻守在我们中沟和王家滩的七六四团退过东荆河,不久,就听说一二八师在监利全军覆没。

(毛道海整理)

一二八师七六八团一营在尺八*

朱先发

1940年9月间，一二八师七六八团第一营在营长杨发祥的带领下，来尺八驻防。两个月后，二营营长梁学文带领三个连来接防，这三个连的连长是：四连长周文礼，五连长韦××，六连长吴炎太。每连120多人，共400人左右。武器：步枪一人一支，机枪每连四挺。弹药充足，军容整齐。虽只一个营的兵力，却使龟缩在白螺矶的日寇，不敢越雷池一步。

严惩邪恶

一二八师驻防以前的尺八地区，汉流、土匪，多如牛毛。尺八弹丸之地，汉流组织就有五个山头，土匪部队也有五股。他们丢票喊款，敲诈勒索，互相勾结，无恶不作。

梁学文营长驻尺八以后，做的第一件事就是严惩邪恶。汉流组织太华山的大哥姜应显，任奉清乡乡长，是尺八地区的地头蛇。他霸占一方，为所欲为，扰乱社会治安，人民怨声载道。有人向一二八师告发了他，案由是："开坛扳票，购买枪支，意图暴动，扰乱治安。"梁营长受理后，在尺八的干堤外渊，筑一土台，召开民众大会，大讲除暴安良，整顿社会治安。之后，将姜应显及其秘书（五个山头的总秘书）何忠咏绑赴会场，用刺刀戳死。姜应显几次向梁营长下跪，求赐一颗子弹毙他。梁大声说："子弹是留着打日本鬼子的！"

---

* 原载《抗日战争中的王劲哉》，政协湖北省荆州地区联络组王劲哉史料征编组编，1987年内部发行。

有个叫万千章的汉流、土匪、汉奸头目,在地方上作恶多端。一二八师捕获并用刺刀戳死。地方上作了一首《锄奸歌》,有几句歌词是:"万千章,当汉奸,坏事干尽。多亏了,一二八,处以死刑。吐了气,雪了恨,人人欢心。叫他们,入地狱,永不翻身。"

邓家门有个游手好闲的人叫邓长生,从湖南拐来一个有夫之妇,非法姘居。女方的亲夫和婆婆找了来,但地方无人主持正义,找到了人也要不回去。母子俩盘费用光,只得沿途乞讨回家。行至尺八,被一二八师盘查,说明原委,梁营长立即派士兵将邓长生及其姘头抓来处死。

经上述几番惩治后,正气伸张,邪恶潜迹,神钦鬼服,尺八地区一时呈现出道不拾遗、夜不闭户的太平景象。

泪斩部属

一二八师执法如山,不分亲疏,谁违反了它的法令都要杀头。尺八、白螺两地,相距只有五十多里。白螺沦陷后,尺八以观音洲为界与之对垒。过得观音洲,就可以从敌占区岳阳运来货物,到尺八销售。一二八师叫此种货物为"仇货"。一二八师有一条法令:"严禁仇货在本地销售。如有违者,就地杀头。"尺八街上有个暗娼熊某,二十多岁,与一二八师的一个叫吕世英的排长勾搭成奸。这个女人仗排长之势,常跑岳阳贩运"仇货",被人直接告到了王劲哉那里。王师长当即下令:将男女一并处死。这个吕排长,原系王的警卫团长郭兴唐的卫兵,王恐郭徇私枉法,命令郭团长执法后交吕世英的生死照片。郭兴唐只好遵令,将吕世英杀了。郭杀吕后,曾抚尸号啕大哭。

固筑防线

从1941年元月起,一二八师在尺八所辖地区普遍构筑工事。纵向两道:一道是江干堤,一道是长江河畔的芦苇丛及洲堤,共筑土碉堡1400多个。横向三道:一道是薛家横堤,二道是杨叶垸堤。在这两条堤上,普遍挖了战壕,筑起土堡和机枪、步枪安放点,井井有条。薛家横堤距杨叶垸堤十多华里,杨叶垸堤距尺八街十多华里。在尺八街上,又筑起土城,即第三道防线。由于有了这些防线，所以梁营能扼守尺八。日寇于1939年10月即侵占了白螺，到1943年春才向西进犯，此时一二八师早已离开尺八。尺八的人民少受日寇踩蹋四年多，这笔功劳，应记在一二八师份上。

狠击日寇

1941年6月，占领白螺池口的日军，准备用400辆卡车沿长江干堤进攻监利、沙市，被一二八师的土碉堡堵截，给以狠狠打击，西进未能得逞。

1941年8月，梁营奉命配合国民党四十七军作战。事先，梁营长派一名参谋，几次与四十七军联系，给四十七军传递了大量军事情报。这年冬，获悉日寇水军准备向西推进，他们配合作战，在分盐的反嘴一带施放鱼雷，炸沉日本兵舰两艘，炸死日军30多人。

1941年8月，一二八师俘获了一个叫胡长春的日伪排长，供出日寇少林（大佐）部将在8月15日带400多兵力扫荡杨林山、螺山、邹码头等地。梁营长迅将情报送往王劲哉，王紧急部署，打了一场伏击战。日军伤亡惨重，败北而走。

1941年9月，日寇吉茂少佐带领200多士兵，在薛潭、熊万一带，奸掳烧杀。梁营长以两个连的兵力，伏击日寇，打死打伤日寇20多人，缴获步枪40多支，子弹千余发。

一二八师驻防尺八，虽然只有一年零两个月的短暂时间，但守土抗战的功绩是不可磨灭的。

（李维志等整理）
作者朱先发，监利尺八镇人。

一二八师在朱河[*]

李蓝田

民国二十九年（1940年）6月28日深夜，一二八师七六七团的两个营共800多人，从镇北郊小石垸堤（现属朱河区李庙乡）方向进攻朱河，与县自卫队在小胡岭附近交了火。只有百把人的县自卫队，寡不敌众，被迫撤退，一二八师遂于次日拂晓进驻朱河镇。当时七六七团两个营的营长，一个叫贺洪范，一个叫史单林。是年九月上旬换防，接防的是一二八师直属警卫团，团长郭兴唐。郭团也是两个营，一个营驻尺八，营长梁学文；一个营驻朱河镇，营长杨发祥。团部设在朱河镇。翌年农历正月二十一，一二八师离开朱河，共驻防半年多时间。现将我们印象深刻的几件事追忆如下：

一、整肃社会秩序

一二八师进驻朱河以前，四乡土匪出没无常，丢票喊款，明抢暗偷，杀人放火，无恶不作。

贺、史二营进驻朱河后，很快地肃清了驻防境内的柳彪、张威、赵梅川、常超银、何绪之、何显章、秦东海等土匪部队，杀了土匪头子和作恶多端的惯匪20多人，并将张威、张海华的部队分别收编为独立四团、独立五团。

一二八师在朱河镇和四乡重新委派区、乡长，设联保。当时朱河街上的联保主任是李光林，下设八个保，上起老人仓，下到三盘桥边，为了保证商界的正常秩序，又成立了"朱河商行"。商行的任务，除了保证各行各业正常营

---

* 原载《抗日战争中的王劲哉》，政协湖北省荆州地区联络组王劲哉史料征编组编，1987年内部发行。

业外,主要是收税,以补充一二八师的军饷。商行由其亲信北方人李和生负责。还组织了社训队维持社会治安。参加社训队的都是青年人,每天下操两次,夜晚站岗放哨。一二八师驻防期间,朱河街上及周围乡村秩序井然,社会安宁,夜不闭户,道不拾遗,逃避一二八师的商户也陆续回来,开门营业。朱河镇上,生意兴隆,馼(音杀,方言)半截鞋的闲人顿时匿迹。镇容也十分清洁,街前街后,打扫得干干净净。文俞记槽坊开了几十年,污水横流,炭渣乱倒,在河边堆成了一座小山,人都走不过。一二八师搞清洁卫生的号令一发,谁也不敢抵抗,连夜突击,把大大小小的垃圾堆搬走了,河岸两边也清理得整整齐齐。

二、郭团长怒杀汉奸

郭团长驻防朱河时,经常召开民众大会,每次大会上,都要向群众训话,主要是讲王师长的抗日主张。他常说:"我郭兴唐跟我师长一样,是坚决抗日的。我们大家都是中国人,不做汉奸,不当卖国贼。如果有人通了日本人,不怪我郭某刀下无情。"

有一天,郭团长得到报告,说观音洲的保长吴永康和乡长黄某、乡丁黄某三人,与白螺矶的日军有来往,怒不可遏,马上将其关押起来。当时郭团长因有军务外出,出发前,命令杨发祥营长处死这三个人,各照生死相片两张,郭走后,杨营长召开了几百人的民众大会,会上,他指着吴永康等三人对群众说:"日本人是我们的敌人。这三个人和日本人来往,郭团长要我问大家,这三个人该不该戮?"会场上雷鸣也似的响起了一声:"该戮!"于是这三个人当场就变成了刀下鬼。

三、郭团长错杀了两个好人

但是,郭团长也杀了两个好人。因为日机常从白螺丁家洲机场起飞轰炸朱河镇,一二八师便命令家家户户挖防空洞,一户一个,要照规定挖。吴家巷一户开钱纸行的吴继元当甲长,郭团长检查他挖的防空洞时,用脚一踩就垮了,顿时火高万丈,要杀人。商会会长晏月贤得信后,赶到团部求情,郭团长不准，当即命令卫士将吴甲长拉到商会后门枪毙了。吴甲长被杀，吓坏了全镇人，当晚，家家户户连夜检查自己家的防空洞质量，直到合乎要求。

还有一次，郭团长在全镇民众大会上已经开始讲话时，开纸烟铺的杨采新才到达会场，郭团长说他迟到了，当即命令士兵把他"打"去。负责执行的恰是住在杨采新家里的两个士兵，他们故装糊涂，解下身上的皮带，把杨采新按在地上打了几十下。郭团长说："我说打就是枪毙！好，这次饶了他，拖下去！"这场惊吓才过去，上街头的市民王典科又来了，郭团长问他为什么迟到，王说是给母亲煨药。郭团长再没说什么，继续讲话。但王典科站在原地未动，而站的地方又特别显眼，过了一会儿，郭团长又问他为什么迟到，王却回答说是甲长喊他时，他睡着了。好像鬼在教他，这前言不搭后语的回答，给他带来了杀身之祸。只听郭团长"妈的"一声就下了"枪毙"命令。卫士心好，不愿打死他，放枪前跟他说："不要怕，我的枪不对准你。枪响后，你睡在地上不动，装死。等会散了再走。"哪知枪响后，不到半支烟的时间，王典科就等不得了，抬头张望，会场上的群众看到后哗然，都说王典科没有死，郭团长又命令其他士兵补枪，这次，王典科真的死了。

以后，郭团长在群众大会上讲："我在朱河杀了两个好人，为什么要杀好人？我是杀好人吓坏人，好人违反了我的规定要杀，坏人就更不敢做坏事了。"但不管他怎么解释，朱河人背后都说他是"郭屠夫"，郭家"舅爷"（旧社会舅父掌生杀之权，外甥有罪，舅父可以处死外甥）。

四、阻止日军西进

一二八师贺、史二营进驻朱河镇后，一个姓祝的连副，住在朱元忠家里。开始，朱元忠怕和他们说话。以后日子久了，相处就随便起来。祝连副在和朱元忠闲谈中，曾经谈到他们部队进驻朱河的目的：一是占地盘，征粮纳税；二是消灭土匪，维持社会治安；三是防止日军进攻朱河，御敌于江汉门户之外。

朱河是鱼米之乡，是监南的水陆交通中心，又是重要的粮棉百货集散地，处于重要的战略地位。民国二十七年（1938年），武汉沦陷后，日军沿长江和粤汉铁路水陆并进,攻占岳阳。是年十月,日军大佐岩崎民男部抢占白螺矶。朱河镇与白螺矶直线距离只有40多华里,从民国二十八年(1939年)四月起,日机多次轰炸朱河镇。日军的企图是攻占朱河以后,北取监沔,西进荆沙。

一二八师为了阻止日军进攻,采取了很多防范措施。先后在朱河镇上街、河东郑家老墩、鹿苑庵等处,修筑了六个大碉堡,又在附近农村修了许多小碉堡,并且修了坚固的工事把朱河街围了起来。各碉堡上都写有抗日的口号,鹿苑庵碉堡上还有当时一位有名的教书先生方甫廷写的一副对联:上联是"江汉柱石",下联是"为民屏藩",横额是"劲东门"。朱河人民赞扬一二八师和王劲哉如柱石一般驻守江汉,为民建造屏障,守土抗战,能抵御日寇的侵犯。

由于朱河工事坚固,防范严密,日军虽窜扰过柘木桥、聂家河,但最远也只到过何家桥,从不敢轻举妄动进攻朱河。有一次,一支日军骑兵小队到了何家桥,田中小队长听翻译说离朱河街不远了,就不敢再前进,赶忙撤回到白螺的池口驻地去了。

(蔡立武整理)

作者李蓝田,监利朱河镇人。

王劲哉驻官湾*

柳晞扬

一二八师师部于1940年正月下旬从沔阳峰口移防来官湾（现柳关乡民生村）。王劲哉在这里住了一年零三个月，于1941年4月迁到百子桥（原属监利县，现属洪湖县）。官湾又分东湾、西湾和后湾三个墩台。我是西湾人。王劲哉住在东湾柳朝迪家。一二八师师部下设三个处：参谋处驻在后湾柳德玉家，劝勉处驻在西湾柳朝佑家，副官处驻在西湾我的家里。当时我二十五六岁，读过几年书，在家种田。一二八师抗日是坚决的，纪律严明，社会秩序好，真是夜不闭户，道不拾遗，不过手段太辣了。王劲哉及其部下官兵，对当地老百姓也还好，但是老百姓很怕他们，生怕得罪了他们而吃亏。我和副官处的蔡处长搞熟以后，还可以到他办公的房里去玩。现将我当年亲见亲闻的几件事追忆如下：

一、坚决抗日。一二八师师部在官湾驻扎期间，有一个营的兵力担任保卫，分别扎在七屋墩（官湾南一里）和蔡家墩（官湾东一里）。王劲哉住的屋后面，有四五根五六丈高的大柳树。王劲哉令部下用三张十三坎的梯子绑着上树，在树丫中间放几块门板，作为瞭望台。1941年春夏之交，正是栽秧的时候，日军飞机在我们湾里丢过两次炸弹。我听马振江副官说过，1940年下半年，一二八师和日军作战两次：一次是一二八师驻潜江的一个团在潜江黄家场，抢日军一辆坦克，王劲哉派了许邦治连长带领师部直属特务连一百多人前往支援，结果自己牺牲了十多人，还有一位排长、一位班长

---

* 原载《抗日战争中的王劲哉》，政协湖北省荆州地区联络组王劲哉史料征编组编，1987年内部发行。

和两位副班长挂了花,而坦克并没有抢到手。再一次,不知在什么地方,反正是打了胜仗回来的。我们看到他们缴获的日军太阳旗、枪支、钢盔等,还有一个大拇指大小的金菩萨。官兵们围着战利品说说笑笑,高兴得很。

二、尊重劳动人民。一二八师有这样两句口号:"我是勤苦人,勤苦人是我","吃饭不做事的人是国家的罪人"。驻在官湾的一二八师官兵帮老百姓挑过菜籽、荞麦,拣过棉花,扯过棉梗。有一次,东湾的柳新修往田里挑大粪,见王劲哉走过来,很害怕,赶快让路,哪知王劲哉早已给他让开了路。凡是下田搞生产的人都可以从师部门口走过,而穿长袍马褂的人就不敢,他们都得绕路走。

三、一道手令。1940年下半年,一二八师在柳关街上杀了许志敬等六个鸦片鬼,其中五男一女,女的叫柳婆。过后不久,我在副官处长蔡澄办公的房子里看见桌上有一道王劲哉的手令:

此六名烟犯,一律刺杀之。由蔡澄监杀。

劲　×月×日

所杀六人中,有一个叫卢享儿的,四十多岁,并不吸鸦片烟,而只是吸叶子烟,那天他在鸦片馆的鸦片灯上点火吸旱烟,也活该他倒霉,正遇着一二八师捉鸦片鬼,便一道被捉了,一二八师没有搞清楚,知道的人谁也不敢直说,也就"搭火烧包子",一起被杀了。

四、处死李副官。长江航道被日军封锁后,从新堤到沙市的船只只能走内荆河。内荆河经过我们湾后面,来往船只在此纳税,这是一二八师的一笔重要财政收入。1940年某月的一天,李树原副官去检查船只,发现一个已交过税的客商的现金,顿起歹心,于当晚偷偷上船又敲诈船主五十元。这个客商也胆大,上岸高喊:"一二八师出了土匪!"王劲哉得知后,立即命令查问民哨。那天晚上是后湾柳德先守哨。蔡处长问他:"你哨上走过人没有?"柳德先开头不敢说。蔡处长再三追问,柳才说有一位副官走过,但不知道姓名,于是蔡处长把所有副官集合拢来,要柳德先认人,柳德先不说不行,就指着李树原副官说了声:"是他!"李副官不承认,柳又说:"您的鞋子还是湿的,衣服上有泥巴。"蔡处长单独审讯李副官,一搜身,果然有现金五十元。蔡报告王劲哉,答复四个字:"就地正法。"第二天清早,由四个枪兵押着李副官,走到柳海云的门口就戳了。

五、当兵的跑了杀全家。洪湖县曹市区绍南村陈家垸有一韦姓人家的儿子,在一二八师当兵逃跑了。王劲哉命令抓来了他全家六口人,其中包括一个十二岁的小孩,在官湾后面河边全部戳了。一二八师抽壮丁,谁也不敢不去;当了兵,谁也不敢逃跑。一二八师抽丁不要独子。有壮丁任务的家庭,儿子在外,也限定时间找回来,否则就杀头。如柳向阳有两个儿子,小儿子柳林德在家,大儿子柳祖德已搬迁到汴河谢家窑(现迎风村),在限期两天找回后,参加验兵才没事。

六、生性多疑。王劲哉的卫士班长路天德,有一天错穿了王劲哉的衬衣,王劲哉就怀疑这个卫士班长有问题。王劲哉说这个卫士班长"没用了",用穿着皮靴的脚使劲一踢,把路天德的眼睛珠子也踢出来了,然后命令其他卫士把路天德拉到后面河边戳了。

(王成章,柳海云整理)

作者柳晞扬,监利县毛市区柳关乡民生村人。

我在一二八师辖地县区政府所见

黎支香

1940年1月至1943年1月,我先后在一二八师管辖的潜江县政府和沔阳县二、三区政府工作过,当时的职务是书记(即文书),现将我当时所见所闻忆述如下:

解决复杂的矛盾

1940年冬,国民党大张旗鼓要剿灭一二八师,这一严重矛盾为日军武汉少将司令古贺所获悉,他妄想利用这一时机拉拢王劲哉。于是,古贺向王劲哉送来了一封信(原文记不清楚了),主要大意,先是对王劲哉进行了一番歌颂,说到贵国几年,见到的军人不少,唯有你王师长才不愧为一个真正的军人。又引用中国历史故事"自古未有权臣在内而大将能立功于外者"、"识时务者为俊杰"等,劝说王劲哉,最后提出欢迎王劲哉到南京政府共建"大东亚共荣圈",保证不失其地位。王劲哉当即亲手复古贺一信:

"古贺将军:来信收悉。你既称我不愧为一个军人而又劝我投降,岂不是自相矛盾!古今中外,只有能战死沙场者,才不愧为一个真正的军人,哪有投降的军人呢?难道将军连贵国的'武士道精神'都不懂得吗?至于将军所说'识时务者为俊杰',这也不过是指利害而言。如果专指个人利害,我就劝将军识点时务吧!我们中日两国打了四年仗,究竟是中国越打越强,还是日本越打越强呢?彼此心中有数,谁也骗不了谁,都不要吹牛。何况贵国打

---

* 原载《抗日战争中的王劲哉》,政协湖北省荆州地区联络组王劲哉史料征编组编,1987年内部发行。

的是非正义战,我们打的是正义战,最后的结果是日本必败,中国必胜。这难道不是很明显的'利害'吗?我现在诚恳地奉劝将军:早日弃暗投明,对贵国有利,对我国有利,对你个人更有利。我(王劲哉)代表中国政府保证,决不失你现有的地位。如果要打,我一定奉陪。"

王劲哉估计回信发出去之后,必然激怒古贺,引起一场大战,所以随即作充分准备。但他担心的是国民党政府派兵围剿他,这样腹背受敌是难以对付的。于是他立即分两路进行活动,一路派人到重庆疏通,一路派人与襄北的新四军联系。派往襄北的是王劲哉委派的潜江县长饶薛如(咸宁县人,中华大学毕业)。饶在学生时期参加过共产党,和新四军方面有些关系,又一贯主张一二八师和新四军合作抗日。武汉日军司令古贺收信后,果然大发雷霆,于1940年腊月中旬,派少佐队长川岛率部进攻一二八师谢仁口、施家港阵地,并派坦克、飞机配合。一二八师七六七团营长史耀先,与来犯之敌苦战七昼夜,击毙川岛,歼敌80余人,击毁坦克2辆。敌寇败退后,复由上尉队长野坂指挥增援,炮火猛烈,三昼夜不停,敌将两地军事工程全部击毁。一二八师死伤200余人,仍坚持战斗。接着(1941年农历正月),日军又集中兵力万人,由伪军黄卫军军长熊剑东为向导,配以飞机20余架猛攻峰口、沔城、通海口。正月上旬,王劲哉撤出峰口。在撤退时命令驻军将峰口、沔城两地居民房屋全部烧毁,实行"焦土抗战"。

王劲哉退至瞿家湾,这时国民党派来的先头部队已进抵监利堤头、太马河。一二八师全部兵力被压缩到瞿家湾、柳关、分盐、龚家场一带,战事大有一触即发之势,形势非常险恶。不料,情况忽然发生了相反的变化,这些部队不但不围剿一二八师,反而将子弹、炮弹和在周老嘴储存的粮食源源不断地给一二八师送来,支援一二八师抗战。原因是这样的:一二八师坚持抗日,又打了一些胜仗,于是大造舆论,电报、号外纷纷向重庆报捷。蒋介石考虑到,如派兵围剿王劲哉,就有可能逼他去投奔共产党。于是立即向派去的部队发出紧急电令,令其停止进剿,并给一二八师以有限的支援。战斗结束后,传令嘉奖王劲哉,又加委王为汉沔游击指挥官。王劲哉派去重庆活动的人圆满地完成了使命。

另一路——潜江县长饶薛如等到襄北与新四军联系的人员也于正月下旬回来,新四军第五师李先念同志派了组织部长易家驹和邓杰等同志与饶同时来到了监利的龚家场。当晚在饶薛如的寓所进晚餐(我也参加了)。次日晨,易家驹、饶薛如、邓杰等到剅口(王劲哉为防避敌人空袭,将司令部牌子挂在瞿家湾,本人驻剅口)和王劲哉进行会谈。王举行盛大的欢迎宴会。会谈中,王将蒋介石进剿新四军的命令也给易家驹看了,王说:"我决不搞'兄弟阋墙',决不执行蒋介石的命令。"易说:"蒋介石一生就是收剿杂牌子队伍,今天要一二八师剿新四军,明天也可以要别的队伍来剿一二八师。这是他惯用的手段,不足为奇。"易家驹一语中的,使王劲哉钦佩。

抽壮丁的方式方法

一二八师在统治范围内,每年秋季征抽壮丁一次。每次都是派蔡澄(副官处长,咸宁人)、张军(骑兵团营长,北方人)负责配合"劝勉处"的女宣传员进行这一工作。壮丁及其家属如有哭泣者,则责罚劝勉处的女宣传员工作不力。壮丁一被送到各区乡,即命令各保连夜赶造"壮丁花名册",将多子者列前,其余顺次造册,交执行工作的负责人。征兵之日,命令凡属壮丁册上有名字的各家各户,不论男女老幼(连摇篮的小孩也要带去),按保集中在一起,听候蔡澄或张军按名册选拔征抽。他们根据北方习惯,不抽长子。对劳力缺少的家庭,即使有男丁也不要;对家庭经济条件较差的也不要。如只有兄弟二人,但家庭劳力多,还是要抽。个别家庭经济情况较好的独生子也有被抽去的。当时我和张军分配在一起工作,发现一个衣冠时髦的青年学生,张军问他干什么职业,那学生回答:"教书。"张军说:"既然教书,只要你能回答两个问题,我就可以不要你当兵。一、孔明是孔夫子第几代的后人?二、秦桧是秦始皇第几代的后人?"那学生瞠目不知所对,结果还是被抽去了。他们的工作态度非常严肃,任何人"讲人情"都不行。

《训条》、《口号》和文化教育

一二八师官兵和当地群众、学校师生都要熟读王师长的《训条》和《口号》,现将其主要《训条》、《口号》附录于下:

"一、重良心;二、尚道德;三、明大义;四、尽职守;五、爱团体;六、信命令;七、知待遇;八、要效忠;九、亲人民;十、卫国家。"

以上称为"十能"。王的参谋处有一捧场文人,将这十句话每三个字绘成一架飞机,共绘成十架飞机,印于学校的课本封面上。标题是"愿我师长'十能'飞布人间"。

"我是良心人,良心人是我;我是勤苦人,勤苦人是我;我是爱国人,爱国人是我。"称为"六是"。

"坚、苦、奋、志、勤、廉、公、忠",称为"八德"。

还有一篇题为《劈路》的文章,我记得有这样一些话:

"凡是人做的事,都是有意义的!比如抗战的官兵,阵亡的、负伤的、没头没脑的,看去是惨然的!但他们是为了救国,虽然惨,而光荣已为无上。当汉奸的,当伪军的,也开差呢,也打仗呢,也负伤呢,也死人呢,但结果人们还是骂为卖国的汉奸。由以上两种情况比较起来,还是不当汉奸的为上,不当伪军的为上,能打汉奸、伪军的更为上,能打日本鬼子的更为上上的上上。"

1942年冬,王劲哉向全体官兵发了两个"手札",其一:"我以'良心、勤苦、爱国'六字了一生,愿与同胞、同志共守之!——王劲哉。"其二:"纸烟价大,吸了又没好处,我想请大家戒了它!把剩下的钱买一双皮鞋,穿在脚上,走起路来威武雄壮,不是很好吗?大家认为怎么样呢?王劲哉上。"

1940年,王部进入监利时,官兵臂章上的字是"华劲",1941年改称"中劲",1942年改称"进忠"。王劲哉在司令部所在地——百子桥办了一个石印报,他亲手为该报题名《进忠报》,并对"进忠"二字作了这样的解释:"国家进步,社会进步,人民进步,团体进步,故曰进;忠于国家,忠于社会,忠于人民,忠于团体,故曰忠。"

1942年元月,王劲哉为了纪念"一·二八"淞沪抗战十周年,大张旗鼓搞了一次"奖金征文"活动。一时撰文应征者达数百人。我县分盐胡秉勋(已死)的文章被评为第十八名,获奖金二百元,一时传为佳话。

此外,王还在各地办了一些"联保小学"和"保小",并在三官殿附近陈家祠堂办了一所初级中学(即原来周老嘴附近的"鄂中战地中学",王劲哉接管之后,改为"进忠中学")收纳各地学生五六百人(包括其他省份沦陷区的一批学生在内)。教学内容,除了正规课程、《训条》和《口号》之外,特别加强了军事训练。

一二八师各团都有剧团(汉剧、京剧、花鼓剧都有),经常在各集镇演出和会演。演出时,配合校抗日宣传活动。司令部设"劝勉处",专收一批女知识青年做抗日救亡宣传工作。

矛盾的缓和与激化

王劲哉经常大骂陈诚是"常败将军",误国误民。他的部队驻地本属第六战区陈诚管辖,但王公开拒绝执行陈诚的命令。蒋介石为了缓和矛盾迁就王劲哉,将监、沔各县划归第五战区李宗仁管辖。以后王劲哉对李宗仁的各项命令虽不认真执行,但还是作一番上传下达的工作,和国民党的矛盾较前缓和了一些。

1942年6月,王劲哉在沔东的行政人员与新四军在襄南的地方工作人员经常发生摩擦。沔阳东二区区长李永清(系饶薛如的老部属)接二连三地向王劲哉送来报告,王不作调查分析,亲笔向李先念同志写了一封信(这封信由饶薛如交我派专人送往襄北),现将原文照录如下:

"汈汊湖的武装同志们:据沔东行政人员纷纷来本部报称:你们现在经常杀害政府的行政人员,并口口声声说,要杀一二八师的行政人员。这岂不是笑话吗?一二八师哪里有行政人员。所有的行政人员都是中央的行政人员。我奉命汉沔游击指挥官,在责任上,能在汉川、汉阳、沔阳委派行政人员。即令是我委派,也是代表中央委派,杀一二八师的行政人员,就是杀中央的行政人员。我之所以一再容忍,是恐怕兄弟阋墙,惹敌人(日本人)好笑。现在我开诚布公向你们提出警告,请你们赶快把这些坏分子叫回去!要他们再不胡闹。否则我愿意牺牲一切和你们大干。"

这封信送去之后,他和新四军的关系又闹翻了。同年八月,襄北新四军和古鼎新在天门县干驿附近赵家台大打起来。古鼎新一个营被围了七昼夜(连马都杀吃了),王劲哉派秦家场七六三团张平海带了两个营抢渡襄河,才解了围。此后他和新四军的关系更加恶化,过了半年,一二八师就遭到全军覆没。

誓死不当亡国奴

1942年10月,王劲哉调了一批地方行政人员到百子桥训话。我当时在沔阳第三区(通海口)担任书记(即文书),也参加了"听训"会议。现将他的训话略记如下:1.宋朝岳武穆说:"文官不要钱,武官不怕死,则天下太平矣。"你们都是文官,责任是保护人民,教育人民,管理人民。绝对不要营私舞弊,压迫人民。2.公文要简化手续。现在打仗,时间很紧,一切都要从简。不要那些空话套话,只要事情说清楚就行了。我只会打仗,不会做文章,拿起笔来想说啥就写啥,如果有人问我是什么"文体",就是王劲哉的文体(笑)。以后对于紧急文件,写草字也可以,只要认得就行了。3.朱念武(原通海口区长)、程权五两人一文一武,都是我派出去的官。他们不争气,被老百姓告回来了,真是丢我的人!我现在把他们关起来了。希望你们不学他们!外边有些人说王师长好杀人,你们都很清楚,我杀的是坏人。坏人不杀,老百姓就要遭殃。怎么行呢?古鼎新和李龙这两个可耻的叛徒,已经变得没有"人"的气味了。现在中央发来了他们以前抗日的奖状(将奖状亮给大家看),你们看,他们永远得不到光荣的称号了。外边现在有少数人造了一些谣言,你们不要相信,我要追查造谣者的!你们尽快安心工作,打仗的事,有我负责,你们放心!散会之后,王招待我们进餐。饭菜虽然很简单,但他自己也同我们在一起吃,生活并无二样,还讲了一些客气话。

1943年古历正月上旬,日军集结重兵围困王劲哉。王劲哉战败被俘后,由日军送至峰口。日酋古贺宴请王劲哉,同时被请的有一二八师被俘的军官连长以上共二十多人。秦东海（监利人，一二八师的团长）亦在其中。王劲哉大义凛然，毫不畏缩，当面斥责了古贺一顿。又对被俘的军官讲了话："我平时告诫别人不当汉奸，不当伪军。今天我已置生死于度外，决不自食其言，以留骂名。"后来王劲哉被日军送到武汉，伪军军长刘国钧将他在战争中失散的两个太太送到了他的寓所。这时，古鼎新、苏振东和饶薛如都在武汉，古、苏两人邀约了饶薛如去看望王劲哉，古、苏各拿出两百银元的厚礼送王，王当面拒绝。并说："这是人民的脂膏，我不忍接受。"而饶薛如只送了十多元的礼物，王却收纳了。王战败后，有些旧部属当了伪军。凡到武汉的人，都带了礼物去看望王劲哉，王劲哉的态度是看来者品德行事，有的接收，有的拒绝。

作者黎支香，监利龚场区绸市乡三圣村人。

刘承烈和王劲哉*

刘大发

读到《沔阳文史资料》第一辑上关于一二八师师长王劲哉的材料后，我想起先父刘承烈和王劲哉曾有一段较密切的交往，为沔阳人民抗日斗争做过一些有益的事。现根据自己的记忆写在下面。

先父简历

刘承烈系沔阳县仙桃镇南十五华里周家榨（现为黄荆区周家榨大队）人，年轻时，在张难先的学馆里读过书，接受了新思潮的影响；大革命时期，曾积极组织农民协会，结识向培忠、汪文翰等人；后离开家乡，前往武昌，考入湖北省财政讲习所；毕业后，派往襄阳、樊城、老河口、谷城、枣阳、当阳等县税务所先后任职；约在1927年间，调任武昌营业税税务主任；后又调任麻城县财政科长。抗战前夕，黄绍竑任湖北省主席时，他考进湖北省县政人员训练班，毕业后，调任崇阳县政府秘书兼第一科科长；后又回沔阳，在家教私塾。

收编苏振东

刘承烈结识王劲哉，是从帮助一二八师收编苏振东部开始的。

原是他见王劲哉的部队坚持抗日，便毛遂自荐，主动提出帮助一二八师收编苏振东的一团人马，为王壮大军事力量。他是怎样同王劲哉联系上的，我未听他详细讲过。关于他接受王劲哉的委托前去收编苏部的经过，他讲

---

* 原载《沔阳文史资料》第2辑，沔阳县政协文史资料研究委员会1984年9月编印。

过不止一次,有些情景我还亲眼见过。

1941年,日伪军苏振东团长驻扎在沔阳彭家场,离我们家只有十来里路。刘到彭家场后,故意在团部门口逛了两趟,引起了门卫的注意。他们便喊:"你在我们团部门口走来走去干什么?定不是好人,站在这里不许动!"接着门卫便进去报告。苏振东问:"是什么样子的人?"门卫告诉他:"是个高个子,头戴酱色礼帽,身穿宝蓝洋布长褂,看样子像个教书先生。"苏听完介绍,点了一下头,叫传进去问话。

刘承烈走进团部,苏见他文质彬彬,从容稳重,料想不是平常来客,便叫左右勤务兵退下,装出很严肃的样子问道:"你到底是干什么的?从实说来。若有半句谎言,就对不起你。"他从从容容地说:"我是一二八师派来同你谈判,收编你们队伍的。王劲哉师长已答应封你为第五旅旅长,军饷当时照发。"苏听了感到十分突然,便发起火来,拍着桌子说:"你是什么人?好大胆!敢来当说客。"他讲了自己的姓名,申明自己是一二八师王劲哉师长派来的特派员,接着又分析了当时苏部的处境,如不脱离日伪军,后果就不堪设想,劝他走抗日爱国的光明正路;还表示坚决保证苏团长的安全和有关条件的实现。苏振东听后僵住了,不好开口;随后找来郑道龙参谋长,两人一同到房间里又同先父谈了很久,约好请他三天之后再去面谈。

我们一家人担惊受怕地等父亲回来,已是深夜了,因没有结果,他未到师部去回话。第三天又往彭家场,直接闯进苏振东团部。这次苏对他十分客气,留在团部吃饭,谈了很长时间,苏振东终于作出决定,接受一二八师的改编,二十天后的夜晚十点钟,部队起程向一二八师靠拢。

收编汪步青未遂

过了不久,王劲哉又派先父去做定国军师长汪步青的工作,想把他的部队收编过来。他一人到汉阳罗汉洲一带找到汪步青,说服汪脱离日伪军,归向一二八师。据说,汪步青已答应接受王劲哉的改编,但随后汪的部队在和新四军作战时全被打散,收编未成。汪将刘送到武汉熟人家里暂住。刘走后,好久没有音信,王劲哉曾派李德兴参谋长率领部队到汉阳杜家窑一带,想找机会向汪步青部队进攻,施加压力。这时,我也跟随部队去打听父亲的下落,但没有结果,过了几天就回来了。

父亲在武汉停留了一段时间,然后只身乘船回沔阳。在脉旺嘴上岸后,曾被日军捉去,后经熟人保出。到家过了一夜,第二天清早就赶到百子桥师部向王劲哉师长汇报情况。王笑脸相迎,握手称好,说:"先生!你辛苦了。"因王已知道了汪部的情况,所以对他毫无责怪之意,并要留他在师部任职。他因自己是财界出身,没有接受。王便任命他为沔阳县彭仙区税务所主任。当时,这一带情况十分复杂,活动困难,他勉强干了一年,便辞职回家了。

筹建修械所

刘承烈为一二八师收编汪部未成,心里感到不安,总想为抗日活动做些事,于是又征得王劲哉同意,到各处秘密活动,决心为一二八师筹建一个修械所。

经过两个多月时间,他终于访到新里仁口附近有一位姓胡的补锅老师傅和他的外甥杨月成(家住杨岗),愿意承担这一任务。他们又从汉阳兵工厂接出了一位老师傅刘松清(杨的亲戚)参加此事。他将这个情况向王劲哉汇报后,王十分高兴,随即派人协助,到汉阳兵工厂去,暗暗通过日伪军的警卫岗哨,黑夜潜水,运出了一些器械和材料,成立了一个有相当规模的修械所。修械所由刘松清任所长,杨月成当机械师傅,又从各地招来了不少铁业手艺人,在短时期内就造出了"小八音"和"掰把"两种简易手枪,后来又仿造出了一种叫"掷弹筒"的小炮,还有一种叫"劲忠"的八二迫击炮,均在战斗中发挥了很大威力。

和王劲哉的交往

刘承烈常出入王劲哉师部。他有一回到师部去,王劲哉问他:"下面的老百姓对我有哪些说法?"他说:"下面的百姓都说你老什么事都办得好,就是杀人有点过度。"王听了,顿时脸色沉默下来,样子很凶地走到里头去了。他感到心情紧张,以为这回得罪了师长,恐怕难以脱身。王劲哉很快拿出一个用毛笔写的本子翻给他看,说:"你看,这就是杀人的记录,全都是坏人,没一个好人。"这时,他的心情才平静下来,便回答说:"是。"从此,他同师长讲话时就很小心,不敢轻易开口了。

王劲哉敬佩刘文质彬彬,既有学识,又有胆量,出于抗日爱国之心,几次冒险深入虎穴,所以他每到师部,王总要亲自送出大门外数步才以礼告别,和对待别的客人不一样,师部的人员感到惊奇。时间一长,一二八师当兵的都知道师长有个最亲近的客人"刘承烈先生"了。

王劲哉治军为人种种

平日,先父曾向我们谈过许多王劲哉治军为人的种种事迹。王身着灰棉布军服,脚穿青棉布圆口鞋,生活较为俭朴,并用这种精神要求部下。刘有一次看到:某营部副官到师部请批准领火柴,师长问他:"一盒火柴有多少根,要擦多少天?只准烧火、点灯,不准做其他用。"那位副官听了答不出来,王当时叫他跪下。副官吓得胆战心惊。刘在一旁本想讲情,见王正在火头上,又怕开口。跪了一会,王自己拿了一张批准领火柴的便条,上面签了一个"劲"字,交给这位副官起身走了。

一二八师官兵向民户借东西,未经户主许可,是不能拿走的。有一次,师部附近驻军向一民户借木盆洗澡,不慎搞坏了。王知道后,把这个人叫去勒令立即赔偿,还打了板子。

在师部大门外两旁的门框上各挂有一块约二尺的竹板,上面涂着朱红漆,这就是王劲哉的"军法牌"。凡部下违犯军纪者,即以此打板子给予处罚,并将板子悬挂在外,以示儆戒。

王劲哉还能采纳人们提出的土办法对付敌人。刘讲:日寇用坦克攻打一二八师的碉堡,王下命令将碉堡周围的平地都整成水田,再铺上稻草,坦克开进去就爬不动了。敌人从飞机上扔炸弹,王又叫人用芦苇扎成人字形的"盔甲"披在碉堡上,炸弹落在上面就滚了下来;要是燃烧起火,就把它掀掉,十分灵活,因此敌人无法攻下。老百姓议论,如果不是三八四旅旅长古鼎新叛变投敌,一二八师是不会那样快被日寇打垮的。

王劲哉还很注意办学校,培养人才;在百子桥设有"劲忠中学"、"急基小学"各一所,他经常去学校检查训话。学校师生穿的都是师部发给的灰棉布军服。毕业后,由师部分派工作,小学毕业生为班长级,中学毕业生为排长级。师生对师长的训条要背得烂熟,有问必答。先父曾为这两所学校输送了不少学生,支持一二八师办学,这也是他受到王劲哉尊敬的原因之一。

作者刘大发,为刘承烈先生长子,曾任小学教师。

烽火童年*

刘守华

60年前,抗日烽火遍神州。抗日战争的完全胜利,成为中华民族历史的伟大转折。我出生于1935年,呱呱落地后本来随父母住在武汉市武昌首义路一带,当时父亲刘承烈从湖北省财政人员训练班毕业后,担任武昌营业税务所所长。1937年抗日战争爆发后,父亲调任崇阳县任代理县长。日本鬼子的飞机经常轰炸武汉,据说听见飞机响声,我就吓得大哭大叫,于是我们全家就回到沔阳周家榨农村老家了。此后直到1945年日本战败投降,我10岁之前的整个童年就消磨在抗日战争的硝烟烽火之中。虽然时隔60年,许多历史性的记忆至今仍刻骨铭心地难以忘怀。现择要写出以飨读者。

先父的传奇往事——为一二八师收编黄卫军

先父刘承烈十分赞赏一二八师王劲哉师长坚决抗日的实际行为。一二八师于1938年进驻汉川、沔阳地区以后,只有三个旅的番号,虽有抗日决心却兵力不足,于是先父谋划对驻扎在彭场的黄卫军苏振东部进行策反收编。

根据先父自己和目睹此事的哥哥在口述回忆和所写资料记载,这段传奇性事件大致如下:

大约是在1939年腊月的一天,先父来到彭场黄卫军苏振东团部门前,故意来回走了两趟,这个不寻常的表现立刻引起卫兵的注意,大声呼叫要他原地站立,卫兵进门向团长苏振东报告此事。苏问是怎样一个人在团部门口活动,卫兵说:"是个高个子,头戴酱色礼帽,身穿宝蓝洋布长衫,年纪不

---

* 原载《汉水文苑》2007年创刊号。作者为华中师范大学文学院教授。

大,看样子是个教书先生。"苏听完就传先父进去。苏见他文质彬彬,一点也不慌忙,估计不是等闲之辈,才对答起来。先父便亮出身份:"我是受一二八师王劲哉师长派遣,前来收编贵部参加抗日的。"在宣传爱国抗日的大义之后,又点明了当时新四军和一二八师在沔阳一带抗日,黄卫军所处的危险局面。苏振东听后有些动心,又找来郑参谋长,几个人挪到另一间房子细谈了一会,最后叫先父过三天再去彭场商谈。

先父从彭场当天赶回周榨老家已是深夜了,第三天又到彭场,这次直接闯进苏振东团部,苏对他的态度大大改变,不但说话十分客气,还留他在团部吃饭。最后决定20天后接受一二八师改编。

想不到只过了10天,那天晚10点左右,先父突然接到紧急通知,苏振东要在王市口附近约他会面(后来才得知,苏受到新四军五师陈少敏部的包围),会面时便将接受一二八师改编事确定下来。苏随即将全团人马从彭场撤出,从骑尾垸、横沟,越陈潭日占区过通顺河,绕胡、向垱到达麻港(一二八师控制区)。第二天清早,先父和苏振东各骑一匹高头大马前往百子桥师部会见王劲哉师长,王走出师部好远前来迎接。当即宣布任命苏为一二八师第五旅旅长,部队进驻通海口。之后,先父又帮助苏领取了军饷和军徽,将收编的事办妥。王劲哉师长十分高兴,亲手送给先父两千元纸币表示酬谢。他推让不收,李德新参谋长(兼第一旅旅长)暗中示意,一定要他收下,以免惹得王师长生气。可是他还是转手把这笔钱送给李德新了。一二八师就这样扩充到5个旅,抗日的军事实力大大增强了。

过了不久,王劲哉师长又请先父前往汉阳收编汪步青的"定国军"第一师。他一个人到汉阳罗汉洲一带找到了汪步青,收编事已大体谈妥,这时新四军五师陈少敏旅长的部队围攻汪部,将它击溃。汪步青本人逃往汉口,先父随他在汉口住了些日子,并结识了定国军的熊剑东军长。由于不通音讯,一二八师的李德新参谋长派一连人马到汉阳杜家窑一带活动进行接应。哥哥刘大发也跟随邹连长担任联络。可是探听不到什么信息,队伍只得返回。父亲后来自己乘民船返回,不料在脉旺嘴上岸吃饭时被当地维持会抓住送到日军手中,说他是"中国兵大大的"。后经定国军军部电话保释,才得以乘船平安回家。

第二天清早,父亲就赶到百子桥,向王劲哉师长报告此事。王师长已知晓汪部的情况,所以对他收编未成的事并无丝毫责怪之意,还是笑脸相迎,握手问好。此后王师长就将先父作为"高参"来对待了,但父亲不愿待在师部,他原是从事财税工作的,王就请他担任彭仙区税务所主任。那时,这一带的情况十分复杂,父亲勉强干了一年,就辞职回家了。

先父在抗日战争初期曾任湖北崇阳县的代理县长,因思念沔阳沦陷后全家老小的命运而忧虑成疾,神智不清,被人送回老家,经中医治疗康复。恰逢一二八师进驻沔阳,他出于满腔抗日爱国热情,便出头露面为一二八师办事了。他同苏振东、汪步青这些人并无私交,全凭着自己在外闯荡积累的胆识和人生阅历同这伙人打交道。同时他也代表着沔阳的父老乡亲,给了原属西北军杨虎城将军麾下的这支抗日武装以有力的支持。

关于收编苏振东的事,王劲哉后来在一份回忆材料中写道:"汪步青的一个团长苏振东还向我部投降了。为了鼓励伪军爱国,我把苏振东升为独立第五旅旅长。"(见《沔阳文史资料》第3辑第63页)可见这是一二八师驻沔抗战史实中的一件大事。

先父虽未直接参与一二八师抗击日寇的激烈战斗,却常常给我们讲述他得到的有关一二八师用土办法对付日本鬼子的故事。比如为了对付日本鬼子的骑兵,一二八师在马队经过的大路上撒下许多煮熟喷香的黄豆,这些黄豆装在锯成一小节一小节的竹筒里,战马想吃黄豆,竹筒却在地面滑溜溜地滚动,使马队滞留,给我们造成了打击敌人的有利时机。再如,一二八师为了对付敌人的坦克,把防御工事周围都整成栽秧用的水稻田,底下是烂泥,上面铺稻草,鬼子的坦克开过去就瘫痪下来走不动了。父亲在讲述这些故事时常常眉飞色舞,喜笑颜开,流露出强烈的民族自豪感。

为一二八师筹建修械所

先父刘承烈为一二八师策反收编黄卫军汪步青师未能成功,回家后总是觉得心里不安,一心想再为一二八师的抗日斗争做点什么事。这时一二八师的武器装备十分缺乏,他经王劲哉师长授意,便下决心秘密筹办一个修械所,以增强打击日本鬼子的武器装备。

经过两个多月的谋划,他终于寻访到新里仁口附近一位姓胡的补锅师傅和他的外甥杨月成(杨岗人),再由他们联系上汉阳兵工厂的一位师傅刘松清;这位刘师傅满怀爱国抗日热情,愿意尽力相助。先父向王劲哉师长报告后,师长万分高兴,立即派部下火速办理。经周密策划,有关人员先在夜里将汉阳兵工厂的一些机械扔进汉江,然后再派人夜间划船到那里,偷偷地潜水将那些机械捞上来运到沔阳。就这样建成了一二八师唯一的修械所。修械所由刘松清任所长,杨月成操作机器,又从其他地方招来几位铁匠,活干得十分出色。他们不但能及时修理枪炮,并在短期内制造出了叫做"小八音"和"掰把"的两种简易式手枪,后来还造出了一种叫"掷弹筒"的小炮,射程可达三华里,对增强一二八师抗击日本鬼子的火力发挥了很大作用。

日寇大约于1940年进占仙桃镇,我家所在的周家榨村距离仙桃只有10多里,便常受这伙豺狼的侵袭了。

我和家人同鬼子兵的几次遭遇

那年夏季的一天,突然传来日本鬼子(那时称他们为"老东")下乡的消息,那时我正好同哥哥在一起,他便不顾一切地拖着我,跟随几位乡亲朝村后的水沟边跑去,躲藏在沟边的坎坎里。不一会就看见几个鬼子骑着高头大马,挥舞着战刀奔驰而过,他们还跨上坟堆向远处眺望,战刀在阳光下闪射银光。沟坎上面长着茂密的小树和杂草,我们可以从草树缝隙中看到鬼子,鬼子却一时看不见我们,由此才逃脱这场劫难。

鬼子下乡,烧杀抢掠奸淫,无恶不作。糟蹋"花姑娘",成为家常便饭的兽行。那时我姐是待嫁闺女,更是提心吊胆。最初听说鬼子来了,就用烧饭锅上的烟灰把脸抹黑,和大伙一块逃难,后来觉得这样也不安全,就在远离村子又隔着湖水的地里,挖一个土洞,铺上稻草,乘小船过去,几个同龄少女挤在一起,过着穴居野处的生活,来避开这伙虎狼的伤害。

但还是有祸从天降的时候。大约是1941年的正月十五元宵节,按中国年节风俗,家家户户在那天晚上都挂起红灯笼以求吉祥平安,哪知住在仙桃镇上的日军以为是中国老百姓挂起信号灯要来进攻他们,于是向着高挂红灯笼的房子开炮轰击。这时已到了半夜三更,村里一片惊惶混乱,我们全家人也就从床上爬起向屋后的荒野里逃难,只听见一颗又一颗炮弹呼啸着从头顶飞过。我们趴在一个坟堆上直待到天亮才回家,进村去,只见有一户乡亲的房梁被炮弹击中,那里成了一片废墟,两位睡在床上的老人均被炸死。围着办理丧事的父老乡亲,对这伙强盗的野蛮罪行无不咬牙切齿、痛恨入骨。正因为这样,百姓对一二八师在沔阳一带坚决抗日,也就全力给予支持了。

1945年8月,中国人民终于取得战胜日本帝国主义的伟大胜利。那时仙桃镇是日军驻扎的一个重要据点,听说在宣布日本无条件投降的消息后,日军有剖腹自杀的,有杀军马充饥的,还有将武器扔进襄河的……我那时正在仙桃附近柳湾一所私塾里上学,时常要经过日军驻扎的龙华山军营,亲眼见到日本兵站在军营大门口的栅栏旁,手里拿着雪白的毛巾和方形的军用皮包等物上下晃动,意思是想把这些东西卖掉或者换粮食,但没有过路人理会他们。到了秋季收割庄稼时,我还见着一批一批的日本兵下乡给中国老百姓打短工:有的下地里收割粮食,有的帮人修理房子等,他们干活虽不熟练,却只求卖力气吃饱肚子,往日的威风自然没有了,一个个如同"秧鸡子"。忠厚善良的中国老百姓并不为难他们,有的日本兵认得汉字,私塾老师还用书写汉字同他们聊起家常来。也有因这些日本兵不放下"武士道"的架子,或因中国乡民忍不住要发泄深仇大恨而起斗殴的,但随即被众乡邻劝解。

以上是我60年前遭遇日本鬼子所留下的印象,那时我只是生活在江汉平原的一个初涉人世的乡村孩子。到上世纪80年代,我已成为新中国的一名大学教授。想不到在民间文艺学的教学与学术活动中,又结识了许多日本友人,他们邀请我访问东京和东北部远野市,我也邀请他们访问武汉和鄂西山乡。有一次,远野市市长还特地让我坐在他的市长办公桌上留影作为纪念。我和日本、韩国的学者还合编了一部《中日韩民间故事集》在三国发送,为建造宏伟的中日友好大厦添砖加瓦。历史老人就像一位高明的魔术师,变出的奇妙戏法真叫人匪夷所思。愿世人永远不忘历史,并以豪迈气概勇往直前超越历史。

2005年9月3日草于桂子山校园

一二八师抽壮丁及其他[*]

赵永树　樊孝礼

一

1941年秋,王劲哉在我地征兵,政策规定:"三丁抽一,五丁抽二。"我们弟兄六人。保长陶仕银要我们全去参加体检。主持体检(目测)的是周副官,他首先按应征对象的名单点名,再问有几弟兄,然后从头到脚,一一检查,并作详细记录。结果我们六弟兄一个也没验上。本来我们六弟兄,就有五个年龄不合格,我大哥十八岁,可他患丝虫病,两条腿肿得像小桶,因此验不上。和我同甲的王永发,三弟兄验上了一个,王不服气,以"五丁抽二"的征兵政策"将"陶保长的"军":"为什么赵家六弟兄一个也没去,我们三弟兄偏要去一个,这成什么道理?"言下之意,就是要赵家买一个壮丁抵数。陶保长拗不过他,只得请军训班的学员尹秀桂向王师长写了一份请示报告,说我家六弟兄至少要有一个服兵役,即使全不合格,亦应出钱买丁充役。师长接到报告后,调阅了周副官的体检记录,然后在这份报告上,用毛笔写了如下的批语:

　　弟兄虽多,年龄尚欠,征兵务实,不能逼人请丁。

劲　笔

陶保长接到批示后,当即给王永发过目,王也心服了。

二

1942年,我在横墩小学读书,学校有两位教师,一位叫刘启柱,一位叫

---

[*] 原载《抗日战争中的王劲哉》,政协湖北省荆州地区联络组王劲哉史料征编组编,1987年内部发行。

李秉坤。刘四十来岁,封建意识比较浓厚,不苟言笑,经常训斥和责打学生,同学们都怕他。李较年轻,性情活泼,但喜欢嘲弄别人。一次刘老师在中午的写字课上给学生写"甲子己丑"引本,把"己"字写成"巳"模样,李老师发现后,便作了一首顺口溜相嘲:"先生本姓刘,甲子己丑没读熟,己巳难分丘。"学生们背着刘老师就唱着玩,这首歌谣很快就在横墩传开了,刘老师的声誉一时扫地。王师长来杨团驻地检查工作,听到了几个牧童正在唱着这首歌谣,便问:"你们唱的是什么歌?"有一个牧童将这首歌谣的原委向王师长讲了。于是,王师长一面派卫士命当地保长召集百姓到横墩小学开大会,一面带领杨俊山团长、周副官和几名卫士来横墩小学现场召开了一个大会。到会的老百姓站满了学校操场。王师长、杨团长和周副官等站在操场讲台上,要刘启柱、李秉坤也上台来。刘、李从命走近台前,像犯人一样不敢抬头。

王师长说:"同学们,我们都是中国人,我们都要爱国家。你们今天读书识字,增长知识,最重要的一条,就是要有爱国思想,有了爱国思想,打日本鬼子就有劲了。现在国难当头,一切都要从爱国出发,老师教学,一定要培养好学生们的爱国思想,引导学生们走抗日救国的道路,这就是我们办学的宗旨。刘启柱身为教师,不尽职守,不宣传我部颁布的训条口号,不教学生走爱国抗日的道路,教什么五行生克,天干地支,这是不能容忍的。李秉坤身为教师,不明大义,不讲团结,傲视他人,作歌谣挖苦同行,也是不能容忍的,都是和我们办学的宗旨背道而驰的。我问你们,《甲子歌》中有抗日的道理吗?没有。'先生本姓刘,己巳难分丘'是爱国思想吗?大家说,对这两个人怎样处置呀?"话音一落,他们两人吓得战战兢兢,身不由己地一同跪在师长面前,叩头如捣蒜地说:"我们错了,我们错了,求师长开恩!"师长瞪了他们一眼说:"我历来对读书人是奖多于罚的。今后,你们一定要认真教学,积极宣传抗战,否则,群众要辞掉你们,另聘教师。"说完宣布散会。

三

1941年夏,郭家河一位姓郭的老板囤积了两百担小麦,当地的联保处王主任以征收军麦为由,将郭老板的小麦全部没收了。郭不服,来百子桥司令部求见王师长,向王师长报告:"联保处王主任借征军麦为由,将我家里的两百担小麦全没收了,请求师长替我做主。"师长便令王主任火速赶来司令部。王主任一到司令部,王师长劈头就问:"你当谁的联保主任?"王小心翼翼地回答:"老百姓的。""你敲诈过老百姓的多少血汗?""没有敲诈。"王师长勃然大怒,厉声训斥说:"你敲诈郭老板的两百担小麦,在我面前还敢抵赖?"王主任赶紧双膝跪地说:"报告师长,郭老板拿小麦资敌。"师长反问:"小麦是在他家被没收的,还是在偷运出境时被查获的呢?"王答:"在他家里。"师长说:"既然小麦在他家里,如何能资敌?"王主任无言以对。

王师长随命警卫连将该联保主任拉出去戳了,回头对郭老板说:"你被没收的小麦,我命令联保处如数交还,你只能按收进价格卖给当地缺粮农户,小麦卖完,改行务农;如不遵行,查清严惩!"

郭老板诺诺连声,面谢师长而去。

作者赵永树、樊孝礼在解放后任小学教师。

回忆一二八师片断

李宝清

宣传抗日抽壮丁

我家住在侯家嘴(离龚家场九里)。1940年旧历二月中旬的一天,保长通知有兄弟两人以上的人家,到龚家场开会,说是一二八师王师长派了蔡处长来抽壮丁,应到会的不许缺一人。那年我还不满十五岁,在本村读私塾。我多病的哥哥把我从学堂里喊回家,同父兄一起来到龚家场。只见到会的人,坐在地上,围成一个大圆圈。中间八张方桌拼凑成会台。台上有四个士兵押着一个日本鬼子。离台不远,等距离站着八个荷枪的士兵。人群外围也布满岗哨,会场气氛紧张严肃。

大会开始,一个身着青制服的年轻女兵,进行抗日救国的宣传。她说:"日本鬼子侵略我们中国,到处杀人放火,抢劫财产,奸淫妇女,是我们国家民族的大敌。我们一二八师王师长领导我们打日寇,打了很多胜仗,还活捉了一些日本鬼子。我们要将抗日战争进行到底,希望大家有力出力,有钱出钱,特别是青年人要参加我们的部队,把日本鬼子赶出中国。"

女兵宣传过后,由蔡处长按保抽丁。各家的兄弟们分别站在一起,任他挑选,他用文明棍一指,你就站出来。立即有人登记造册,临时编队带走。我和哥哥都没有被挑选上。

配合抽丁宣传的标语有:"国家兴亡,人人有责"、"好铁炼好钢,好汉上战场"、"好铁要打钉,好男要当兵"等等。会场上散发了很多红、绿、黄、白纸

---

* 原载《抗日战争中的王劲哉》,政协湖北省荆州地区联络组王劲哉史料征编组编,1987年内部发行。

印的传单,记得有一张是《送兄参军》,上写道:"劝我兄,努力干,爱国男儿会打仗,不怕倭奴的刀枪和炸弹。勇往直前与他干,打得倭奴不在中国站,才显英雄的手段,才显英雄的手段!"落款是:"中央陆军一二八师劝勉处宣传队。"

接受师长检阅训话

1941年下学期的一天,王师长来电话:要老师把我们学生带到百子桥司令部去接受检阅。学校离百子桥四十多里,那天上午,负责军训的张教官集合学生训话,要求大家像军人一样严格遵守纪律。十时出发,队伍整齐雄壮。一个年纪大点的同学扛着一面绣有"进忠中学"四个蓝底白字的校旗在前面领路。每个同学都身穿青制服,脚穿草鞋,背着一个大斗笠,斗笠上面写着"坚、苦、奋、志"或"勤、廉、公、忠"四个大字。我们一路上唱着抗日战歌,经杜家横堤、秦家场、溜子河、扒头河、贺家湾、西流河、渡口,到达百子桥司令部,已接近下午五点。当天晚上休息。

第二天,王师长对我们训话。他说:"大家远道而来,辛苦了!我们现在是处于非常时期,抗日救国的担子,落在你们的肩上。你们现在读书,要造本领。为人之道,重在教与养。"他边说边在黑板上写了"教"与"养"两个字。接着又说:"'教'字比'养'字更重要。父母养了这个人,不教他做好事,他就会成为危害老百姓的坏人。如土匪头子谢守臣,一时当土匪,一时当伪军,专门做坏事,不知害死了多少人,我把他戮了。"讲到这里,他用双手在胸前做了一个圆形手势说:"我有这么大一个火热的中国人的良心。日本人要我同他们合作,说什么'中日亲善',搞什么'大东亚共荣圈',我回答说:'我是中国人,誓死不当亡国奴,绝对要与日贼拼死命!'"他最后说:"黄石公教出了一个张良,帮助刘邦打了大胜仗。我要学黄石公,使你们大家都成为张良,你们将来去教出更多的张良,就会把日本鬼子彻底消灭干净。"听完他的训话后我们全体师生便整队返校了。

"送粑粑"之谜

1942年,"进忠中学"改成"沔阳初级中学",我仍在这里读书。古历十一月二十日左右的一个深夜,学校紧急集合。我们一个个从睡梦中起来,冻得直发抖。只听校务主任指着一群闹哄哄的老百姓对我们说:"他们都是送粑粑的!把他们拦进学校去!"原来不知是谁说王师长下了命令,一家如得了别人送来的一个粑粑,就要做七个同样的粑粑送给另外的七家,不送的要戮全家(于是有的家中来不及做粑粑,就买麻花饼子代替。这样,你送我,我送他,听说送到了江南广兴洲),闹得满城风雨。学校领导一面要我们同学分守各处路口,把送粑粑的人拦进学校里,一面由校务主任亲自骑着毛驴前往百子桥司令部,问个究竟。后来,校务主任回来说,他在司令部那里也看到了很多送粑粑的人。正在忙不迭地接各路电话的王师长说,这件事他不知道,他也根本没有发布什么送粑粑的命令。

以后别人分析,不管王劲哉是否发布了送粑粑的命令,但可看出,当地群众对王劲哉迷信或者说是害怕到了何种程度。

作者李宝清是监利县龚扬区退休教师。

记一次祝捷大会

费克富

1940年春节期间,一二八师七六六团,向峰口的日军发起猛烈进攻,打败了日军,并活捉了两个日本鬼子。为了庆祝胜利,一二八师于正月十一日在周老嘴举行了一次抗日祝捷大会。

大会之前,一二八师将活捉的两个日本鬼子押着,从峰口出发,途经瞿家湾、柳关、分盐等地,到达周老嘴,游行示众。

周老嘴及附近乡村的民众,头天得到参加大会的命令后,家家户户半夜起来烧火做饭。天刚蒙蒙亮,大家在保甲长的带领下,像潮水般地涌向了会场。青年人个个身背芦叶斗笠,手持闪亮的梭镖。雄赳赳,气昂昂,队列整齐。会场设在街边一块荒地上,会场上搭起了一个大台。台前横扯着"中央陆军第一二八师抗日祝捷大会"的会标,台中间,悬挂着孙中山先生遗像,台上端坐着以王师长为首的十多名中高级军官,会场周围伫立着许多持枪放哨的军人。一眼望去,威严可畏。这天,周老嘴的街头巷尾,戒备森严,大门紧锁,行人绝踪,寂静如夜。

大会开始之前,会场前面席地而坐的一二八师独立团的官兵们,不时高唱着:"大刀,向鬼子们头上砍去!"等气壮山河的抗日战歌。与会民众,个个情绪激昂,以保为单位,高呼着滚瓜烂熟的训条和口号。歌声、口号声,此起彼伏,震天动地,早已吓痴了用麻绳捆绑的两个日本鬼子。

少顷,旅长任兰圃宣布:"抗日祝捷大会开始。"台上台下顿时鸦雀无声。

---

* 原载《抗日战争中的王劲哉》,政协湖北省荆州地区联络组王劲哉史料征编组编,1987年内部发行。

接着,任旅长用洪亮的声音讲了会议的主要内容和大会要遵守的纪律。之后,带头鼓掌欢迎王师长讲话。王师长五十出头,身穿灰布军服,腰间紧束皮带,两眼炯炯有神,在掌声中步入台前,满面笑容地向到会军民频频招手致意。他声洪嗓大地讲述了七六六团官兵攻打峰口,挫败日军的英雄事迹。他号召:"军民同心干,让鬼子早早滚蛋!"王师长讲话后,散发了油印的《抗日祝捷之歌》,歌词是:"一二八,真能干,打死鬼子不上算,活捉鬼子请人看。大家帮助,要干!要干!使鬼子早早滚蛋,不能在我中国站。中国人,光荣又好看,子子孙孙幸福千千万!"这歌词散发到与会者手里后,顿时,"打倒日本鬼子,还我河山!"的口号声,响彻云霄。那活捉的两个日本鬼子,在台上被审判示众之后,即由枪兵押了下去,大大鼓舞了中国人民的志气。

会议余兴,由独立一团三营营长赵德天带领,将早已准备好的高跷、采莲船、蚌壳精、跑马灯等民间游艺节目,作了精彩的表演。

抗日祝捷大会,在一片锣鼓声中结束。然而,游艺活动却持续到正月十五,历时五天五夜,周老嘴的老年人至今记忆犹新。

(王世友整理)

作者费克富,监利周老嘴镇居民。

崔家拐角痛歼日寇纪实

肖国禄

1940年农历正月初四日,日寇派出飞机三架,掩护野坂队长率领的"白虎队"(敢死队)及"黄卫军"熊剑东部杀奔汉(阳)沔(阳)边境而来,先后攻占我沔阳之沙湖、彭家场、张家沟、白庙等市镇,陈兵于东荆河南北两岸,直接威胁我沔阳县城和沔南重镇——峰口等地。

当时驻守在沔阳、天门、监利等县的国民党陆军一二八师师长王劲哉,命令镇守沔城之独立六团副团长陈良弼于东荆河南岸选择有利地形,构筑工事迎敌。当陈副团长率领一个营的兵力和三百余民工在陶家坝抢筑工事时,朱新场的日寇出动重兵,偷袭我陶家坝尚未竣工的阵地,陈良弼副团长奋不顾身,亲率官兵英勇抗敌,终因寡不敌众,陈副团长不幸壮烈牺牲。斯役计阵亡官兵六十余名,牺牲民工两百余名。被俘民工五十余名。惨无人道的日寇竟将被俘民工苏陈氏、丁培均等二十余人押至白庙沙洲用机枪射杀。

当时日寇以精良的装备和数胜的余威打平原攻击战,确有优势。但一二八师在强敌压境的严峻时刻,抗击侵略、保卫祖国的决心毫不动摇。早在日寇威逼沔城之际,王劲哉师长就召开了紧急军事会议,根据前线的形势及获得的情报,决定主动放弃东荆河以北地区,以骄其志;并于东荆河南岸抢构工事,加强纵深防御,坚决抗击日本侵略军,以挫败其嚣张气焰。距陶家坝约两公里之崔家拐角,已由七六七团三营少校营长史耀先率军驻守,构筑工事一座,工事中设有天井,通过木梯,可上顶端;工事之东南北三面各有暗

---

* 原载《抗日战争中的王劲哉》,政协湖北省荆州地区联络组王劲哉史料征编组编,1987年内部发行。

堡一座,兵士随时可由工事内通过交通壕进入暗堡,进行防御。工事和暗堡均系土木结构,可避一般轻武器的攻击。工事之外,环以水渠,渠外,鹿砦护之。其西北约一公里之皮家店及西南一公里许之童家桥,均已构筑工事,其布局和规模,与崔家拐角大体相似;且就垸堤挖一交通沟,由童家桥直通崔家拐角,以供运兵之用。这三座工事形如鼎足,距离较近,火力可接,并能相互策应。

临战前,王师长特遣七六七团团长李钰亭亲率一个营的兵力,进驻童家桥与皮家店之第二线,以为史营之后盾,并任前线最高指挥官。李团长马不停蹄,赶赴前沿阵地进行视察,立即调整了兵力部署:英勇善战的七六七团一营一连之赵得时连长由皮家店移防崔家拐角,三营营长史耀先仍率部在前沿阵地——陶家坝、崔家拐角一线设防,营指挥所设于皮家店工事内,赵得时连划归史营长指挥。

部署甫就,日寇即疯狂进攻陶家坝,七六七团三营七连连长赵天新阵亡,陶家坝遂告失守。其后敌我相峙数月,不过碉堡相望而已。

同年农历腊月初一日,盘踞白庙之日寇少校队长川岛认为我军的"乌龟壳"作用不大,可以把它打得粉碎,遂悍然率日、伪军万余众,向我前沿阵地——崔家拐角进攻:首用山炮轰击,继用飞机三架俯冲扫射,投掷炸弹多枚。我军严阵以待。川岛踌躇满志,拿起望远镜来,扫瞄我军阵地,只见我军工事上硝烟滚滚,没发现任何军事反应。敌认为我军工事已被炮火摧毁,守军逃逸,于是发起冲锋。但当日寇冲锋时,却遭到我军的强烈反击,打破了川岛的迷梦。不过,他仍不死心,督令所部连续进攻。翌日午前,有敌机七架飞掠我阵地,接着敌军又向我多次猛扑,亦被我军英勇击溃。战斗进行到第三天,我军为了彻底粉碎日寇的进攻计划,战地指挥官史耀先亦由皮家店转至崔家拐角主体工事内指挥作战。多次进攻均告失败的川岛迭遭上峰的训斥,他怒不可遏地举起指挥刀,亲率士兵冲锋。当他靠近我工事时,竟然冒死地向工事顶端攀援,妄图窜入工事天井内,展开肉搏战。迨川岛爬上工事顶端立足未稳之际,史营长的警卫员眼尖腿快,飞跃而上,用手枪将他击毙。川岛毙命,其部众狼狈而逃。

占据陶家坝的日酋青濑奉命率部继续组织进攻。他亲眼看到我军工事外日军尸体堆积如山,不禁顿生"兔死狐悲"之感。他灵机一动,命部属马上抓来许多民工听候安排。他组织冲锋时,先在士兵的腰部系上一根长绳,其尾端交给民工;士兵若被打死,民工则以绳子拉回尸体。但有的日军在冲锋时,为了躲避我军的射击,突然卧倒,民工以为被打死了,便拼命地拉绳子,有的甚至被活活拖死。青濑见此情景,无计可施,不由气急败坏地吼道:"王劲哉真是大大的,小小的崔家拐,竟然成了第二个台儿庄!"他抖擞起武士道精神,高举指挥刀,一面命令终止"绳索系腰"的做法,一面命令他的士兵继续冲锋。当他冲近我军工事时,恰被流弹击中。他掩住鲜血淋漓的伤口,继续率领士兵向前冲击;而我军机枪的火舌,吞噬他部下的情景,依然不断地呈现在他的眼前。青濑此时清楚地知道,日军在崔家拐角的败局已无法逆转,但若擅自撤退,又难免不作替罪羊而剖腹自裁;不如战死沙场,忠于天皇。他横下一条心,终于一头扑向我军的机枪眼上,作了日本帝国主义者的牺牲品。

崔家拐角阵地,经过山炮的猛烈轰击,飞机的野蛮轰炸,以及敌兵士无数次的强攻猛扑,依然屹立无恙。日伪军随着指挥官青濑之死,以彻底失败而告终。

综计此役,历时七昼夜,由于一二八师的浴血奋战,终于取得了胜利。据当时报纸记载,守军一二八师七六七团共击毙日寇少佐川岛、青濑以下二百八十余名。另据目击者说,日寇伤亡达千余名。

此役初期,日寇将官兵尸体用汽车运至白庙,将死者首级取下,装进放有石灰的子弹箱和麻袋内运走。丢下的无头尸体,均寄放于新屋台陈世昌兄弟俩的大瓦屋内,堆上一人多高。战斗结束后,日寇抓来很多民工,强迫他们在陶家坝王爷庙台上挖了一个大坑,架好木柴,将日军尸体置其上,再淋上煤油,点火燃烧。数里之外,秽臭难闻。

王劲哉师长在百子桥司令部举行祝捷大会,表彰有功人员,宣布晋升史耀先为七六八团上校团长;晋升赵得时为中校,并上"将军"称号,旋复升任为营长,送后方休养,于三官殿建桥一座,命名为"将军桥"。

注:本文根据曾祥吉、杨伯仁(一二八师三六八团副官主任)、夏福胜(排长)、陈四海(原大公乡新台村村民,其家曾堆放日军无头尸)等口述资料及本人调查、回忆整理。

周帮三战

周杏元

一

1939年7月,日寇为了打通汉宜路,阻止新四军向襄南扩展,命伪军汪步青部打头阵,向沔阳进攻,取道周帮。一二八师的郭兴唐营长,驻防在下查埠王湾,奉令往周帮阻击。郭兴唐带一营队伍到周帮后,部署战斗,派一个连扼守郑家台,遏止伪军前进;另派两个连绕道汉川的广口、江集,转到汉阳的南沟子,隐藏在青纱帐内,待机对伪军前后夹击,让伪军前后失顾,归路断绝,促其自溃。

当时进犯沔阳的伪军,是汪部的汪波洋团与李太平旅的一个团。汪团打先锋,李旅的一团作预备队。他们想打垮王劲哉,回家喝团圆酒。他们的口号是:"沔阳是沔阳人的沔阳!""驱逐一二八,还我沔阳!"他们企望一战获胜。有些当伪军的沔阳人,有"拯救"家乡的观念,还有点士气。汪团一到周帮,在郑家台遭到一二八师的抵抗。因众寡悬殊,汪团曾冲过郑家台,向前推进,一二八师郭兴唐部退到孙家湾,组织抵挡,刚稳住阵脚,忽然,汪团掉头转向,向郑家台方面溃退。一二八师乘势反攻,攻势凌厉!迫使汪团不战自溃,士兵非毙即逃。汪团初战占了点便宜,后来为什么不战自溃?这是因埋伏在南沟子青纱帐里的郭营两个连与增援的李旅伪军开战了,使对方感到后路已断,援军挨打,无心恋战,都各顾各地逃命,连伪团副周济贤也藏在老坟獾洞内躲命。

---

* 原载《抗日战争中的王劲哉》,政协湖北省荆州地区联络组王劲哉史料征编组编,1987年内部发行。

一二八师的两个连,看见李旅伪军已走进伏击地段,从南沟子到西河的几里路上,在路旁青纱帐中设置疑兵,这里放几枪,那里放几枪,让伪军摸不着头脑。郭营又在张家湾把李旅伪军截成两段,进行各个击破;被截断的伪军力图靠拢,顽强地冲杀,双方正在酣战。李旅伪军听到汈阳那边传来的枪声越来越近,获悉一二八师的部队已转入反攻,眼看要腹背受敌,军心顿时大乱,有组织的抵抗开始松懈。这时陕西声音又大喊:"你们的前锋已溃,后路又断,再不缴枪,死路一条。"李旅伪军听到这声音,心惊胆战。一二八师的部队卡住了南沟子,伪军归路断绝,走投无路,只好向敞洲的芦林里跑,或向汉川的刘家湖奔。一二八师乘伪军溃散之机,加紧追击,大获全胜,缴获长枪两百余支,轻机枪二十多挺,打死伪军一百三十多人。汪波洋在坝上会到李太平,互相埋怨旅,汪怪李配合不力,李说汪的队伍不战自溃。

二

　　1939年9月,一二八师除古旅外全部集结在潜汈边界上,据说是为了让国民党点验,好领军饷。又说是准备同金亦吾厮杀。古鼎新旅不调离田二河,是预防曹勗、汪步青侵占防地,相机给予打击。王劲哉又对古鼎新面授了机宜。

　　果然,汪步青认为有机可乘,想填补汈阳真空,霸占防地。古鼎新闻讯后,连说:"王师长料事如神,算无遗策!"当即按照王师长的决策部署战斗,并探得汪伪军已进驻周帮。王部李农青营曾在周帮驻防过,对情况比较熟悉,五月间,古鼎新便把奇袭周帮的任务交给李农青营长。

　　那时秋雨连绵,道路泥泞,天色阴沉,估计一二天不能放晴,进驻周帮的伪军是汪步青的嫡系部队,汪老四(汪波洋)的一个团,汪老六的机枪营,配备较精良。他们进驻周帮后,准备长驱直入,回归故土,以为百里范围内已无敌踪,万事大吉,于是大喝大赌,尽情地玩乐,直至鸡叫三遍才睡觉。

　　李农青受命以后,趁秋雨滂沱,从田二河奔袭周帮。刚过襄河,鸡已叫了,雨更大了,实在难走。连长张自德建议:"让战士歇一会儿再走,太累了!"李农青果断地说:"敌人以为雨大,我不会来,正好出其不意,使敌人处于毫无抵抗准备的地位。古代李愬下蔡州,狄青夺昆仑山,都是用了这种战术。现在赶到周帮,天还不会大亮,每个战士都露出左膀,作为标记,避免误会。迅速前进!"

李农青率部赶到周帮,果然在拂晓之前,玩乐够了的伪军官兵,正在梦中。团部、营部、连部的哨兵,睡意皆浓,呵欠直打。李营长派兵很快地缴了哨兵的枪,口里都塞上棉絮。又下令把周帮与郑家台围住。此时,一二八师的士兵枪走了火,啪的一声,惊醒了伪军官兵,慌忙起来逃命,来不及穿衣服,有的穿半头裤,有的打赤膊,狼狈万分,丑态百出。国军来得太仓猝,伪军说是神兵天降,缺乏思想准备,根本没进行抵抗,只有机枪营的一位老兵,端着机枪在上桥头扫射了一阵,起了报警作用。伪军士兵没弄清白是怎么一回事,胡乱地逃命,真是风声鹤唳,草木皆兵。凡是不露出左膀的,一二八师就用枪打刺刀戳。这次战斗,伪军大败,机枪营丢了一个连,汪团丢了两个连,一二八师获胜,缴获了两百三十多条步枪,李营只伤了五人。天大亮,就结束了战斗。李农青带领队伍,高唱凯歌回田二河去了。

三

1941年春,周帮又发生一次战斗。1940年春节,由日寇压阵,汪伪军跟着到沔阳驻下,刚刚一年,汪伪军就被新四军第十五旅消灭了。沔阳许多集镇都驻了日军,如下查埠、周帮等地。退到潜沔边界的一二八师,派他的杨团长带一个团到沔东一带游击,来到公明山,把汉奸赵益新的官署拆了,把他的母亲的坟也掘了。

2月12日,杨团长带兵从新河向周帮进攻,想把驻在周帮的日寇吃掉。那天风沙弥漫,对面看不见人。杨团长想利用这有利的天时消灭敌人,一过韩家坝拐角处,就命令士兵鸣枪,引诱日军从郑家台出来,加以围歼。当时驻在郑家台的日军,有三十四人,小队长叫南原,因吃早饭,便把枪架起。日军听到枪声,一动也不动,仍在吃着早饭。待一二八师的队伍进入射程,南原小队长一声令下,三十四名日兵,都端枪跑到大堤上匍匐下来,居高临下,迎击对方。一梭机枪子弹打出去,杨部士兵眼看着十多名弟兄倒下,怒火中烧,同仇敌忾,士气旺盛,前仆后继。但血肉之躯,毫无掩蔽,怎么能挡住倾泻的弹雨?接连着倒下一批,又倒下一批……

这时,有个连长向杨团长建议:"停止强攻硬打,把部队分散到周围去围困敌人,待敌人突围,再来聚歼。"杨团长拒不采纳,并说:"三十多个鬼子,还费那么大的力气。我们八百多个人,只消用小指头,就会把鬼子戳死!"杨团长刚愎自用,招致巨大伤亡,损失惨重。强攻两三个小时,人死一大片,没向前推进一步,最后还是下令撤退。

杨团长丢下为国捐躯战士们的尸体一百多具,由附近老百姓挖一大坑掩埋,幸免暴露。路过战场的人,都凭吊忠魂,慨叹杨团长蛮干致挫,无不表示遗憾。

作者周杏元,退休教师,仙桃市周帮人。

施家港据点争夺战*

赵正祥

1939年秋,日寇以飞机掩护,从武汉溯襄江而上,直犯沔境。王劲哉部与之接触失利,遂南渡东荆河,将司令部移驻峰口。沔阳县政府机关也迁到距离施家港五里的姜家口。仙桃镇、张家沟、沔城相继沦陷,日寇分兵盘踞,伺机南渡东荆河,企图一举歼灭心腹之患——王劲哉部。

一二八师把东荆河南岸变成了抗日前沿阵地,在这里修筑工事,据河扼守。1940年—1942年间,曾发生过十多次重大战斗,其中施家港据点的争夺战尤为激烈。

当时,我在一二八师举办的军事训练大队速成班学习后,任谢仁联保六十二保小队副。施家港战斗打响后,我领导本地群众协助抗日,参加后援,有机会接触了直接参战的官兵,所以对这次战斗的情况颇为了解。

施家港位于东荆河南,是日寇进攻王劲哉和县政府的必经之路。王劲哉倚东荆河天堑,在施家港下筑起两座相距四里左右的土堡垒,派七六七团驻守。

1940年春,日寇首次进攻施家港据点,配备飞机9架、大炮3门,轰炸三日不停,继之施放喷火器,将工事全部炸毁。驻守官兵死守阵地,终因弹尽粮绝,全部为国殉难。施家港失守。

日寇占领施家港后,抓夫抢粮,拆房伐树,在街头筑起营房,营房四周架设电网。鬼子们白天下乡骚扰,夜晚龟缩在营房内。

---

* 原载《抗日战争中的王劲哉》,政协湖北省荆州地区联络组王劲哉史料征编组编,1987年内部发行。

王劲哉在峰口得知施家港失守,令陈良弼团夺回施家港。陈良弼率领七六八团二营六连(连长伍万云),进驻柳口、严家桥一带。

陈团长为摸清敌情,采取"声东击西"的战术,命令士兵在敌人东南方向猛烈射击,牵引敌人火力,自己则带兵潜入敌人营房西北面,将电网割掉。午夜,陈团长又来了个"声西击东",命令东南方停止射击,而转到西北方向佯攻,又将东南方的电网全部割掉,最后将敌营团团包围,四面进攻。一时枪声大作,子弹飞蝗般射向敌人。敌人失去赖以生存的安全设施,只得撤退,于是一二八师收复了施家港。

1941年元月,驻沙湖的日寇趁王劲哉撤退沔阳之机,集中兵力万余人,进攻张沟,占据白庙,向东荆河南岸猛烈进攻。陶家坝、施家港等地工事多被毁平。一二八师奋死抵抗,歼敌百余人,但终因众寡悬殊,又经不住日寇飞机大炮日夜轰炸,施家港第二次失守。

王劲哉得知施家港再次失守,彻夜不眠。即令张平海团昼夜兼程,偷渡东荆河,会同东荆河以北的游击队和驻守下查埠的郭金鉴(营长)部,在仙桃、沔城、张家沟、彭场一带进行游击。敌人为了回救仙桃、彭场、张家沟等处,令驻施家港的日寇拔营。这时王劲哉部队趁机前堵后追,将施家港再次夺回,陶家坝、葫芦坝等地也相继收复。

王劲哉认真总结了近两年来战斗的经验教训,分析了施家港据点的重要意义,认定敌人决不会因这次失败而甘心,一定会卷土重来的。遂决定将司令部迁百子桥,沔阳县政府迁陈家祠堂,把施家港作为着重扼守的据点。随之,王劲哉对施家港的工事结构,进行了改修和扩修。改进后的工事里筑有隧道,上下两层,层层相通,外面修有交通壕。交通壕一米多宽,深二米左右,两边用砖砌成墙壁,上面铺上木板,木板上盖土,可通向另一工事。如此工事可据守,可屯兵,可作运输线。

施家港西有唐家工事,东有何家工事,南有小沟边工事,相距不过三里左右,成犄角之势,互相策应。

1941年7月上旬的一天早晨,驻白庙的日寇犹木野板司令,果然又率日、伪军万名,用坦克、大炮作先导向施家港发起猛烈进攻了。战斗打响后,营长梁发祥跃到工事的最上层,举起望远镜,一面观察,一面指挥。驻守何家工事的刘功文连长,率领全体战士,织成密集的火网,击毙日寇数十名。下午3时许,日寇增调4辆坦克配合,逼近何家工事,并将日旗插到离工事百步左右的小工事上,以示胜利在望。营长梁发祥将战地实况向王劲哉作了汇报,王劲哉急令施家港据点的官兵:"必须死守,不得擅自撤退,宁死不做亡国奴。"并马上用电话通知离施家港十里之遥的青泛岭骑兵团二营营长艾立黎,于半小时内派一连人,赶到施家港增援。艾抄小道,走捷径,准时到达。因为我熟悉地形,充任了艾营长的向导。艾与梁营长会合,立即研究作战方案,他们不作正面还击,而穿过东荆河堤,隐入东荆河滨的杂草丛中行军,绕到敌人的后方,展开了灵活的偷袭战。这样首尾夹击,最后打退了敌军。这次战斗,歼敌一千余名,击毁敌人坦克4辆。

(陈华章、胡广香整理)

一场血战

刘功文

我叫刘功文,今年80岁了,原是湖北省监利县邮电局退休职工,现在河南省商丘县平台乡刘庄安度幸福的晚年。抗日战争期间,我曾亲自参加过一次抗击日本侵略军的战斗。那是1941年9月,日寇为了向西推进,对我一二八师发动了一次大规模的进攻。我师在湖北沔阳施家港一带阻击敌人,战斗进行了七天七夜。当时我在一二八师七六八团第一营三连当连长。我连负责正面阻击。战斗进行到第三天,日军向我发动了总攻。上面有日寇的飞机轰炸,地上有机枪、大炮、坦克轮番扫射、进攻。敌人占领我连阵地上的岗楼后,我们仍在楼下死守阵地。我和顾营长带着拼死队十多名士兵在通道口和敌人厮杀。几箱手榴弹用光了再用刺刀拼。有个战士我记不清名字了,他同一个日本兵在地上抱在一起格斗,我和班长王太连冲上去打死了那个日本兵。这当儿,又冲过来几个日本兵,我前额被炮弹片炸伤了,没顾得上包扎,和班长带着几个战士冲出工事道口去迎击敌人。经过一场激烈的战斗,打退了敌人的进攻。战斗结束以后,王劲哉师长给我一千光洋的奖励。我把钱全部分给了全连战士。营长责备我说:"奖金是奖给你的,你怎么搞的?"我说:"仗是全连打的,功是全连立的。"

(李汉儒整理)

作者刘功文,河南省商丘县人,解放后系邮电职工。

---

* 原载《抗日战争中的王劲哉》,政协湖北省荆州地区联络组王劲哉史料征编组编,1987年内部发行。

战斗在敌后战场

李钰亭

我从1930年起至1943年春王劲哉兵败被俘止，一直在王的部下当兵，历任班、排、连、营、少将团长等职。1937年，王部奉调自陕西入豫，在开封、杞县整训后，改编为新编三十五师。辖四个团，王劲哉仍任师长。我任一团二营营长。

1938年夏，我师奉命参加豫东会战，增援驻守郓城的友军二十三师，在曹州城北门外，与日寇激战六个小时。王师长亲临前线指挥，士气旺盛，但伤亡惨重。在战斗中，我左臂受伤骨折，先在汉口，后转宜昌住院治疗。

1938年冬，王师长率部进入沔阳地区之彭家场、通海口、仙桃镇等地，打垮游杂部队周兴所部。打退了伪军汪步青的进攻，收编了汪部苏振东的一个团，升苏为我部独立第五旅旅长（苏后又投日）。我于1939年秋伤愈后，自宜昌返回师部，师部时驻仙桃镇。归队后，我先任七六三团中校团副兼军事训练大队军官队队长职，军训大队驻仙桃镇。1939年冬日寇大举进攻仙桃，因敌众我寡，师部移驻峰口。1940年春节期间，我被调任七六七团团长。团部驻沔东兰家大桥，后在官垱湖、沙湖一带布防，以防止日、伪军对我辖区的进攻。

大筑碉堡群　血战陶家坝

1941年春节期间，日寇纠集日、伪军万余人。对我南北夹击，南线向峰

---

* 原载《抗日战争中的王劲哉》，政协湖北省荆州地区联络组王劲哉史料征编组编，1987年内部发行。

口、沔城一带进犯，北线沿襄河一带向我军进逼，激战数日，双方互有伤亡。我方伤亡达四百余人，因敌众我寡，我军且战且退，师部移住柳关。此时，师部急令襄北我军夜袭仙桃镇的日军。敌军被迫撤退，师部迁回百子桥。

鉴于日军武器装备精良，战斗中我军伤亡惨重，我建议王师长，建筑坚强工事，大筑碉堡群，据险防守，抗击敌寇。师长采纳了我的意见。师长命我团进驻关圣庙一带。师部征集了大批民夫，配合我军日夜赶筑坚固的防御工事。我令三营营长史耀先在谢仁口构筑坚固工事一座，二营营长刘芝瑞率部在关圣庙与谢仁口之间抢筑工事，一营营长房景唐率军民在麻河渡与关圣庙之间抢筑工事，二营营长率军民又在武家场、童家桥各筑工事一座，三营又在陶家坝、皮家店、崔家拐角各筑工事一座。各工事外围皆设有交通沟与暗堡联接。由于军民合作抢筑防御工事，东荆河两岸的不少堤坡、湖垸、道路两旁，明碉暗堡、交通沟、陷阱遍布，形成了强大的防御体系。我团部据守在关圣庙工事内，外有水沟、鹿砦护之。

1942年5月间，王师长电令我到百子桥师部面授机宜。师长讲，武汉来了情报：驻汉日军军团司令认为我军驻防沔阳地区，成为他们西进宜昌、南进长沙的一大障碍，决定派武汉警备司令河野毅率步兵五千、骑兵二千、坦克四十辆、飞机三十架助战，号称万余之众，将向我防地大举进犯。根据这一情报，师长命我立即回团，担任第一线总指挥，严密布防，严阵以待，痛击来犯之敌。我回到团部后，立即召开了连营以上军官会议，通报敌情，传达命令，按防御工事体系纵深配备全团兵力，命第一营驻防麻河渡至关圣庙一线，第二营驻防武家5场、童家桥一带，第三营驻防陶家坝、皮家店、崔家拐角一线。果不几日，河野气势汹汹地率万余日、伪军在仙桃、白庙两地集结，兵分两路向我军防地猛扑而来：一路向我麻河渡、武家场防地进犯，一路向我陶家坝防地节节逼进。战斗打响前，敌人先用飞机对我防地狂轰滥炸，用重炮轰击我前沿阵地，继而以坦克向我阵地冲击、步兵向我阵地冲锋。刹那间，尘土飞扬，硝烟弥漫，炮如连珠，枪炮声响成一片，我军凭借坚固工事，在有效射程之内以机枪、步枪、手榴弹杀伤敌人，激战三昼夜，敌人伤亡惨重。此时，敌人又增加火力，用重炮向我陶家坝阵地猛烈轰击，摧毁我防御工事大半，但暗堡内还有我战士固守，继续还击来犯之敌。我军士气旺盛，跳出暗堡与敌人展开白刃拼搏。终因敌众我寡，陶家坝阵地失守，七连连长赵天兴阵亡。正当战事棘手之时，师部派的援兵到达。乘夜晚天黑之际，我军向敌人有火处（敌驻地）展开全面袭击。师长又命我率二十挺轻机枪绕到敌后抄袭，使敌首尾不能相顾，全线动摇，连同久占峰口之敌于天明之前全部溃逃到白庙、仙桃一带，并在白庙焚烧很多日军兵士的尸体。此次战役打死打伤日军一千八百余人，击毁敌坦克四辆，缴获其他战利品无数。

击毁敌炮楼　打下汊河口

陶家坝大捷后，我军乘胜追击，一举收复峰口。王师长增派杨峻山、梁学文两个营的兵力归我指挥，攻打汊河口，此地是一个小集镇，日、伪军设防严密，筑有坚固的工事防守。外有水壕，并有鹿砦，工事内有坚固的炮楼，由日、伪军驻守。战斗打响后，日、伪军固守炮楼向我还击，激战彻夜。次日天亮，我命迫击炮连连长李玉杰带炮一门，以民房为隐蔽，进至距炮楼约百米处，对准炮楼连发数弹，打垮楼垛，击中敌机枪射手。我又命炮手连发数弹，将炮楼摧毁半截，击毙日、伪军数人。在我强大火力攻击下，炮楼内伪军扯起了白旗向我投降，伪军大队长李重荣立即出来和我见面，表明他诚意投降，缴械归顺，我对李讲，我们都是中国人，不要给日本人卖命，要弃暗投明，将功折罪。战斗结束后，李随我们到峰口，后到百子桥和王师长见了面。师长给李又起了名字"重荣"（李原不叫重荣），并将李晋升为营长。此次战斗，日军被击毙一名，自杀一名，活捉一名，缴获了一批战利品。

（杨绍祖整理）

使日寇丧魂失魄的一次战斗*
——陶家坝大捷

乐韶舞

1940年夏季，盘踞仙桃的日军从武汉增加一个甲种兵团和几个混成中队，由日军大佐古贺指挥，向王劲哉之东荆河和洲河防线发起进攻。日寇的这一军事行动，显然是为侵占荆沙，进攻襄樊扫除西进障碍。由于一二八师师长王劲哉准备充分，指挥得力，激战三天三夜，使日寇遭到惨重伤亡。日寇只好仍然龟缩仙桃，裹足不前。这一次战斗就是有名的陶家坝大捷。

王劲哉为了粉碎日寇这次大规模的进攻，精心地作了以下几个方面的准备。

一、加强情报通讯。一二八师的军事情报有两个来源。一是沦陷区的群众，他们非常痛恨日寇，都心甘情愿地把日寇的军事动向偷偷地告知抗日军队，有时不惜冒着生命危险。王还规定敌伪地方保甲组织，如不及时报告敌情，就要犯杀头之罪。二是派人打入敌人心脏，搜集情报。这些人员一般是隐蔽在伪政人员和维持会人员家里，一旦获得情报，就通过"递步哨"火速地一哨传一哨，很快就传到百子桥王劲哉手里。如果是紧急情报，王就得知得更快。因此，王对日寇的军事行动常常是了如指掌的。

二、强化军事暗堡地道。王命令，凡是通往日占区的大小道路、河堤，全部要高筑土墩，深挖土坑，固筑暗堡，使敌人进也难，退也难，运输更难。有些暗堡竟直达于日军驻地的近处。这些暗堡，大的可容一连人生活，小的可

---

* 原载《沔阳文史资料》第3辑（抗战史料专辑），沔阳县政协文史资料研究委员会1985年7月编印。

容一排人生活；有的暗堡则构筑在敌人来路的拐弯处，一般只能容纳三四个人。暗堡与地面相齐，敌人看不见，而暗堡地道里的人看敌人却一清二楚；暗堡里架着轻机枪，用于阻击来犯之敌，也可以歼灭退却之敌。

三、抽调精锐兵力防守。这次战斗前，王劲哉从各方面的情报判断：武汉、仙桃、白庙的日军，将会从东、北、南三个方面向陶家坝发动进攻，直指百子桥王的司令部。据此，王除了重点加强这几个地方的暗堡地道外，还直接抽调作战勇敢、屡战屡胜的七六三团，七六六团和独立一团的连、营部队到司令部训话，背诵师长的"训条"口号。"誓死不当亡国奴"、"幸生不生，怕死必死"、"听师长的话，服从师长的命令"等口号响彻营地的上空。每个被抽调的团、营、连的官兵，都要在司令部门前接受王的检阅，并向师长宣誓，然后斗志昂扬地开赴阵地。

王劲哉命令独立团团长倪辑五率五个营的重兵打阻击战，消耗日军的有生力量和军火物资，再诱敌于陶家坝的坚实碉堡附近，集中歼灭日军；王命令七六三团团长张平海和七六六团团长杨德秀率兵固守陶家坝、葫芦坝、施家港阵地。

王劲哉命令三团重兵进入各自阵地约三天时间，6月7日，仙桃、武汉、白庙三处日军的联合进攻开始了，新里仁口的阻击部队先接上了火，紧接着阻击武汉、白庙之敌的军队也接上了火。阻击战打得相当激烈，新里仁口的阻击军队伤亡很大，一个连的官兵几乎大部分伤亡。日军的损失也相当大。计击毁日军两辆坦克，打伤打死日军近百人。阻击战打了两天两夜，最后日军集中兵力进攻陶家坝阵地。当日军下令进入陶家坝碉堡内"捉活的"的时候，王劲哉早已布置好白刃战等待着日军的来临。进攻陶家坝的日军六百多人，就有四百多人死、伤在白刃战的刺刀之下。

我回忆，从战斗前的近两个月的准备，直到这次三天三夜的战斗，都是王劲哉亲自部署、亲自指挥的，这三天三夜王没有离开指挥所和电话台，一个排一个班的兵力调动都是王直接下的命令。我所在的参谋处和王的指挥所，仅仅一壁之隔，王的一举一动，我们都一清二楚。特别是陶家坝的"白刃战"，是王亲自调兵遣将亲自指挥的。6月11日的拂晓，战斗刚结束，我送一份重要的公文给王批阅时,只见王第一次对我笑脸相迎,我知道战斗胜利了!这时,我打量王,他虽然两眼布满红丝,声音嘶哑,但精力却十分充沛。

6月12日上午,参战的各团送来了战利品。其中有钢盔、皮鞋、防毒面具、血衣及各种武器弹药,引人注目的是刻有"日本"字样大大小小的炮弹,约有两百枚,还有四个日军俘虏。当时,我打开一捆战利品,尽是像火柴盒那么大的盒子,内装金戒指和铜佛,还有不计其数的女人相片(日本军人的妻子),相片反面记着自己的出生年月日。这些战利品,都是经过我们参谋处清点登记、承办,送到国民党军五战区李宗仁那里去的(当时王是五战区江汉抗日指挥长官,是李宗仁委任的头衔)。送出前,这些战利品在司令部展览了两天。

6月15日上午,王劲哉命令张允明处长带领司令部直属官兵到陶家坝参观。我们怀着喜悦的心情,从早上六点钟出发,步行了五十多华里到达了陶家坝战场。离陶家坝三里地远,就不见一个老百姓,房屋全是一片焦土,残缺的大小碉堡还在冒残烟。我们踏进陶家坝防区,地上尽是弹坑,大的一米多深,直径二米多,大坑小坑一个接一个。这些大小弹坑不知消耗了多少发炮弹。地面上到处是一滩滩血迹,一辆坦克仰面朝天地翻倒在战壕边。我们走进碉堡,一米多粗的暗道树木也被烧焦了,暗堡也炸平了,还有埋在暗堡下面牺牲了的战士的尸体。由此可以想见这次战斗的激烈程度。

在陶家坝战斗中,日军被打死约四百多人,光割下头,用石灰腌了运回日本国的就有三百多。陶家坝抗日大捷,大灭了日寇的威风,大长了中国人民抗日的志气。

(乐韶舞口述,胡家汉整理)

乐韶舞,原系小学教师,1962年退职。

血战汉河口[*]

沈美绪　沈银绪

汉河口地处内荆河与沙嘴河汇合处，南靠洪湖，是典型的河湖港汊地区。

抗日战争时期，国民党一二八师和驻这里的日、伪军曾经两次鏖战，我们至今难忘！

1941年春，日军驻蒲圻警备司令部，派蒲圻保安大队马中跃部进驻汉河，并强逼群众挖战壕、修工事，使汉河成为控制洪湖腹地的军事据点。

为了争夺这一据点，一二八师七六六团团长杨德秀和师参谋长李德新先后率部攻打均遭失败。5月24日拂晓，七六八团营长杨俊山以一个营的兵力直奔汉河，潜入汉河街头、曾家嘴、杨家门等地，将煤油泼洒在一些民房上，随即点火焚烧，顿时火光冲天。一二八师向守敌发起了攻击。四周的群众纷纷从睡梦中惊醒，呼爷喊娘，拖儿带女，乱成一团。日、伪军对手无寸铁的群众开枪射击，当场打死数人，如杨培生、曾凡明、杨远保等，其惨状目不忍睹！趁着火光，一二八师连续地向敌人发起冲锋，由于敌工事坚固，火力猛烈，致使我方伤亡惨重，杨家门、汉河桥，布满了死难者的尸体。

天亮后，营长杨俊山组织民工抢运尸体，带着残余部队向峰口方向撤退。

为了防止一二八师的再次进攻，日军除派伪军张俊奎部接替马中跃部外，又任命吉泽帮男为汉河地区指导官，督率所部李茂成岳州保安队进驻汉

---

[*] 原载《抗日战争中的王劲哉》，政协湖北省荆州地区联络组王劲哉史料征编组编，1987年内部发行。

河,接替张俊奎,对原有工事一面加固,一面又新修碉堡两座;街头入口处设置栅栏,街后的壕沟布满铁蒺藜,并用树枝覆盖,横跨沙嘴河的汊河桥,出入口处装有栅栏,一座高大的碉堡临桥而立,控制着沙嘴河对岸一片开阔地带。

5月16日中午,一二八师师长王劲哉电令七六七团团长李钰亭,率杨俊山、梁学文两个营的兵力,再次攻打汊河口日、伪军据点。首先,李钰亭指挥一部分官兵迅速占领了汊河镇北的杨门上湾与白杨湾之间地段,在原汊河小学门前设置了炮台,又派一部分兵力布防在杨家门和鄢家埠村,并在鄢埠村中间设置炮台。另一个营由杨俊山营长指挥,强渡内荆河,将兵力布防在汊河镇东南的潭子口一线,形成三面包围汊河口之势。前线指挥部就设在潭子口村我们家中。一二八师师长王劲哉坐镇百子桥师部电话指挥。

战斗开始以炮声为号,全面总攻,我们兄弟俩也参加了。一二八师放火烧掉了敌人壕沟内外的树枝等障碍物,接着各个炮位向敌人阵地猛烈轰击,枪声、炮声、冲杀声,此起彼伏,日军军需官士村和伪军大队长李茂成在街北头的碉堡里指挥作战;日军指导官吉泽在汊河桥头碉堡督战。猛烈的机枪火舌,封锁了一二八师冲锋的要道。我位于鄢家埠和杨家门的迫击炮拼命轰击,也无法命中目标。夜幕降临,战斗仍在激烈进行,汊河街头、桥头,倒下了一具具抗日战士的尸体。

深夜,王劲哉在百子桥不断来电:要加紧攻势,坚决拿下据点。

杨俊山营长命令俞连长率领全连出击,夺取汊河桥。日军指挥官吉泽见来势迅猛,亲自端起机枪扫射,不到半小时,俞连全部阵亡。杨俊山又派一个连继续出击,仍然不能接近桥头。在日、伪军密集的火力网下,这个营伤亡惨重。此时,风雨大作,气温急剧下降,战士的士气低落,杨营长只好将战况如实电告王劲哉。王十分恼怒,下令在天亮之前,一定拿下汊河口!

团长李钰亭迅速将部队调到汊河桥一线,在炮火的掩护下发起了一次又一次地进攻,还是难以接近桥头。眼前天将黎明,李心乱如麻。当即决定缩小攻击目标,命令迫击炮连连长李玉杰重新调整了炮位,修定标尺,准确地计算了射程和攻击的目标,再次以猛烈的炮火射击。果然,一颗炮弹击中了街北头的碉堡,又一颗炮弹飞进了位于街心的敌人指挥所。伪军大队长李茂成见势不妙,忙倒戈将日本军需官士村擒拿,命残部挂起白旗,向一二八师投降。

汉河桥头碉堡炸毁后,据守桥头的日军指导官吉泽陷入孤立无援、腹背受敌的绝境之中,一二八师一鼓作气冲进桥头,击毙吉泽,日、伪军吓得魂不附体,举手投降。

经过两昼夜的激战,一二八师以血的代价,终于夺取了汉河口据点。

(颜颖整理)

作者沈美绪、沈银绪两兄弟,原汉河潭子口村民。沈银绪系一二八师伙夫,参与了汉河之战。沈家装有电话机,系一二八师火线指挥部所在地。

我所知道的王劲哉[*]

周 仁

王劲哉是国民党军一二八师师长,属于抗日战争时期非蒋介石嫡系部队。1938年冬至1943年春,他在沔阳盘踞了五个年头。首先,他从西北退下来,进入湖北省咸宁、蒲圻;后又偷渡沔阳,驻扎沙湖、彭家场附近之解家口;最后又驻仙桃、峰口等地。

此时,日寇进驻汉川县分水嘴;在天门、汉阳、汉川、潜江、荆门、京山、沔阳的国民党武装是别动总队游击第二挺进纵队司令金亦吾所部,他率领五个团挺进沔阳县仙桃镇。第一团团长熊文星,潜江县浩口人;第二团团长聂大辉,潜江县竹根滩人;补充团团长朱翘松,京山县人,部队驻天门岳口、彭市河、麻洋潭一带;暂编团团长杜华廷,沔阳仙桃杜台人。

金亦吾司令部驻扎在离仙桃市区三华里的沙嘴地方;熊文星团在仙桃钱沟;聂大辉在袁家口;管子芳在沙嘴、黄荆口、新老里仁口;杜华廷住杜台鄢家湾。

金部和所属给养饷项,都在仙桃筹措。市镇担负饷项,近郊农村担负给养。明要暗抢,闹得鸡飞狗上屋。市场关门闭户,乡村路断人稀。

1939年阴历正月十一日凌晨,日寇开来四艘汽艇,在仙桃镇河下巡视。当日下午三点钟,管子芳率领一团人对日寇开火,只打了几枪,日汽艇就开走了。管子芳竟讹诈仙桃商会要连夜筹送慰劳费光洋一万元。扬言日寇明天要大举来犯,倘若军心不固,激战失败,日寇进入仙桃,仙桃将变成一片焦土。为了逼款,他派出大批收款员,他们在前门收款,士兵等就在后门放抢。

---

[*] 原载《沔阳文史资料》第1辑,沔阳县政协文史资料研究委员会1983年12月编印。

在1938年冬，王劲哉率领他的部队驻沔阳彭场对河解家口，仙桃商人因川军周兴部骚扰不堪，请求保护。王劲哉知道周兴有两百多人枪，没有什么战斗力，因此决心把他并吞。在彭场附近接战，周兴抵挡不住，向西溃窜；金亦吾等亦闻风而逃，直逃向潜江、荆门一带。

金亦吾扔下的新编模范团团长杜华廷，手段比管子芳还恶劣。他把仙桃商号按股本估税，税额为股本的百分之三十，并且把货物和不动产一起估税，限1938年阴历腊月初一至十五日全部缴纳，否则捕捉人质，勒令补缴。因此，仙桃殷实一点的六十多家商号的老板、少老板、内老板都被捕做人质，搜刮一番之后，有三十多家暂行"释放"，其余三十多家，都被严刑拷打，打得死去活来。因为交钱不够数目，拖到腊月三十也没有释放。商民惊恐，四散奔逃，仙桃萧条，成为鬼市。

王劲哉接受商民的请求，于1939年阴历正月初三日早晨六点钟突袭仙桃，将杜华廷部全部缴械，只杜本人在逃。王劲哉一二八师师部由彭场移驻仙桃，招回商民，保护商业。仙桃商肆才慢慢恢复起来了。

王劲哉的部队一二八师辖三八三、三八四两个旅。三八四旅旅长古鼎新统七六七团，团长程叔武；七六八团团长李保蔚，工兵营营长杨振华。分布在脉旺嘴、西流河、彭家场、张沟、白庙、沔城、通海口、排湖、胡场、仙北、彭市河、麻洋潭、多祥河一带，以防日寇入侵。经济上设敌货进口税，只准敌货纳税进口，不许土产棉花、粮食等出口，严禁运往日占区资敌。

沔阳县长王愚勤派仙桃区长王仁俊负责王师给养，按保甲乡村摊派小麦供应。军饷不取地方，由国民党政府发给。敌货进口，在前哨一次收税，以后任何单位严禁再征，否则以军法从事；如有运土特产资敌者，一律格杀无赦。王劲哉军法严峻，犯罪无所谓大小，都是他说了算，动不动就处死刑。他还说，罪犯的性命，值不了一颗子弹。因此，常常令士兵用刺刀戳死。他自立条法，不论亲疏厚薄，也没有审判程序。因此，造成一种嗜血的杀神威风，即所谓"治乱世，用重典"，使民闻之战栗。可是，另一方面，在他的管区内，商民可以安居乐业，治安稳定；仙桃、彭场，不独白天市面繁荣，并且还有夜市。

照王劲哉的规定，各乡保壮丁都成立了"义勇队"，还要轮番守哨，严防敌人偷袭。守哨有几句口诀，说不出来的，就得罚跪并不准通过；他有时还令人查哨，如守哨壮丁轻易放过，就难免死罪。可怜一般农民，时常因精神不济，愈紧张愈容易瞌睡，好多不明不白地被戳死；他还实行"连坐法"，株连区乡保长，各级军政人员，手段十分严酷，谁去守哨谁就担心，搞得不好就砍头，造成人人自危的恐怖心理，提起王师长就不禁肉颤心惊。当时民间有话："好人坏人，只怕老虎吃人；好人担心，坏人远逃。"因为害怕，逃奔他乡的人也不少。

王劲哉驻扎仙桃镇时，不许国民党人在镇上活动，更不准杂税人员活动。公文要件，必须交他亲手批示。他的手令，用十行纸，写酒杯大的字，简单明了，毫不含糊。不管是公文出纳，金钱结算，他都签一个"劲"字，从不用印，命令一下，雷厉风行。

1939年6月间，王将任溥泉（旅长）调来，接替古鼎新，把古鼎新旅调驻天门县干驿镇、汉川田二河。古脱离王的掌握，心怀不满，把他的惯匪手段，全部"开箱"，很多人跑到王劲哉那里告状。王也想将古消灭，指令潘尚武（旅长）相机行事，不料送指令的传令兵，原是古的勤务兵，他将此消息泄露。潘尚武又主张不必兴师动众，叫王只以开军事会议为名，将古诱至司令部干掉。王劲哉采纳了潘的建议，可古鼎新却不上钩。

日寇对王劲哉维持地方的能力，颇有所闻。于1939年9月，派来伪军代表四人，劝说王劲哉投降，给王劲哉名义，由王自定，所有湖北地区伪军全由王统率。王表面欢迎，内心另有打算，分派官兵，将四人全部杀死在仙桃镇市内。一名绑在好吃街（好义街）戳死；正街三名：一名在现饮食一店门首；一名在现综合副食店门首；一名在现文化馆门首。

1939年9月15日，王劲哉得到了日寇明晨大举进攻仙桃镇的情报，他召集仙桃商会及区署负责人开紧急大会。王劲哉亲自在大会上宣布要焦土抗战，商民人等从即刻起，将所有货物财产连夜转移，务必要十室十空，不得有误。否则生命财产，两难负责，"快，快，快！"他一连说了三个快字。

次晨六点钟光景，仙桃上空来了敌机三架，低飞俯冲投弹。延到下午三时，日寇水陆并进，占据了仙桃镇。王劲哉所说焦土抗战，并未把仙桃镇烧成一片焦土。而是他的队伍，窜到沔城，把沔城烧成了瓦砾场。

王劲哉的部队退到监利百子桥就停下来，布署防地。他首先考虑的是仙桃存粮，谷子、麦子未及运出，打算猛袭仙桃，抢回粮食。但因古鼎新部远隔襄河，无法配合（殊不知古已在襄北称王，有心投敌），只好一心布署百子桥防地。

1940年2月间（据仙桃镇园木工人唐圣官所说，唐因抓丁在百子桥特务连当兵），王劲哉准备夜袭仙桃镇日寇，他的目的是收复失地，抢回粮食。他的作战计划：每个连抽20名精壮士兵，分四路包围仙桃日寇，一夜完成任务。各旅、团、连士兵，都服从派遣前来集合，只古旅未来。但他说已派妥，候命令执行，可是未接后令。王将北战线倚仗古部，定于1940年2月21日下午六时齐集仙桃突入日寇防地。是日傍晚，六点二十分，开始进攻，东南西三方同时动作，北线无行动。

这三方精兵开始攻击，枪林弹雨，炮火连天，激战十六个小时，打得日寇晕头转向，准备退缩东下。因北方没有动作，迨王到达时，日寇已全部退走。

王之炮弹，掉落文昌阁谷仓库三枚，财神庙三枚。其他炮火都是日寇击发的。仙桃市民无死伤，只小河一家豆腐店老板叫捡宝的被打死。

1940年2月22日上午六点，王部又完全退净。日寇再占仙桃后向维持会提出，将仙桃镇正街从龙华山巷以东设为警备区，以西为华人区（据日寇苦力所说，王此次袭击，歼灭日寇一百余人。他叫人将尸首挖坑掩埋，另做木头盒子十八个，装日寇尉官以上军官的人头）。

当日寇增援一个联队（相当于一个甲种团），配合日军陆战队一个中队（相当于一个甲种连），由日寇古贺大佐（相当于中国的上校）指挥，向监利百子桥王劲哉部攻击。王师作战力很强，完全出乎日寇的意料，日寇进攻不利，退回仙桃。下令仙桃镇维持会修建小型飞机场，在仙桃郊区杜家湖附近（现火葬场地方），维持会派建设科科长黄时芬勒派附近农民作苦力，每天一百多人做工，一个月前后完成。后日寇又攻击王劲哉部，仍未攻下。

王劲哉受了两次打击，虽损失不大，但以后的情况，不能不预加防范。他命令在陶家坝一带，构筑工事，作拼死的抗战斗争。

为了鼓舞士气，他在施家港修建对日作战战利品仓库。仓库面积在二百平方米上下,仓库中堆满了缴获日寇的服装、枪支、弹药、钢盔等。除带领官兵参观以外,老百姓因为修工事的关系,见到这些东西的人也不少。像仙桃搞行商的朱冬生、万哈叭、王桂生、付春发等都亲眼见过。

为了防止官兵贪污渎职,王劲哉执法非常严格。他为了整顿装备,令一个姓陈的裁缝,包做子弹袋若干条,裁缝偷工减料,针线不牢,马虎交差。王劲哉亲自检验,盛怒之下,把陈裁缝绑到集诚书院门首,叫士兵用刺刀戳死。他说:"子弹袋针线不牢,一跑步子弹都掉出来了,如何打仗?"

沔阳县西二区区长谢希轩,仙桃镇人,他的区发生土匪抢劫,要按军法处理,将他绑赴刑场。他长叹一声说:"哎!我只说要死在日本人手里,不料今日死在师长手里。"王当即说:"把他放回来,你有心为抗日而死,我就还是让你当区长。"不料谢得到活命,不敢再干,逃到云梦县政府在日本人治下当秘书去了。从此以后,第二区辖境发生匪患,经哨所查获,交王处理,王再不宽赦了,一律处死。

1941年春,驻仙桃镇日寇木村中佐,要仙桃镇维持总会建设科长黄时芬在仙郊杜家湖建起小型飞机场,作为打一二八师的空军基地。日寇连续攻打一二八师三次都未得逞。出动飞机、坦克,也未奏效。王劲哉使用土办法,用淤泥灰堆,筑陷坑捉坦克。王亲自参加,弄得浑身是泥,连人都陷在泥里不能动弹,结果俘获日寇坦克二辆,将残骸运沔城作抗日胜利品展览。

仙桃镇日寇官兵给王劲哉取了一个诨名,叫做"秋天的老辣椒,吃不了吞不下喉的狠东西"。

王劲哉与古鼎新矛盾尖锐,促使古鼎新叛变投日。因为古鼎新对于王劲哉的兵力布署,了如指掌。1943年2月,日寇重用古鼎新对王劲哉大举进攻。王劲哉惊惶失措,措手不及,被古引狼入室,从背部打进,致使全军瓦解。王劲哉在作战中被生俘。

1943年秋,王劲哉夫妻二人被关押在汉口模范区通商银行。1944年,美机轰炸武汉,王劲哉被送往南京。以后经过,不在这里赘述了。

(1983年5月,郑武记录)

王劲哉在沔阳地方的盛衰

黎澍德

王劲哉在抗日战争中期,是名震鄂中的大"怪物"。他当时是国民党军一二八师师长,却不听蒋介石的调遣,跑到沔阳县自立为王,"我行我素",对谁也采取怀疑甚至敌视态度。当时的汉川县县长向岩,是国民党元老,在民国初年他就是西北军讨袁混成旅旅长,与杨虎城、匡厚生等西北军将领是平起平坐的人物,那时王劲哉还是他帐下的一名连长。抗日战争时期,向岩争取王劲哉与共产党合作抗战,王劲哉一翻脸把向岩捆绑起来。现在上海《新民晚报》工作的冯英子,当年曾对王劲哉之怪,进行过实地采访。他说王劲哉这个人,实在是西北军中常见的一个旧式军官。冯英子根据他实地调查的结果,写了一篇《鄂豫探险记》,说明了王劲哉"怪"名震于一时的主客观原因。

但是,对于王劲哉和他那独立王国起决定作用的不是他那些部队和政策,而是他所处的那个时代。在抗日战争开始的时候,共产党仅有四万左右有组织的党员和三万多人的主力军队。在1937年和1938年,日本军阀以为中国共产党领导的抗日根据地,不过是少数共产党人在那里打游击仗罢了,所以用主要力量向国民党战场进攻。日本帝国主义在占领武汉后,更看清了国民党部队虽多,但多是一触即溃,已不可怕;而共产党领导的八路军、新四军都迅猛发展,倒是可怕的了。所以日帝对付国民党改以"政治诱降"为主,以军事打击为辅,而逐渐移其主力来对付共产党。1939年冯英子到沔阳仙桃镇去访问王劲哉的时候,鄂豫边区还没有成为强大游击根据地。

---

* 原载《沔阳文史资料》第1辑,沔阳县政协文史资料研究委员会1983年12月编印。

在这个地区的游击队伍,不可能对王劲哉采取什么有力量的行动,他们既是鞭长莫及,实际也是力有未逮,这就是王劲哉能在沔阳站住脚跟的原因。在这特定的形势下,王劲哉我行我素,让日本人去打国民党,国民党去打国民党。有些国民党军没有王劲哉的力量强,就被王劲哉打垮和吞并。在那阶段,王劲哉的队伍越打越多,他的眼睛也越打越红,连主动争取团结他一道抗日的共产党领导的部队,他也几次动手,打得互有伤亡。

在靠枪杆子打天下扩展其独立王国的过程中,王劲哉遇到了两种截然不同的反应。他吞并了一些国民党部队,枪杆子的数量增加了,但是,国民党的影响却渗入一二八师内部,不但使王劲哉的那套政策越来越难于通行全师,一二八师的名誉也逐渐败坏,而且国民党同日寇勾结从内部亦对他的部队进行瓦解。反之,共产党和它领导的新四军一贯争取和王劲哉合作,尽量避免摩擦,几次发生冲突都是坚持自卫原则和休战原则。为了争取团结他抗战和消除摩擦,党曾托向岩先生转达和他建立友好关系的愿望。陶铸等领导同志曾写信给他,分析形势解释党的政策,申述对他的希望,争取与他和睦相处,一致对日,并曾派出代表和他谈判。

将王劲哉和国民党顽固派区别对待,是有客观根据的。第一,王劲哉有爱国思想,愿意抗战而且作战力强。第二,王劲哉已经感到自己的命运未可逆料。第三,王劲哉虽然同谁也不来往,他内心却是深感孤独,渴望朋友和知音。对于冯英子这个不速之客,表示欢迎。冯英子回顾访问王劲哉的情形时说:"那次谈话,可以说是非常融洽,他希望我帮他宣传宣传,说说他的苦衷。"王劲哉既然有这样的思想,共产党出于至诚地争取团结他共同抗日救国,应能一拍即合。可是由于王劲哉有浓厚的封建意识,再加上他受蒋介石欺骗,印象太深,使他形成了一个深刻的信念:不是我吃掉别人的军队,就是别人吃掉我的军队。他不是没有感觉到共产党是够朋友的,但是,他看到共产党有枪杆子,所以在被日军俘虏以前,他对党的态度一直是有矛盾的。例如:1940年6月12日,王劲哉的部队在天门县捉了几十人,当时杀了三十三人,其余关在峰口,其中曾言、孙方和罗叔平三个同志是从国民党统治区到鄂豫边区去工作的知识青年。王劲哉问他们是干什么的,他们说是"到汉川县去投靠向岩县长的"。王劲哉说："我已经查清了,你们是共产党派来的。"曾言他们否认,王劲哉下令把他们推出去枪毙,他们走了几步,王劲哉又喝令把他们关起来。到7月2日,王劲哉很客气地给他们送行,请他们到边区后转达他王劲哉和共产党联合抗日的愿望。当时,王劲哉那个独立王国的东面是伪军汪步青,西面是国民党军金亦吾,南面是国民党第三十二军,都是虎视眈眈,恨不得一口吞下王劲哉的。在这样的情况下,王劲哉犹豫了二十天才决定对共产党采取友善的态度,释放了曾言等同志。可是一旦境遇顺利,王劲哉又对共产党若即若离,所以他一直自陷于孤立,终究摆脱不了蒋介石和日寇的圈套。

中国共产党坚持抗日民族统一战线和正确的统战政策,放手发动群众,壮大人民力量,愈战愈强。到1940年,党员已发展到八十万人,军队已发展到五十万。新四军鄂豫挺进部队从1939年到1940年冬,发展了六倍,达到十一个正规团,根据地扩大了十倍。从此以后,日帝愈益强调"对共产党打,对国民党拉"的策略,国民党更进一步地积极反共,消极抗日,向日本人暗送秋波,心照不宣地夹击八路军和新四军。据鄂豫边区负责同志陈少敏揭露:国民党当局"不但不组织力量加强抗日,反而嗾使他的某些部队大批投敌"。"他们如何投敌?可以金亦吾的例子作个说明。当一二八师对日作战吃紧时,国民党当局给金亦吾下命令,决不要撤退,不能坚持时可以投敌,不离开原来地区。这就是宁愿投敌也要反共。"(见1943年8月11日《七七报·十日增刊》)金亦吾奉国民党当局之命投降了日寇。一二八师因旅长古鼎新勾结日寇,里应外合,王劲哉终因众寡悬殊而被日寇俘虏。

日寇和国民党合力粉碎了王劲哉的独立王国,也打掉了阻碍王劲哉走上正确道路的思想包袱。在部队打垮后,他手下的爱国官兵相继投奔鄂豫边区,那些被编入伪军的,陆续摆脱敌伪的羁绊,携带武器,到解放区参加抗战。

一二八师归来的官兵,在鄂豫边区成立了一二八师光复纵队(据1943年8月21日《老百姓报》报道)。鄂豫边区军民曾于1943年7月开大会欢迎一二八师的梁鹏舞团副和高田连长来解放区参加抗战,《老百姓报》于

7月22日报道了欢迎大会的消息。当时边区领导支持一二八师光复纵队的成立,是"有的放矢"地贯彻执行党的抗日民族统一战线政策。一二八师被日寇打垮和投敌改编为伪军后,日寇和国民党的投降将领,继续执行汤恩伯没有完成的消灭王劲哉及其一二八师的任务。据在敌营困居三个多月后逃到鄂豫边区的连长高田揭露:在这百多天中,这个同志被杀,那个同志被扣,有的流离失所,有的妻离子散,真是弄得团体瓦解,同志们有家难归(见1943年10月22日《老百姓报》)。

一二八师光复纵队这面旗帜的历史作用,在于它鼓舞和吸引了更多的王劲哉旧部,逃脱敌人的魔掌,投奔解放区继续抗战,使他们积极接受党的领导,逐步克服旧的影响,成长为人民军队的指战员。

王劲哉经过和国民党、日寇的曲折关系,终于也投奔到了解放区,曾任陕西省政协常委,省参事室参事。1968年病逝。

1983 年 6 月 20 日于武昌

竹桥战斗*

谢 威

1938年秋，武汉沦陷。1939年，我军挺进鄂中，开辟了天汉湖区根据地，建立了天汉地委。从此，我军与国民党一二八师就以襄江为界，分别驻守天门、汉川、潜江、汉阳、沔阳、监利等沿襄河各县。这时候，我们与一二八师之间，经常信使往来，互相支援，保持着较好的关系。

一二八师，并非蒋介石"嫡系"，在蒋军中备受歧视。武汉沦陷后，一二八师驻守各县，均属蒋军前沿阵地。对此，蒋介石不但不予任何支持，反而派遣大批特务，公开地或隐蔽地混入一二八师，暗中监视其行动。有的被一二八师识破后，监禁和杀掉了不少。对于蒋介石这种不顾民族利益，扶植亲信，排除异己的行为，一二八师师长王劲哉深感气愤，他在与我方接触中，经常向我方代表大发牢骚说："作为一个军人，守土抗战，甚至战死沙场，是我们的天职，可是委员长把我们当'抱的儿子'，不但一枪一弹不给，反而对我们不放心，派人捣鬼，真叫人伤心。"

那时候，他把我们也当成了"杂牌"军，觉得我们与他们处境相同，才说这样的话。

武汉沦陷后，日寇改变对华策略，把对蒋介石的军事进攻转为政治诱降，所以从1939年起，日对蒋频频招手，蒋对日暗送秋波。他们不仅通过中立国间接调处，而且还让陶希圣、吴开先之流直接穿梭于南京与重庆之间。他们间的唯一障碍就是我党领导下的八路军、新四军和全国的抗日人民。

---

* 原载《抗日战争中的王劲哉》，政协湖北省荆州地区联络组王劲哉史料征编组编，1987年内部发行。

所以,他把我们看成了眼中之钉,必欲拔之而后快。

蒋介石为了扫清他卖国投敌的道路,于1939年底至1940年3月,掀起了第一次反共高潮,在全国范围内向我八路军、新四军发起进攻。一二八师虽属"杂牌",但他毕竟是国民党的人,加之王劲哉本来就野心勃勃,想乘抗战之机,发展势力,扩充地盘,作为他向蒋介石讨价还价的资本,所以在第一次反共高潮中他就翻脸不认人了。蒋介石在重庆呼风唤雨,王劲哉在鄂中兴风作浪,不断制造摩擦,向我军进行挑衅。

1940年春,王劲哉看到我天汉地区兵力薄弱,认为有机可乘,于是策划了一个大阴谋,想趁机把我军赶出天汉。他在全师抽调班以上骨干八九百人,加强武器配备,组成了一个"军官团",王劲哉自任团长,副团长由杨振华担任,四月初,杨振华带领这个"军官团"从监利出发,偷过襄河,乘夜潜入我干驿马湾地区,隐蔽在华严湖边的汪陈家台、余李家台和石家台等三个村子里,严密封锁一切通道,防止走漏消息。为诱我上当,他派出几股小型武装,携带土制武器,穿上便衣,住在竹桥。他们每天四处打家劫舍、拦路放抢,并扬言要洗劫干驿。当地群众叫苦连天,干驿各界惊惶不安,纷纷走报当时国民党的汉川县县长向岩先生,向他反映说:"最近几股外来小匪在这一带为非作歹,群众不堪其扰,要求政府体恤民众疾苦,派兵进剿,保境安民。"向岩先生虽然是国民党的县长,但他却接受了我党团结抗日的主张,愿意与我党合作,在他的县政府和县国民兵团中安排了我们的许多同志,有的还担任了重要职务。我也当了汉川县国民兵团的团长,带领部队驻守田二河,警卫县政府;我天汉地委和主力四团则在韩家集、杨叶背一带活动。

向岩先生听了干驿商民和马湾群众接连不断的匪情报告后,就到地委找顾大椿同志商量对策,并力主进剿。大椿同志根据他的报告就召集了四团队团长李人林、政委岳林和我开会研究。当时我们失之麻痹,对此没有进行周密侦察,仅凭群众反映,以为只是一些小土匪,未予重视,仓促决定出兵进剿。

四月中旬,李人林、岳林两同志带领四团队来到田二河与我带的汉川国民兵团会合,第二天,除汉川国民兵团一中队一、二两个排留守田二河警卫县政府外,其余一中队第三排、二中队全部和四团队一起,从田二河出发,冒着小雨向干驿前进,傍晚抵达干驿。我军一到,群众箪食壶浆,夹道欢迎,向我军控诉这些土匪的罪行。干驿商民送来许多慰问品,开会欢迎我们。入夜,群众纷纷告急,说这些土匪奸房烧杀,把这里糟蹋得不成样子,要求我军立即进剿,为群众申冤复仇。

我们本来只打算在这里巡逻一下,第二天就返回的。但面对土匪的猖獗和人民的痛苦,我们人民武装,不能置之不理。于是,李人林、岳林两同志和我研究决定,明天把部队开过去,对这一地区进行一次彻底进剿。

翌晨,四团队一营去马湾执行其他任务,另两个营和我们国民兵团共约六百人,成一路纵队向竹桥进发。

前卫走进竹桥,匪徒们一见我军,有意暴露一下,向我方打了几枪,然后掉头向北面的华严湖方向跑去。我们不知是计,乃部署四团队左翼和国民兵团右翼向北包抄前进。匪徒们跑进余李家台,就从村边小桥上进了村子。我军尾追上去,刚上小桥,敌方重轻火器一齐开火,阵阵弹雨向我军倾泻过来。一下子,我军前卫国民兵团二中队伤亡二十余人,二中队副中队长兼一排长罗运舫等三人负重伤,五班长牺牲。二中队长罗莲舫报告敌方火力太猛,不能前进。这时,我们才发现上了当,走进了敌人的伏击圈。根据火力猛烈程度判断,我们当时以为对方是日本鬼子。这时,敌人占据了有利地形,从三方包围了我们。我军群集于中间一片开阔地带,完全处于被动挨打的地位。此时此刻,我们唯一的生路就是冲过小桥,杀进村子把敌人消灭。于是,我命令二中队长罗莲舫把部队撤下来处理伤员,副中队长陈彪带领一中队冲过小桥,夺取桥头堡阵地,掩护部队过河,已经展开的四团队两个营组织还击,掩护二中队往上冲。

汉川国民兵团组建不久,战士们全是新兵,有的还穿着便衣,战斗经验很差,武器配备更不好。但因连队建立了党支部,战士们接受了党的爱国主义教育和阶级教育,懂得了为谁而战,为何而战的道理,面对凶恶狡诈的敌人,个个义愤填膺,怒火中烧,命令一下,战士们英勇顽强,不怕牺牲,生龙活虎般地,一举突破敌人火力封锁,冲过小桥,掩护后续部队过了小河,冲进村子,与敌人逐房争夺拼杀,展开了一场巷战,往往敌人一个手榴弹甩过来,爆炸前又被甩过去。战斗进行得非常激烈,也非常艰苦,喊杀声和枪炮声震撼着原野。这时,我们从印在敌兵背心上的字样中,才看出来,我们的对方是一二八师。

敌人的包围圈正在缩小,其地势、兵力和武器配备都远远压倒我们。我们好不容易打开一个缺口,敌人又从两边合围过来。我们左冲右突,始终难以突出重围。此时,我军不断减员,随时都有全军覆没的危险。

面对重大威胁,我军指挥员冷静镇定,战斗员英勇顽强,顶住了敌人一次又一次的冲锋。

我与四团队李人林团长、岳林政委等也进入村子,在一栋小房子里建立指挥所,指挥战斗,研究对策。我们认为:在此情况下,我们战略上必须置之死地而后生,寻找敌人优势中的弱点,发挥我军劣势中的优势,以长击短,变不利为有利,力争转败为胜;指挥上必须正确判断,迅速行动,果断坚决,打击敌人。战斗进行中,我发现距我们指挥所约三百米处垸堤的一个制高点上,敌人来往频繁,行动异常,判断可能是敌方的指挥所。李人林、岳林两同志也有同样看法。商量结果,我们一致决定:为了扭转战局,即使再付出一些代价,也要拿下这个制高点,敲掉敌人指挥所,打乱敌人部署,才可出奇制敌,转败为胜。

但敌我阵地之间是一片三百米左右的开阔地带,毫无掩护,且敌人火力封锁极严,冲过去是九死一生,后续部队也无法上去。这是一场你死我活的搏斗。

此时,留守田二河的一中队两个排已闻讯赶来阵地,参加了战斗。

为了扭转战局,我马上集中国民兵团排以上干部布置出击。战地会上,我提出汪潮同志带一中队掩护,罗莲舫同志带二中队一个排往上冲。但罗莲舫同志表示,二中队伤亡过大,部队需要调整,且二中队此时据守的桥头阵地也不能离开,所以面有难色。我认为罗莲舫同志的意见也有道理,心想让汪潮同志带一中队上,但一中队伤亡也不小。我正在考虑之际,汪潮同志挺身而出,主动请战,要求把出击任务给他。汪潮同志这种临危不惧、不怕牺牲的革命英雄主义精神使我深受感动,为了抢救全军,我果断地发出命令：

"二中队掩护,汪潮同志带一中队一排出击,限十分钟拿下前方制高点,消灭敌人,出发!"

汪潮同志与一排长谢金方同志应声出击,率领一排冲向敌阵。也许是敌人被我们这支奇兵吓蒙了,不到十分钟一排就冲上了这个制高点。一检查,证明我方判断准确,这里正是敌人的团指挥所。因我军行动迅速,来势凶猛,敌措手不及,狼狈北逃,我军攻下敌阵,但伤亡不小。

卢家口日本鬼子早已出动了,来到距竹桥三里路的乔岭,但没有动手,只站在那里坐山观虎斗,指望两败俱伤后他坐收渔利。

敌人指挥所一被打掉,阵脚大乱,再也无力组织进攻了。

当地群众挑茶担饭送担架,从四面八方涌向战场,也为我军呐喊助威了。马湾方面的我军四团一营,听见枪声,也回师竹桥,从敌人屁股后进攻。军民配合,形成了一个对敌的反包围圈。

战地上硝烟迷漫,杀声震野,敌人群龙无首,又遭我军内外夹击,不知道我们来了多少部队,顿时溃散。王劲哉好容易凑合起来的一个精锐团队,被我歼灭殆尽。残敌向卢家口方向溜走了,我军大获全胜。不幸的是,在攻下敌人团指挥所对敌喊话时,一个敌班长一机枪射过来,我们的优秀共产党员、汉川国民兵团一中队指导员兼中队长汪潮同志,为中华民族的解放事业献出了宝贵的生命。

共产党员汪潮同志永垂不朽!

战斗结束后,当地群众觉得他们送了不准确情报使子弟兵受了损失,对不起自己的队伍,纷纷送来茶水饭菜,慰劳部队。返防时,群众从竹桥把部队送到田二河。田二河的群众又为部队召开了盛大的庆功大会,对死难烈士厚殓入葬,汪潮同志的遗体用白练束裹,送回他黑流渡老家。群众还背着我们,用他们最虔诚的形式,请和尚道士做了几天大斋,"超度英灵",以寄托人民对死难者的哀思。

后来,地委对一二八师制造的此次竹桥事件进行了研究,认为"一二八"虽然反共,但它不是国民党的"嫡系",与蒋也有矛盾;又据守着江北大片国土,毕竟还是一支可以争取抗日的武装。加之我们湖区根据地开辟不久,兵力单薄,对国民党的摩擦不宜大量用兵,根据我党对友军"有理、有利、有节"和"既团结,又斗争"的原则,想尽量争取它和我们团结抗日。经过区党委批准,地委请汉川县长向岩先生对竹桥事件予以调解。于是,5月12日,向岩先生给王劲哉去了一信:

劲公赐鉴:

慨自芦沟桥事变至今,日本人之对于我中国,自有人类以来,所不忍言、不忍思之残酷,无所不用其极,尽情尽量,以绝于我民众。肝脑斋粉,流血成渠,而天汉尤甚。水淹六载,室如悬磬,村里丘墟,虫沙满地,我公闻之,应亦同声一哭也。

前获我公嘱岩阅转一函,顷敝府一科科长转到公手示,惊叹天门竹桥(地名)发生事变。现我公与此间驻军,不免发生误会,谨肃一言,以为之解释。回忆岩曩者役于关中,历有年所。故人叶香如、杨虎城、匡厚生诸先生与岩情同骨肉,其他各地父老昆仲,谊若乡人。关中,即岩之第二故乡也。我公亦岩之故乡亲友也。此番误会,至祈我公垂念民众之无辜,本平时胞与为怀、有教无类之旨,不咎既往,期其将来,则抗战前途,利赖无穷。

恃爱冒渎,毋任惶悚。

专肃敬颂

钧绥

岩领手

五月十二日

"偷鸡不着,反蚀一把米。"竹桥惨败,王劲哉是自作自受,有苦难言,心想报复,但事件发生在我军防区纵深二十多里的竹桥。要打,他师出无名;不打,他又丢不起这面子,正在左右为难。向岩先生在民国初年就是西北军讨袁混成旅旅长,与杨虎城、匡厚生等西北军将领是同起同坐的人物。那时的王劲哉还只是他帐下一名连长。抗战初,王劲哉当了一二八师师长,率部守卫江北,还经常以前辈相称,与向先生书信往返。现在向先生出面调解,他心想如果真与新四军闹翻了,一来师出无名,不敢冒"中国人打中国人"的名声,二来也不一定捞得着什么好处,不如借梯子下楼,所以,他给向先生回了一信,表示谅解,并建议约定时间、地点,就竹桥事件和今后的关系与新四军进行谈判。向先生将此信送交地委,地委马上上报区党委,经区党委批准,派代表在田二河与一二八师进行了谈判。谈判中,对于竹桥事件,双方都是哑巴吃汤圆,心里虽有数,口头却都承认了"误会"。双方保证各自据守自己的防区,互通情报,互相支援,共同对敌。谈判达成了一项协议。尽管谈判协议对一二八师不可能有任何约束,但对暂时稳定天汉的局势还是起了一定的作用。否则,真的打起来,不管谁胜谁负,死的都是中国人,对抗战总是不利的。

谈判结束,上报区党委,经批准,地委又以我新四军鄂豫挺进纵队路西指挥部指挥长陶铸同志和政委杨学诚同志的名义,给王劲哉去了一信。

这样,总算了却了竹桥事件这桩公案。

竹桥战斗,我们之所以能以少胜多,以弱胜强,变被动为主动,转败为胜,其原因除了指挥员判断准确和指挥果断,战斗员不怕牺牲、英勇顽强,以及群众积极支援外,汪潮同志临危不惧、舍身为国,也起了关键作用。为制止一二八师寻衅报复,向岩先生仗义执言,斡旋有力;地委正确执行我党对友军"有理、有利、有节"的方针和在谈判中坚持正确立场,都是取得这次胜利的重要因素。

竹桥战斗,不管是在战场上还是在谈判桌上,我们都取得了胜利。尽管由于这次胜利打开的一个稳定的政治局面并未维持多久又被一二八师破坏,但它毕竟为我们巩固和建设天汉湖区根据地争取了一段时间。因此,竹桥战斗是我党军事路线和政治路线在天汉的一次重大胜利。

(王可达记录整理)

作者谢威同志,土地革命时期担任过党的天京潜特区书记、湘鄂西省委巡视员,抗日战争时期历任新四军第五师特派政治委员、襄河专区专员,解放战争时期先后担任湘鄂特委书记、鄂中专区副专员等职,解放后历任湖北省民政厅厅长、省委统战部部长、省政协副主席等职。

曾家湾战斗*

王海山

潘尚武,天门县人,原是国民党五战区一个游击支队长。1940年率队投靠王劲哉,被编为一二八师独立第一旅,潘任旅长。不久,他侵入我天京潜县辖区的渔南联乡。在曾家湾、刁家口等地建立据点,骚扰乡里,民不聊生,又不时与我新四军发生摩擦。

1942年9月,我路西(平汉铁路以西)反顽指挥部根据民众要求,决定我第十三旅、十五旅之部分团队向侵入我辖区的潘部给予必要的教训,即发起反击。战斗先后进行月余。始从潘旅手中收复京北等地。

曾家湾位于我天京潜县渔南联乡腹地,在潘部侵入我天西防区后,即以其第一营姜鸿部据守此地。他们强拉民夫,拆毁民房,筑碉堡,挖壕沟,组织交叉火网,妄图以此对抗我新四军而横行乡里。

我十三旅、十五旅的联合团队到达灰埠头后,召开了战前会议。与会者有团以上干部和天京潜地方党政军负责同志。会上县委书记陈清同志说:"广大群众正处在潘部的高压之下,希望新四军赶快搭救他们。全天京潜的人民极力支持部队打潘部。"会议决定,罗孟刚同志带领四十三团围攻曾家湾,黄德魁同志带领四十四团、刘友海同志带领三十九团,一同去郑家滩一带设防,阻击潘部增援。10月31日晚间,各团按作战方案行事。第二日拂晓,四十三团向曾家湾潘部驻军发起进攻,立时交火,激战终日无进展。

11月2日,我路西指挥部又调三十九团、四十三团增援,继续攻打曾家

---

* 原载《抗日战争中的王劲哉》,政协湖北省荆州地区联络组王劲哉史料征编组编,1987年内部发行。

湾。当天,潘尚武获讯,派出一团兵力,由天东越过天岳公路,向曾家湾驰援。当其行至郑家滩时,受我四十四团阻击,歼其一部,残部逃逸,我缴获重机枪一挺和其他战利品。

这一天,我攻击曾家湾仍无进展。晚上,我与周志坚同志召集营以上干部会,决定改变战术:在曾家湾土城外筑几座土台,居高临下,控制湾内之敌。由于县委的支援,发动广大群众,军民一心,一夜之间,在土城东、西、北三个方向筑起三座高台。

11月3日凌晨,在土台上重火力的掩护下,我军再次向土城内发起进攻,迫使潘军躲在碉堡内不敢露头,但还击的火力不减,因而双方仍呈胶着状态。

相持到4日下午,我发现窜入襄河以北的一二八师各部已倾巢而出,一部直扑曾家湾而来,一部迂回至天门县河以北,企图断我后路。同时,日军也在向天门县城、岳口、渔薪河、皂市、旧口、沙洋等据点增兵,与潘旅可谓配合默契,大有夹击我军之迹象。

视此情况,路西指挥部决定我部停止向曾家湾进攻,渡过县河,向北撤退。夜半,我四十四团到达石家河时,一二八师史团尾追而至,我四十四团与县独立团紧密配合,沿西河左岸布阵,准备迎敌。6日晨3点,我四十三团经张家场亦来石家河,三股力量合围,聚歼史团,其残部向西逃掉。

此役把潘旅赶出了曾家湾、习家口,收复了观音湖、拖船埠、南河、夏家场、白土地等日伪据点。年底,潘尚武率部随同古鼎新一道投降了日寇。

(王可达整理)

作者王海山在抗日战争时期曾任新四军第十五旅旅长、襄河军分区司令员,解放后历任湖北省副省长、省人大常委会副主任等职。

一项未完成的使命

米暂沉

1942年秋,我在重庆与章伯钧、郭则沉、严信民等从事民主活动。一天,周恩来同志派人通知我,要我到曾家岩五十号去一下,有事面谈。次日,我应命而去,周恩来同志对我说:"第一二八师王劲哉部驻湖北沔阳地区,与我在潜江的新四军第五师经常发生摩擦,且有进一步扩大之势,使新四军第五师的活动和发展受到一定影响,也不利于团结抗日。一二八师原是杨虎城将军的部队,在西安事变前曾和我们合作得很好,我们不能像对国民党顽固派那样对待他,但也不能等闲视之。我们经过研究,认为你和王师长私交较深,前往调解最为合适,希望你能辛苦一趟,如王师长有什么误会或对党的政策有什么不了解的地方,你可以代表我们详加解释。"最后周恩来同志说:"一二八师和一二九师不仅在名义上是弟兄部队,实际上早已有合作的事实。"

王劲哉绰号王老虎,行伍出身,骁勇善战,曾为十七路军战将之一,但性格倔强,个人英雄主义非常突出。一言不合,便欲兵戎相见。

西安事变前,杨虎城将军与中国共产党达成合作抗日的协议后因不便向下属将领公开宣布,而命我向一些前方将领进行暗示,当时任四十九旅旅长的王劲哉便是其中之一。我与王谈过之后,他很爽快地表示同意,遂在前线停止了与红军的敌对行动。之后,由我筹办,并经同王劲哉协商,在他的旅部所在地富县设立了十七路军与红军的交通站,名义上就是四十九旅的合作社,王对这一合作社给予很大的支持。这个交通站在掩护和转送红军

---

* 原载《沔阳文史资料》第4辑,沔阳县政协文史资料研究委员会1986年3月编印。

人员进出苏区、输送物资等方面做了许多工作,曾受到周恩来、李克农的表扬。大约是这一段经过,使周恩来同志认为我是说服王劲哉的最合适的人选。

西安事变后,杨虎城被迫辞职,王劲哉脱离了十七路军系统,经南京政府改编为第一二八师。抗战后,归第六战区陈诚指挥,不久和陈诚闹翻,打电报公开大骂陈诚,蒋介石无奈,把王劲哉拨归第五战区李宗仁指挥,但部队仍驻在第六战区地域以内,李宗仁鞭长莫及,也只能听之任之,一二八师俨然成为一个独立王国。

老实说,我对王劲哉也还不是毫无顾忌的,能否说服他与新四军消除误会,并肩作战更无把握。在接受周恩来同志这一指示后,我和在重庆与王劲哉有关的朋友研究,认为王劲哉有忠实于杨虎城的一面,也有抗日的愿望,事前再作一番布置,估计此行成功的可能性还是很大的。恰在这时,王劲哉在给朋友(包括我在内)的信件电报中,牢骚满腹,说"你们都在重庆享福,把我丢在前方不管,连个可以聊天的人也没有"。于是,几位朋友在复信中乘机提出"暂沉兄住居重庆,百无聊赖,生活亦有困难,你如诚意邀请,他会去你处"。很快,我便接到王的电报,要我前往湖北并电请其他朋友对我促驾,还汇来了路费。

临行前我再次谒见周恩来同志,他同意我的安排,并告诉我,我走后,他便通知新四军与我联系。

为了使此行更有把握,途经河南时,我见了第四集团军总司令孙蔚如(原十七路军十七师长),告以王邀我去沔阳的情况。当时孙正拟派人到王处担任联络工作,遂正式派我担任这一任务。我还到三十八军军长赵寿山处,从地下党方面了解王部队的人事等情况,并担任了赵、王之间的联络员。由河南过老河口第五战区长官部所在地时,我见了五战区参谋长王鸿韶,探询蒋介石对一二八师的态度,并请王对王劲哉部多加照顾。王表示一二八师与战区缺少联络,希望我能任战区长官部与王师长的联络工作。

从老河口出发,我已有第四集团军、第三十八军及第五战区联络员的三重身份,这对完成此行的任务显然是十分有利的。

到了沔阳,王劲哉热情接待了我,寒暄之后,我们几度作竟日的长谈。谈到杨虎城将军被扣问题,他非常气愤,认为西安事变后放蒋是极大的错误,对共产党在事变中的做法,也有意见。他对新四军的误会,主要是源于此。

我对他谈了共产党处理西安事变是从民族利益这一基本立场出发的,我们之所以主张放蒋也是为了抗日大业,大前提完全一致,和平解决西安事变是正确的。经我多方面解释,他有了谅解。谈到他当时的处境时,我对他的敌、伪、国、共一齐打的做法提出批评。我对他分析,敌、伪与我们有不共戴天之仇,和蒋介石的关系已搞僵并难于挽回,这也未必是坏事,但是和新四军部队并无利害冲突,如果携手合作,在共同抗战中相互依托,这是两利之道。而若把共产党也视为敌人,则为是非不明,也势必使一二八师陷于绝境。最后,王同意了我的意见,并决定由我前往潜江与新四军第五师取得联系。此时新四军第五师已接到周恩来同志的通知,曾通知王劲哉转告我去潜江前派人通知他们,以便接待。

不幸的是,于此前后,王收编的匪部古鼎新投降了日本,日寇乘势发动对一二八师的大规模围攻,王部苦战了几天,在毫无接应之下,全军覆没,王和我同时被俘。

我的使命虽未完成,但从中可以看到,中国共产党为团结一切爱国力量共同抗日所进行的种种努力,恰恰是这一正确政策才使抗日民族统一战线不断发展,直至最终取得抗日战争的伟大胜利。

附笔交代一下,王劲哉在日寇投降后,秘密回到陕西,被胡宗南逮捕,准备解往南京。在去机场途中他得以脱逃,之后他写信给毛主席说:"我要去陕北,你同意不同意?"毛主席回信表示欢迎。他于是去了解放区,解放后他曾担任陕西渭南军分区的领导工作。

米暂沉,从1927年随杨虎城工作直至"西安事变"和平解决,后为全国政协委员。此文原载《人民政协报》。

附：
关于王劲哉情况的一封信*

政协沔阳县委员会：

六月廿五日函收悉。

王劲哉原系杨虎城部第十七师四十九旅旅长。西安事变和平解决后，杨被迫辞职出国，王以保存一部分力量为理由，拉出该旅一部分部队，直接归南京政府，即以后的一二八师。

王部在西安事变前驻防陕西延安富县地区，与红军合作，颇有成绩，归南京政府后，因反对陈诚，虽驻在六战区以内，却属五战区李宗仁指挥，在沔阳期间，虽和新四军第五师不断发生冲突，一九四一年秋周恩来同志找我前往王劲哉处加以劝说，促其与新五师合作。全国委员会的《人民政协报》向我征文，我曾写了一篇《一项未完成的使命》，说明经过，可以参考。

王为人刚愎武断，与我从大革命时期同在杨部工作，交谊较深，对我比较信任，故有此行，惜时间已晚，未能完成任务。

   此致

敬礼！

米暂沉
六月三十日

---

* 原载《抗日战争中的王劲哉》，政协湖北省荆州地区联络组王劲哉史料征编组编，1987年内部发行。

同王劲哉的一次会晤[*]

聂菊荪

1940年至1941年间，一二八师的古鼎新部队常常侵扰我天汉抗日游击根据地的田二河至干驿一带，我军也对他们进行过自卫反击，打过一些小仗。他们有时被迫退到襄河以南，但仍不放弃对我根据地的侵犯。大的武装冲突还没有发生过。

大概是1941年三四月间，时当"皖南事变"之后，蒋介石反动派又阴谋向我鄂豫边区发动第二次反共军事进攻。当时，王劲哉派了饶某（名字忘了）来到我天汉抗日游击根据地中心汈汊湖天汉地委机关，转达王劲哉的要求。饶说，王劲哉希望新四军第五师派个代表去他的师部，王有要事相商云云。我们循礼接待了王劲哉的使者饶某，从与饶谈话中，还弄不清王劲哉究竟要同我们商谈什么。当时，恰好李先念同志（当时是新四军第五师师长）正在汈汊湖视察工作。我们将此情况向李师长作了汇报，李师长考虑到，王劲哉既派使者来要我们去商谈，我们就派人去看看王劲哉究竟想同我们谈些什么，并可借此一行，尽力争取同一二八师在天汉地区（鄂豫边区的南线）求得缓和，以便我军集中主力自卫反击蒋介石反动派对我白兆山地区的进攻。据此考虑，先念同志乃决定派我作为代表前去与王劲哉相会，嘱我见机行事。

我和地委派出保护我们的邓同志仍由饶某陪同出发，从仙桃镇以西渡过襄河，途经里仁口，沔城北，通海口等地，再由沔阳与监利交界处过东荆

---

[*] 原载《抗日战争中的王劲哉》，政协湖北省荆州地区联络组王劲哉史料征辑组编，1987年内部发行。

河，到达剅口一二八师师部所在地。我刚一抵达，王劲哉就马上约我到他的司令部相会。会见前，王叫饶某及其他人员都离去，单独与我进行谈话。王当即把蒋介石计划进犯我鄂豫边区的密令（密电）包括密令王的一二八师向我天汉地区进攻的电文交给我看了。我看过密电之后，王当即向我表示，他是不执行蒋介石这个命令的，并说："大敌当前，怎能自相残杀！"他还要我将他这个意思转告李先念师长，请李师长放心：他是不执行蒋介石的命令的。我接过王劲哉的话，讲了蒋介石的反共阴谋只能使仇者快，亲者痛，是违背人民和民族利益的。同时我对王劲哉师长深明大义、拒不执行蒋介石的命令，表示敬佩，并说我要尽快回去向李师长报告。

此外，我还向王劲哉讲道："我军是坚持我党中央抗日民族统一战线政策，团结一切可以团结的力量，坚决打击日本侵略者的。我党中央曾讲过，如果蒋介石一意孤行，倒行逆施制造内战，我军也只好进行自卫反击。"这段话也是对王劲哉申明我军正义立场的。我当时也谈到我军愿同一二八师在双方的防地上互相合作抗日，互不侵犯，王劲哉对此立刻表示赞同，说他将命令他的部属不到襄河以北地带活动，以免发生冲突。我对王劲哉的这番共同抗日的表示，也表示敬佩。并说我回去一定将王师长的这些好意向我们李先念师长报告。

王劲哉还对我讲到他治军的一套，他说他经常下到连队去。我也向他谈我们的李师长经常深入连队与指战员共甘苦，等等，由于情况紧迫，我和邓同志仍由饶某陪同，立即离开了一二八师返回汀汉湖根据地。

我一回来，就立即将王劲哉交给我看的蒋介石密令以及王劲哉与我谈话的内容电报了李先念同志和鄂豫边区党委。当蒋介石在1941年进攻鄂豫边区时，王劲哉确实未执行蒋的密令，做到了按兵不动，遂使天汉一线的局面得到一定程度的缓和。王的这一举动，有利于我军集中力量粉碎蒋介石嫡系部队暂一师的进犯。对王劲哉来说，算他做了一件好事……

此文摘自聂菊荪同志给仙桃市政协委员会的信，题目系编者所加。聂当时任中共天汉地委组织部长，1978年后曾任北京师范大学党委书记。

陶铸、杨学诚给王劲哉的一封信[*]

劲哉师长勋鉴：

五月六日手书，昨日敝部四团队始由天汉转来，展读之余，敬悉先生于"九·一八"以来，即力主团结抗战，"七七"事变后又率部南下，为保卫国土而英勇战斗之史实，钦佩无似。贵部与敝部同在敌寇控制之区域内，坚持抗战，共以解放中华民族伟大事业为己任，此诚所谓目标相同者也。自武汉弃守后，在鄂中广大平原上，号召民众，开展敌后游击战争，真正打击敌寇者，仅贵部与敝部已耳。吾等以身许国，坚持抗战，抛掷头颅，流洒赤血，固所愿也。但食不果腹，衣不蔽体，日与敌周旋，不见上峰有一枪一弹之接济，一兵一卒之补充，犹遭受意外之物议，不获见谅于人，先生云困难若此，国人又若此，引为悲痛，敝部亦有同感。吾人处境相同，艰难困苦，被人曲解亦同。今后为打破环境，完成任务，克服困难，粉碎一切曲解计，紧密团结，精诚合作，实为必要。

上月在天门，贵部与敝部四团队武装冲突，真实情形，至今不详，料系出于误会，可断言也。敝部素以团结抗日党派、抗日军队、抗日人士共御外侮为怀，昭信全国，并以此教育部属；其豆相煎，分裂抗战，使敌寇拍掌叫绝，乘隙进攻，使损人利己和妥协投降者利用机会挑拨离间，向为敝部所深恶痛绝。天门误会一事，祈无芥蒂，希以民族事业为重，共策前途。倘不是图，兄弟阋墙，纷争不已，使贵部与敝部同归于尽，鄂中千百万民众将何所依托乎？谨呈区区，敬候明教，并致。

敬颂

勋祺

陶　铸　杨学诚

五月二十八日（一九四〇年）

（沔阳县政协供稿）

---

[*] 原载《湖北文史资料》第3辑，湖北省政协文史资料研究委员会1985年编印。
这封信系地委以陶铸、杨学诚的名义写给王劲哉的，见本书谢威《竹桥战斗》一文倒数第四段(编者注)。

在与王劲哉相处的日子里[*]

张 进

一

1938年秋,日寇进逼武汉,国民党在武汉的部队纷纷撤退,人心惶惶。中共鄂南特委书记何彬同志就在这时找到我,命我回蒲圻开展抗日工作。我以湖北省战时乡村工作促进会名义回到了蒲圻老家,当即成立了一个蒲圻县抗战动员委员会,我当选为委员。

待到十月份,武汉、蒲圻相继沦陷,蒲圻县政府及国民党县党部的人员全部逃光。此时,武昌实验小学教导主任李西平回到蒲圻,李在当地颇有声望,大家就推他担任国民党自卫中队队长。

我与李西平原就相识,那时我在武昌集资开设"战斗书店",李是书店的常客。我就利用这一关系,首先提出要李给我一个什么名义——如指导员、教导员之类。他答应了,可是一直不予宣布。随后我又向他提供两点意见:一、蒲圻县城内日寇驻扎不多,应趁机予以袭击,以鼓民气,团结抗日。二、应火速发动群众,组织群众,并给以一定数量的武器,从而扩大抗日力量。但这两点意见,当时并未为李采纳。

当地除有李西平的自卫队一百多人外,还有当过联保主任的孙耀庭的一支部队,约两百余人枪,徐自然为其参谋长。徐在土地革命期间曾任我党县委书记,对打游击有些经验、后叛变投敌,曾当过敌方招抚小组长。

其时,我又向李西平建议:"两支自卫队必须合作,抗日才有力量。"通过

---

[*] 原载《沔阳文史资料》第3辑(抗战时期史料专辑),沔阳县政协文史资料研究委员会1985年7月编印。

做工作,双方达成协议,成立了蒲圻自卫总队,李任总队长,孙任副总队长。不久,孙又独自成立一个蒲圻支队,自任支队司令,徐自然任副司令兼参谋长。孙、徐知道我是李西平这边的出谋划策者,多次要把我拉过去,在此情况下,我不得不去咸宁张家坪向特委何彬同志请示。

我将情况向何彬同志汇报后,何彬同志说:国民党整编的一二八师王劲哉部已撤退到蒲圻、咸宁交界的桃花坪一带。王原有四个团的兵力,其中一个团驻扎在河南南阳,目前手下实有三个团,可是在武汉附近与日军一仗,又有一个团受创甚重,撤来的兵力实际只有两个团和一些残余官兵。国民党第九战区司令长官汤恩伯命王部撤到湖南,而王考虑自己是杂牌部队,深恐被其吃掉,乃拒不受命。汤恩伯一气之下,扣下了王部全师薪饷两个月。为此,关系甚为紧张,王索性取消"一二八师"番号,打起了"湘鄂赣游击司令部"的招牌。

随后,何彬同志又谈了一些情况,如王劲哉急需地方力量的支持,特委派何彬同志与王谈判,帮助建立一个政治部、推荐原武昌第九中学教导主任田任轶担任一二八师政治部的主任,等等。同时何彬同志命我也去这个政治部,一方面做王的统战工作,另一方面以"一二八师政治部"名义去蒲圻县做一些自卫队的统战工作,并要任我为宣传科长,后来为便于回蒲圻开展工作起见,改命我以"湘鄂赣游击总司令部政治部驻蒲圻办事处主任"名义回蒲圻,仍做李西平的工作。

1938年底,为了解决一二八师粮食供应与兵员补给两大困难问题,王带领两千多人马杀过长江,决定到素称"鱼米之乡"的沔阳来图发展。王一过江,就打垮了金亦吾部,改编了苏振东部,队伍扩大了。同时,总司令部迁至沔阳。沔阳与蒲圻仅是一江之隔,近在咫尺。"驻蒲办事处"就名存实亡了,我在蒲圻也就无法立足了,我只好按原来的布置仍到一二八师工作。

当我赶到仙桃报到时,才知道王劲哉感到打垮了金亦吾部而闯了大祸,为了避免蒋介石找麻烦,便将"湘鄂赣总司令部"这块招牌取消了,并下令撤销政治部,仍旧恢复原番号"一二八师",将政治部人员分配到参谋、副官两处,田任轶任参谋处中校副处长,陕西人毛效温任参谋处上校处长,而授我为"中尉副"这么一个奇怪的军衔。又根据我有文化这一点,将我具体安排在师部译电室工作。

译电室人员共有七八名,多半为王的陕西老乡,据我观察,这些人为人正直、淳厚,有正义感,爱国热情高。记得那是1939年3月间的一天,有一位译电员老乡,偷把一份绝密电文给我看,其内容是有关国民党中央全会通过"处置异党活动案"并饬王劲哉加紧查清内部的异党等问题。又如,其时金亦吾被王劲哉打垮后,一状告到蒋介石那里,蒋多次来电责问王劲哉,而王的回电始终不予承认,这官司反复打了一个多月,最后,蒋以严厉的语气来电诘责:"你明明打了,怎么说未打!"当时王在译电室见此电文,怒不可遏,拿起笔拟好回电稿,并大声念了一遍:"我之所以说未有打者,是顾及上级面子也。今既说我打了,我就打了!"念罢,将电稿掷到发报员面前,狠狠地喝道:"给我马上发出去!"转身气冲冲地走了。据说蒋介石看了王的这一回电,很是恼火,很想调五个师前来把王部吃掉,但考虑到一二八师在沦陷区,怕碰到日军更吃亏,也只好忍下这口气。这些都是译电室老乡私下里告知我的。

国民党为了解决与一二八师这一矛盾,派了王劲哉的旧部下、老乡古鼎新为特使来做说客,结果双方达成三条协议:一、将一二八师隶属第五战区李宗仁领导;二、补发前次所扣该师官兵的全部薪饷;三、由第五战区派员前来组建师政治部。于是这场纠纷算是平息了。至此,王劲哉便将我调出译电室,而安排在参谋部专搞收音机的收录工作。

二

我刚到仙桃时,为了便于同外界联络有个场所,就租了一间民房,把爱人汪涌同志作为随军家属接来住在那里。我的工作目的和任务是尽量扩大抗日宣传,可是在一二八师内部很难开展这项工作,主要是没有一个合法的身份去做。因此,我就以原来教过书的这一经历,经常去仙桃镇的一所小学"观光",很快认识了该校校长李伟风及一些进步教师,就发动他们利用校办墙报进行抗日宣传。不久,又通过他们结识了汉阳侏儒文化服务站派来沔阳工作的一位贺梅修同志，贺是共产党员。随后，我又通过贺与该站负责人谢文耀有了联系。因此，我与江北党组织才接上了关系。以后，谢又把我介绍给天汉工委书记童世光同志。

一天，童世光身穿国民党军装，胸前佩戴着第五战区中校巡视员的标识来找我，我在参谋处的一间房里接待了他，并无第三者在旁，他就说明他此行的目的："是为周干臣部改编问题来与王劲哉谈判的。"周干臣曾参加过土地革命。抗日战争开始，他拉起了七八百人枪的一支武装，属我党领导。这时，童世光同志欲收周部隶属于一二八师，而争取一个所谓的合法身份，以便于抗日。其实，这是王明的一条右倾投降主义路线。童未找王劲哉之前，特来征求我的意见，我听了后谈了自己的不同意见，我说："王劲哉此人野心勃勃，一旦得势，就会翻脸不认人的。他的宗旨是想尽一切办法，扩充自己的势力，是个背信弃义的人。"我还讲了王劲哉在蒲圻把何彬同志的叔叔所领导的一支三四十人枪的武装吃掉的事，王把何彬的叔叔也杀掉了。这支武装也是为了争取合法身份而改属一二八师的，这一教训应当吸取。这番话童并未听进去，终于与王达成协议，改编周部隶属一二八师。

这时，我深感自己在一二八师里做统战工作成效不大，不能发挥一个共产党员应起的作用，倒不如趁此机会向王请求调到周干臣部队里去，也许能够得心应手开展工作。请调理由是："我是湖北人，在本部工作，口音既不方便，生活上也不适应，请调到周干臣部工作，因那里都是湖北人。"王却在请调书上写道："不要调去，在这里工作，将来会有重用也！"因此，我未走成，反而多了一桩心事——王劲哉会不会怀疑我呢？

不久，有一天晚上，我正在办公室里抄录收音机里的消息时，参谋处上校处长毛效温也在我那里听收音机。突然，王劲哉手持一根大棒闯进门来，对毛劈头盖脸地打来，只打得毛效温满地乱滚，叫爹喊娘，我在一旁劝也不是，不劝也不是，只得默默地仍旧做自己的事。王劲哉打了一阵，才愤愤而去。王劲哉的这一突然举动搞得我莫名其妙。王劲哉走后，毛从地上爬了起来，非常气恼地说："这真不是人过的日子！"我听了不知怎么劝他才好，为了聊表安慰，我说："师长一向有个脾气，他越是打这个人，就越是要提拔这个人,可能这是你的好兆头。"我说这话是有依据的,的确以前被王劲哉打过的人大都提拔了。毛听后,只是苦笑一下就走了。

第二天,毛效温又来找我说:"张明(当时我的化名),我对你说实话,王劲哉心狠手辣,翻脸无情,任性杀人,不走是有生命危险的,我看你平日言语行动,很像是那么一回事(指我像共产党),我想去投新四军,你能不能帮我介绍一下?"当时我的回答是:"我也不知道新四军在哪里,不过,我可以帮你打听。"这次谈话以后,毛效温就再未来找我了。这样,使我思想上十分紧张;是王劲哉发觉了我而在毛的身上使用"苦肉计"呢?还是毛真心实意地想投奔共产党呢?再说国民党第五战区派了一批政工人员来到师部,这些人多半是特务。这对我是一个很大的威胁,加之这时王劲哉变得有恃无恐,更是随便杀人,充分暴露出他的军阀作风。如此一切,促使我下定了决心,从速离开一二八师为上策。

恰在这时,参谋处中校副处长田任轶逃走(中途被汪步青队伍枪杀)。与此同时,我已与谢文耀同志联系好,得知新四军豫鄂支队(支队长李先念)第四团队(团长李人林)已到汉阳。于是先由我爱人汪涌带着两三个进步青年到汉阳去。几天后,我同一名医生化装离开了仙桃,谁料中途遇上几个持枪的便衣人员,当我上前与之打招呼时,医生趁机而逃了。当即了解到便衣人员是我们的武工队,经他们指引,很顺利地找到了李人林同志的部队。从此,我参加了新的战斗,结束了我在一二八师近七个月的生活。

三

我一向爱就地取材,随笔而记。到一二八师后也不例外,用一个小本本,取名《军中随笔》,专记王劲哉的奇行怪论。后来好心人劝我把它烧掉,怕王有所察觉,自罹杀头之祸,现在就我还能忆及的几则,写将出来,以作本文的尾声。

一、题为"红白不分"。王劲哉初到咸宁、蒲圻,羽翼未丰,急需共产党帮助他,他经常讲:"谁都可以跟我合作,我是'红白不分'的人。"他先吃掉我蒲圻的一支武装,后吃掉周干臣的部队,而且两支部队的领导都被他杀了;继而又撤销我党帮他建立的政治部,真可谓之"红白不分"也。

二、题为"公私兼顾"。王劲哉手下有一个随他多年的团长,名叫李保蔚,不知何故触怒了这位师长,竟被杀掉,死后王劲哉抚其灵棺而大哭曰:"我杀你是为公,我哭你是为私。"由此可见其权术之高,亘古罕见。

三、题为"赶快杀掉"。王劲哉手下有一名司务长,因打过几场"脾寒"(疟疾),在出操时站立不稳而倒下,却被王看见,要杀他,该司务长趴在地上流泪哀求说:"念我跟您多年,留我一命!"王狞笑而对曰:"正因你跟我多年,都这个样子,越发要赶快杀掉!"该司务长就被"赶快杀掉"了。

四、题为"三个半与希特勒"。王劲哉经常在人们中夸口:"中国只有三个半人出名,一是蒋介石,二是毛泽东,三是汪精卫,这半个就是王劲哉。"又经常在出操时对士兵们说:"当今希特勒可算英雄,我们要学他独断独行,一往无前的精神。"看来王师长想在世界上争席位了。

五、题为"行善人是我"。王劲哉到沔阳后,自编"快板"一首,要老百姓念熟,否则要挨打受罚。"快板"内容是:"我是什么人,我是勤苦人;什么人是我,行善人是我……"送人上西天。算他是个大大的行善者!

现在回忆起当时的记载,不禁使我想起了孔夫子的几句名言:"视其所以,观其所由,察其所安,人焉廋哉,人焉廋哉!"

(傅献瑞整理)

作者张进,抗战时期任中共汉沔工委书记,解放后任中共广东省委委员、华南工学院党委书记。整理者傅献端同志系沔阳县志办工作人员。

我与王劲哉兵戎相见[*]

郑桓武

我就任监利县长前的鄂中局势

日寇于1938年10月26日侵占武汉后，溯长江而上，止于城陵矶。在监利县境的白螺矶构筑飞机场，与南岸湖南的岳阳成犄角之势，扼控长江上游，沿江汉西进，侵驻沙洋对岸，确保遥堤，以防掘堤淹没其鄂中十三县的占领区。国民党军将江汉平原委弃于敌，在长江则以沙市为江防前哨阵地；在汉江则扼守江南岸的沙洋镇，从而使鄂中十余县陷于一片混乱之中。盗匪蜂起，闾里骚然。

王劲哉偷渡长江标榜独立抗战

王劲哉出身于西北军讲武堂。西安事变前，系国民党第三十八军孙蔚如部的旅长，能征善战，颇具威名。西安事变后，东出潼关，受刘峙指挥，改编为新编第三十五师，任师长。抗日战争发生，兼开封警备司令，曾奉令逮捕山东省主席韩复榘。旋参加鲁西抗日战争，所部损失颇巨，撤离鲁西战场时，改番号为一二八师。

王劲哉所部编为新编第三十五师时，刘峙曾派与其有亲戚关系的谢某为王部副师长，此人恃刘而骄，颇伤王劲哉的自尊心，又被王怀疑有篡夺其位的迹象，王劲哉遂密令心腹李俊彦在作战前线将谢暗杀。此为尔后王劲哉与国民党嫡系军人构衅之由。

---

[*] 原载《抗日战争中的王劲哉》，政协湖北省荆州地区联络组王劲哉史料征编组编，1987年内部发行。

1938年夏,王劲哉奉命率部参加长江南岸的武汉保卫战,受第三十一集团军总司令汤恩伯指挥。汤一贯对其统率下的杂牌部队是千方百计地加以兼并为己有的,何况王暗杀了谢某,更使其对王欲得而心甘。王劲哉在江西瑞昌、湖北阳新等地,作战颇力,所部损失较大,当放弃武汉向西撤退时,所部仅余二千。汤恩伯命王劲哉率部撤至湖南浏阳整补,王预感到一生艰危百战所缔造的部队,如到浏阳必将为汤兼并;同时,他也风闻到将被调升为某军副军长,这就是明升暗降以剥夺其军权。因而他横下心来,于11月间,偷渡已为日海军昼夜巡弋封锁的长江,由长江南岸的嘉鱼,进驻沔东。

王劲哉到江北以后,即迭电蒋介石大骂汤恩伯"不是东西",并表示自己今后独立自据鄂中以抗日寇,不受蒋介石军令的节制调遣。在一次群众大会上,他宣称:"方今天下,蒋介石一团,毛泽东一团,日伪一团,我王劲哉搞个半团。"

王劲哉火并金亦吾

王劲哉选择了沔阳县为他搞"半团的基地"。沔阳县长王愚勤,因苦于金亦吾所收编的土杂部队的骚扰,又迫于王劲哉的军事实力,他依附了王劲哉,积极支持王安定沔阳全境,从而王劲哉首先对盘踞在汉沔毗连西流河的金亦吾部第二支队司令汪步青部,予以突然袭击。汪步青仅以身率残部逃至汉阳县境的黄陵矶附近,执行康泽的随机应变的指示,搞"曲线救国"投降日寇了。而汉阳分团书记、副支队司令宋启东等数十人,则被王劲哉生擒活埋于西流河。接着王劲哉向仙桃镇进击,三青团沔阳分团主任黄潮,不敢抗拒,率三支队与金亦吾的先遣队逃回岳口,王劲哉遂据仙桃,设司令部于该镇。1939年初,王劲哉向盘踞沔阳通海口一带的金亦吾的第一支队周兴部进击,压迫至监利县柳关迄朱河地区全部歼灭。

王劲哉兼并了沔阳县境内所有金亦吾的部众后,即东指汉川,西逼天门。

国民党汉川县长龚熏南,原已在武汉沦陷后与中共建立统战关系,合作抗日。可是当王劲哉的触角伸进汉川县时,他立即依附了王劲哉,被王委派为该师旅长,将所属汉川县地方武装,编并王部。天门县长胡光麓,因对金亦吾部在该县境内的骚乱深为痛愤,曾迭电控诉金亦吾于宜昌的湖北代省主席严立三。电文中有金部游击队"游安全之区,击无辜之民"的句子。王劲哉迫近岳口时,胡又箪食壶浆以迎"王师",金亦吾则退据潜江的下蚌湖一带。同时,胡光麓还鼓励天门县大恶霸潘典华的儿子潘尚武(国民党军官学校第八期生)率部归顺王劲哉,受任为一二八师独立旅旅长。

王劲哉渡江北来,仅用了半年时间,兼并了金亦吾的大部分游击部队和地方团队,又得到地方政府和地方豪绅势力的依附,统治了沔阳全境和天门、汉川、潜江等县的部分地区,其军力则由渡江而来的二千余人,壮大到六千余众。王劲哉搞"半团"之梦,似乎已初步奠定基础。

中共以抗日大业为重多方谋求与王劲哉团结抗日

终王劲哉的大半生,是依靠他能征善战而又紧紧抓住枪杆子不放,始由排、连、营、团、旅长而爬上师长高位的。他视所属部队为私产,为第二生命。他不服从汤恩伯撤往湖南的命令,是为了保全他的家业。由于他多年在军伍中,机警猛鸷,凶悍嗜杀,恃勇傲物,养成了神经质的性格,心性的活动经常处于一种变态的状况,因而对任何人都采取疑忌的态度,时刻提防别人对他进行暗算。

中共当时在鄂中的负责人对王劲哉的性格、作风和特点,不是没有深刻的分析的。但是,考虑到王劲哉身处四面楚歌之中,尚能爱国抗战,才多方谋求团结他抗日。早在王劲哉进入汉沔时,中共天汉地区负责人就曾运用与杨虎城将军有旧的辛亥革命老人向岩,劝说王劲哉与中共合作抗日。而王劲哉不但不听从向老的忠告,反而大施淫威,把向老捆绑起来,以表示他坚定敌对中共的立场。同时在中共启发和影响下所组织的一个营的武装,由周某率领投向王劲哉编为一二八师特务营,王劲哉并认周为义子。但周开驻仙桃未久,即被王缴械,自周以下的二三十名干部都惨遭杀害。当王劲哉中了国民党派在他那里的政工特务的挑拨之计,向新四军所在地的田二河发动突然袭击,使新四军受到颇为严重损失后,中共鄂中领导人陶铸等仍然相忍为国,函劝王劲哉捐弃前嫌,一致抗日。

王劲哉入驻沔阳后不久,我就任了国民党监利县县长。对于王劲哉吞并沔阳、汉川、天门等县的地方武装,是不无戒心的。由于我的身边有中共天汉工委负责人童世光所秘密组派到监利与我合作抗日的同志们的建议,我对王是采取容忍和友善的态度,对金则是表面上虚与委蛇,而对其所属扰民事件,则坚决予以打击。如沙市为日占后不久,我在监利县余家埠围歼扰民滋甚的金亦吾所属的第四支队熊文星部。

国民党当局对王劲哉态度的反复

由于金亦吾迭电向蒋介石控诉王劲哉,康泽又在蒋介石面前为金呼吁,蒋遂令驻宜昌的江防司令郭忏查办,相机处理。郭忏于1939年5月,命其所属周嵒部的主力第六师开驻江陵县之郝穴镇。是月中旬,我接该师师长电话,约去郝穴一谈。我刚走进师部,参谋长引我至军图室,指着地图,询问由监利趋沔阳仙桃和峰口的路径及沿途情况,并探问王劲哉的主力集结何处,如果一旦对王用兵,征询我是否可以率监利抗日自卫队担任前卫(监利县抗日自卫队,自经我整编后,有九个中队,人枪近千。主要骨干均为秘密共产党人,已在对日作战和剿匪中,显现了较强的战斗力),我当即表示"可以承担"。

同年6月,荆州专员金巨堂电邀我至沙市,他说:"王劲哉曾再次派员见我,诉说他所痛恨的唯汤恩伯一人。他是竭诚拥护蒋委员长的。他之所以清剿金亦吾所属土匪似的部队,不过是为民请命,企盼中央体谅他的苦衷。"接着他说:"我已密电郭司令,建议转饬第六师暂缓执行歼击王师计划。"于翌日午前,我陪同金至宜昌会晤郭忏。郭忏说:"对王用兵,在那复杂的江汉地区,未见得就能得手,反有逼王投共之虑。"金巨堂接话尾说:"王劲哉的代表对我说:如果不是一二八师在江汉地区砥柱中流,共产党早就再入洪湖,恢复贺龙当年在洪湖的局面了。"金巨堂与郭忏系保定军官学校第六期同学,私交颇好。金巨堂之任荆州专员也系郭忏荐举。因此,金对郭忏讲话不拘地位尊卑,尚能直抒胸臆。金即向郭献策,由金代表郭组织慰劳团,前往仙桃劳军,对王劲哉施以怀柔安抚。郭欣然同意。一周后,金果率慰劳团经监利前去仙桃。金返回时对我说:"我与王劲哉晤谈甚洽,王表示竭诚拥护中央,愿以防共自效。"金至宜昌复命后,郭忏即电令王劲哉派员至宜昌,洽领军饷、弹药、被服,并指定沔阳、天门、监利、潜江等县为一二八师的兵员补给区(自王劲哉单独行动进驻沔阳后,国民党军委会即中断了对一二八师的后勤补给和兵员补充)。此后,我对王部领取军需品的人员经过监利县时总是以礼相待、多予方便的,对配交监利的兵员总是如期如数交付的。为此,王劲哉曾亲笔写信给我表示感谢。

我是怎样与王部兵戎相见的

1940年5月,日寇进占了沙(沙市)、宜(宜昌),荆州专员金巨堂撤退江南申津渡。国民党湖北省政府电令我兼湖北省第四区江北游击指挥官,划江陵、荆门、监利、潜江、沔阳、汉川、天门、汉阳等县的地方武装归我指挥调遣,实际上我只能指挥监利一县。江陵和潜江表面上尚可节制。此时,江汉平原地区陷于群龙无首的一片混乱之中,唯独王劲哉的实力最为强大。金亦吾是不足比数的,我更不会自不量力与王劲哉争雄长,又考虑到近年来与王劲哉尚保持友善关系,从而我幻想居中调协金亦吾与王劲哉之间关系,以期实现鄂中地区以王劲哉为首团结各部共抗强敌的局面。我委托留居监利县的汉川县长王缵承作为我的代表,持我致王劲哉的亲笔函去峰口见王。我记得信中有这样的几句话:"我公久历戎行,指挥若定;克敌制胜,迭著战功;领导群伦,众望所归。所幸亦吾(金亦吾)子芳(管子芳)二兄亦深明团结御侮之大义,今后一切抗敌行止,唯公马首是瞻。此诚国家之幸,鄂中数百万生灵之福也。……如蒙不以驽骀见弃,当晋谒崇阶,面承明教。"讵料王缵承到达峰口时,即被王劲哉扣押。王劲哉又派张平海团于第二天深夜袭占了新沟嘴,管子芳部几全部被王劲哉吃掉。王部于袭占新沟嘴的同时,又向瞿家湾进军,以一团兵力陈兵监利边境。虽然事后他放回了王缵承,并托王带来一封亲笔信,称我为"知兄",解释他是出于不得已而袭占新沟嘴的,可是我由于王劲哉袭占新沟嘴并陈兵监利边境,完全破灭了我调协金、王共同抗敌的幻想,而且恐惧王劲哉随时可以大举进犯监利吞掉我的部队,从而我由友善王劲哉而转变为敌对王劲哉了,并东向沔阳进行严阵以待的部署。

六月中旬，金巨堂电召我与金亦吾、管子芳至申津渡专署会商，金出示了陈诚的电令："地方如有力量，可相机消灭王劲哉部。"适逢暗中被郭忏委为第五游击纵队司令的汪步青，派遣密使会晤金巨堂，携有汪致金巨堂的亲笔信。信中说："只要西线在潜、监边境对王发动攻击以吸住王的主力，便立即举起义旗反正。统率全军向沔阳进击，以东西夹击王劲哉。"金亦吾、管子芳二人，当然百般赞成。我虽然与王劲哉已暗中敌对，但信使仍在往来，并未公开决裂，更考虑到公开介入对王作战，对我极为不利。我说："仅靠金部和江、监、潜三县的自卫队力量，是不足以摇动王劲哉西线的阵地的。如果上峰确有消灭王劲哉的决心，最好由国军派遣一个师渡江为进击王部主力，才能有济。"金巨堂当即商请防守长江南岸的第七十三军军长彭位仁，彭表示："陈长官既有电令，我当协助执行。最好诱王部进犯至江陵县境，我才师出有名，而在地势上又便于包围聚歼。"于是，金巨堂以兼鄂中游击总指挥的名义，发布了对王劲哉作战的命令：责成我以江北游击指挥官的身份，统率监利县自卫队三个大队（另两个大队在白螺矶前线防日）、江陵县自卫支队和管子芳的第五支队，对王用兵，先夺回监利县新沟镇；如不能克，则向江陵县败退，诱王部进入江陵县境。这个作战命令，我虽然明知不可为，但不能不遵照执行。大概是在6月下旬的一天，我指挥监利自卫队，由周老嘴出发，连拔王部胡家场和张家场两个外围据点，进抵新沟嘴土围东门，正攀围突入，而管子芳部由晏家桥向新沟进击，未能迫近土围，即被张团击溃逃窜。江陵自卫支队担任预备队，见管部败逃，未奉我命，即行遁走。致使张平海派兵一营，从西方包抄了我的侧翼。我只得迅速向东南方向脱逸，收容部队于监利县的观音寺。

王劲哉获悉我率队进击了新沟后，即大举向监利县境进犯，占领了整个朱河区。又由瞿家湾直犯监利中心毛家口。我率队退据监、江、石三县边境的麻布拐，设江北指挥部于此。金亦吾部则退据江陵的普济观。金巨堂令饬我与金部在监、江、石边境构成对王劲哉的抵抗线，以待彭位仁军北来增援。至于汪步青承诺的举义反正，则杳无消息。王劲哉攻占了监利县的朱河、毛家口后，停止继续西进，他印制大量传单，指责我袭击该部，他说我"连日来信使往来，歌功颂德，而突然兵戎相见，是居心叵测"。他号召监利人民起来，驱逐我这个"轻启战端，贻害地方的狂徒"。彭位仁则以王部未进犯至江陵县境为由，拒绝派兵渡江。于是我与王劲哉形成对峙的局面，互相攻讦，以争取舆论的同情。8月，国民党第二十集团军代总司令霍揆彰电召我赴湖南桃源县青山湾（因为江北地区已划归该集团军作战地境）。霍揆彰询问我能否对王劲哉用兵的问题，我从江北实际情况出发，认为对王部用兵，很不易得手。霍以为然。

由于此时第九战区司令长官薛岳，曾迭电湖北省政府，说他据确报"监利县长郑桓武确系'共党分子'，赤化了监利全县"，因而霍揆彰再三询问监利县自卫队的人事情况。据以后所知，在薛岳面前散布对我的流言，系王劲哉买通第九战区情报人员所为。无风不起浪，我委用的监利县抗日自卫队第一大队长兼朱河区长姚次青，就是在武汉沦陷后由中共创建的"川阳人民抗日游击大队"的大队长姚杰，他是在川阳边境公开政治面貌的共产党人，经天汉工委派到监利与我合作抗日。为了在监利县隐蔽政治面貌，才改名为姚次青的。姚所率的游击队，天汉工委曾一度准备与王劲哉合作，接受王的番号，因而王劲哉对姚杰有所了解。姚到监利后，王劲哉在与我交锋以前即获知姚次青即系姚杰。

我当即向霍揆彰声明：我的部队没有"共党分子"。他追问："你朱河区长姚次青，原名是否姚杰？"我力辩姚次青从未叫过姚杰，这样搪塞过去。霍又请他的总参议凌兆尧与我研讨如何收拾江北局面的问题，并指责专员金巨堂庸懦无能，供职无状，暗示王劲哉现在集中攻击的就是我一人。这就很明白了，霍揆彰是打算去掉金巨堂而以凌兆尧继之。同时要我离开监利县以缓和王劲哉的攻击。

我回到监利县后，即电请辞职。十月底，省主席陈诚回电，命我到恩施述职。我就这样离开了监利。途经巴东，《新湖北日报》刊载一则消息："查监利县长郑桓武不洽舆情，应予调省。"金巨堂的专员一职，也果然以凌兆尧接替了。

随即国民党军委命令王劲哉撤出监利县境。划监利、潜江等县东荆河以北地区为王部作战地境，将王部转属第五战区司令长官李宗仁节制指挥。

作者郑桓武，汉阳县政协常委，文史资料工作组组长。

回忆慰劳王劲哉[*]

吴先铭

王劲哉——国民党一二八师师长，1938年，他率领西北军系统的"杂牌"部队，进驻元末农民起义领袖、渔民之子陈友谅的故乡——沔阳，被任命为汉沔地区游击指挥官。设汉沔地区游击指挥部于仙桃镇。

日军占领武汉后，华中战场敌我对峙相当长的时间。监利以下，蔡甸以上成为异常复杂的游击地区。王劲哉——挣脱缰绳的烈马，驰骋在这片广阔的鄂中平原上，他用"快刀斩麻"、"混水摸鱼"的严酷手法，自行扩充，自行其是，自立为王，雷厉风行推行所谓"王劲哉主义"。

一、"王劲哉主义"

所谓"王劲哉主义"并无纲领性的文件，只是编印了一本小册子。以爱国教育、劳动教育、道德教育为中心，叫喊什么"我是爱国人，爱国人是我；我是勤劳人，勤劳人是我；我是良心人，良心人是我"的口号。严格规定在其防区的部队、机关职工、学校师生……每天早晨集合到指定场所，由专人领呼如上口号，出现"一呼百应"的宗教状态。

二、"战地慰劳团"

重庆军事委员会对这位受编不受调的王师长，视之为落在灰里的豆腐，打不能打，吹不能吹，事情难办，颇为棘手，反复研究，还是以抚绥为主。用

---

[*] 原载《抗日战争中的王劲哉》，政协湖北省荆州地区联络组王劲哉史料征编组编，1987年内部发行。

现在的话来说,就是化消极因素为积极因素。

1939年春,军委会令江防总司令郭忏认真对待,妥善处理,于同年五月,派湖北省第四区行政督察专员兼保安司令金巨堂组成"战地慰劳团",前往仙桃镇向一二八师师长王劲哉进行慰劳。

金巨堂沔阳人,别号鉴明,系保定军官学校第六期毕业。1930年,夏斗寅任武汉警备司令,金任参谋处处长。1931年,叶蓬任武汉警备司令,金为参谋长,后由保定军校同学郭忏推荐,始任武汉防空副司令,挂中将衔。继而改任湖北省第四区行政督察专员兼保安司令。

金巨堂以"战地慰劳团"团长名义,浩浩荡荡带领随从45人从沙市出发。当时,我任沙市《动员周刊》主编,金兼《动员周刊》社社长。我和第四区动员委员会战工队男女队员16人,队长李仁孝及参谋蒋国楠率武装卫队23人,均与之同行。

三、沿途所见

过公安,县长方扩军湖南人,在公安任县长多年,是个不倒翁。他用"利益均沾,各得其所"的作法,令公安县的豪绅各据要津,使公安县各派头目人人满意,个个欢喜。方扩军奉行"为政不难,不得罪于巨室"的信条,博得了"政通人和"的好评。在我们未动身前,方扩军得悉金巨堂将路过公安,特派专人至荆沙。多方面了解金巨堂爱吃什么,有什么特殊嗜好。他对金巨堂及所有成员,面面俱到,殷勤备至。

过石首,县长廖化平设盛宴款待,并举行欢迎会。廖在致词中,把金巨堂捧上了天,说"金专员是照亮鄂中地区的金星",说"这颗金星在鄂中闪闪发光"。还说金"是儒将,是和平使者"……极尽肉麻吹捧之能事。

过监利,县长郑桓武二十九岁,他不畏豪强,敢于碰硬,还大胆地吸收了一些进步人士担任要职。所见所闻,令人颇感新鲜。郑在周老嘴县府行署设宴招待,临走,陪金巨堂等骑马从周老嘴送至监、沔交界的地方。

我们一行经龚场、通海口、张沟等地行抵仙桃镇。

四、王劲哉——魔性的怪物

王劲哉嗜杀成性,简直是魔性怪物。他活埋过四十九师师长李精一派去协商的联络参谋,捆绑过老长官向岩,经常令士兵用刺刀把人戳死,名之曰"戳豆腐"。不论亲疏,翻脸不认人,处死他的同学、同事、表弟李葆蔚。如此等等骇人听闻的事件,人们是颇有所闻的。我们怀着忐忑的心情,面临着严峻的现实。

距仙桃镇十多里地,王劲哉派了一位前哨刘参谋代表欢迎,另有沔阳县长王愚勤同来。

刘参谋向金巨堂表示:"我代表王师长前来迎接专员光临!我们王师长亲自带队在街头候驾!"

王愚勤县长接着说:"王师长亲自带一个中队的官兵在街头欢迎专座,王师长如此隆重地迎接客人是罕见的……"

顿时,金巨堂和随从人员喘了一口气,心中好像解除了警报,眼前闪现了绿灯。

五、第一个节目——大热天穿棉衣

我们快马加鞭朝前行,不一会,举目可见大队人马排在街头。

一位总值星官下马报告:"……王师长率武装官兵、各机关代表132人列队欢迎,接受专员检阅。"

在军乐声中,金巨堂频频答礼,满面笑容地迎上前去和王劲哉紧紧握手。

令人吃惊地看到:列队的官兵在大热天气都是穿的棉衣,这,算是王劲哉精心安排的"欢迎"节目。怪哉王劲哉,果然名不虚传。

我们的眼光都集中在王劲哉身上。王五十左右,穿灰布军服,腰间束上皮带。光头,额部隆起,眼睛炯炯有神,手指缺了一个。一眼就可看出:王劲哉是一个粗犷、骄横、凶残、跋扈,难于对付的武人。

宾主一同走到一二八师司令部所在地——湖北省银行仙桃分行。一进客厅,显眼地看到正中上面挂有孙中山先生遗像(独无蒋介石像),中间贴大幅军用地图,无数小红旗插在图面日军的据点上。下面放着大玻璃橱柜,展出缴获日军的枪炮、地图、望远镜、指挥刀、日军俘虏写的家信、日军服装及"武运长久"的太阳旗,等等。明显地揭示了王劲哉平常爱讲的两句话:"一二八师是抗日的军队!""我王劲哉无论如何决不会去做汉奸!"

随后,设宴款待。席间,刘参谋宣布:"今晚,请诸位下榻招待所。明天上、下午会谈。会后,师长主持宴会。晚上,举行游艺会。"

当晚,我们住在招待所。房间整洁,每间房的桌子上放小册子一本,上面印着王劲哉颁布的一些单行法,一二八师和日军作战战绩以及王劲哉叫喊的三大口号,等等。

六、第二个节目——"解铃系铃"

深夜两点,突然枪声大作。招待所服务员说:"外面兵变,千万不要出门,以免误伤!"

大家为之愕然,究竟是怎么一回事?怪哉王劲哉,是不是借刀杀人?我们胡猜乱想,十五只吊桶打水——七上八下,吉凶未卜。

一小时后,还是那位刘参谋来了。他向金巨堂报告:"……刚才某营官兵擅自纠合百余人朝天放了几枪,说是要到招待所向金专员请愿,控诉军事委员会为什么扣发一二八师的军饷?为什么到现在还不发单衣?!为什么百般虐待一二八师?!为什么……为什么?!王师长得报后,马上制止了骚动,并关押了为首闹事的人。师长派我赶来向专员报告情况,请不要惊慌。"

怪哉王劲哉!这,算是他精心安排的第二个"欢迎"节目——"解铃系铃"。

七、"以夷制夷","一石两鸟"

第二天,我们一行来到司令部。

开会议,慰劳团之行达到了高峰。

首先,金巨堂向王劲哉献旗两面——一是江防总司令部郭忏所赠;一是湖北省第四区行政督察专员兼保安司令金巨堂所献。另外,转交军委会犒赏金合光洋五万元。

接着,举行会谈。王劲哉和金巨堂舌敝唇焦地进行了对话。

开头,王劲哉板着面孔大声说:"昨天欢迎金专员,官兵穿的是棉衣。这热的天气,中央竟没有发下单衣!再,昨晚少数官兵擅自怀着愤懑之情想到招待所向金专员请愿,我得到报告,马上制止了,这样的方式太不对。我把闹事的几个为首的人关起来了。很遗憾,特为道歉,先赔个不是……"

金巨堂接着致词:"我代表郭总司令来慰劳王师长。同时,我是沔阳人,又是本行政区专员,王师长在我的故乡、我的辖区守土抗敌,劳苦功高,我是来向王师长致敬的!向一二八师全体官兵慰劳的!"

——"我师处在抗战前线,不见中央有一枪一弹的接济,一兵一卒的补充。我们坚持抗战,抛头颅,洒热血,结果食不果腹,衣不蔽体,真叫人寒心!叫人伤心!叫人痛心!……"王劲哉怒火万丈,越说越愤慨。最后,拍桌打椅,指名道姓责怪蒋介石。

——"王师长处境困难,人所共知。为此,我特来慰问,以前种种昨日死,以后种种今日生。一切朝前看。国难当前,大祸临头,如何面对现实,如何开拓将来,这正是我们今天要谈的中心问题。此次,中央有这样的指示,要我传达师长:请师长指挥贵师,集中力量,用左拳头去对付新四军,用右拳头去打击日本侵略者。至于所需的一切,中央确保供应……"

其实,金巨堂转达的那一套,正是蒋介石惯用的伎俩——"以夷制夷",只是这次对一二八师的要求更进一层,不仅要"以夷制夷",而且要"一石两鸟"。

王劲哉听了哈哈大笑。他说:"蒋委员长的机关可谓算尽,既要马儿跑,又要马儿不吃草。天下宁有是理?至于要我左右开弓,我王劲哉抱定人不犯我,我不犯人,人若犯我,必双倍还击。给打击者以打击!明白地说:日军来犯,我坚决抗击,新四军来犯,我一样还击。如另有别人来犯,我同样对打,决不手软!不管谁来不来,中央总得让我们活下去。为此,请金专员替我转达三点要求:一、在一二八师防区,举凡行政、军事、田赋、税务……概由我王某做主，不受约束；二、军饷、被服、弹药、兵源……概由中央补给，不得迟发，少发，更不得不发；三、对所有正规编制的部队，不应分什么嫡系部队，杂牌部队，要一视同仁。比如说，他汤恩伯部队有什么，我王劲哉部队理所当然地也该有什么！……"

金巨堂非常诚恳地连忙说："我一定转达尊意，请师长放心！请师长放心！……"

艰苦的对话就此结束。王劲哉陪客人步入餐厅，宾主双方一共八桌。

是夜，沔阳县长王愚勤悄悄地赶来对金巨堂说："专座，我两人是同乡、是同学，我又是你的部下，我希望你尽快离开这里，夜长梦多，越快越好！因为王劲哉是个反复无常的人。"

本来，我们预定在仙桃停留三天，金巨堂听了王愚勤的忠告，马上决定：事不宜迟，第二天一大早，赶去辞行，免得王劲哉再演"第三个节目"。

"三十六计，走为上计。"我们一行径向王劲哉告别。

我们坐木船离开了王劲哉的防区，解除了精神上的沉重压力。船抵监利柳关，好像登上了安全岛。无怪乎金巨堂高兴地说："谢天谢地！我们总算平平安安地回来了。"

还要提一点：王劲哉坚决抗日，拒不投降，严禁烟赌，执法如山，治安稳定，生意兴隆……有些人谈到这些事，往往褒多于贬。我在本文仅反映一个小小的侧面，不作王劲哉的功过之争。对其他方面就不赘述了。

作者吴先铭，武汉市文史研究馆馆员。

王劲哉与六战区刘总参议的一次通话[*]

闵尚志

1941年5月,驻武汉的日军从东北调来一位警备司令,名叫河野。他在与敌军团长谈话时,问及武汉周围军事情况,该团长说:"其他蒋军均不足畏,惟洪湖地区之王师团很感棘手。"河野说:"大日本皇军到支那来是攻无不克,战无不胜的,小小一个一二八师有什么了不起?现在给我准备步骑人马八千,坦克四十辆,野炮四十门,飞机五十架,由我指挥,三天内不把该部消火,也要叫他溃不成军。"

河野说话算数,果真带兵向我峰口进犯了。敌机连日在我上空侦察,散发传单,劝我军投降,并投弹轰炸,毁我房屋,伤我军民,进行武力威逼,其情其景,令人惨不忍睹。如此十余日,我军意志丝毫不为所动,团结益为坚固,一致奋起。"我们决不做亡国奴!"是我军民的共同呼声。

日军大肆向我猛扑,我军在峰口外围据点二十余处布阵,沉着应战,诱敌深入,与之激战三昼夜,杀敌三百余人。敌人不断增派兵力,据此,我军又主动将敌引向峰口西之麻濠渡、武家场两地,这里的工事由我七六七团固守。营长刘芝瑞守麻濠渡,房景唐守武家场。该团团长李钰亭亲临指挥。敌军以飞机、大炮、坦克、步兵轮番进攻。激战一昼夜,我军工事大部被毁,官兵伤亡过半,但敌进攻数次,均被我军英勇击退,死伤五百余名。河野恼羞成怒,以作战不力处死了少佐指挥官,又重新部署兵力向我军反扑。我军顽强固守,与之相持七天,间或出击,消灭敌人。敌因伤亡较大,暂退峰口镇,大做防御工事,与我军对峙。

---

[*] 原载《抗日战争中的王劲哉》,政协湖北省荆州地区联络组王劲哉史料征编组编,1987年内部发行。

在此紧要关头,第六战区长官司令陈诚派五十三军开到监利县境,并有抗日挺进纵队金亦吾部,统由六战区刘总参议指挥,其目的是断我后路。斯时,我五百多名伤员先后向柳关师医院转移。刘在电话中对王师长说:"柳关是监利县所属,并非汉沔游击区所辖,你们医院不应设在此地。"王师长在电话中气愤地回答:"我们是中国的军队,住中国的地方,为了抗日,是应该的。上海、南京、武汉这些大城市,你们都瞧不上眼,却为何偏偏爱上了柳关这个小小的地方呢?我不看你是我的老师,我就活埋你。难道我这五百多伤员是自己打伤的吗?你万一要柳关这个地方,我的部下是很听命令的,一边打日寇,一边打你们,你不信,今晚就试一试好了。"随即命令参谋长:"驻柳关的部队今晚每个连换六十套便衣准备战斗,对付欺侮我们的敌人。"并在电话中大骂陈诚和汤恩伯祖宗几百代,最后警告刘总参议说:"煮豆燃萁,是你们点的火,后果应由你负责。"

　　我军虽然腹背受敌,但还是一面派便衣队潜入日寇与刘军后方进行扰乱破坏,一面妥善处理由敌占区逃出来的难民。在这种情况下,驻汉日军派来代表劝我军投降,其代表说:"国民党在后方打你们,我们皇军来了要消灭你们,你们只有向皇军投降,才有生路,否则将全军覆灭。"王师长当即回答说:"真正的中国军人头可断,血可流,志不可屈!"日方代表见未达目的,再三纠缠,硬要王答复投降,威胁说:"若惹恼了皇军武汉警备司令,决不宽恕你们。"王劲哉一气之下,杀了日军代表。

　　随后,王师长写信同刘总参议协商,五十三军终于后撤三十华里,退至江南华容县境,这才两方无事。

　　紧接着,我军部署两个营的联合兵力,由李钰亭团长指挥,采取迂回战术,避开峰口之敌,对攻占汊河的日、伪军发起了猛烈进攻,日、伪军一个大队被我军团团包围后,以大炮猛击,敌营被焚,不得不向我军投降。同时,我军还派便衣深入敌区活动,破坏敌人交通,炸毁敌人汽车,烧毁敌人仓库……这样,迫使敌人自动后撤,放弃峰口、沔城,退回了原地。

　　此番战事,达四十余日,打得敌人狼狈逃回。我司令部仍驻百子桥。敌人想吃掉一二八师的如意算盘成为泡影。

(谢革非整理)

一二八师政治部制造一次摩擦事件的真相

熊武琪

1938年，保卫大武汉会战结束后，以王劲哉任师长的一二八师政治部，曾在鄂中地区策动一次进攻人民抗日部队的摩擦事件。当时，我任一二八师政治部的中校团指导员，曾亲身参与这一阴谋活动。

一二八师师长王劲哉，原是陕西杨虎城部旅长。"西安事变"中，王劲哉率部叛变杨虎城，东出潼关；事变后，王劲哉被升任为一二八师师长。1939年，一二八师驻防湖北沔阳一带湖沼地区，自行其是。当时，该师属第五战区司令长官部指挥建制。王劲哉对于国民党中央嫡系将领时时准备吞并一二八师的意图深具戒心，一面盘踞鄂中，不服调遣；一面与襄北的新四军第五师订约交好，借以自固；并利用这一中间地带的有利条件，自行发展，建立一个所谓"王劲哉主义"的独立王国。对于国民党的上层人物蒋介石、何应钦、刘峙等，则经常加以谴责。当时国民党军委会政治部派在该部的政工人员，王亦不准与其部队接近。

1940年春，军委会政治部安插在一二八师政治部的代理主任任威，看到王劲哉与国民党之间的矛盾日益尖锐，深恐王劲哉投向新四军，乃向第五战区政治部密报："王劲哉与新四军勾结，不服调遣，不许政工人员接近部队，准备投靠'共匪'，请火速设法处理。"第五战区政治部主任韦永成、副主任张元良接报后，认为情况严重，后经军委会政治部指使，从政治方面采取欺骗拉拢王劲哉拥蒋反共的措施。如一面对王劲哉自搞一套的态度不加责

---

* 原载《湖北文史资料》1985年第3辑，湖北省政协文史资料研究委员会编印。

难,并公开斥责一二八师政治部代理主任任威等未能与部队协同作战,一律撤职(实则将其另调职务),另行选派一个陕西籍的秦怀玺去继任一二八师政治部主任,表面指示秦要"发动地方民众,协助王师长抗战";又密令"不择一切手段,促使王劲哉与新四军冲突"。同时,另行选调了一批政工骨干,张润东等为该部科长,颜昭才、熊武琪、马××(名字忘了,东北辽宁人)等为该部团指导员,还调派了伍仕常、王光华、王大焕、刘本栋、武淦等二十余人为该部科员、干事和连指导员等。

1940年初,国民党军委会利用监察院长于右任是王劲哉陕西同乡前辈的关系,辗转介绍派了一个陕西籍军人沈澄兼任王劲哉的副师长。沈是复兴社分子(1935年任武汉警备旅团长时,兼任复兴社武昌分社组长),这时,沈的本职是军政部湖北伤兵管理处少将处长,驻在宜昌(后迁巴东),名义上兼任一二八师副师长,实际上并未到师部履行副师长职务,只是假借为王劲哉向军政部后勤机构洽领经费、弹械、被服装备等,企图用这些物质条件作为钓饵,拉拢和控制王劲哉拥蒋反共。

1940年4月,新任一二八师政治部主任秦怀玺在老河口接受第五战区司令长官部政治部转达军委会政治部的密令之后,觉得单从政治方面笼络王劲哉,恐难达到预期目的,于是利用他与沈澄同乡和复兴社的双重关系,写信给沈澄,与沈合作,分别从经济、政治两个方面对王劲哉分进合击。因我1935年曾在武昌复兴社与沈澄同组活动,因而秦派我持函先往宜昌与沈联络,取得了沈澄对上项密约的同意;并且为了减少王劲哉对秦怀玺的怀疑,由沈澄在秦怀玺等前往一二八师到差之前,先给王劲哉去电介绍,说秦"是陕西同乡,这次奉令派到一二八师政治部来,是为发动民众协助师长抗战的,一定可以服从师长指挥,为师长帮忙,请予容纳"。因此,秦等得到了王劲哉的允许,进入了一二八师的驻地。

1940年5月,秦怀玺率领二十余人到达了沔阳峰口一二八师师部,王劲哉当即约集全体政工人员会餐,并在饭前致词说:"你们奉命派到本师来的任务,我是知道的。不瞒你们说,我是实行王劲哉主义的,我的部下,都是多年跟我的弟兄,一切以我为转移,他们不需要别的主义,也不能拥护别的什么人。你们到部队里去没有什么好处,也没有必要。你们既然来了,就住在陈家台(峰口附近的一个村庄)好了。只要你们不过问部队的闲事,我也不会薄待你们。如果你们需要钱粮,我都可以按时供给你们……"秦怀玺听了王劲哉这段话,马上装作十分诚恳的态度表示说:"过去任威等在这里,不听师长指挥,不与部队合作,总政治部已将他们撤职。我们这次奉命来到这里,完全是为了发动民众,协助部队抗战的。我和全体政工人员,保证一切听从师长指挥,师长叫干什么,我们就干什么。师长如果用得着我们,尽可以像指挥部队一样指挥我们,丝毫不要顾虑。"王劲哉对秦怀玺的这些"诚恳"表示,只是应付了一句"好吧,你们先住些时,以后再说"。

秦怀玺率领该部政工人员移住到陈家台后,看到王劲哉仍然不理不问,便召集该部科长张润东、团指导员颜昭才、熊武琪、马××等秘密会议,一面指使全体政工人员,借机多与师部人员接近,竭力赞扬"一二八师纪律好"、"王师长英明,真是个民族英雄","跟着王师长骂刘峙、何应钦不该排除异己",博取王劲哉的好感;一面从各方面探听王劲哉的意图及其所好,进而相机鼓动王劲哉拥蒋反共。随后,秦怀玺又于1940年7月借口"要向总政治部报告一二八师英勇抗战的情况,为王师长辟谣",去重庆虚构事实,在重庆报纸上吹嘘一二八师在仙桃镇英勇抗战的功绩,将报纸寄给王劲哉;并在军委会政治部指使下,密电师政治部代理主任职务的科长张润东,要他利用王劲哉急于扩充实力与统治地方的意图,极力向王表示,愿意派政治部人员分往监利、潜江等县,帮助王劲哉收编汉奸、土匪部队,扩充实力,以及为王组训民众,供王驱使。由于秦怀玺在渝公开为王劲哉进行吹捧取得了王的好感,而张润东所提出的请求,又迎合了王的心理;于是王劲哉答应了张的建议,共同决定派遣团指导员熊武琪率领干事王光华、刘本栋、王大焕等去监利朱河,收编了汉奸部队张威、张海华等部,编为一二八师独立一、二两团;派遣团指导员颜昭才、马××等率领干事数人去潜江,收编了土匪苏振东部,编为一二八师独立旅,扩大了部队的实力。

此外,张润东为了进一步获得王劲哉的欢心,还指使团指导员熊武琪在监利挑起一二八师与监利地方团队发生冲突,借故赶走监利县长郑桓武,派熊兼充监利朱河区长,扩大一二八师的势力范围。熊还利用区长的行政权力向朱河人民强征军谷五千担,充实一二八师的军粮。同时,张润东又指使熊武琪及颜昭才、马××等分别在监利柳关、朱河与潜江黑流渡、沔阳通海口等地,强迫人民为王劲哉修筑"阻绝工事",组织民哨和递步哨,强迫青年农民当兵,极力宣传王劲哉的单行法令。

王劲哉1939年率部进驻洪湖一带之时,曾经派人与当时在襄北抗日的新四军第五师接洽,表示愿与五师友好相处,互不侵犯。五师为了团结抗日,接受了王的请求,与王劲哉订了一个协定:以襄河为界,划分两军作战地境,襄北属于新四军第五师,襄南属于一二八师,彼此互相支援,互不侵犯;双方不得秘密派人在对方防区活动,如有必要时,必须取得对方同意;双方更不得逮捕危害对方人员等(这些内容是当时听王劲哉说的,共计四条)。

一二八师政治部代理主任张润东为了达到策动王劲哉积极反共的目的,首先是不择手段破坏王劲哉与新四军第五师所订的上项协定。因此,张润东于1940年9月密令熊武琪在监利朱河收编汉奸部队时,还亲笔写信指示汉奸部队团长张威在率部投向一二八师前,将新四军第五师派在张威部担任抗日军运工作的一名干部秘密杀害;还密令熊武琪、颜昭才、马××等在监利、潜江、沔阳等县秘密散布了很多不利于新四军的谣言,如说:"洪湖是共产党的老根据地,共产党要回洪湖,赶走一二八师,把洪湖重新变成共产党的势力范围";又说"新四军派了很多人在收编潜江、监利、沔阳的汉奸游杂部队,阻止他们投降一二八师";还说"共产党派了很多人在洪湖地区秘密发展组织,反对一二八师王师长,鼓动青年不给一二八师当兵";还说"共产党鼓动民众反对一二八师征购军粮,反对一二八师征用民工构筑工事,反对一二八师设卡收税";还说"新四军还派了不少人秘密打入一二八师活动和收买一二八师官兵投降新四军";还说"共产党向来不讲信义,只讲利用,利用完了,就一脚踢开……",等等。

不仅如此,张润东还秘密派遣政工人员化装冒充共产党员和新四军工作干部,到各地进行与谣言相吻合的诡秘活动,以假乱真,混淆听闻。同时利用人民辗转传播谣言；并通过保甲组织，收报谣言，清查户口，造成紧张气氛；又利用地方地主豪绅，向王劲哉"请愿"，要求王劲哉注意防止共产党的活动，等等。

张润东还利用与王劲哉接近的机会，随时见缝插针，火上加油，挑拨王劲哉与共产党的关系。例如1940年10月间，王劲哉约请张润东与熊武琪吃饭时，张润东就乘王劲哉谈到有关共产党和新四军的上述种种谣言问题的时机，一面假装怀疑的口气对王劲哉说："新四军第五师和师长订有互不侵犯、互相支援的协定，照说，他们是不会这样做的吧。"一面又危言耸听地说："不过话也难说得很，政治部也听到了很多类似的传说，又不能不信。过去，常常听说共产党很厉害，不讲信义，不讲情面，师长也不能不加小心！"

由于以上一系列破坏活动的影响，逐渐激起了王劲哉对共产党和新四军第五师的疑恨。

1940年11月，张润东在师政治部里秘密召集熊武琪、颜昭才、马××等开会，决定假冒新四军第五师的名义，编写了大量标语，由颜昭才、马××派几名干事夜间潜到沿襄河南岸仙桃——黑流渡之间的地带秘密张贴，并在沿河各地散布谣言，说"襄北新四军派了游击队过江来了，将要大举进攻一二八师防地"。

这些标语和谣言，很快就被襄南沿岸的保长和驻军报到了王劲哉这里。王劲哉居然信以为真，当即用电话邀张润东、熊武琪等到师部商讨对策。张润东和熊武琪等装作惊异的神态问道："新四军的游击队真的偷过襄河来了吗？"王劲哉随手拿出了一堆报告、标语，气忿忿地说："怎么不是真的，你们看，这一些报告，难道还是骗我不成？"张润东、熊武琪等看到王劲哉已经上了圈套，便乘机鼓动王劲哉说："人家打上门来了，总不能叫师长坐着挨打呀！俗话说，先下手的为强，后下手的遭殃。希望师长当机立断！"张润东还进一步补充说："真是是可忍，孰不可忍！难道一二八师就这么窝囊！"王劲哉稍微沉思了一下说："挨球的！我是人不犯我，我不犯人的。现在人已犯我，我就不能再不犯人了。你们说得对，先下手的为强，我马上命令部队即刻出发，先打它个措手不及！要打官司，以后再说。"随即摇电话，命令该师旅长古鼎新："我命令你旅今晚轻装出发偷渡襄河,先给我把天门干驿、田二河拿下来,把那里的新四军撵走。如果兵力不够,随时打电话告诉我,我调薛旅前来增援。"

王劲哉下达命令之后,张润东接着又说："要打官司,我们政治部负责。师长本来就是遵守协定的,这件事完全是共产党和新四军背信弃义,师长不过是出于自卫,我马上就向五战区和军委会政治部报告。如果还有什么需要政治部办的,师长随时可以下命令,我们立即执行。"王劲哉当即答复说:"好,你们先准备点宣传品,等古旅长来了战斗情况报告,政治部再派些人到襄北去帮忙他进行宣传工作。"

当日,张润东与熊武琪等共同草拟了一个《告襄北民众书》,大肆诬蔑新四军"背信弃义"、"破坏协定",而把一二八师说成是"为了抗战,为了自卫,不得不赶走新四军"。文稿拟好后,当即付印。还赶制了大批反共、拥蒋、拥王的反动标语。

同日,张润东还以政治部的名义给沈澄去了一个电报,说部队同新四军发生了冲突,请他在巴东迅速领取弹药补充。

过了一天,王劲哉用电话通知张润东说:"古旅长已经攻下天门干驿、田二河,打死、打伤新四军一百余人,把那里的新四军撵走了。你们的宣传品如果准备好了,就赶快派人去襄北工作。"张润东当即回报说:"一切都准备好了,决定派团指导员颜昭才、马××等率领干事前去,请师长通知古旅长,如果古旅长需要他们做什么,可以就近指挥。"并随即命颜、马两人率领干事数人携带事前准备了的反共宣传品前往襄北天门干驿、田二河一带活动。

颜昭才等到襄北以后,张润东又向王劲哉建议"要使襄南不致受到新四军的侵袭,必须长期巩固襄北已得的阵地;要巩固襄北已得的阵地,就要恢复整顿那里的保甲组织,肃清那里潜伏的共产党和新四军的工作人员,并派部队经常在那里驻防。"王劲哉采纳了张的建议,马上命令旅长古鼎新"立即在襄北干驿、田二河一带恢复整顿保甲组织,清查户口,搜捕共产党和新四军的工作人员",并授权古鼎新"就地采取'适当'的处理"。随之,张润东立即命颜昭才、马××等协助古鼎新在襄北展开上述活动。旬日后,古鼎新和颜昭才等分别向王劲哉和张润东报告:"已整顿了保甲组织,清查了户口,并且逮捕了二十多名有共产党和新四军嫌疑的分子,内有数人(确数记不清楚)已用汉奸罪名将其枪毙。"云云。

就在王劲哉突击襄北新四军第五师抗日部队的同时,张润东命熊武琪兼任王劲哉创办的《中劲周报》的总编辑,利用这个报纸,捏造大量谣言,诬蔑新四军第五师"破坏协定,进犯一二八师防地"、"鼓动民众反对国军,破坏抗战",等等;还密令颜昭才在襄北假冒地方人民名义,捏造所谓"襄北通讯:希望一二八师永驻襄北,免受后患……";这次一二八师政治部阴谋策动的反共事件,颠倒黑白地嫁祸于新四军头上。政治部代理主任张润东,还从各方面搜集自己阴谋制造的这些假"证据",编造了长篇报告,向第五战区政治部和军委会政治部一面推卸罪责,一面为王劲哉报功。

另类抗战英雄王劲哉

秦怀玺

1939年,我在湖北荆门七十七军冯治安所辖的三十七师吉星文部当政治部主任。在这个师工作顺利,人地相宜,再加上和抗日名将吉星文合作甚好,所以本来不愿意离开这支部队去它处任职。但由于总政治部重新改组,我不得不离开这支有着光荣抗战历史的部队。

1939年下半年,军委会总政治部进行重新改组,政治部主任由陈诚改为张治中担任。张治中上任后,认为过去的政治部是一潭臭水,没有搞好的原因是政治部贺衷寒秘书长无能,乃建议蒋介石将贺衷寒调离总政治部,改为国民党中央党部社会部任劳动局局长。

张治中上任后,为了整顿军队政治工作,使官兵思想政治工作革命化、军事化,提出军队政治工作要首先从体制上进行改革。决定军师两级的政治部主任一定要有当过团长的经历,而且要有作战经验,还要兼任部队副军长、副师长。因我过去一直在西北军做军队党务宣传工作,没当过团长,所以在这次整顿中没有兼任副师长的资格,因此我不得不离开吉星文部队,等待重新安排工作。

1939年年底,一二八师师长王劲哉,因与陈诚部参谋长郭忏发生冲突,不服从中央指挥,私自带部队到汉水以南沔阳仙桃镇一带活动。王劲哉到沔阳后,先后火并了国民党别动军金亦吾部、中央军周兴部、沔阳县地方武装杨振东部等。

与此同时,王还在驻地建立政权系统,自征税赋、兵员,修筑工事,并在

---

* 出自 http://chuangshi.qq.com/bk/js/353216-r-66.html。

夏家门建立了兵工厂、弹药厂、服装厂。不到两年，该部已发展到万余人，编为9个旅18个团。占地6县20镇，以仙桃镇为中心，势力扩及襄河以南、长江以北、东至武汉、西抵沙洋的整个襄河以南地区，雄踞江汉平原。

该师三面临敌，情况十分复杂。

另外，王自幼争强好胜，为人猜忌多疑，时刻提防别人暗算，因此他便更加凶狠地暗算别人。他动辄以"汉奸"罪杀戮百姓，对军内持不同意见者，统以"反王师长"之罪杀害；蒋介石派去的军官多被他除掉，包括蒋介石派到该部的副师长也被处死。连友邻部队第四十九师派往该师的联络参谋也遭其活埋。他不论亲疏，翻脸就要人的脑袋，先后处死过自己的老师、同学、同事、部下甚至亲表弟数十人。在重庆，报界将他描绘成青面獠牙的"鄂中大怪物"。

关于王劲哉的凶残一面，我到一二八师之前也听到过另外一段故事。在"西安事变"时，王劲哉本不在西安，听到事变后才将他的部队开进西安东关，并向杨虎城将军苦苦哀求，要杀蒋介石，认为放虎归山，祸必及身。杨不同意，王劲哉就返回部队，召集带兵军官宣布，"愿意跟我者向南走"，结果两团人背叛杨虎城，跟着他跑到户县数月。临行前还贴了反对张、杨主张的标语，坚决投靠刘峙。

当时杨虎城将军对孙蔚如说："你派人去户县把王劲哉叫回来。"孙派王子仪去见了王劲哉说明情况后，王劲哉说："老弟，你来得正好，老蒋现在还不相信哥，不给师长当，怎么办呢？我看让哥把你失踪了，你的老婆、娃娃生活费教育费都由哥负责，你看怎样？"王子仪听到后，吓得跪在地上说："好我的劲哥呢，我们同事多年，无论如何你饶了我命，把我放回去。"王劲哉这才把王子仪放了。

王子仪回来后，一头睡在床上仍心有余悸，长时间起不来。同事们劝他赶紧向孙蔚如汇报，他说，让我再睡一会，实在头痛得很。以后，我见了王子仪问这段情况，他告诉我这是真实的。

因王劲哉不服军令，惹是生非。为了防止这支部队以后投靠日寇，成为汉奸，蒋介石亲令将该部从陈诚部队调归五战区李宗仁指挥。并指示要派得力人员前往该部,以控制部队,防止日后投敌。但因为王劲哉为人粗暴残忍,许多人都不愿去那里工作。

在这种特殊情况下,因我是西北人,在西北军中工作多年,对西北军部队比较熟悉,所以五战区政治部主任韦永成主任奉蒋的指示找到我,一再劝说我去该师工作,并说是校长亲自点名让我去的。因当时政治部改组,又是校长亲自点名,再加上一些好友们也再三相劝,我只好答应去该部任职。

我被派往一二八师工作的命令发表后,在我离开三十七师时,我记得只带了张润东、司镜波、余俊等五名工作人员和两个勤务兵。我先去湖北巴东和该师后方留守处长王哲初接洽并安置家属,然后到沙市拜见二十六军老上级萧之楚军长打听该师情况。

当见到萧之楚军长后,萧听我说我要去一二八师工作,感到非常吃惊。他对我说:"你胆子也太大了,王劲哉杀人如麻,他那里你还敢去,真不要命了?"

萧说:"前不久,为了防止王劲哉投敌,国防部何应钦派赵清廉(黄埔军校一期)去沔阳收拾王劲哉的残局,企图接收一二八师。他路过我这里,当时我问赵,你去有什么好办法?他说,王劲哉部的古鼎新旅长原来是他的部下,我一去他们肯定听我的话,解决王劲哉没有问题。可是赵清廉带了数十人去沔阳,到了防地,王劲哉表面上白天派人热情接待,结果当晚黄昏后,就派人把赵一行人马全都打死了。这种情况下你还敢去吗?"

萧接着说:"那里很危险,你去凶多吉少,你去又有什么好办法呢?"我说,过去王劲哉与郭忏对立,结怨很深,现在该师调归战区李宗仁指挥,情况稍有不同。对王劲哉的凶残我过去也有所耳闻,我对个人安危倒没有更多的考虑,只是希望此行能改善王劲哉和中央的关系,促使他能服从中央领导,坚持抗战,免得日后当汉奸,并没有其他奢望。

萧之楚看我态度坚决,坚持要去,再没有说别的。我请他给王劲哉写介绍信一封,说明我的情况后就告辞了。

离开萧之楚后,我在沙市等了几天,适逢王劲哉师接运补给的杨秀峰营长来沙市。杨秀峰是陕西渭南人,我每天和他一起周旋,从侧面了解该部队情况。约过了半个月时间,我进一步知道了王劲哉的为人,杨也了解了我的底细，并提前将情况报告给王劲哉。随后我跟着杨营长去往沔阳。

前往沔阳沿途虽有许多岗亭检查，但因为有杨秀峰带路，所以很顺利地到了王劲哉部队驻地。

我还未到驻地前，王劲哉就给我提前来了个下马威。当时，五战区给我派的几十个政工人员已经陆续接到命令进入沔阳，但他们刚到部队，就被王劲哉派人扣押起来。

在沔阳，我一见到王劲哉，他就说："秦主任，五战区给你派的几十个工作人员，前前后后到来，因我不了解他们，我就把他们先关起来了，你来就好得很，我把他们交给你安置。"我说："师长处理的好，不然他们不熟悉前方情况，会出乱子的。"接着王派人领我到准备好的住处休息。

第二天，王劲哉给我接风，还请了参谋长和各旅旅长、团长等数十人作陪。

隔了几天，为了表示答谢，我在住处也预备便宴，请王师长和其他旅团长等吃饭，便宴安排在我的住所木楼二楼。正在用餐当中，因勤务兵在楼下用木柴烧开水，弄得楼上烟雾四起。这时王劲哉以为我要暗算他，立刻面带怒容，凶光四射，就要发作。我连忙笑着解释说，这是我的勤务兵在楼下烧开水冒的烟，大家不必紧张。听完这话，这些人才安定坐下重新喝酒用餐。此时我发现这人疑心太重，随时有翻脸的可能，提醒自己要特别提高警惕。

到该师以后，我发现我在该师的行动处处受到限制和跟踪。由于该师情况特殊，我也只能随着司令部活动而活动，一起做朝会、一起出早操等，从未单独开过政工会议。

有一次我从古鼎新旅部门前路过，古旅长便拉我进去打麻将。刚打了一圈，王劲哉就派传令兵来叫我，说"司令请你呢"。我见到王劲哉首先说："我刚在古旅长处打了一圈麻将，听司令叫我就来了，有什么事吗？"他说："我不知道你还会打麻将，以后常来我处，我们一起打。"王的言下之意，恐我和古鼎新接近一起对付他。我们随便说了几句我就回去了。通过这事，可见王对我的监视和防范无处不在。

一次在师部和王劲哉谈话，他说："咱们部队处在日寇三面包围中，官兵生活单调,应该想办法招收一些文工团员,给部队教唱抗战歌曲,提高部队文化生活,你看怎样?"我说,很好,我去安排。于是我派人在当地招收文工团员。

当我派去潜江县招考文工团员的人回到部队,正准备将招考情况给我汇报时,就有人向王报告,说我勾结地方青年想搞垮部队。

一天晚上八点许,王劲哉派传令兵找我。我到司令部一看,只见王的卫兵荷枪实弹,站立两旁,王一脸怒气,也不让座,一见面就说:"你为什么私下勾结地方青年对付我呢?"我说:"不是司令你让我招些青年把部队的文娱活动搞起来的吗?"我随手将派人招考的材料从口袋里取出交给他,他大概翻了一下才说:"哦,没有就算了。"

随后他请我坐下谈心,这时我才松了口气。谈完话我要回去,他说:"夜深了,叫卫兵拿手灯把你送回去。"我说:"不用送了,我拿着手电呢。"出门后,我令我的勤务兵在我身后拉开距离,以防万一,好在一路没出什么事情。

还有一次,部队作"总理纪念周"。最后呼口号,当司仪领喊"国民党万岁,蒋委员长万岁"时,王劲哉当着我们的面就骂道:"他妈的屁万岁。"可见王是十分仇视国民政府和蒋介石的。

王劲哉在沔阳的统治极为严格,不管军队和地方上的事他都管,而且令出必行,杀人不眨眼。在该军中有"升官快,发财快,送命快上快"的说法。因为王劲哉随意杀人,在该军工作的旅、团、营级干部人人自危,只是大多连以下的官兵还比较拥护他。

另外,王军令森严,操场练兵,从腰中皮带一眼看去,整齐划一,分毫不差。点名时即使不用花名册,他也一一能叫出名字。

由于王劲哉在当地实行的是集权统治,地方上县、区,甚至保甲长都绝对听从他的命令。一次他对一个区长说:大街上满身生疮的狗太不卫生,应该消灭。这个区长误解了他的意思,下通知将该区所有的狗打死,死尸抛在麦田里,弄得臭气熏天。

王劲哉禁绝鸦片也非常彻底,毫不留情。一次曾抓了一批吸大烟的二十多人,均用刺刀活活扎死。

在1940年6月间,听说日本人要扫荡沔阳,王劲哉星夜命令军队和民工,在通往沔阳的道口上一夜功夫构筑了约四十里的碉堡工事,任何车辆都不能通过。翌日,日寇发现有异,派飞机进行侦察,从此再也不敢来扫荡。

王劲哉对蒋介石政府采取坚决对抗的态度。一次陈诚的参谋长郭忏电召王劲哉去开会,他电复"抗战可以,开会不去"。他认为前去开会,肯定是蒋为了消灭杂牌部队,所以坚决不去。

部队在划归五战区李宗仁指挥后,一次,五战区也要王劲哉去老河口开会。他给李宗仁打电话说:"长官对我关怀,我感激万分。但我来开会,如果蒋介石要扣我怎么办?"李说绝对不扣。王又说:"你不扣我就是违背蒋的命令,长官怎么办?"面对这样的态度,李宗仁也哭笑不得,很是无奈。只好说你可以不来。这些公开抗命的事实也都证明王劲哉对蒋介石是十分反对的。

王劲哉四面树敌,杀人无数。在我去前杀了赵清廉等数十人,嗣后又杀了陈诚派去的副师长易习之。易到该部后,发现王滥杀无辜,自觉性命难保,坚决辞职不干。王盛宴饯行,并送了好多路费,派兵护送出境,结果中途又派人杀死易习之,送的路费又悉数收回。1940年上半年,王劲哉又杀了一个跟随他多年的团长(陕西人)。王疑心该团长要反对他,公开枪毙后,又召集全体官兵开追悼会,王本人还伏在棺木上大哭一场,随后送了两千银元,将家属和灵柩送回陕西。

王劲哉还有一个老师叫刘陶安(陕西商县人)。老先生一直想谋个一官半职,多年没有办到。听说学生王劲哉在沔阳当了司令,称王称霸,即去沔阳找王劲哉,王给了他一个负责给养事务的官职。结果没多长时间,有人报告刘陶安贪污军费,王劲哉听说后顿时火冒三丈,不经调查就将他的老师用刺刀活活挑死,死后予以厚葬。还有一个连长,因思想进步,王劲哉怕他反对自己,也予以格杀。粗略算来,王劲哉在我去的半年之内,杀的人已经过了半百。

关于随意杀人问题,有一次王劲哉对我闲谈说:"人人都说我爱杀人,你想,杀人是缺德的事,谁愿意天天杀人呢?但我不狠心杀些人,人家就不怕我,这个地区我就控制不住。"王当时说出了他内心的真实想法,对我也时有戒心。

记得1940年8月间,军委会政治部通知我去重庆中训团受训,我拿着受训通知向王劲哉报告后,王说:"什么去受训,还不是蒋介石叫你回去,给你指示对付我的办法罢了。"我解释说:"你知道我一直在西北军工作,杂牌军吃不开。受训对我来说是一次镀金的机会,以后对我的前途要好些。"王劲哉听完这些,又考虑了两天,然后给我饯行。酒席上准备了许多上好菜肴和进口洋酒,我强装豪爽,大吃大喝一顿,王也显得十分高兴,一再劝酒,让我尽兴。

第二天临行时王还前来送我,问我走旱路还是走水路。我说逆水行船太慢,我还是骑马走。结果我刚骑马走了三四里路,王的副官骑马追上我说:"秦主任,司令说你太太来了,你不要走了。"我说你回去报告司令,叫他先给我的家里安排两间房,请招呼住下,我去一个月就回来了。

副官走后,我担心家属坐船前来,就下马改乘船逆水而上。结果我家属果真坐船来了,我们在江面碰上后,我立即将所带的行李叫勤务兵用两个扁担挑上,一同沿小路行走。约计从上午十点一直走到下午五点才赶到沙市,这时一看我的双脚都已磨起血泡。

在沙市江面上等了一个小时,正好碰上当地警察的交通艇准备撤退,我们坐上交通艇到了宜昌。停了一天后,宜昌告警,我们又赴万县休息一周后去重庆,此后再未回王劲哉部队。

后来,我听曾在该部工作过的部下田蔚称:由于王劲哉长期控制着江汉平原这一战略要地,对侵入华中重镇武汉的日军构成严重威胁。1943年2月,日军为歼灭第一二八师,以其第十一军五万兵力,在60架飞机掩护下,发起了"江北歼灭战"。

此前,日军已经收买了王部旅长古鼎新为内应。2月21日,日军对以百子桥为防御中心的第一二八师实施猛烈的包围攻击。王率全师官兵固守,顽强抵抗。但终因日军兵力强大,加之古旅叛变,引导日军突破阵地,激战至25日,经过十来天的战斗,第一二八师全军覆没。王部官兵战死八千六百多人，被俘二万三千多人。王受伤被俘，被关押于汉口通商银行，直至日本投降。

日寇投降后，王劲哉带三百人到六战区想请孙蔚如长官帮忙收留，孙未理。嗣后，又被胡宗南以汉奸罪关押入狱，准备交与南京军事法庭审判。

在从西安前往南京解押途中，由于天气不好，飞机未能按时到达，王劲哉临时交由一个新入伍的宪兵看押。该宪兵是陕西渭南人，王趁机和该宪兵大谈乡党关系，致使其放松警惕，结果宪兵被王夺去驳壳枪胁迫着一起逃跑。从西安南门出北门，过渭河跑向延安。在延安后王曾担任陕西自卫军纵队司令员，并于1948年在绥德经中共中央西北局批准成为中共特别党员。

兰州解放后，他任军区参议，我们在兰州西北饭店还见过面。他回西安后，先任渭南军分区副司专员，后在陕西省政府、政协工作。以后病逝于西安。

和王劲哉共事一段，我的看法是：王劲哉受旧社会影响很深，特别是在社会动荡不安的时期，受土匪流寇的影响更深，绿林习气也很重。但困兽犹斗，我认为他是个硬汉子。他在艰难危险环境中，第一能敢于坚持反对蒋介石，第二坚持打日寇，第三最终选择投靠共产党。从以上三点来说，我认为王劲哉是个硬汉子，有骨气，没有死在蒋介石手中也是不幸中的万幸。

我所知道的国军第一二八师师长王劲哉*

余 俊

1940年4月,我在国军第三十七师政治部任团政训员时,重庆军事委员会总政部发出"各师政治部进行改组,实行一般的师不设政治部,只设师督导办公室"的命令。这时,三十七师政治部主任秦怀玺奉调至第一二八师政治部任主任(因该师是独立师,还没政治部)。秦上任时,亲自挑选了包括我在内的七人,一同前去第一二八师的驻地——沔阳峰口。

这个师是陕西部队,师长是王劲哉。我们到达的第二天,王劲哉便对我们说:"蒋介石曾几次指使汤恩伯,要把我这个师吃掉。"我们听到这个情况后,方知王劲哉有意等待日军占领沙、宜,他好在那个复杂的湖泽地区自存。蒋介石由于调不动他,才派我们去监视他,防备他投降敌伪。所以,在我们进入峰口时,王劲哉对我们非常敌视。并要前任政治部主任通知我们,没有他的命令,不得任意活动。第一二八师师司令部驻峰口镇街上,王劲哉却要我们住在街外,一律在那里学习。当时,我的军衔和职务虽是上尉干事,却没有什么工作可做,主任秦怀玺开始与王劲哉接触时,双方存在戒心,他了解到王劲哉曾杀过一个中央派到他师的副师长。虽然秦怀玺与王劲哉都是西北人,但秦怀玺是受重庆贺衷寒领导的,秦在到达峰口的十余天后,见到情形不妙,就暗中指使宜昌留守的人员,打来一个电报,假说重庆要他去开会,借故走了。在他未走之前,我被派到距离那里三十华里的沔阳县城,给留在三十七师的人员汇兑薪饷,顺便招考了几名政工队员。几天后返回峰

---

* 出自 wjz128 的博客。http://wjz128.blog.163.com/blog/static/71467826200871411527350/。

口时,中校科长张润东对我说:"你回来了。"又说:"主任走后,在到达柳关时,还来电话问你回来没有。"我一听此话,不由打了一个寒战!因为,我的行动是没有得到王劲哉许可的。张润东接着又说:"看来,王劲哉已在派人追查此事呢!"尔后,虽然没有发生什么事,但秦怀玺已走,从三十七师来的几个知情人,都不安心了。一时又很难离开。时间长了,王劲哉对我们逐步有了一些了解,关系逐渐地也有了好转,并得到信任。八月份我推说祖父去世,家里要我马上回去。由张润东到王劲哉那里给我请假,并经同意批准。我就回到谷城家乡了。

我对一二八师师长王劲哉本人有以下的了解:

1. 王劲哉个性较强。那时第一二八师是个独立师,由于蒋介石想吃掉他,迫使他摆脱蒋介石的控制求得生存。他盘踞敌后,采取就地征兵的办法,来扩充他的实力,名义上是四个团,而实际上已有十几个团。武器来源,除用以大吃小的办法收缴地方武装外,还经常从敌伪军手中搞些武器来充实自己。此外,他还设有小型的兵工厂(据说是汉阳兵工厂分散西迁时,被他拦截了一部分兵工机械和两个技术人员而成立的),能修理枪械,制造些武器弹药等。重庆方面按编制给点有限的军饷。

2. 王劲哉所指挥的第一二八师,经常袭击沙洋一带的敌伪,每次总是在有利条件下,以优势兵力,袭击敌人,夺取其武器弹药。蒋介石怕他投敌,其实是多虑的。

最后,第一二八师终于被日伪所瓦解。因为他手下的一个古鼎新旅长,受敌伪的威胁利诱投敌了。古叛变后,与敌伪里应外合(王劲哉在峰口一带,利用多湖沼的特殊地形,构筑巧妙的工事,且防范严密,如果没有内线,是无法打进去的),把一二八师打垮了。王劲哉也被俘,张润东在和日伪及叛军的战斗中牺牲了。

王劲哉在被俘后,任日伪威胁利诱,始终不肯屈膝,从这点表现看,这个人是有民族气节的人。

作者余俊,原系一二八师政治部上尉干事。

张茹芗巧答王劲哉

黄梓荃

1939年冬,日本侵略军攻打仙桃,一二八师转到峰口驻防。当时国民党沔阳县长朱树烈,也将县政府迁到东荆河北岸葫芦坝办公。但日寇压境,民穷财尽,地方财政空虚,无力负担各项经费。在1940年秋天的一个晚上,国民党沔阳县党部书记长舒道琪,三青团沔阳分团干事长王子民和战地动员工作委员会主席张茹芗,一同到峰口一二八师司令部,找王师长垫付他们的经费。书记长和干事长素与王相识,向王交上他们的经费预算,王师长二话未说,即批示"同意垫发"。王不认识张茹芗,就问:"你是哪个部门的?"张答:"我是动员委员会的。"王听了脸色一沉,忙问:"你们动员了什么?"张见势不对,稍停片刻,就笑着答王:"师长是否允许我发言?"王说:"你讲!"张方从容地说:"人有五官,但亦不能并用,当你使用听话器官,多了眼睛;使用视觉器官察看事物,耳朵就会闲下来……现在日寇压境,气焰嚣张;临阵迎敌,非用枪杆子不可。为发掘后方潜力,动员民众踊跃参战,就非用笔杆子不可。当今国难当头,要扶大厦之将倾,挽狂澜于既倒,那就得按情况施用枪杆笔杆。"王师长凝神倾听,连声赞许:"比得巧,说得好。"欣然在呈文上批复"照发"。道别时王还叮嘱:"时惠好音!"从此,张茹芗晋见王师长之事传为佳话。

作者黄梓荃,退休教师。

---

* 原载《抗日战争中的王劲哉》,政协湖北省荆州地区联络组王劲哉史料征编组编,1987年内部发行。

回忆王劲哉的几件事*

乐韶舞

1938年冬,国民党一二八师师长王劲哉率部进驻沙湖、彭家场、解家口等地。这时,我在鲁小垸教私学。王劲哉进驻沔阳不久,就把国民党军周兴部队两百多人消灭了。接着又打垮了金亦吾的暂编团杜华廷部。从此,王劲哉威名大震。

王劲哉为了培养抗日军事骨干,号召抗日青年报名参加一二八师学生队。不到一个月时间,就有一百多名青年报名参加。我也是第一批报名参加的。同年12月,我们学生队随师部迁驻仙桃,住进了甘露寺,接受王劲哉的正式军事训练。我们被命名为"一二八师军事训练队",队长侯若愚,王劲哉任名誉队长。我在"军事训练队"的一年时间,王劲哉经常到训练场视察我们的军事纪律和训练作风,有时,还同我们一起席地盘坐用膳;王一到,大家起立;王坐下,大家才敢坐下;王动筷子,大家才敢动筷子;王吃罢停筷子,大家也得停筷子。不能随便讲话。王离开用膳地,大家还必须起立注目恭送。

王劲哉中等个头,猴形脸,不吸烟,不喝酒,衣着朴实,常穿一双圆口大布鞋。讲话不拖泥带水,干脆果断。他对我们每次讲话的宗旨,都离不开"誓死不当亡国奴"、"绝对要与日本鬼子拼死命"。每次讲话之前,先要我们高呼十条"训条",讲话之后,他还指挥我们唱《义勇军进行曲》、《我的家在松花江上》、《工农兵学商一起来救亡》等抗日歌曲,他专派副官处蔡澄处长当

---

* 原载《沔阳文史资料》第3辑(抗战时期史料专辑),沔阳县政协文史资料研究委员会1985年7月编印。

我们的唱歌教员。王劲哉制定的许多"训条"、标语、口号,是训练队的必修内容。1939年冬,我毕业了,被分配到七六七团迫炮连当见习官。见习六个月期满,王调我到师独立第一中队当小队长,专门训练壮丁。

1941年春,王又调我到师参谋处当参谋。到参谋处后,我和王劲哉接触的时间就更多了,可以说是朝夕相见,参谋处凡是重要的公文,处长毛效温都是派我送王审阅签字,然后由参谋处承办下发。王劲哉审阅公文很仔细,一字一句都认真审查。陶家坝大捷,杀死日本鬼子四百多人,俘虏日军四人,缴获武器五百余件,王劲哉曾经要参谋处向国民党第五战区司令部写一份报捷的电报,电报云:"陶家坝大捷,系遭遇战之果……"王将"遭遇战"三个字用红笔连划了几个大"×"之后,痛斥了拟电报人唐兴隆参谋一顿,还命令三个卫士打了张元明处长四十大板屁股。他说:"陶家坝战斗,是我布置的一次阵地战、白刃战,不是什么遭遇战!"新调任的张元明处长(毛效温任处长时调去当团长的)第一次尝到了王劲哉的厉害。从此,我在参谋处办事总是兢兢业业,小心翼翼,我想,只要我照师长的指示办事,他再厉害,也找不到我头上来。

我在七六七团迫炮连当见习官,时间虽然只有六个月,但是有一件事情,至今我还记忆犹新。李保蔚是七六七团的团长,王劲哉原来在西北军当营长时,李是副团长,是王的上级,王和李原是老表亲戚,也是同乡。以后,王劲哉派李保蔚到三八四旅古鼎新旅长部下当团长,是有其特殊用意的。1940年4月2日清晨,李团长带着四个卫士和一匹枣红大马,从我们迫炮连门前经过,去司令部参加王师长召开的团长会议。司令部驻在峰口商会,七六七团团部驻在蒋家剅,离峰口六七里地远。李团长走后不到一个小时,司令部来电话,要我们团准尉以上的军官即刻到司令部开紧急会,我是当然的参加者。大会会场设在司令部门前,气氛显得特别紧张,严肃,我环顾会场,驻司令部附近部队的军官和师属机关工作人员,几乎全部参加了大会。我们七六七团,按指定的位置站在横队,在最前面;李团长站在我们的排头。师参谋长点名之后,王劲哉红着猴形脸,板着面孔,鼓着两眼,急步走到了我们团的前面,离我最近,大约不到三米远。王用几分钟的时间,讲了抗日形势和抗日成果之后,马上提高嗓音,讲到2月21日,夜袭仙桃日军计划的破产,他边讲边骂,暴跳如雷,脸特别红,脖子格外粗,指着李保蔚团长大骂,骂李是"亡国奴",是"怕死鬼",是"大草包"。李吓得低头发抖,简直站不住了。突然,王大叫一声:"把保蔚拉出去枪毙!"参加大会的人都吓呆了。站在王劲哉旁边的李德新参谋长带头跪下去了,顿时参加大会的全体人员都跪下去了,向师长求情。当王下令枪毙李保蔚时,王的卫士都站着不动,认为是师长以此吓一吓李保蔚,警告一下全师官兵而已,不会随便枪毙一个团长的,何况王和李还有几层特殊的关系!不料,王第二次又一连叫了几声:"坚决枪毙李保蔚!!"几个卫士还是站着不动。这时,王劲哉更恼火了,走过去抢卫士的枪,大概是想打死拒不执行他的命令的卫士。卫士长吴天成看到自己不动手不行了,就抽出手枪,叫两个卫士架起李保蔚,拖到会场东边墙角落里,"啪"的一枪,子弹从墙上飞过去了。王的气更大了,跑过去又抢卫士的枪,吴卫士长看出王真的要枪毙李保蔚,吴卫士长对准李的头部"啪"的一声,结束了李保蔚的性命。王看到李保蔚断了气,他才一声不响地走进了他的办公室。

事过了不久,我们才知道王劲哉枪毙李保蔚的原因是,1940年2月21日,王劲哉亲自布置的夜袭仙桃日军的部队,绝大多数都按时到达了指定的地点待令,唯有李保蔚带领的两营没有到达襄北。襄南的东、西、南三个方面的日军,经过三个小时的猛烈战斗,已呈败势,大部分日军已撤到汽艇和军舰上了,准备撤回武汉,王的襄南部队已进入仙桃市区内,炸毁了日军的弹药库和军粮库。胜利在望,日军见襄北没有王劲哉的部队阻击,便组织反击,又返回了仙桃,致使王在襄南的部队不得不撤走。

李保蔚被枪毙后,当天王劲哉派人把李保蔚的太太接到他办公室,向李的太太表示安慰。第二天,王劲哉为李办了隆重的丧事,又亲自带领驻司令部附近部队连以上的军官祭奠李保蔚,祭奠时,王痛哭不止,讲话泣不成声。祭奠结束,王派他的少校副官张元明护送李的棺木和李的太太回陕西渭南。

王劲哉枪毙李保蔚团长,不但王的辖区军民大为震惊,而且国民党的第五战区、第六战区、第九战区的大小官员也莫不大为惊讶,甚至连敌占区的日军、伪军和老百姓也广为传讲。

王劲哉印象*

杨萍湖

1933年春，我加入杨虎城领导的三十八军，在四十九旅九十八团充任上士文书，后又被选拔参加无线电学校学习，结业后分配至王劲哉部担任通讯工作；十余年一直追随王，直至1943年春一二八师失败。我在王部中最高职务为中校台长。

我今年已届76岁高龄，每忆及当年事，感触颇深，今将对王劲哉先生的记忆所及，谨录于后：

王劲哉是陕西省渭南市南康坡人，如果今天健在，该是九十一岁的人了。他做过西北军的旅长、中央陆军中的师长，后来他毅然投奔解放区，会到毛泽东同志，参加了中国人民的解放战争，担任渭南军分区副司令员，全国解放后始转业地方，任陕西省人民政府参事室参事、政协陕西省委员会委员等职。他一生道路虽然曲折多变，但最终走上了光明的坦途，故陕西省人民政府于1986年10月10日将其骨灰安放于陕西省西安市南郊陵园。所谓老有所终，适得其所，应用在王劲哉先生名下，再恰当不过了。

王先生以治军严谨、作战机智勇猛，著称于西北军中。这段历史，在此不必赘述，单挑先生在抗日战争中一二片段，可从中窥见其为人的一个侧面。

1936年12月西安事变，他参加张、杨所领导的"捉蒋"之战，与中国工农红军共同保卫西安。对于放蒋，王有分歧意见，便把全旅官兵，拉往终南

---

* 原载《抗日战争中的王劲哉》，政协湖北省荆州地区联络组王劲哉史料征编组编，1987年内部发行。

山,刘峙以三十五师名义授王,才离陕至河南。

1937年王受调至开封任警备司令,沿平汉铁路线与日寇作战,掩护二十七路军孙仲连部退却。

1938年4月,王受命开赴山东抗日,掩护国民党直属部队退却,在桃源一役,切断日酋土肥原西进部队,击毁敌坦克三辆,缴获铁车、马匹一批,毙敌百余名,并夺得十余辆汽车及无数军用品。王领兵将敌军紧追,在三义寨、大黄集狭长地带,将敌包围,打得更为激烈,炮弹如雨,火光照天。在十余小时的激战中,敌人虽有损失,我军伤亡亦十分惨重:石杰山团长阵亡,十一名连长受重伤。敌人后援队以气球指挥炮兵,发动数十门大炮、49架飞机向我报复,但我军坚持四昼夜战斗,终于完成了掩护国民党直属部队退却、牵制敌人的重大任务。

同年11月,古鼎新受国民党当局之遣,并入王部。一二八师沿路游击始入沔阳沙湖、彭场,继而占据天门、潜江、监利数县,扼敌人西进沙宜之要道,又与敌、伪打大小百余仗,在汉沔地区艰苦抗战达五年之久。

(汪烈九整理)

作者杨萍湖,原系一二八师中校电台台长。

采访王劲哉的回忆*

冯英子

武汉会战之后,日本帝国主义者看到了对华侵略战争长期化的局势,而中国共产党领导的八路军在华北敌后的战斗,更使他们头痛,觉得这是他们的心腹之患。因此,他们一方面对重庆的蒋介石政府采取了"诱和迫降"的政策,甚至通过同英国签订"有田——克莱琪协定"打击英国,孤立重庆;另一方面则把华中的兵力,源源北移,大量用于华北战场,以对付八路军。华北战场上原有日军十三个半师团,一下增加到二十二个师团,兵力在四十四万人以上。那年九月,日本军部以多田骏继杉山元为华北派遣军司令官,他实行了"分区扫荡"的"牛刀子战术",想以狮子搏兔的姿势,对付我华北的八路军。

在这个形势下,华中战场上却相对地稳定了,占领武汉的日军未敢继续西上,他们以东荆河为界同我军对抗,"政治诱降"和"经济渗透"同时并进。在沙市以下到蔡甸以上的鄂中平原上,成为敌我并存、犬牙交错的游击地区,有些地区敌人虽然占领了县城,而广大的农村仍在我军手中。由于正面的战线没有重大的战役,游击地区的形势变得非常复杂。

一九三九年九月,范长江同志要我以国际新闻社记者的名义,到鄂中游击区去进行一次采访,着重点是看看经济渗透的情况。那时我还兼了《邵阳力报》的工作,因此就以国际新闻社记者和《力报》特派员的名义,于九月十八日从重庆买舟东下,来到宜昌。

那时在这个战场上,长江以北是李宗仁的第五战区,司令部在老河口,

---

* 原载《沔阳文史资料》第1辑,沔阳县政协文史资料研究委员会1983年12月编印。

它的侧翼同卫立煌的第二战区相衔接;长江以南是陈诚的第六战区,司令部在恩施,它的侧翼同薛岳的第九战区相衔接。长江上游则另有一个江防司令部,由郭忏任司令,司令部在宜昌。李宗仁的第五战区在鄂中有一个第五游击纵队,由曹勉青作司令,金亦吾作副司令,而游击区中的地方政府,也各有自己的武装。你要进入这个区域,非要先弄到一个关系不可。我到宜昌之时,恰巧重庆《新华日报》的周迈前同志到宜昌检查发行工作,通过他的关系,弄到了一个临时的住处,以便作好继续东下的准备。

那时,中央通讯社宜昌分社的主任是徐怨宇先生。徐先生是中国青年新闻记者学会武汉分会的理事,我在武汉时就认识他。他的夫人很能唱京戏,又善于交际,当时宜昌由于日机的不断轰炸,不少机关躲到西陵峡口的三游洞里去了。郭忏的司令部是宜昌的最有权力的机构,徐氏夫妇同他们中的许多上层人物又很熟悉,因此我通过他们的关系,弄到了长江上游江防司令部一位参谋长的介绍信,介绍我去第五游击纵队找曹勉青。

我从宜昌到沙市,再由沙市搭乘木船,进入鄂中平原,在这个游击区中作了将近三个月的漫游。

有一段时间,我住在监利县政府的所在地。这时监利县城已经沦陷,县政府在一个叫新口的地方,看来原是一家祠堂,建筑还颇宽敞、高大。县长郑桓武,他说自己原是蒋介石侍从室的工作人员,有一次看到邓文仪拿了一个电报去找蒋介石,蒋介石阅后大为发火,他左一个"狗东西"、右一个"狗东西"地大骂邓文仪,邓文仪却僵立着不动。蒋介石每骂一声"狗东西",他就应一个"是",直到后来宋美龄闻声出来,把蒋介石劝了进去,邓文仪仍然保持着立正姿势,木然不动。蒋介石息怒后,宋美龄出来,看邓依然立着,才打发他走了。郑桓武说,他看到这个场景,觉得那碗饭是不容易吃的,于是设法弄了个县长,走了。

这位县太爷非常健谈。据他说,他作县长最苦恼的事,是没有人同他谈话,他下面的那些秘书、科长之类,只要在他面前,就肃立侍候,一句话也不说,至少不习惯用平等的口气在县太爷面前说话,久而久之,使他觉得特别的孤独,每天只是在狂吸香烟中打发日子。我去之后,他倒是"如获至宝"

了。那时在江汉平原上,一个重庆来的朋友实在是稀客,何况又是一个新闻记者!他似乎找到了谈话的对象,拉我无论如何在他那里多住几天,而且同意我可以随便翻阅县政府中的档案,我要什么材料,可以叫他的秘书抄给我。

于是,他和我真的成为无所不谈的朋友了。我们从抗战形势,谈到当地情况,谈些轶闻掌故,如先前讲邓文仪的故事,就是这样谈出来的。有时我们也谈得吵起架来,他坚持他的观点,我坚持我的观点,当然,这种争吵也不会有什么结果。他不会影响我,我也不想去影响他,因为在我看来,他也只是我需要了解情况的一个侧面而已。

有一次,我们谈起各种地方势力的关系,我问他为什么抗日部队的内部,会有许多摩擦,为什么不能团结起来一致对日,而要互相抵消力量呢?这时,他就略有所思地告诉我关于王劲哉的故事。

据郑桓武说,王劲哉是一二八师师长。可是,他占据沔阳的仙桃镇,谁的命令也不接受,日本人去,他打日本人;国民党去,他打国民党。有一次,四十九师的师长李精一派了一个联络参谋去同他联络,结果被他活埋了。照他的说法,王劲哉凶残得很,也暴虐得很。至于为什么如此呢,他也说不清楚。后来我问过县政府的几个科长,他们的说法大致与郑桓武相似。

为了弄清楚内幕,我决定去仙桃镇访问王劲哉。郑桓武劝我不要去,他认为四十九师派去的人尚且危险,你从重庆来的新闻记者,王劲哉会不怀疑你吗?几个科长也是如此说法。但我想:"不入虎穴,焉得虎子?"我对他并无恶意,怕什么怀疑。而且不冒这个险,怎能得到第一手资料?因此,我决定去试一试。

从新口去仙桃镇,要先到洪湖边上的柳关,然后再乘船前往。柳关属于监利所管,那里最大的官员是"联保主任",郑桓武借给我一匹马,要我先到柳关,然后再从柳关换船到仙桃去。他说他先打个电话给柳关,要他们好好地招待我。

我骑马到柳关的时候,已经夜色朦胧了。那位联保主任事先得到了县政府的电话,听说我是个"特派员",以为是一个什么了不起的人物,竟带了人在镇口接我,而且还招待我吃了一顿丰富的晚餐,连当地一个驻军的连长也请来作陪。

第二天,我把马放在柳关,请那位联保主任为我弄了一条小船,向仙桃镇出发。从地图上看,两者相距只有六十华里左右,但河道曲折,一直到下午三时左右,我才到了仙桃镇。

仙桃镇是沔阳的首镇,而它的东面就是汉阳,当时汉阳的蔡甸是日本侵略军防守武汉的外围重点,因此仙桃镇实际上是华中战场的前哨,早晚之间都可以发生不测。我想这一定是个刁斗森严的地方,但是上岸之后,却发现镇上毫无战时气氛,市面繁荣,商业兴盛,且到处可以看到日本出产的商品,从那种叫"羊膏"的甜食到日用品和化妆品,什么都有。街上则到处有具名一二八师贴的布告,内容都是不文不白,六字一句的韵语。有人说,这些布告都是王劲哉亲自起草的。我读着布告,觉得很有实事求是的味道,不同于一般的官样文章,留下很好的印象。每一道桥口,都有士兵守卫,那些士兵的装备,看来还比较完全、整齐。对人的态度也不差。

我在街上观察了一下,似乎找不到特异的现象,后来就找到了一二八师的师部,送上名片,说要求见王师长。说实话,当时我也确有点紧张,那位占山为王的传奇式的人物,会不会接见一个来访的记者?我将怎样进行这场采访?他会不会像对待四十九师那个联络参谋一样,将我活埋呢?此行吉凶未卜,心上也有点十五只吊桶打水,七上八下。然而等了没有好久,出来一位姓冯的副官长,把我接到大厅里,叫我稍等一会,说师长马上就出来。我打量了一回,这房子显然是一个绅士的家,宽敞、明亮,方砖铺地,曲栏横槛,很有点气派。那位副官长约摸有三十出头,一套草绿色的戎装,白皙的皮肤透出他文质彬彬的样子。我利用这个机会,同他攀谈了起来。说也怪,大概是宗法关系在起着作用吧,我们这两个"五百年前一家人"的姓冯的,谈得非常热络,他表示一切有他,他会照顾我的。这倒使我放下了一半的心,减少了紧张。

随后,王劲哉出来了。他五十左右年纪,一套布军装,肩上背着三角皮带,秃顶,顶部微微隆起,说明这个人很有点自信。两眼炯炯有神,腰板挺直,很有军人风度,有一只手的手指已经没有,这就是长期军人生活留给他的痕迹。我非常注意他的形象,想从这里找出他作风的怪异之处。但接谈之下,却大大出乎意料,我觉得他只是一个普普通通的军人,动作粗犷,带一点草莽色彩罢了。他对我这个从大后方来的不速之客表示欢迎,除了回答我的提问之外,也向我打听大后方的情况,他看到我非常年轻(那年我二十三岁),也不时夸我几句,这就渐渐解除了我对他的戒备。

我们的谈话延续了三个小时,一直到天黑。从他的谈话里,我知道他原是杨虎城部下的西北军,"西安事变"之后,蒋介石想方设法把他拉了过来,而且逐级升他为一二八师的师长。不知道这正是蒋介石欲取姑予之计。抗战开始之后,蒋把他拨归汤恩伯指挥,汤借故要把他的四个团分别调到身边来。那时的军人,部队就是他的资本,丢了资本,就什么都没有了,他一看情形不对,拉着四个团从河南开到了沔阳,自立为王起来了。一谈起汤恩伯来,他虎目圆睁,怒火万丈,使用粗话骂人了。

天快黑的时候,他叫勤务兵端了饭菜来,就在那个厅堂里陪我吃饭。四菜一汤,非常简单,我们边吃边谈,谈敌我态势,谈左右环境。俗语说:"酒能壮胆。"我吃了一杯酒,放弃了对他的戒备,问他关于传说他活埋四十九师联络参谋之事。他一拍桌子告诉我,他们哪里是来联络,是来摸摸情况,准备吃掉我的。他坦率地承认这件事,也说出了他的愤懑之情,他说:"我王劲哉无论如何不会去作汉奸!"

一直到晚上七八点钟,才结束了这次谈话。我告诉他明天一早,就要回柳关。他马上把冯副官长找来,要他把我安置在他家里,不得怠慢。我随着冯副官长到他的家中,发现他有一个和睦的家庭:一个妻子,两个孩子,看来冯夫人是一个知识分子,瘦小、伶俐,说话细声细气,待人彬彬有礼,给人以一种非常美好的印象。在这个被敌人包围着的游击区之中,出现这么一个静谧的、美好的,而且也是温暖的环境,倒大大出人意料之外了。冯副官长把我领到他的客厅内,又沏了一壶茶,两人聊了一两个钟头,从后方谈到前线,从仙桃镇谈到王劲哉。他知道我不是官方报纸的记者,讲话也就比较随便了。

我把同王劲哉的谈话,和同冯副官长的谈话加在一起,对于王劲哉和仙桃镇,就有了较多的了解。王劲哉这个人,实际上是西北军中常见的一个旧式军官,他生活比较俭朴,律己也很严格。身上穿的是一套布军服,脚登双梁式布鞋,没有什么嗜好。他作战勇敢,那只没有手指的手,就是一个最好的证明。他也很爱护他的士兵,这同随便打骂士兵的那些军官不同,也是他能把四个团拉到沔阳,跟他同甘共苦的原因。但是,他也同大多数的旧军官一样,有浓重的封建思想意识,把部队当作自己的私产,当作建功立业的资本。因此在"西安事变"之后,他很容易上蒋介石的当,而一旦汤恩伯要吃掉他时,他就把部队抓在手中,割据称雄了。

那时一个师的实际人数不过几千,几千人怎么能形成割据局面?这倒同沔阳的地理形势和当时战局形势有关。武汉会战之后,日军的主力北移,华中地区基本上采取了守势,而加紧其经济上的渗透。沔阳与汉阳为邻,实际上在日军的包围圈中,成为日军走私的通道,日军是不急于想消灭他的,而国民党军队呢,正面的战线在东荆河以西,这个地区的游击队伍,力量有限,不可能对王劲哉采取什么行动,他们既是鞭长莫及,也是无可奈何,这就是使王劲哉能够在沔阳站住脚跟的原因,这也就是王劲哉猜疑、担心、有时甚至暴戾的原因了。我曾问过冯副官长:"你们想过没有?你们一个师的力量,如果没有外援,真能在这样的夹缝中生存下去吗?"他作了一个无可奈何的表情说:"现在是张果老倒骑驴子,走着瞧。"

那一晚我迟迟无法入睡,翻来覆去分析这个人物,把自己的印象和听到的传说加在一起,考虑可能发展的结果,直到下半夜才迷迷糊糊合上眼睛。天刚亮,王劲哉的勤务兵就来了,说师长叫他来请我。我有点担心,不知他这么早来找我做什么。

一到师部,只见他已经准备好了早点,坐着在等我了。我去后,他说:"冯先生!你今天要走,船我已经叫人准备好了,这里去是逆水,要早点动身,所以算是为你送行了。"他陪我用了早点——稀饭加包子,取出一张四寸的戎装半身照片,用他那只没有手指的手抓住笔,写上王劲哉三个粗壮的大字之后,对我说:"这张照片,送你作个纪念,也不枉你千里迢迢,来到此地。"

随后,他还拿出一百元钱来说:"我这里地方小,没有什么东西可送你,这一百块钱,你随便买点什么吧!"他顿了一顿,接着又说:"这不是贿赂,一百块钱说不上贿赂,我王劲哉也用不着贿赂,你要是不拿,就是看不起我,你知道我王劲哉的脾气。"

这倒给我出了一个很大的难题。记者出外采访,受人馈赠,原是旧时代的坏风气,中国青年新闻记者学会在存在的年代中,特别强调决不接受任何馈赠,跑前线的记者,更要引以为戒。但是面对这个人物,他这几句话的意思,也是明白无误的,而且又正在他的防地,也就是在他的势力范围之内。我考虑到可能发生其他的不测,便高兴地收下了他的照片和一百块钱,向他告别。

回到冯副官长的家中,我取了行李,把一百块钱分成两个五十,当着冯夫人的面送给他们的两个孩子。我说:"我这次远道而来,没有带什么,这点钱给他们随便买点什么。"于是,冯副官长送我上船。

从仙桃镇到柳关,其中大部分地区是王劲哉的防地。我在船上有点担心,怕万一冯副官长说出了我没有拿他一百块钱的情形,他是随时可以把我截住的。直到下午,船出了他的防区,我心上的一块石头才算落了地。

回到柳关,那位联保主任特别为我高兴,他为我设宴庆祝。回到监利,郑桓武见我平安归来,也很意外。他说:"你这个人胆子真大!"其实我倒觉得这是一次很成功的采访。因为我毕竟对于王劲哉这个人,有了比较合乎情理的看法。为此我写了一篇《鄂豫探险记》,着重介绍王劲哉的情况,由国际新闻社发出,文中对于王劲哉是褒多于贬的。这样的时代诞生这样的人物,不正是它的特征吗?

全国解放以后,我看到陕西人民委员的名单中,有王劲哉的名字,不知道是不是这个王劲哉?但是,王劲哉的道路导致他这样的归宿,是完全符合历史发展规律的。

王劲哉与沔城[*]

谢守道

一、自比汉王

王劲哉于1939年由仙桃退驻沔城,组织当地名流、士绅成立了一个兴革委员会。按当时的说法:所谓兴革委员会者,乃应兴应革也。

兴革委员会在沔城玄妙观内。成立的一天,王劲哉既不欣赏那冲天的苍梧,也不观看那古代的名泉(陈友谅古井)。他面对委员唐馨陔发问:"沔阳古城,历史上出生过多少名人?"

唐历数辛亥老人及民国将领。

王劲哉摇头微笑:"不蹈袭前人,不尾附平庸,才称得起是名人!"

唐连连点头称是。王又说:"从整体来说,当一个军队的将领并算不了什么。请问:这玄妙观是何来历?"

唐委员即答:"乃元末农民起义领袖陈友谅之故居。"唐说后,察王颜色未变,便自豪地接着说:"他反元,戎马生活一十八载,旌旗万千,转战大江南北……"

王劲哉听到这里,突然以拳击桌,大声说道:"这,令我折服、钦佩。为什么选定在这个地方成立兴革委员会?你看,陈友谅以驱逐异己、拯救汉民族为己任……与我们今日抗战,其意义相同。这座玄妙观,我觉得光彩照目,陈友谅的志气值得效法。看来,我这个不蹈袭前人的脾气要改一改了。我王劲哉能顶得上半个陈友谅么?"

---

[*] 原载《抗日战争中的王劲哉》,政协湖北省荆州地区联络组王劲哉史料征编组编,1987年内部发行。

唐馨陔与几位士绅几乎异口同声地回答:"师长竭诚励精抗日,上合天意,下应民心,定能光复中华,岂止顶半个陈友谅,陈友谅和师长比,黯然失色。"

王劲哉的天庭闪着亮光,满座鼓掌。

二、火烧沔城

1940年,日酋野坂司令盘踞仙桃,建飞机场于杜湖,对沔城实行了飞机轰炸。一二八师司令部迁驻峰口,敌我对垒,常有战事。仙桃的日寇扬言"三光沔阳城,掘土深三尺"。所谓"三光",即抢光、杀光、烧光。一二八师师长王劲哉则来个"焦土抗战",和日军对抗。记得是腊月底,王派一个姓王的连长驻沔城郊区谭家剅,在各道城门口、过桥头、人行路上架起机关枪,驱逐城内居民于四乡。往年的除夕夜一片欢乐,如今全城一片死寂。

正月十五日,王连长领兵一百余名,每人一手提油桶,一手举火把,到处点火,继而又开枪放炮。立时,十字街、东门街、柏门街、南门街、建兴街、上关街、下关街、漕河街、江北、七里城、红花堤、鹅翅膀,所有大街小巷,城里城外,方圆数十里,成为火海。

一座自唐以来屡兴屡建的古城,从此变为废墟。日本人并不善罢甘休,余烟未尽,鬼子们又来洗劫了。

作者谢守道,中学教师,沔城人。

王劲哉赦免两位小学教员[*]

夏少阶

1941年,在一二八师驻地剅口,有两位小学教员,因两条标语几乎遭致杀身之祸,幸亏王劲哉救出。此事虽已相隔四十余年,但我记忆犹新。

剅口是监利县东邻近洪湖的一个小集镇。这里驻扎了一二八师一个营,营长叫张子强,陕西人,身材魁伟,豹眼圆睁,使人望而生畏。

剅口成为一二八师的防地后,监利县政府对这里撒手不管。孩子们要读书,没有学校,当地有些热心教育的人士,就办了一所私立小学。经费由地方筹集,教师由校董会聘请。校董有徐金亭、徐凤树、徐晓峰等人。这年秋末聘请了胡承汉、刘邦瑜为教员。这两位先生,年轻有为,办事认真,在举行开学典礼前夕,胡承汉拟稿,刘邦瑜手书,写了很多标语,张贴在校里墙壁上,红红绿绿,十分美观,但没想到,就是这些标语招来了杀身之祸。

学校与营部紧隔壁。那天晚饭后,张营长和文书到学校来玩。张营长见墙上标语花花绿绿,自己识字不多,不知写了一些什么,就叫文书念给他听。当文书念完了"和平运动实际上就是卖国运动"、"国家的强弱以学生程度为转移"这两条标语后说:"哎呀!营长,这标语写得不好,说咱们一二八是卖国哩!"张营长一听火就来了:"他妈的!谁讲和平,咱们一二八要抗战到底!国家的强弱要以啥学生程度为转移,还要咱们一二八师干什么?"他马上派人将先生找来了,见了胡承汉就是一棍子打去,未打着,把砖砌的讲台打掉了一只角。接着又是一棍子,把胡先生的后脑壳打起一个大包。随

---

[*] 原载《抗日战争中的王劲哉》,政协湖北省荆州地区联络组王劲哉史料征编组编,1987年内部发行。

即又将二位先生带往碉堡关了起来,准备晚上处决。

张营长要戮两个教员的消息,很快地传出去,吓坏了几位校董:怎么办?到营长那里求情吧,张营长的暴躁脾气谁都知道,不敢开口;不求情吧,死了怎么对得起两位先生的家属。所幸有个周团副正在这营里公干,校董们便请周团副代为向张营长求情,他们向周团副央求说:"我们请来的先生是好生生的活人,是好人,这样死了,我们怎样向他们的家属交待呀!"周团副说:"我很同情你们,但我也无能为力。张营长的脾气,你们是知道的,我说的话,他不见得听,不过,我可以将这件事立即电话请示师长,看师长的态度如何。"

王劲哉接到周团副的报告后,立即给张营长打电话:"听说你们那里有两位先生写了些内容不好的标语,你打算将他们怎样?"张答:"我打算将他们戮掉。"王说:"你不要戮,解到我这里来,让我处理。"于是第二天清晨,张营长派人将胡、刘二人解往司令部。在路上胡对刘说:"邦瑜兄,我死之后,请你带信到我家里,叫我弟弟一定不要读书。"刘说:"标语是你作的,是我写的,要戮不两人一起戮吗?又怎能留下我呢?"两人在路上感到无辜而死,很不甘心,但又有什么办法呢?在被解往司令部的路上,他俩心情沉重,可想而知。

王劲哉一听说胡、刘解到,立即命令卫士"请"。这一声"请",使得胡、刘二位还以为是自己的耳朵出了毛病。这天,师部门前稻场里早已摆着一张小方桌,三把小木椅,王师长一人在那里踱来踱去。他两人走近桌边,王师长招呼他们坐下,又问他们写了些什么样的标语使张营长恼火。胡承汉答:"营长认为我们写的'和平运动实际上就是卖国运动','国家的强弱以学生程度为转移'这两条标语写得不对。"王师长说:"这两条标语写得不坏。我们一二八师是坚决抗战的。只有汪精卫一流的汉奸,才讲什么中日和平。不过,这条标语贴到敌占区更好,让更多的人识破汉奸的阴谋。至于国家强弱以学生程度为转移,这也是对的,兴旺看后代嘛!我们张营长出身行伍,识字不多,不能理解标语的含义,你们今后在文化上还要多帮助他哩!"接着,王师长又招待二位用餐。餐毕,派人引他们参观师部的军事训练机关——军官大队、军事训练大队、学生急基一队、急基二队等单位。王劲哉对他的训练机构和受训人员是希望颇大的。他曾对学员们讲过:"你们不要以为你们只是一个蓝边边的尉官,我是把你们作为红边边的将官看待的。"所以他欢迎人们参观,以显示他的军容。

　　二位先生来到军官大队,正在跟学员上课的参谋长,得知来人是师长派来的,立即带领他们到各队参观。胡、刘参观完毕,到师长办公室向王师长汇报了参观的经过,称赞师长训导有方。并说:"学员精神抖擞,严肃紧张,操练认真,抗战必胜,是我中华民族的希望所在。"王劲哉说:"好!你们看得仔细,很好。我本想留你们在这里住一天,怕你们家里悬望,你们今天能赶到家吗?"二位先生齐声答:"能。"王劲哉拿了一张信笺纸,写了几句话:

　　"胡承汉,刘邦瑜两先生,尚明哲,可充国民学校教员。

王劲哉
中华民国三十年十月×日"

　　二位先生回到剅口,将王的手谕给了张营长。此后张营长一反前态,对教员十分尊重,对学校也大力支持。

　　作者夏少阶,监利县容城镇前进中学退休教师。

王劲哉处决一名可疑军官的两次批示

王浚川

1940年冬,一二八师师部驻在峰口。此时,驻汉阳黄陵矶及沔东一带的日伪军汪步青部声言要和日军联合进攻峰口一带的一二八师。一天上午,营部接到命令,要工兵营接受特务营所押的犯人。营长杨振华又把这个任务交给我,并叫警卫班班长许柏顺随时听候我的呼唤,不能让一个犯人逃跑。每天早晚我都照例去清点犯人名单,叫犯人呼王师长制定的口号和训条。有一次,我点名时,发现一个名叫刘锡万的中年人,此人系西流河小塪村人,距我的老家何家帮只有两华里,听说他在国民党那边当什么长。我问他:"你怎么在这里坐牢啊?"他回答说:"我在后方一一六师师部当少校参谋,因老母重病,请假回家省亲,谁知道一进入一二八师防区就被关押起来,王师长亲自看过我的差假证和官职符号,却说我有投敌之嫌,我虽极力解释,但师长不相信。"也许是出于对同乡人的关心吧,我说:"何不写个报告要求师长将你遣回原部队呢?"刘锡万说:"已经写过。"他一边说,一边拿出他的报告,只见报告的尾间批着:"报告悉。值此国家多难之秋,正吾人报效之时,我辈都属军人,责无旁贷,戎马倥偬,何容有暇。足下名为省亲,实有他图,我恐足下误入歧途,故暂屈留此间耳。劲。"

王劲哉批文件很少用师部印章,常常是用一个"劲"字代替。后来据传说,汪步青曾派人暗中做过刘锡万的工作,想请他去当副师长。

---

* 原载《湖北文史资料》第3辑(抗战时期史料专辑),湖北省政协文史资料研究委员会1985年7月编印。

1941年春,日伪联合进攻峰口的风声越来越紧了。我催刘锡万乘日伪来犯之前,再写一个报告,要求王师长将他遣返原部队,报告上去一个多月,不见批复,而日军已侵入峰口,王的师部则转移到了监利柳关。这时刘的报告批下来了:"报告悉。查足下之事,即汪步青之事;汪步青之事一日不解决,则足下之事亦一日不能解决也。劲。"

　　我知道,此事不好办了。果然,不久他们之中的一部分就被特务营押到洪湖边集体枪杀了,其中就有刘锡万一个。

(沔阳县政协供稿)

王劲哉杀人三例*

王德元

一、大义斩老师

王劲哉的老师刘汉文,是清末时期的一员贡生,随王劲哉任一二八师人民指导处处长。但刘爱吸鸦片,触犯了王劲哉的禁令。王劲哉的"训条"中有"铲除烟毒,禁止缠足,如有违者,就地杀头"等语。同时,刘汉文还有克扣薪饷、敲诈商船的行为,因此激怒了人民指导处的人员,他们向王劲哉告发了刘汉文。1942年5月的一天,王劲哉派人把刘汉文(刘住在王家湾王德元家)叫到师部(官湾),安置刘汉文吃了一餐饭。饭后,王劲哉对刘汉文说:"你任处长以来,做了哪些好事,干了哪些坏事?"刘说:"好事我做得不多,坏事我没有干过。"王劲哉拿出状子让刘汉文看,刘无言以答,请求说:"请师长让我回老家去好了。"王劲哉说:"我们是师生关系,我应当让你回家,但按军人的纪律,你应该服法。"王先派人将刘押出师部,随即派了四名士兵用刺刀将刘汉文戳死了。刘死后,王劲哉为他购置了衣衾棺木,将刘埋葬在官湾对河柳家台(现为洪湖县屯小村)。

二、志如钢铁,令如泰山

张家坊(原属监利县,现属洪湖县),地处洪湖中心。上通剅口,下连新堤,南望螺山,北接沙口,是监沔两县水路咽喉。形胜所在,为兵家必争之地。1941年秋天,王师长来此察看地形,发现有险可守,当即电示所部,调

---

* 原载《抗日战争中的王劲哉》,政协湖北省荆州地区联络组王劲哉史料征编组编,1987年内部发行。

来一个机枪连，扼守其地。部队到达时，王师长身着戎装，手挥匕首，慷慨激昂地说："弟兄们，头可断，血可流，此身不作亡国奴。人死工事在，寸土不能丢。众志成城，敌忾同仇。行者有赏，违者杀头。"

机枪连驻守张家坊后，日寇小股游兵，曾数度来犯，但未能得逞。1942年3月，日寇出动大批军队，向张家坊进行扫荡，机枪连见来势凶猛，抵御了一阵，招架不住，即向湖西周何家湾（属汈河区周河乡）溃退。王师长得知机枪连临阵脱逃的消息，大为震怒，下令将该连连长及其大小头目20人尽行处死，通报全师，以张军法，闻者无不股栗。

自此以后，王师部队，士气为之振奋。每与日寇交战，均舍生忘死，奋勇争先，无不遵行王师长"宁为战死鬼，不作亡国奴"的钢铁誓言。

三、严惩周排长

1942年夏季的一天，一二八师特务连的周排长，在李家河滩拿了小商船上的一条"紫金山"牌香烟，没有给钱就走。船主跟在周排长的后面叫喊："你拿了我的香烟为什么不给钱？"周排长跑回营地，船主索钱未成，回转时口里还不断地嚷着，正好碰上了散步的王劲哉（船老板不认识王）。王劲哉问明情况，即命令特务连士兵紧急集合，要船老板认人。船老板说："我只看到那个拿我香烟的士兵，左手腕上有一个墨针刺的'周'字。"于是王劲哉要士兵们露出手腕，确有一个排长的手腕上刺有"周"字，王劲哉当即命令将周排长刺杀了。事后，船老板懊悔地说："真没有想到，为了一条香烟，送了一条人命。"船老板当即买了一口木匣子和纸钱，将周排长埋葬了。

（李樵　等整理）
作者王德元是退休教师。

陈裁缝之死*

张十斤

我叫张十斤,现年七十七岁,住仙桃市解放后街16号。1939年夏天,为生活所迫,我与陈和尚找当时商会会长滕茂棠担保,与一二八师军需高登九、兵站站长孙渔樵等谈成了缝做一批军需物资的生意。5月下旬,由陈先春牵头,领到了2000件白衬衫和300顶军帽的任务,分别由我和陈先春、刘连春、李秋廷、易运成五人承包缝做。

第一批活刚做完,又催着要在十天内做完两千副子弹袋。为了不误工期,几个裁缝只好把压边、钉系带一类的细碎活交给家中的姑娘婆婆们去做,以保证合同按期完成。

7月中旬,王劲哉检阅新收编的周干成的七六六团士兵,举行一次大会操。在"卧倒""起立"时,有一个士兵躬着腰没有马上站起来,刚好被指挥台上的王劲哉看见,他立即询问是怎么一回事。原来这个士兵子弹袋的系带断了,掉落了一梭子子弹,弯腰在地下捡,没有立即站起来。问明情况后,王劲哉大怒:"立刻查办!"回到司令部,随即派人找来军需高登九、兵站站长孙渔樵、商会会长滕茂棠,同时将陈先春和我五花大绑捆了来。王劲哉走到高、孙、滕面前,大声骂道:"都是汉奸!"走到陈先春和我面前又是一句:"都是汉奸!"

这时,我说:"我不会用机器做,我只会手工,是他们找我来帮忙的。"王劲哉面向陈先春,意思是让他对证,陈先春马上应承:"是我请他来的,这事

---

* 原载《抗日战争中的王劲哉》,政协湖北省荆州地区联络组王劲哉史料征编组编,1987年内部发行。

与他无关。"王劲哉听后冲着我说:"滚!"我被两个卫士用脚踢出门外。临走时,陈先春对我说:"老四啊,你要照看好我的娃们啊!"因为我俩同拜一名师傅学艺,又是结拜弟兄。陈先春年纪最大,称为老大;我是老四。在关键时候,陈先春一口应承,尽到了弟兄情谊,终被王戳死在"正大洋油栈"的操场上。不然,两条生命必会同归于尽。

(龚茂发整理)

百子桥老人忆国民党一二八师师长王劲哉

刘宗明

我叫刘宗明,乙亥正月二十生人,现年76岁。我的祖籍在新堤,祖父姓童,在清朝末年来到戴家场,父亲这辈到了百子桥落籍,几代都是单家独姓,父亲叫刘银泰,母亲姓黄。我5岁时,一二八师王劲哉就带兵来到我们百子桥了,司令部就设在我家。我们都被赶到现在的菜地搭窝棚住,整个村子都住满了士兵。我家屋后是司令部的各个办公室,地下是防空洞。据说是一位侯团副(注:侯若愚)设计的。

王师长手段真辣。我5岁时,父亲就被王劲哉杀了——那时我有了记忆。那是庚辰年(1940年)三月的一天,我和父亲去整田栽秧,一个士兵要逃跑回家,穿着半头裤子、上身打着赤膊,见到我们,说他是洪善庙的人,很想家里人,已经有一天没有吃饭了,找我父亲讨一件衣裳,讨一餐饭。父亲说,王师长军纪很严,一人犯法,保长甲长都要杀头。正说着,保长来了,就是向世忠的父亲向思南,他跟我父亲说,就说是他答应的。我父亲把字条装进荷包里,要我母亲给一碗饭逃兵吃,胡梅环的陈婆给了一件衣服他穿。逃兵刚逃回家,王师长的追兵追到了家,问是哪个帮助他逃回来的,逃兵说不认得。来人将他带回兵营,把众乡亲召集起来,假意承诺,谁要是说出来,王师长就有奖赏,还把官给他家当。胡梅环的母亲邓氏不知道是计谋,谎称是自己给的。那个士兵把眼睛一瞪,当时就叫人把邓氏和她的两个儿子胡梅祥和胡梅松都捆绑起来。熊家湾熊生鹤的父亲劝了那个士兵几句,就被那个士兵狠狠地打了几嘴巴。那个士兵还放出风来,说是要把邓氏三母子杀掉。想到两个孩子还年幼,只有17岁和14岁,我父亲主动站出来,谎称自己是两个孩子的父亲,一切都是自己一人所为,要他们把三母子放了。他们问三母子,问周围乡亲,都说是这么回事。就这样,邓氏三母子就当场放了,我父亲就被捆绑起来,并说定在第二天开刀问斩。

听说刘银泰要被杀头,地方说话有分量的熊家湾的向世美的父亲向思铎安排熊家会敲锣聚众,边敲边喊:"各位乡亲请注意,刘银泰明天要被无辜杀害,每家每户壮劳力出面求情作保,明天清早在熊家湾常修云家门口集中,不得来迟,迟来受罚!"第二天一清早,乡亲们就都到了,向思铎清点人数后,决定火速赶往戴家场邀约童姓族人前来,一同作保。童姓族人还在路上,司令部听说将有组织作保,就提前下了杀人命令,就在童姓族人刚赶到时,我父亲就被杀害了!他死得好惨啊,被刺刀戳了72刀!那位逃兵也一同被杀,砍了八块。

当时,刽子手从我父亲荷包里搜出了保长的字条,交给王师长,王师长看到三百多人站在那里,众怒难犯,也就没有再追究下去。

胡梅松的儿子是胡振银,胡振银的儿子是胡耀新。胡家为了报答我父亲的救命之恩,胡耀新改名为刘允新。

后来,我母亲送我上学。那时办私塾——王劲哉很重视教育。在私塾里,我与王成业同坐。王成业是王劲哉唯一的女儿。有一天,她问我:"怎么从没有见到你父亲呢?"我小心翼翼地告诉她:"是被你父亲杀了……"

王师长军纪严明,他杀人无数,稍不注意,士兵就要掉脑壳。就是他严酷,他才能打那些大仗、恶仗,东洋鬼子怕他拍得伤心。也是他的残酷,让旅长古鼎新背叛了他,他被出卖给东洋人。要不然,"一二八"不会垮。

王师长治理地方也手段辣。谁家要是有抽大烟的,他捉住就是毒打。你要是田地荒芜,他逼着你去扯草;要是他心情高兴,他还要战士们帮你忙。第一次给你帮忙整好了,你要是偷懒,不管庄稼,又荒了,就抓来毒打,打得你哭爹叫娘,发誓再也不偷懒才放了你。

后来,王师长被古鼎新出卖,向日本人告密。他把我们这里的工事、掩体和布防图纸交给了日本人,日本人派来好多飞机,盯住我家斜对门的桑树炸,把这棵百年老桑树劈开了。后来还炸了水塔埠的银杏树,也炸得只剩下个树兜子。同时,陆军进攻司令部,王师长逃啊,被抓了。据说他后来从日本人那里偷逃出来,到了延安。解放后在他的老家陕西省当了什么官。

  王劲哉兵败后,日本人占领了我们这里。村子里的鸡子、鸭子、猪子全部赶尽杀绝,稍有姿色的女人把锅毛烟子(锅灰)擦在脸上,故意弄得很丑;要不然,就要被他们糟蹋。他们跑到百姓家,吃了炒米后,就把大便解在坛子里,上面用炒米盖着。你根本不知道,你吃炒米时,一手抓进去,就是一手炒米沾臭屎,气得你直哭。哎呀,那个日子,真不是人过的日子。还真感谢共产党,后来赶跑了日本人,我们总算不再过兵荒马乱的日子了,清泰平安了。

(采访时间:2011年3月22日,叶道山整理)

欢迎游击支队长王楚斌*

谢革非

  1942年10月10日,秋高气爽,我们军训大队的同学们,正在乐滋滋地整理内务和打扫卫生,准备早饭后到戴家场街上去玩。忽然,集合号声响了,军官队队长李钰亭要我们迅速在大门口集合,准备迎接客人。

  不一会儿,有几个人骑着马从百子桥方向跑来,走近时,我们才发现军训大队的大队长王劲哉也在其中。随同来的还有两位穿便服短装的人。其中一位被人戏称为"独眼龙",三十岁出头,身材魁梧,面色黑红,在他仅有的一只眼里,似乎仍在喷射着对日寇的仇恨怒火,浑身有使不完的劲儿,他那朴实的形象,叫人肃然起敬。

  大队长王劲哉指着他向我们介绍:"这位就是大名鼎鼎的抗日英雄,我们的游击支队长王楚斌。那一位是支队副。他们长期在襄河两岸袭击日寇,专门用口袋装(活捉)日本鬼子的哨兵。两年来,他们打击日寇几十次,缴获不少战利品,特别是背回活鬼子好几十个。昨天,又给我们送来了六个鬼子,如果全中国的抗日军人都像他们这样,如果同学们将来也像他们一样,我看,不要几年就可以把所有的日本侵略军全部背光。他们真是国家的有功之臣。所以,我们应当热烈地欢迎他们。"

  王大队长说完,同学们中响起如雷的掌声,大家激动地高呼"欢迎王支队长!向王支队长致敬""打倒日本帝国主义""最后的胜利是我们的"等口号。随后,大队长王劲哉请王楚斌给我们讲话。

---

 * 原载《抗日战争中的王劲哉》,政协湖北省荆州地区联络组王劲哉史料征编组编,1987年内部发行。

王支队长走近大队长身旁,咳嗽了两声说:"我是个大老粗,西瓜大的字认不得两箩筐。我没有什么本领,只晓得听师长的话,拼命打日本鬼子。师长要我背鬼子,我就背,要我背活的,我就不背死的。这次背了六个给师长送来了,师长赏了我一万元,我送一千元给同学们打牙祭(加餐)。希望同学们赶快学好本领,毕业后我们一起打鬼子。"

此时,大队长和我们一样,心情异常激动,使劲地鼓掌。随即由队长李钰亭和区队长闵尚志陪同他们参观了我们的教室、宿舍和厨房,看了我们集体表演的"小红拳",听我们唱《大刀进行曲》。

参观完毕,他们将要离去,大队长王劲哉向我们频频挥动手杖。我们又高呼:"听师长的话!""服从师长的命令!""活捉日本鬼子,向王支队长看齐!""做王支队长的后备军!"

作者谢革非,原一二八师军训大队学员。

在药品奇缺的日子里

员立品

"西安事变"后,我作为一名军医,编入了国民党一二八师王劲哉师长的部队,任军医主任(少校)。该部当时驻守在湖北的沔阳、天门、汉川一带。

一二八师医院设在峰口街上十几家民房里。有一天,王师长来到医院,我见后说了声:"王师长,您一天工作那样繁忙,还来看我们!"王师长和蔼地一笑说:"员主任,可不能这样讲啊!我的兵有伤、有病,我不来行吗?我们和日军作战这多年,我王劲哉有多大的本事?还不是全靠弟兄们。只因他们浴血奋战,才有这里的民众和我王劲哉。"然后,他又语重心长地对我说:"员主任,你要想千方,设百计,把他们的病治好,越快越好,以免他们在病中受到折磨,可惜我现在不能代替他们疼痛啊!"说到这里,他这种性情刚烈的人都掉下了眼泪。

民国二十八年(1939年)某月,王师长患了伤寒病,躺在床上20多天。开始护兵提出给他请医生来治疗,他拒绝了。后来,护兵看他病情越来越重,就偷偷地对我讲了。我连忙背起药箱就往司令部跑,王师长见我来后,开头一句就是:"现在住院的伤兵情况如何?你们有什么困难?"我随便应付了几句,就给他诊断。他高烧到39.3度。头及整个身子都疼得厉害,我正准备给他打一针"百病注射液",他看到了说:"我知道这种药很贵重,不要给我打,把它用到那些伤重的士兵身上吧。"我听后深受感动,连忙解释说:"您的病也不轻啊,眼下那么多弟兄和乡亲们都盼着您早点康复呀!"

---

* 原载《抗日战争中的王劲哉》,政协湖北省荆州地区联络组王劲哉史料征编组编,1987年内部发行。

我不顾他的阻拦,给他打了一针。不出一个星期,他的烧就退了,病情逐渐地好转。

在我部驻守峰口的日子里,由于战斗的频繁,伤员越来越多。我们医院药品和器材越来越少。原因是日、伪军对我部实行了严密的封锁。每当我视察病房,看见伤病员的病情由于没药治疗而一天天恶化时,真是急得像热锅上的蚂蚁一样,坐卧不安。

一天,一个护士对我讲:"伤员张德生已高烧三天了,刚量体温是42度,大腿上的伤口肿得连裤子都脱不下来了,怎么办?"我知道司药房没药已好几天了,又怕把这个问题向王师长报告后,分了他的心,再则我也有点畏惧他那种威严。但同时,我又想,如果他知道有的伤员由于缺药而死了,一定要严办我。当时,我知道,武汉有药,而那里是沦陷区,去一趟,沿途要经过无数的关卡搜查和盘问,十分危险。责任心与私心杂念搅得我心烦意乱,整天吃不下,睡不着。

某天下午,王师长和我在医院门口碰上了。我看他脸色不好,估计出了什么事,或者将要发生什么事。他开口就问:"员主任,最近又死了几个人?"我遮遮掩掩地说:"没有啊!""什么?"王师长显然恼火了。我连忙解释:"报告师长,这几天实在没有。"他说:"你哄我,当我不知道吗?我刚刚从陵园里来,我看到了,那里又多了几座新坟。"我没敢再往下说。当时,使我感到惊奇的是:王师长竟然对陵园里的情况这样熟悉。可见他是时时刻刻把伤病员放在心上。"不准再死——",他严肃地说,他把"死"字语气加得很重,拖得很长,好像怕我忘记:"再死一个就枪毙你!"我直楞楞地望着他,他猛地把身边的桌子一拍说:"下午我要开会!"当时,我的心跳陡地厉害起来,腿也酥软了,预感到这个会凶多吉少。

下午,我提心吊胆地走进了会场。王师长、沈副师长、李参谋长接踵而来。会议开始时,王师长却出乎意料地对我说:"我刚才不是吓唬你,我是要你这个军医主任对我的士兵负责,不该死的绝对不能死!他们都是好样的。医院里缺药为什么不给我早说?不过现在我不怪罪你,只怪蒋介石那个王八蛋。"说着,又使劲地把桌子一拍,然后继续讲:"现在叫大家来开会,就是要大家出主意,想办法,无论如何要弄到药,一定要治好那些负伤的士兵。"

师长讲完后,大家进行了长时间的讨论,一致认为,只有到日本人占领的大武汉去购药。王师长同意这个意见,但他问:"谁去呢?"会场沉默了,大家互相对望着。我经过一番考虑,站起来报名:"我去!""理由?"王师长问。我说:"这是我的职责。再则我是内行,识药性,也知道什么该买,什么不该买,所以请您批准。"王师长略加思索后说:"好!你去,我相信,也放心。不过此去是另一层天地,可得步步小心。为了你的安全,我马上给商会打个招呼,让他们再委派一个合适的人陪你去。记住,一定要把药弄回来!"

第二天,商会委派来了一个叫张万生的义和商号的老板,因为他经常来往于武汉与峰口之间,沿途关卡、哨所都比较熟悉。我也化装成一个商人同他一道,乘民船顺江而下。可是,快接近汉口时,意料之中的事情发生了——遇到了日军的搜捕船。这搜捕船很快靠拢了我们。一个日军跳上我们的小船,里里外外搜查了一遍,见没有什么,就冲着我大吼大叫起来。我不知道他说些什么,只是赔着笑脸迎上去,给他讲,我们是商人,就这样,日军才放了行。到达武汉的第二天,我们赶紧上街买药。街上到处都有日军的巡逻队和警车,每一个十字路口都有日军持枪把守,由于我不懂沦陷区的规矩,在穿过一个十字路口时,被一个持枪的日军抽了一耳光,打得我脸上火辣辣的难受,还不明白是怎么回事。张万生赶忙上前赔礼道歉,才算作罢。事后才晓得是因为我没有向日军哨兵打招呼、行礼,报告自己的身份是"良民"。我们在武汉买了整整三大箱药,把它伪装成五金、百货,夜深人静时运到江边,寻好民船,又把"货"悄悄地隐藏在底舱,上面放了些杂七杂八的东西,就连夜起程了。一路上走了三天,这三天我没有吃好一餐饭,睡好一次觉,时时担心着船上的"货"被搜出来。一到关卡,我就赶快上岸,给那些持着枪的伪军塞钱。尽量多给点。就这样,我们顺利地通过了三道大关卡。

当船行驶到离峰口只有二十里路时,我赶紧给王师长拨通了电话。他很快派了五名士兵驾小船来接我们。回到驻地,王师长来医院看我,祝贺我平安归来,当我把一路上的经过给他讲了一遍后,他说:"你为我们出了大力,作了贡献,立了大功。"

没几天,司令部召开会议,会上,他向全体官员讲述了我买药的经过,然后,宣布了给我奖励现金二百元,从少校军医主任提升为中校军医主任。

(彭峰整理)

一二八师野战军医院学医记

郭忠伦

1942年古历七月,我在家乡(潜江左桥)私塾读书。一天,保长陈光大来到塾馆,对学生们说:"现在一二八师野战军医院要招收一批学生学医。一二八师是抗日的正规部队,有志青年,愿报名的,可保送入学。"听后,我和一个叫肖正湘的同学报了名。第二天晚上,保长就上了门。并用绳子捆来一个学生模样的人跟在后面。我父亲见此情景,心想这哪是送去学医,分明是强拉壮丁,于是,向保长哀求不要让我去。开始保长还是用好话劝说我父亲,但父亲坚持不让走,保长便大发脾气起来:"你有两个儿子,应该去一个,不去是不行的!"言词中充满威胁。父亲见事不妙,只好用眼泪送别了我,这时天已渐黑,保长把我们三个送到乡公所(现竹根滩区仁和村五组),当面交给了乡长程泽榜。

见到了王劲哉

当天夜晚又有各保陆续送来一些学生,集合点名二十三人。乡长还讲了话,大意是说:"你们都是学生,是到一二八师医院学医去的,不是当兵打仗去的,把医学好了就是医生,就能为伤兵治病。但是你们要记住,千万不能开小差,王劲哉师长,最恨开小差的!"乡长说完后喊来了八个乡丁,神色严厉地对他们说:"这些学生由你们护送到拖船埠交给部队,你们要拿脑袋担保,不准出问题!"我们被乡丁押送着连夜出发,穿过日军封锁的潜岳公

---

* 原载《抗日战争中的王劲哉》,政协湖北省荆州地区联络组王劲哉史料征编组编,1987年内部发行。

路,一路上不准讲话,连咳嗽都不行。次日天亮到了拖船埠,护送人将我们整队点名移交给部队。潜江城被日军占领了三年多,我们第一次见到了全副武装的中国军队,感到很高兴,美美地饱餐了一顿大米饭。休息了约两个小时,又要向网埠头(现属监利)出发,由一个武装班换下乡丁护送我们,中途又由另一个班把这个班换下,日夜兼程,走了两天两夜。由于速度太快,有的人脚上起了泡,腿也跛了,护送的人还要我们坚持走,不准掉队。第二天黎明到了网埠头。这里的房子尽是新盖的草屋,一溜溜排列得整整齐齐。地面清洁平坦,赏心悦目,一根草也看不见,使人感到舒适。我们被带到一栋草房前面站好队,护送人喊了一声"报告",走进草房,随即又出来向我们下达了"立正"口令,很有礼貌地转向从草房里走出来的一个人,行了一个军礼,然后走进队列,站在排头。出来给我们讲话的人光着头,身材魁梧,目光炯炯,仪表堂堂,身着夏布长衫。他咿咿呀呀地跟我们讲着,一口外地音,很不好懂。讲后他问我们:"懂不懂?"不知是谁说了声:"不懂!"他又重复讲了一遍,好像是说:你们是来学医的,学好医为伤兵治病,不是要你们去当兵打仗。说完,又问了一句:"懂不懂?"还有人答"不懂"。这下他可能有点恼火,便加重语气,一字一顿地说:"不懂吗?打到你们身上就懂了!"说完转身入室了。后来,护送我们的兵才告诉我们:讲话人就是王劲哉。

队长被罚跪

我们还要继续行进。这回护送我们的是穿着灰军装的两个人,他们各挂着一个布做的公文袋,带领我们走了大半天,便到了目的地——一二八师野战医院所在地福田寺。医院院长杨志一按花名册点名接收了我们。不几天又从沔阳、监利送来了一批学生,总计有百余人。我们休息三天,熟悉环境。我们所住的一个大院子有十几户人家和一座古庙,间有新做的几栋草房。医院里有院长和看护长各一人,医生(内外科)共二十人。院长和医生都住在新草房里。庙里是药库,并设有一个教室。伤病员分别住在民房里,老百姓有的搬走了,也有的一家人挤住在狭窄的偏室里。我们学生全都住在一栋四井口大瓦房里,睡的是大通铺。

过了几天,院里给我们发了军衣,我才把身上穿的便衣换下。内衣是白色,外衣是黄色,左臂上佩戴着"劲"字臂章。学习期间每月除生活有保障外,还另发两元纸币作零用钱,纸币是崭新的中钞,上面加盖有"打倒日本帝国主义"蓝色条戳。

开始,是一个叫田奇的队长每天早晨带着我们整队集合,齐诵"一二八"的口号、训词。不久,从师部调来了两个军人,一个叫寇志和,一个姓曹(名字忘了),他俩就是我们的队长。这两个队长一来,生活就紧张起来了,先是编班、编排,接着就是进行军事训练。每天天不亮,哨音一响,就到操场集合,迟到了得挨打挨骂。有的同学怕迟到,绑腿没打好,拖着跑;扣子没扣好,敞着胸跑;裤带没系好,提着裤子跑。可是这样一来,反倒更要挨打受骂。后来大家只好提前起床准备,军训挺严格,大家累得腰酸腿疼,上床睡觉总是抚着腿脚呻吟不止。中午烈日当空,骄阳似火,也得出操,我们跑得气喘吁吁,汗流浃背,还不能叫一声苦,这样连着搞了一个多月。有一天发生了一件有趣的事:曹队长带领我们下操,从天不亮搞到日上三竿,都还没有收操的意思。曹队长站在圆形的队伍中间高喊着"一二一",我们跑得满头大汗,张着嘴巴直喘大气,这时杨院长来了,突然对我们喊了一声"立定",然后,又命令曹队长:"混蛋,给我跪下!"曹队长不明所以,但也只得乖乖地跪下了。杨院长训斥曹说:"他们是来学医的,不是去打仗,你把他们整成这个样还能学医吗?"我们这些新兵顿时忘了疲劳,捂着嘴巴暗笑。不一会,看护长来了,对杨院长耳语了几句,杨才命曹起立,我们也就收操了。

学习医术

从曹队长挨跪以后,军训就停止了,院里给我们每人发了笔、墨、砚池、纸张等学习用品和一个绿色土布挂包,正式开始学习医疗知识。医生讲课用拉丁文字在黑板上写药名,我们都不认识,他便出示药品,让我们直观;外科医生上课时,还让我们互相在手上或腿上缠打绷带,后来又把我们分成看护、护理、学习三个班,两星期轮换一次,看护班主要是给伤病员送饭送水,换洗衣服,打扫清洁,洗刷便桶等;护理班跟医生端医疗盘子,给伤兵擦洗伤口,换药扎绷带,送服药品等;学习班则是在课堂听医生讲课做作业。这三个班我都轮换过一次。特别是到看护班学习时,伤兵脾气坏,难伺候。我那次护理六个伤兵,每天天刚亮,就给他们倒便桶,打洗脸水,送早餐,有一天忘记了打洗脸水就送去了早餐,一个伤兵开口大骂:"妈的,你是揽干饭的!"我还了一句:"你骂人?我不给你吃!"我的话音刚落,两个伤兵拥了上来,一个紧扭着我,一个朝我面部左右开弓几耳光,打得我火星直冒,又不敢还手,只好哭丧着脸去报告队长。队长说"伤兵是不好惹的,以后注意就行了"。

不准开小差

一二八师的军纪很严,特别是对开小差的很少轻饶。民间歌谣说:"一二八,手段辣,捉住逃兵过刀杀。"确实不假,有一天早操时,杨院长拿来一张"通告",念给我们听,内容是某连有个士兵,拿了老百姓的两匹土布,当即枪毙了,并告诫我们不要拿老百姓的东西。事隔不久,有两个同学开了小差,一个叫程传金,一个叫徐洪山,都是潜江人。不出三天他们就被抓回医院,反吊在屋檐下一整天,不给饭吃,也不给水喝,他们的父亲来向院长求情,院长不理,坐在一旁。父亲看到被吊着的儿子,不禁痛哭。傍晚,队长吹哨集合,院长也来了,厉声对有气无力的逃兵说:"你们抬起头来,看你们父亲最后一眼吧!"随即赶走了他们的父亲,又命令一旁跟随的人把逃兵放下来,由队长牵着在队伍前面走,我们整整齐齐地在后面跟着。一会儿,大伙才发觉不是走向操场,也不是走向寝室,而是向荒野地走去。这是去什么地方呢?我们每个人心里都有一种不敢说出的预感,汗毛根都竖起来了!走了约二十分钟,眼前是一块空旷地,这里已经挖好了两个大坑,坑边放着四把铁锹,"要活埋了!"一阵恐惧掠过大家的心头。只见队长要两个逃兵分别跪在了两个坑边,眼看着两条命就要完蛋了。院长还没有来,当地一些六七十岁的老爷爷、老奶奶,目睹此景,跪在地下,号啕大哭,向队长求情,可队长哪能做主?他低声对我们说:"等院长来了你们全跪下求他吧!"院长来后,说了一句:"为什么还没有埋?!"没有人搭腔,大概是一百多人的哭声使院长心有所动,他犹豫了一会儿,慢吞吞地走向坑边,操起一把铁锹,朝两个逃兵背上各砸了两下,又掏出手枪交给队长说:"我们的军纪是不准开小差的,开了小差就要枪毙、活埋!今天看在这么多老百姓和同学们的面上,饶了他们的死罪,给他们每个腿上钻一个眼,以戒后者。"说罢便气冲冲地走了。队长遵令在逃兵小腿上各打了一枪,虽然鲜血直流,总算保住了性命。然后,同学们轮换地把他们背回医院医治。

这年冬月间,是我结婚的日子。俗话说"看定的日子选定的期",旧习是不可更改的。父亲抱着侥幸心理来医院替我请假,没料到请假条子递上去后,院长很快批假两个星期,并要队长送来了一张路条。我很顺利地回家结了婚,又按时回医院销了假。院长很满意,他对我说:"你以后每年都可以请假一次回家,看望父母和妻子,只要求按时归队,但绝不允许开小差。"

逃散回家

到了腊月间,队长带我们到保里去抬树,抬树做什么,给不给钱,我们都不知道,反正是队长带队干的,与我们无关。这些树被锯成木板,做成许多小木箱。队长和院里的医生们,经常相互耳语,面色惊慌。我们这些同学猜测发生了一些严重的事情,但究竟是什么事情,谁也不知道,谁也不敢问。到了腊月中旬的一天,院长公开对我们说:"日本人打来了,我们今天就要迁移,究竟迁到哪里,大家听候命令就行了。"当天,给我们每两人发了一担小木箱和一条竹扁担,大家到药房装东西。我和另一个同学的小箱里装的是注射器和其他医疗器械,我们连夜出发,于第二天朦朦亮时到柳关(监利县的一个集镇),这个集镇外围一道水城,内围一道土城(就是战壕),城内到处是耸入高空的碉堡,除了严阵以待的军队,看不见一个老百姓。我们医院人员便住进了城里的两个大土碉堡内,肚子饿了,我们便三五成群地到老百姓家里找东西吃。因为是春节前夕,家家都有米花、炒米糖、翻饺子等节日食品。老百姓听说要打仗,只顾逃命,哪能带走这些!我们便毫不客气地装满挂包,带到碉堡里受用。第二天清晨,日军便到了柳关附近,有的同学爬到碉堡顶端瞭望日军,谁知被日军发现目标,向我们的碉堡接连打了六炮,跑到顶端的同学当即殒命。爆炸声震耳欲聋,我们蜷缩在碉堡底层,不敢动弹。等炮声停了,队长要我们上去搬尸体,我不顾一切地冲上去,拖着一个人就往下跑,仔细一看,原来只是一条大腿!曹队长和另外五个同学都已牺牲。枪声越来越近,日军开始攻城了。寇队长带领我们爬出碉堡。敌人的子弹密如雨点,大家各自逃命,混杂在溃兵中乱跑,好不容易爬出土城和水城,逃到了离柳关约四五里远的一个村庄,才算脱离了危险。这时天已黑了,又饿又累,大家围着寇队长,找他要饭吃,他引着我们五六人在村上胡乱转来转去,谁知老百姓早跑光了,哪里有吃的!况且到处是军队,即使有吃的也被抢光了。寇队长清点人数,我们总共才剩下十来人。到了第二天早晨,我们捧着贴着脊梁骨的肚子问队长怎么办,队长无可奈何地说:"我不管你们了,你们各奔前程吧!"说罢,他便扬长而去,我们五个同乡同学只好分头觅路回家。

王劲哉对沔阳中学师生的一次训话*

黎光林

"三青团"鄂中区团部在周老嘴维四湾办的"鄂中战地中学",后由一二八师改成"进忠中学",半年后搬到三官殿的回龙寺(原属沔阳县,现属监利县),又改为"沔阳中学",王劲哉兼任校长。当时我在这个学校读书。1942年四五月份,我们临近毕业时,王劲哉来学校给师生讲了一次话,这次讲话时间长达两个小时,讲了为什么要抗日和抗日形势以及对师生的要求,等等。王劲哉在讲话时突然齿龈出血。他说:"我的牙齿出血也要讲。有些问题之所以反复讲,就是要你们听懂我的意思,我把希望寄托在你们身上。"这次讲话,给人印象深刻,现记述如下:

一、关于一二八师的发展前途。王劲哉说,一二八师是真正抗日的部队。他把部队的"师"一级讲得特别重要。他说:"全国的部队都以'师'为单位,全世界也都是以'师'为单位,'师'一级权力最大。要我当副军长,我不干,这是明升暗降,还是师长的实权大。"他还说:"现在一二八师拥有几万军队,今后还有很大的发展。"他指着我们毕业生说:"你们是沔阳最高学府培养出来的人才,今后充实一二八师,前途不可限量。"

二、作战要勇敢,不要怕别人。王劲哉在讲到当时一二八师的处境时说:"现在是非常时期,我军处境很困难。日本打我们,国军打我们,甚至连一个小小的区中队也打我们,新四军也和我们有摩擦。打就打吧,我,谁也不怕。"他讲了自己小时候的一个故事。他说:"我十岁左右,同本村的孩子

---

* 原载《抗日战争中的王劲哉》,政协湖北省荆州地区联络组王劲哉史料征编组编,1987年内部发行。

们玩,有几个大一点的孩子欺侮我。有一次,我想横了,到粪坑里打一个滚,手里抓了两把粪,往大孩子身上、脸上乱涂。从此以后,他们谁也不敢欺侮我了。"

三、为什么要用刺刀把人戳死？王劲哉说:"有人说我手段残酷,说我是王老虎,其实我杀的是坏人。杀坏人,救好人。地方上有些人同我混熟了,在我面前说话也比较随便。有一次,一个绅士对我讲,你手下的人杀人不是用枪打的,是用刺刀戳的,你晓不晓得？我说,晓得,是我叫他们用刺刀戳的,子弹要留着打日本鬼子。谁犯了我的法,我就处死谁。一个人的生命只有一次,枪打,刺刀戳,总归一死。我要把那些坏人戳上一百刀,戳得血肉模糊,看坏人见了还敢不敢干坏事。这样,可以真正做到杀一儆百。"

四、一封回信。王劲哉讲,他曾收到一封日本军官写给他的信。他说:"日本人给我写信,有什么好话说,无非是劝降。这是白日做梦,我懒得看,信封也没拆开,就在信封反面写了一个'死'字,并把'死'字一圈,交给来人带转去了。"他边说边在黑板上写给我们看。王劲哉说:"你日本人不要耀武扬威,我王劲哉与你以死相拼。今后你包围了我,不过一死而已。我不怕你,看你把我怎么样？"

（王成章整理）

作者黎光林,原系洪湖县税务局局长。

王劲哉与教育

李骧五

抗战初期,我作为武汉私立上智中学的负责人,决定迁校于沔城。

1940年,王劲哉在沔城成立兴革委员会,时常听政,得知上智中学教育质量不错,便亲临学校视察。他首先接见教职员工并询问学生的学习、生活诸事,还要我召集全体学生,听他的演讲。

当时,上智中学设立于玄妙观,只有初一上下两个班,百来名学生,纪律好,服装整洁。集合时,给王师长立正行军礼,王表现得非常满意,他说:"同学们好!在战地上办中学达到这个程度很不容易呀!"然后,他又就学生的学习成绩、操行诸情况,给予评价,鼓励学生爱国抗日,珍惜在恶劣条件下得到正规学习的好机会,要求学生以十倍的努力加强学习。最后,他说:"同学们,我们这所中学就在前线,敌人在仙桃附近辟出了机场,随时有到沔城轰炸的可能,大家要学点防空知识,不能穿白色衣服;敌机将临,不要乱跑,应就地卧倒,避免不应有的牺牲……"

王离开前,还召见两个班的级长,问他们对学校有什么要求,然后才上轿,拟回峰口。王途经玉带河时,见一少年守哨,便询问其姓名、身份,当他得知是一位叫鲁修英的中学生在守哨时,立即下令:"今后不准让学生守哨,如家中缺乏守哨男子,可以免哨。"直到命令下传完毕后他才起轿。

同年,设立在坡场的公立战地中学校长万效僧率全校教师、学生到峰口拟向王劲哉献旗。旗上大书"乃武乃文"四字(红底白字)。万校长径直先见

---

* 原载《抗日战争中的王劲哉》,政协湖北省荆州地区联络组王劲哉史料征编组编,1987年内部发行。

师长,陈述来意,请求举行隆重献旗典礼。王劲哉听后,连连摇头,神情严肃地说:"你看这是什么时候,这是什么环境,敌人已深入国家心脏,我师四面受敌,食寝难安,还有闲心献旗、受旗?"说完,与万校长一道见了伫立峰口街头的战地中学全体师生,又讲话勉励一番,然后令万校长扛旗返校。

上面,是万校长向我讲述的。

还有一件事。1941年旧历7月23日,王劲哉致电驻恩施的湖北省政府:"有感于沔阳监利两县青年失学较多,由军队支持的进忠中学在周老嘴已办一年,现因军事繁重,拟交与沔阳县政府,改名为沔阳县立中学。补办理手续。"电尾代号为:申养午。

不久,获省政府主席陈诚电:"申养午电悉,已饬沔阳县长朱树烈接收该校并续办。嗣后,请多加资助。酉、陷、省印。"

1941年春,沔城沦陷,我送长子李志学读进忠中学,始得悉上录两电内容。

作者李骧五,退休教师,住武昌。

王劲哉的两次召见

孙昭淦

周老维四湾的"鄂中战地中学",原系"三青团"鄂中区团部所办。后因区团部撤走,学校也就无形中解散了。1939年9月,原战地中学教员杨翼钧(潜江人)毛遂自荐,径往峰口与王师长商谈,要求将"鄂中战地中学"继续办下去,王劲哉同意,并指示杨说:"我兼校长,你当校务主任,主持校内日常工作。教职员工,由你物色报我聘用。经费由师部批发,按月领取,按月报核。临时性问题,可直接与周老任兰圃旅长商洽。"

学校复课后,我受聘讲授英语、史地等课,并兼管事务工作,主要报核每月经费收支。开学不久,王劲哉派师部参谋长李德新来校视察。李文武双全,对办教育有独到见解,学校工作得到好评。

寒假前夕,突然接到师部命令,令杨翼钧率全体教职员工和学生往峰口师部接受检阅。这个命令使全体师生都深感不安,学生怕编入部队,老师怕留师部工作,更怕王劲哉的喜怒无常,闹出什么不可设想的事来。但不去是不行的,违令者"戳",这是谁都知道的王老虎(指王劲哉)脾气。杨翼钧邀约我同去周老嘴旅部与任兰圃旅长商量。任忠厚善良,他说:"师长对教育界人士一向尊重,还是遵令按时去吧!"我们问旅长能否与我们同去,任很干脆地说:"没有命令。"

第二天早上,杨率全校师生220多人,步行60多华里,下午三点钟左右才到达师部所在地峰口。李德新参谋长接待我们,安排了全体师生的食宿。四点多钟,我们集合进入礼堂。礼堂布置简朴,只挂孙中山先生像。台上台

---

* 原载《抗日战争中的王劲哉》,政协湖北省荆州地区联络组王劲哉史料征编组编,1987年内部发行。

下贴满了王劲哉所拟的标语口号，礼堂内桌凳齐全，摆设整齐。此时，晚餐已准备就绪，每人一大碗三鲜盖浇面条。师长、参谋长也不例外，不过他们的摆在讲台上。不一会儿，李参谋长陪同王师长进入大礼堂，全体起立，鸦雀无声，静候校长讲话。

王师长确实不凡，他身着黄呢将校军服。上额凸出，两眼略陷，炯炯有神，他在讲台上踱来踱去有四五分钟不发一言，只是目不转睛地直盯着台下的师生，令人望而生畏。又过了好一会儿，王才两手交叉，说："师生们辛苦，请坐下吃饭。"学校军事教官黎同珊说："我们高呼校长训条后再吃饭。"于是，一片"一重良心，二尚道德，三明大义……""听校长的话，服从校长的命令！"整齐而有节奏的呼声，响彻整个礼堂。呼声停了，王师长紧绷着脸说："全体学生坐下。老师是学生的表率，为什么学生呼得整齐、明朗，老师却无人开口？"其实，老师何尝没有开口，只是声音小了些，听王这么一说，老师们一个个吓得魂不附体，汗流浃背，不知会有什么灾难临头。黎教官非常机灵，见此情形赶紧说："老师再呼一遍。"在教官的带领下，呼了第二遍，总算"大菩萨善过"，换来了校长的"赦免"，说声坐下吃饭，老师们惊魂未定，哪敢擅动筷箸。校长又说："必须吃完，不够再添。吃不完就浪费了。"说完，自己便和参谋长带头狼吞虎咽地扒起饭来。老师们这才如释重负地端起了饭碗。

饭后，王劲哉讲话："教育是国家重要的一环。将来国家兴亡，全靠你们老师、学生。我们是中国人，我们爱中国，不做亡国奴，不当汉奸。日本人不是中国人，我们要打。汉奸、伪军、土匪是变了质的中国人，我们要打、要杀。如新四军同我干，我们也奉陪！……"正讲得起劲，突然一声报告："师长，紧急电话。"校长走了，参谋长接着说："今天要不是你们这些教师、学生，那场面将不堪设想……"

晚上，我们在安排好的地方住下。学生秩序井然，一夜平安无事。可老师们心潮起伏，整夜没有安眠。我考虑的是：明天能走吗？察颜观色，师长似乎并没有"赦免"我们这些老师。今晚明晨是否还有特殊的召见呢？返回周老嘴后，我能否摆脱这个学校的工作呢？一连串的问题，直搅得我到鸡鸣天亮。起床后，李参谋长来了，他说："早饭后，全体师生回学校。"谢天谢地！

师生的心情倏地一振。早餐后,大家欢天喜地返回周老嘴。

以上,是我第一次见到王劲哉。

第二次见王劲哉,是在1940年的3月末。王师长又命令全体老师到百子桥师部"一谈"(峰口已沦陷)。这一次,我们留下黎同珊教官管理学生,其余老师全部遵命前往。到达师部,仍是李德新参谋长引见师长,也许是去年拜见的"余悸"犹存吧!我们的心都紧缩了起来。

师长办公室里,除一大幅军用地图外,挂的全是爱国教育、劳动教育、道德教育的标语口号。身着草绿色戎装的王师长端坐在太师椅上,待我们进入室内后说:"大家坐。"然后,再没有下文。我们遵命坐下。室内气氛好像大雨来临前的沉寂。五分钟过去了,十分钟过去了,师长仍然未开尊口,冷酷的眼光睃巡着我们每一个人,我们谁也不敢抬起头来。

李参谋长打破了沉默:"请老师们将学校情况向校长报告。"还未等老师发言,王师长却开了口:"大家不要怕,我不是老虎。我是中国人,你们也是中国人,大家都爱中国。日本鬼子打进来了,我们能不抗战吗?为什么还有些人不爱中国,要当汉奸?我们能不打他们吗?陈诚不管我们,我们能拥护他吗?别人都说我是老虎,爱戳人、杀人,我杀的都不是正直的中国人,都是坏人,你们看对不对?"谁也不敢接话,还是李参谋长接过话说:"师长杀的都是坏人。我们不是坏人,所以我们不怕。"王师长起身迈着方步继续说:"老师是我最尊敬的人。你们应该把孩子们教好,将来做国家的好人。"听到这,老师们齐声说:"听校长的话,服从校长的命令!"王劲哉颔首坐下,室内空气顿觉轻松多了。

谈话进行约半个钟头,王师长最后的话是:"我想念你们,希望见到你们,我们现在见面了。好!请李参谋长安排你们膳食,吃完饭回校,今天还能赶到吗?"我们说:"谢谢师长,天还早,能赶到。"

离开师长办公室,我们对李参谋长说:"参谋长,告辞,我们到渡口随便吃点什么就行了,请不必麻烦。"李参谋长没有强留,我们一口气回到学校。

作者孙昭淦系监利县政协委员、监利县财贸中等专业学校教师。

我在一二八师军训班*

贺 成

1940年,大约是8月间,我以一个青年学生的身份,参加了国民党一二八师师长王劲哉在峰口举办的短期军训班。

一天中午,我突然听见有人一边打锣,一边高喊:"师长训话!"于是我们即排队到师司令部(原香生茶楼附近)的操场上集合。当地的群众都来了,操场上站满了黑压压的一片人。台上站着王劲哉师长、李德新参谋长和朱树烈县长,台前站着卫兵,押着五花大绑的老沟乡联保主任马正凯,王劲哉开始训话了。"首先,我跟大家讲一个故事。"他说,"在南京,我看一位老汉在看一张新贴的布告,旁边一个人对他说:'你一字不识,看什么名堂,你知道布告上说的都是些什么?''哼!'看布告的老汉回答:'我虽一字不识,布告上说的是什么,我是知道的,总是找我们老百姓要钱,国民政府是刮民政府,不找老百姓要钱他们是不出布告的,这难道不是清清楚楚的吗?'"讲到这里,王劲哉的脸色变得严肃了。"正因为国民政府是刮民政府,才导致众叛亲离,日寇入侵,国土沦亡!今天,我们是来组织军民抗日的!是来收复失地的!不是来发国难财的!"说到这里,王劲哉用手指着面前被绑的人愤怒地说:"你马正凯身为老沟乡联保主任,胆敢营私舞弊,巧立名目,搜刮民财,以饱私囊,甚至以收税为名,敲诈了这位放鸭老头的光洋二十元。"王劲哉又指了一下台前站着的一位老人,继续说:"状子告到了我的手里,人证物证俱在,你还有什么可说!"王劲哉用锋利的眼光,逼视着马正凯。

---

* 原载《抗日战争中的王劲哉》,政协湖北省荆州地区联络组王劲哉史料征编组编,1987年内部发行。

此时,马正凯面如土色,魂不附体,在铁的事实面前无话可说。

王劲哉抬起头来,望着台下的群众提高嗓门说:"我的'训条'反复强调'营私舞弊的人,是我们的敌人'。马正凯身为联保主任,难道不知道?明知故犯,罪加一等!对待'我们的敌人'怎么办?杀!"

"杀"字一出口,马正凯高喊"老师开恩"——原来这个马正凯,据说是本地某绸缎铺的少老板,是王劲哉举办的行政干部速成班第一期的学生,颇有才气,很受王劲哉的喜爱,故王劲哉派他当了老沟乡的联保主任。而马正凯则自以为受到了王劲哉的信任,有恃无恐,胡作非为,谁知王劲哉铁面无私,毫不念师生之谊,尽管马正凯喊"老师开恩"喊破了喉咙,也无济于事了。

据此,当时有的人称赞王劲哉法不徇情,杀其所爱;也有人指责王劲哉执法过严,草菅人命。见仁见智,因人而异。现在,我只不过是把这个真实的故事作为史料讲出来而已!

作者贺成,洪湖政协文史委员,退休教师。

一二八师从军记

袁国玉

1986年7月下旬,县政协文史资料研究委员会和渔洋区政协联络组召开王劲哉史料座谈会,我有幸参加,并在会上发了言。会后,县区两级领导约我写一篇资料,当年和我一起在王部当过兵的同事们也托我代笔写出这段经历,我一则已届古稀之年,二则文化素养差,三则家务农事还要照管,便婉言以辞。但后来读了《潜江文史资料》第一辑詹特芳写的《蒋介石盗取黄金银元及外币的经过》一文,深受启发,觉得还是把那些至今还没有忘记的东西写出来为好,于是命笔写了以下文字。

一二八师来了

1939年春夏,岳口、天门县城和潜江县城相继被日军占领,潜江县府机关迁拖市。潜江县长万廉(号义洲,天门人),见时势不祥,自行离职它去,县府秘书袁祥麟代县长。袁秘书经常坐船上新沟嘴,顺路来过我家几次,我也曾给他送过中秋和生日礼。这样,通过一个任县府会计的族兄袁国良荐举,袁祥麟同意我到县府任公案员差役。到差不到两月,一二八师来了,我们家被一二八师管辖,潜江县府具公函与我家所在的区乡商量准我留任,未得同意。他们命令在外人员一律回家,否则作汉奸处理。父亲胆小,把我接回。

到一二八师当兵

1938年10月武汉失守。日军继续西进,鄂中江汉平原天沔监潜一带

---

* 原载《潜江文史资料》第4辑,潜江县政协文史资料研究委员会1987年12月编印。

只残存国民党第二游击纵队司令金亦吾部,这支队伍军纪不严,军心混乱。金部所属管子芳五支队部住新沟嘴,开始军纪还可,后来管子芳调走,换副支队长陈赓继任支队长,军纪逐渐变坏,闹得买卖客商也不往新沟嘴经过,乡下人民怕上街赶集,新沟嘴变得市井萧条。1939年5月5日,一二八师师长王劲哉派七六三团赶走了新沟嘴陈赓五支队部,打死几十人,缴军火几十条。团长张平海率部驻扎新沟镇后,重整市面,恢复商业,社会秩序又日趋安定。

1940年,一二八师开始征兵。10月下旬,征兵官员十余人到了监利县周老区马家乡联保办公处。这届联保办公处主任刘品山,沔城人,他听到征兵消息惶恐不安,外面传闻一二八师手段厉害,深恐在这次征兵中挨了刺刀。一天夜晚,马家乡召开了全乡大会,保长、保丁四乡催人。天上无月亮,地上满院灯笼马灯,家家户户,拖男携女,不到三个小时全乡两万多人鱼贯入场。这天开会都是全家到场,即或是手脚残废之人也到场点名。刘品山主任向师部官员报告一声:"我乡人员全部到齐。"于是征兵官员们登上会场临时搭成的台上,全场响起一片震耳的鞭炮声,向他们表示欢迎和敬意。验兵开始,官员们执名册,大声呼叫名字,被叫者走上前去接受目测。合格者,便叫左邻右舍签字画押,担保这个壮丁以后不开小差回家。我们全乡验中38人,其中一人就是我。当时我的思想如扬子江断缆沉舟,绝望极了!后反复思索,想到投笔从戎的班超等古人,觉得当兵卫国,理所应该,况何止我一人耶!唯那壮丁家属们,个个痛哭流涕,牵衣扯袖,难忍离别,观者亦为之下泪。

1940年10月29日下午两点左右,我们38名新兵被送到沔阳峰口,在师部门前,王劲哉师长向我们训话。师长用炯炯的目光在我们每人身上扫视一番,然后说:"大家来当兵,怕不怕?"回答说:"不怕!"师长又问:"爱不爱国家?"回答说:"爱!"师长拍手发笑说:"好!青年人,有志气!日本鬼子,侵占我国土,杀戮我人民,报此不共戴天之仇,把鬼子驱逐出境,是我们大家的责任。"师长正讲得起劲,同乡廖赐银在队列中忽地一声"报告",师长停声,廖说:"我身患残疾,腿脚不便,不能当兵。"一听这话,我们37名同乡都为他吓了一身冷汗,他分明手脚灵便,哪是什么残疾呢?只见王师长手执名册,问了他的名字,又把他从上到下看了一番说:"你家三弟兄,应该有一人服兵役,你有疾患就当炊事兵,好不好?"我未见师长之前,曾听人说师长是阎罗王君,动不动就下令杀人,今天所见,并非如此,真是耳听是虚,眼见为实。随即我们38人被分到七六七团三营七连当兵,团长李钰亭,营长史耀先,连长赵天兴。赵连长是"黄边边",少校军阶,与史营长同。

新兵训练

我们38人在一个连队,虽然班排不同,也朝夕相见。一个连队,有这么多同乡,经常聚聚,所以也不寂寞。我们的赵天兴连长与王师长同是陕西渭南人,当过王师长的警卫班长,负伤几次,王师长对他颇为器重。到连队休息了两天,便开始训练,大排长张兴义带我们下操。张是河北人,他讲话我们听不懂,但态度和蔼,不发火,因此操练几天进步不大。后换七班长韩景奎带领新兵训练,韩是河南人,脾气大,稍不如意就骂我们是"菜包子"、"死狗"。这是军营中最污辱人格的话。有时,他还用拳头打新兵的胸脯。一星期后,又换了个九班班长刘振元,山东人,比韩更凶,开口就骂,伸手就打,把新兵个个整得喊爹叫妈。新兵的怨声入了连长的耳,又换第二排排长祝国平带操。祝是湖北蒲圻人,这个连队除新兵外,所有官兵尽是远方人,因此湖北籍的祝排长对我们的态度特别和悦。他把我们38名新兵叫到一起,在操场上原地坐下,给我们讲军纪军风,并说,作为一个军人,只有严格要求自己,才能学到本领,平时多流汗,战时少流血。他教操很耐心,每一个动作都以身示范,一遍又一遍地做给我们看。在他的教导下,我们进步很快。

新兵训练最怕"扒慢步",这一关很难熬。扒慢步即练习正步走的慢动作,一只脚站立半天,身子一点也不能摇晃,全身肌肉都绷得紧紧的,实在费劲。我们练了两天,连路都走不动了,疲劳到了极点。连长命新兵休息一天后再练,这一个星期真是度日如年。接着是练刺杀,二人端着明晃晃的刺刀对练。训练内容还有跳高、跳远、拳法。跳高、跳远成绩优异者受奖。两个月军事训练完毕,各种操练动作基本掌握,从此和老兵一样成为一二八师的军人。

与倪辑伍团长并肩剿匪

1940年古历腊月上旬,我连随营开往沔东一带打游击,驻沙湖油榨湾。不久又开往沔东北纯良岭,逐跑了汪伪军。后来调回驻峰口,王劲哉师长亲令史营长带全营人马开往潜江县老新口与倪辑伍独立团会师,收剿潜江边境的土匪陈华中。全营官兵火速开差,每人身负背包、水壶、洋锹、食米、枪支、子弹、手榴弹,共八十来斤,以一个钟头20里的速度跑步行军,从沙湖到老新口两百多里一天赶到,真够累的!倪团长欢迎我们说:"七六七团三营全体官兵弟兄,你们辛苦了!你们由沔阳纯良岭远程而来,两百多华里,不到9小时,你们就赶到了。兵贵神速,你们如神兵天降。这次受命和贵部一道出师剿匪,并肩战斗,定获全胜!"

在老新口开完誓师大会,部队开拔,倪部先锋,我营随后。号声马嘶,浩浩荡荡往洪宋场方向前进。倪团长系洪宋人氏,此次前锋部队刚入洪宋境,即响起了鞭炮声,这是乡邻欢迎倪团长路过家乡。当晚我部在荆河口宿营,地方人们以为是"薛团"又来,十分惊恐。薛豫屏团原属金亦吾部六支队,他的部队在这里驻扎时,烧光了几个村庄,人民余悸未消。见此情况,我们马上告示人民,说明一二八师部队来此的目的,安定了人心。我营与倪团兵分两路,各剿一方,我所知的情况如下:我连赵连长派便衣队五人下乡侦察匪情,稍见踪迹,即全连追剿。数九寒天,雪雨交加,连队在浩口、观音庵、半途港、积玉口、么河、么口、荆河镇、钟滚挡等地,餐风露宿,四天四夜,身上的冰凌如玻璃铠甲一般。第五天天还未晓,我们在钟滚挡活捉一男两女,搜查出撇把一支,子弹五粒。经审问,供出匪徒行踪,我们继续追击。后接倪团长令,将所获匪徒送交团部刺死。我连只交去一人,全团共刺死101人。第七天,根据一农人报告,有一股土匪在芦苇丛里杀牛吃,闻讯,全营出动包围,生俘匪徒一百多人,获枪90余支,倪团长又命令一个不杀,收编他们当兵。部队正在继续进剿的时候,有一天,我连便衣队二人被敌方便衣队捉去,并带到了陈华中那里。我便衣队毫不畏惧,义正辞严地讲明一二八师七六七团三营七连与倪辑伍独立团剿匪的决心,劝陈弃恶从善,将功赎罪。陈听后,亲自给便衣队二人松绳让坐,并托二人给史营长捎信,表明投降诚意。史营长接信后,立即回应,愿以身担保他的安全。这样,陈华中亲率残匪一百多人投了一二八师,后来也当了独立团团长。

西流河战斗失利

1941年春节,我们凯旋回师,师部奖励了鱼、肉、烟、酒过年,三十、初一两天放假,我们同乡38人还一起聚了餐。

节日过后,师长下达新的命令:七六七团三营七连和七六八团三营八连,两个连队共打西流河日伪。连长向我们介绍敌人的情况说,西流河有五十几个老东,一百多个伪军。我们两个连分两路进攻,赵连长说:王师长肯定了这一仗只会打赢,决不会打输。

1941年古历正月初二,我们从驻地往东北方向出发。据说这一天的天相是"大利西南,不利东北",我们偏选上了这么个黑道日出兵,活该这一仗以失败告终。部队过东荆河,经杨林尾、走牛扒到太阳垴,初三日到余家嘴。师部电线也紧跟着牵到前方,直接指挥作战。赵连长部署战斗,下令将背包、衣物等卸下,又令特务长带几个老兵留守驻地待命,其他人准备战斗。正在此时,八班丁长松喊一声"报告",说是突然暴发眼病,双目难睁,不能参战。赵连长说:"你过来我看看。"连长一瞧,大骂一声:"妈的屁,你用食盐揉擦眼睛,欺哄长官,临阵逃脱,拉出去刺死!"大家向连长求情,说是临战前刺杀自己人不吉利,战后查办为妥,连长准情,令丁长松跟随我身边作战,争取立功赎死。我们一、二排两个排长冲进西流河西街口隐蔽下来,细细观察敌情,发现日军远不止四五十人,而且增援继续来到,伪军少说也有一个营。连长赶紧向师长报告,回复说:"看情况若攻不上去,迅速退却。"正在进退维谷时,敌人架在屋上的机枪"哒哒"响了起来,顷刻间,飞机凌空而至,投弹扫射,我们头不敢抬,还哪能还击一枪?西流河堤又不便隐蔽和后撤,这一仗,从上午6点打到下午9点,全连死伤70多人。幸亏八连赶上掩护,我们才退过西流河上的木桥,避免了更大伤亡。敌人追了我们六里之遥才停步。

到了余家嘴清理人数,新兵战死4人,伤3人,被俘2人,老兵死伤50多人,西流河战斗失利,主要是王劲哉师长没有摸清敌情所致。

汉河口防守显威

1942年六七月间,我们驻防汉河口。

7月上旬,白庙日军以三千多精兵进攻汉河口。战斗打响前,白庙维持会会长和翻译官向史营长报告了敌人情况,这个维持会长和翻译官还算得上是中国人,他们明辅曹操,暗助刘备,日军的一举一动都汇报到了营部。报告说,敌人用三匹骡马拖来一门野山炮,炮筒有如桶粗,射程30公里,一枚炮弹35公斤,共运来15枚;还运来六〇钢炮5尊。史营长对全营兵士说:"镇守汉河口,城在人在,与城共存亡。"史营长在七、八连挑选了100多名精兵,加上8条轻机枪守住主道,其余力量分别向左右两翼进入阵地,各配迫击炮4门和机枪数挺。这次战斗是敌攻我守,全营兵士士气很高。日军先用炮轰我据点,但命中率很低,接着发起攻城。冲在前面的日军,腰系有十几米长的尼龙绳一根,是准备死后拖尸体用的。鬼子的后面跟着许多拉来的中国苦力,帮他们背着子弹。这次战斗敌人还出动了飞机,三架一队,轮番轰炸扫射。但我们还是打退了敌人多次冲锋,尸体把堡垒前的壕沟都填平了,沟水如血。到了夜间,日军要苦力搬运尸体,我们知道这是中国人,他们是被强迫来替日军做事的,故不开枪。打到第五天,日军又出动了4辆坦克,在我碉堡前沿横冲直闯,气势汹汹。后营长挑选七班长韩景奎等四个班长,命令他们炸掉坦克。营长说:"坦克是个聋子,是个瞎子,只要你们沉着勇敢,一定能送它上西天!"韩等四人受命,各准备了手榴弹多枚,接近坦克后,先用绳子绕住这个庞然大物,然后就绳爬上车顶,把手榴弹投了进去,当即炸毁了2辆,另2辆也不敢来了。

战斗结束后,白庙维持会送来确实情报说,日军被我打死380余人,而步枪缴获只50多支,原因是敌人在晚间搬尸体的时候,连同武器一起搬走了。后来农民种地拾了六五子弹两满筐、手枪10余支、刺刀数十柄,全送到营部。

朱兴场遇险

汉河口战斗后，我们移防陶家坝，为防备日军攻击，1942年8月9日晚，连长派我去白庙联保处催民工。我内穿便衣，外套军装，恐有不测，便于化装。我连夜出发，在白庙联保处，随同联队副下乡督催各保民工一整夜，直到天亮时民工按时到了陶家坝。这一整夜奔波，十分疲劳，天将明，我和联队副到朱兴场，查民哨一个也没有，正想追究一下，忽听"砰"的一声，街头升起绿色信号弹一颗，刹那间，日军包围了街道。原来是七六八团四五个士兵上街买菜，被日军发现活捉，刺死在街口。混乱之中，联队副不知往哪里跑了。我赶紧在一个墙角落里脱掉军服，装扮成一农人，并用泥土在脸上擦了一通。只见全街人都向汉河口西南方面奔跑，我混入其间，并转身接过旁边一农人的小孩抱在怀里。日军只注意搜寻一二八军人，无暇多顾，他们手端刺刀，口里哼哼，从我们身边走过，我幸而穿了便衣得以脱险。回到连队，我说及经历之事，大家无不为我庆幸。

日军侵占了朱兴场，与前沿我哨只距离50米，立即交上火了。王师长打电话说："等候援兵。"但连长赵天兴勇于抗敌，不候援兵，即亲率四班班长带了轻机枪一挺、步枪三支和一个号兵沿着堤脚冲了过去，不料日军在堤脚的草丛里早有埋伏，一粒子弹飞来，正中赵连长的脖颈。顿时全连齐上，将连长护送师部。王师长一见赵连长负重伤，打电话直骂史营长说："今夜不拿下朱兴场，我枪毙你！"史营长立即命令：七连顺堤向东，九连抄日军后路向西，八连向北一齐猛攻朱兴场。这场战斗非常激烈，直到夜晚才把日军赶出朱兴场。敌死伤50多人，我死伤30多人。同乡彭中焕在战斗中被活捉后，死里逃生。连长赵天兴住医院不久殒命，全连战士无不下泪。

古潘叛变的传闻

我在一二八师当兵三年，一直未看见古鼎新旅长的真面目，人们都说他五官不齐，只一只眼睛，所以叫他"古瞎子"。听说他的旅与潘尚武的独立旅都驻天门。"将在外君令有所不受"，王师长常调他不动。连排长们在一起，常谈起古鼎新与王师长离心的事,我曾立侧旁听。

1942年古历七月间,王师长发现古旅有变,写密信一封送潘尚武旅,嘱潘将古捕获送师。不料此信竟被古截获,机密泄露,古拿着密信见潘,潘深知自己在古的掌握之中,顿时吓得求古饶命。二人于是商定,共同叛变王师投日。

1943年正月,古鼎新带领日军向一二八师进攻,王劲哉师长被擒,一二八师全军覆没。我连在施家湾被缴械。在被日军解往通海口的路上,廖书茂、张家喜、廖赐银,还有一个营部文书和我共五人,听师长的话,不当亡国奴,逃跑回家了。

(毛道海整理)

1986年11月

作者袁国玉,渔洋荆安村人。

我在王劲哉部下当兵十二年

王金和

我从十七岁起,就在王劲哉部下当兵,以后跟随王劲哉的部队抵抗日军,转战南北,当了传达班长和通讯排长,直到一二八师全军覆没,前后共十二年时间。现将我随王劲哉的行踪和他严厉治军的几件事追忆如下。

一、王劲哉当营长我当兵。我是河南省镇平县人。1931年11月,我被杨虎城的部队拉壮丁到了陕西,编在西北军九团二营当士兵,当时王劲哉是二营营长。到了1935年10月,我是四十九旅九十八团三营营部的传达班长,这时王劲哉是四十九旅旅长。1936年12月12日"西安事变"时,王劲哉率领的四十九旅驻扎在西安至甘泉一带,我们参加了这一事变。

二、在曹县和日军作战。西安事变后,王劲哉奉命率领四十九旅到前线抗日。我们于1937年7月从西安上火车东行,过潼关,到开封住了几个月。在出开封时,王劲哉是新编三十五师师长。以后我们又到兰考、杞县住了几个月,部队整训。日军于1937年12月27日占领济南以后,我们的部队奉命调到山东南部的曹县等地和日军作战两次。蒋介石派去的嫡系部队抵不住日军进犯,全部后撤,我们的部队这次损失很大。王劲哉在前线直接指挥作战,右臂中弹受伤,以后我们向他敬礼,他还礼时,手要用猛力才能抬起来。

三、在丰城编为一二八师。在曹县和日军作战以后,我们退到了河南的周口专区,住了四五个月。1937年11月12日,日军占领上海,接着溯江而上。我们的部队又奉命,从河南的漯河上火车,到汉口,坐轮渡过江到武昌,

---

* 原载《监利文史资料》第1辑,监利县政协文史资料研究委员会1987年10月编印。

又乘火车,经岳阳、长沙,到株洲,再转车到了江西南昌以南的丰城县。这时我们的部队才编为一二八师,受汤恩伯统一指挥。

四、在瑞昌和日军作战。我们的部队在丰城县境住了个把月,又奉命乘火车从原路返回,经株洲、长沙,到了湖北的咸宁专区,再经蒲圻、通山、阳新,到了与湖北交界的江西瑞昌等地。在这里又和日军作战两次。蒋介石的嫡系部队很多不战而逃,我们的部队这次损失更大。汤恩伯的好枪好炮满地丢的是,我们就捡好枪,丢坏枪。

五、古鼎新补充进来。1938年10月25日武汉沦陷。不久,我们的部队从瑞昌退到了崇阳的一个大山中,记得是烤火的时候,住了三个多月。古鼎新是在武汉沦陷前夕补充进来的。古部原是陕西的一支土匪部队,由蒋介石收编,当时名为旅长,实际只有一个团加一个营的兵力,约一千五百人。

六、受编不受调。我们驻在崇阳山中时,蒋介石下令调王劲哉到长沙。这时,王劲哉不服从蒋介石的调遣了。为什么?因为王劲哉从几次与日军作战中,看出蒋介石抗日是假的,又因为自己参加过西安事变,怕去了没有好结果,所以不服从调遣了。他的决心一下,上下官兵都拥护,人心更齐。

七、找出路——到江汉平原。一二八师在崇阳山中时,蒋介石不供给我部军饷,困难很多,我们又回到咸宁,未停,晚上偷越铁路,到了嘉鱼。在嘉鱼住了一个月以后,晚上偷渡长江,整夜整夜地渡,接着就到了沔阳的沙湖一带。这时已是1938年11月份。以后兵力慢慢扩充,一二八师在天沔监潜等地一住就是五年。

八、王劲哉被擒,我也成了俘虏。1943年2月,王劲哉在监利柳关附近被日军生擒,一二八师全军覆没,我也成了俘虏。当时我在沔阳的谢仁口。我被日军俘虏后,解到仙桃、汉川、应城,最后到京山县宋河镇日军俘虏所,做了一年零十个月的苦力。日军投降前夕,我才被释放。

王劲哉当营长时,我经常见到他。他当师长后,我在七六七团直属通讯排当排长,他经常来我们团部,我也常见到他。他治军是非常严厉的,我印象中最深刻的有以下几件事:

1.我知道王劲哉治军之严是从他当营长起。他在陕西当营长时,每天早操,他总是第一个先到。有一次,王劲哉在街上见到一个士兵的风纪扣子没有扣好,就是几耳光,以后官兵都不敢随便了,出外都是整整齐齐的。我们团驻扎在峰口时,1941年有一天,全团官兵集合,请王师长讲话。二营迟到五分钟,王劲哉当即罚刘芝瑞营长下跪,一跪就是半小时。

2.军官结婚要经批准,而且要遵从群众习俗。我二十四岁在沔阳通海口结婚,已是当了几年的排长,王师长也认识我,但要结婚必须经王师长批准。当时,经请示李保蔚团长同意后,呈报王师长批准,并按照群众习俗,发了"八字",明媒正娶,我才敢结婚。在我结婚不久,我们团部直属机枪连二排排长刘景义,与一女人在军营里姘居数月,自认为算作结了婚。以后王师长发觉,将刘排长当即处死。

3.使我最为震惊的一件事是,1940年上半年,我们七六七团团长李保蔚,因抗击仙桃日军,没有按时到达指定地点,致使战局不利而遭到处决。王劲哉在西北军当营长时,李是团长,是王的上级,王和李都是渭南县的人,又是表兄弟,王师长真是对事不对人。处决李团长那天,我在外架线,没有参加大会。当天晚上听说,王劲哉在大会上讲话,非常气愤,大骂李团长是"怕死鬼"、"草包",说胜利在望的战机被李保蔚葬送了,就命令卫士把李团长拉出去枪毙了。

王劲哉扶持峰口商业

熊林章

峰口镇属沔阳,居长江、襄河之间,地处江汉平原之腹地,物产丰富,交通方便,市场繁荣,素有"小汉口"之称。1938年,日本侵略者占领武汉后,溯长江、汉水而上,又攻占新堤和仙桃两镇。此时,处于新堤、仙桃两镇之间的峰口不断受到日寇袭击、轰炸,加之国民党散兵游勇、土匪抢劫骚扰,致使峰口人民流离失所、百业凋敝、市场萧条。1939年秋,王劲哉率领一二八师进驻峰口,开展抗日斗争。他为了巩固基地,保证所部的兵源和给养,帮助峰口镇的商业恢复与发展做了不少好事。

我是当时在王劲哉治下的商会委员,又开一家国药店。现将我亲历的二三事分述于下:

一、低息贷款扶持困难商户

王师长来到峰口后,看到许多商户资金短缺,难以开业,于是决定将农业贷款转拨一部分作为商业贷款。第一批发放总金额为五十万元(当时市场流通货币),交给当时保长王后海配合其少尉副官伍声奇发放。放贷手续也很简便,凡贷款商户,只要负责人申请,经同意出具证明,就可贷到所需的资金。限期六个月,期满一定归还,利息很低。贷款金额一般在五百元至三千元之间。贷款最多的商户是永兴和匹头店,共五千元,获第一批贷款的商户有李春元、仁寿康、冯义兴等两百多家。

---

* 原载《抗日战争中的王劲哉》,政协湖北省荆州地区联络组王劲哉史料征编组编,1987年内部发行。

第二批贷款是1940年下半年,由一二八师司令部贺子同参谋长亲自来峰口发放,总金额是一百万元。

这两次贷款,对峰口的商业恢复和发展起了一定的作用,受到商户的欢迎。第一批贷款按时收回。第二批贷款则发放不久,王部溃败,直到抗战胜利才由当时沔阳县政府派人清查收回了一部分。

二、协助商人,突破封锁购销食盐

日寇为了掠夺我国的物资,对食盐实行少量配给,而大部分高价出售,或以盐换粮换物,造成敌占区的食盐供应紧张。抗日游击区的峰口镇,食盐奇缺,只有个别商人,冒着很大风险,偷偷摸摸地用粮食到敌占区换一点点回来销售,价格极其昂贵,一石稻谷才能换到一斤盐,而且还不容易买到。不少群众长年吃淡食,严重影响了生产和生活。

对此,王师长忧心如焚,曾多次和我们商会委员磋商,后来终于找出了一个较好的办法,就是由司令部和商会共同派人绕小道到四川购买食盐,再派部队协助商会押运到峰口,批发给各杂货店按一斤盐六分钱左右的平价出售,但一人只许购一斤、二斤,一次不能超过五斤。食盐委托本镇杂货店出售,由商会委派聂在德委员负责处理购销事宜,基本保证了峰口地区人民对食盐的需求,各界人民都很感激王师长。

三、减免捐税,以纾民困

王师长看到国民党苛捐杂税严重,决心减轻人民的一些负担。亲自与驻峰口沔阳县兴革委员会商议后决定,在他所辖的汉沔地区,只征收三项捐税,即农业税、营业税、行商税。对峰口镇商业税减免的幅度尤大。当时峰口镇约有大小商户三百多家,但每月征收的营业税总额不过五百元。一般大商户每月约十元至三十元,中小商户每月三至五元,小商小贩多数免征。税款均直接向军需处上尉田副官交纳。我家开的中药店,批零兼营,属于大商户之一,但每月捐税也不过十元,与以往相比,大大减轻了。此外,王劲哉还大力整顿市场,加强治安,狠缉盗匪,严禁官兵敲诈勒索,使广大人民基本上能各安生理,因而峰口市场也较为繁荣,成为抗战前线的一块"绿洲"。

(刘兴诗整理)

作者熊林章,原沔阳县峰口镇商会委员,后任湖北省工商联执委、洪湖县政协委员。

我和王劲哉师长的交往*

郑少培

1938年,我刚满20岁,就继承祖业,在峰口镇经营商业。我家开的是匹头店,招牌叫贞文昌,有两家铺面。在当时的峰口镇,我家可称得上是最大的商号,我又是峰口镇商会委员,一二八师的师长王劲哉来峰口以后,和我的交谊较深,因此他给我留下较深的印象。

1938年秋,驻峰口的沔阳县保安大队长李太平要走了,他对我说:"王劲哉要来了,人称他'王老虎',厉害得很,你们要当心!"不久,一二八师的一个营开进了峰口,约莫过了两个多月,王劲哉率领的师部也开来了。那是冬月的一天,商会会长谢楚才通知全体商会会员,说是一二八师王师长马上来峰口驻防,要我们大家去迎接他,并要借我家办酒席,为王师长等人接风。我连忙答应,及时进行安排。

下午四点左右,王师长及其副官处长蔡澄、军需处长王邦林、参谋处处长毛效温以及兵站站长等一行,在谢楚才会长和商会坐办(即秘书)刘瑞武等的陪同下来到我家。我迎出去和他们握手、寒暄。王师长中等身材,四十左右,光头,浓眉底下两眼炯炯有神,着草绿色呢质中山服,脚穿青布平底鞋,左手拿一根黑红色木手杖,右臂似难伸直,微向上屈(后来知道这是因与日寇作战时受伤所致)。初次见面,王师长给我的印象并不那么凶恶、可怕。当天只是礼节性的接风,大家都比较拘谨,交谈不多。酒筵结束以后,他们便告辞走了。一二八师司令部设在商会,就在我家隔壁。不久,我家和司令

---

* 原载《抗日战争中的王劲哉》,政协湖北省荆州地区联络组王劲哉史料征编组编,1987年内部发行。

部的人混熟了,王师长跟我的接触逐渐增多,感情渐渐加深。

1940年旧历正月初六的清晨,我们还未起床,就有人在我家门外高声叫道:"我们王师长请郑少培先生哩!"我连忙起身穿戴好,给家里人打了个招呼就拿着名片出了门。司令部门口、院内,戒备森严,我心里七上八下,很是紧张。我将名片交给卫士班的一名士兵,他一面让我进卫士值班房暂坐,一面将名片拿了进去。不一会,王师长亲自迎了出来,满脸堆笑,操着陕西口音对我说:"哦!来了!来了!请进!请进!"一直将我领到他的书房内,让我和他在木炭火盆边相对坐下。坐定之后,我便小心翼翼地问道:"师长今天叫我有什么事?"王师长和蔼地说:"没什么要紧事,因为这几天过年,你们比较闲,特请来随便聊聊!"接着王师长就向我询问了许多关于峰口的情况,问大生意好不好做,做小生意的情况又如何,运货路上是否好走,一二八师的官兵在街上是否打人等等。我仅将自己所知道的情况如实地向他汇报。当谈到市场物价问题时,我告诉王师长:"峰口做生意的习惯是买小菜、买鱼可以还价;买肉、买布就不能还价。部队官兵因不了解这些规矩,有时买东西不还价吃了亏,有时又因还价和商户扯皮,因此,经常发生争吵、打架等现象。"王师长听了我的介绍沉吟了好一会又说:"哦!你看能不能这么办:由你们商会出面,定期将各种主要商品议出一个统一的零售价格,公布出来,平买平卖,不要让老百姓太吃亏了。"就这样他问我答,越谈越随便。这一天,我们谈的时间很长,涉及的问题也较多。我临走时,王师长一再说:"以后有空常来谈谈!"他还亲自把我送到司令部大门之外,我请他留步,他才停了下来。以后,我才知道,和我交谈之前,王师长还分别找其他委员也交谈过。不久,他就正式令商会对各种主要商品议定价格,公布于众,实行了明码实价。

王劲哉不吸烟,平时只喝点啤酒。当时峰口没有啤酒卖,我每次下汉口进货时,他便托我给他带点回来,还特别嘱托我大量搜集日伪出的报纸带回来给他看。

1941年,一二八师司令部从峰口移驻百子桥。我在峰口的房屋因为日寇飞机轰炸,化为了灰烬,货物由王师长派船运到监利毛家口,赁屋继续营业,招牌还是"贞永昌"。1942年中秋节,我从汉口购货回来,给王师长带回了许多日伪的报纸,还顺便带了点火腿、啤酒之类的礼物,叫我的老表周东林挑着,从毛家口来到百子桥。刚走到司令部门口,便碰到了王劲哉的卫士张天成,他看我旁边有个人挑担东西,便说:"您是来给师长送礼的?您看那……"他用手往门边一指,我见地上横七竖八地放了不少礼物。他接着说:"这些东西师长都要退回去的。刚才,你们峰口商会的谢会长叫人抬了一头猪来,受到了师长的一顿好训!我们部队的兄弟有吃的,不要你们送,你们送一头猪来,不晓得在底下要派几头猪哩!我们师长不帮你们背名义。他把谢会长等人说得头都抬不起来。现在气还没消,我可不敢跟您通报咧!"

我看来的不是时候,就叫老表把东西挑到副官处长蔡澄家里暂时存放着。蔡是咸宁人,和我是同乡,他听我说明来意后对我说:"师长这几天脾气不好,等等吧!"过了一会儿,卫士伍生琪来了,他是峰口人,蔡处长就要他进去通报试试,他进去不久,师长居然亲自出来了。我们握手之后,我便先将搜集到的大批日伪报纸交给了他,并试探着说:"还给师长带了点东西,不知您肯赏脸不?"王师长笑着说:"你不要多意思,有的人用公家的钱买东西来送给我,那是坚决不能收的,你我之间的私人感情不能没有呀!你的东西不在退回之列!"接着又把我让进司令部内,向我详细询问了武汉地区日伪军活动的一些情况。

(肖家铸整理)

王劲哉的"训条"

余雅英

在抗日战争初期,国民党军一二八师师长王劲哉驻扎沔阳解家口之后,曾制定出许多训条、标语、口号。凡是他所属的部队,在每天早晨出操时,除了合唱《中华民国国歌》以外,还要齐诵王劲哉制定的十大"训条":

一、重良心,二、尚道德,
三、明大义,四、尽职守,
五、爱团体,六、信命令,
七、知待遇,八、要效忠,
九、亲人民,十、卫国家。

再者,王劲哉还制定很多"口号",分别涂写在瓦房的面墙上,让全体军民阅读。我记得有以下诸条:

我是爱国人,爱国人是我。
我是良心人,良心人是我。
我是劳动人,劳动人是我。
我是勤苦人,勤苦人是我。
杀少人,救多人。
杀坏人,救好人。
实行勤苦,绝对听命令。
吃饭不做事的人,是国家的罪人。
营私舞弊的人,是国家的敌人。

---

* 原载《沔阳文史资料》第2辑,沔阳县政协文史资料研究委员会1984年9月编印。

抗战两年（注），失国土大半，羞愧万分。

王劲哉宁死不当亡国奴！

当了汉奸的人，儿子儿孙不能在人前说话。

听我们师长的话，服从我们师长的命令，

绝对能打胜仗，绝对能打敌人。

有钱出钱，有力出力。

掀起全民抗战，争取最后胜利！

注：制定这些口号的时间是一九三九年；此"训条"凭记忆所录，可能有疏漏。

一二八师的几条标语口号

朱河区志办

我们在征集史料时,有人反映1940年下半年一二八师驻防下车湾时,在陈仁德粮行的山墙上写的几条标语口号,至今尚未涂掉,字迹清楚。我们立即派人查证,属实。遂于1986年11月20日摄入镜头。

为什么事隔四十多年,这些标语口号尚保存完好?情况是这样的:当时陈仁德粮行的山墙,正当路口。但没过几年,道路改变,这里成了偏僻所在,很少有人行走。所以这些标语口号能够一直保存下来。

现将这些标语口号照抄于下:

抗战能生弗则死!

劲圄制

穷死不当汉奸!

饿死不当伪军!

劲圄制

不勤苦不用心的人

不勤苦的人,不用心的人,必定没有出息,没有进步,没有饭吃,没有钱花。靠别人的田产养活自己,乃是有限的,也是靠不住的,更是最没味气与最羞耻的。

不孝敬父母的人

不孝敬父母的人,养的儿子、女儿,将来也一定不孝敬自己。不孝

---

* 原载《抗日战争中的王劲哉》,政协湖北省荆州地区联络组王劲哉史料征编组编,1987年内部发行。

敬父母,绝不会忠于国家。

当了伪军和汉奸的人

当了伪军的人,儿子、孙子都不能在人前说话。

当了汉奸的人,父亲母亲,都叫人骂死哩!

当了汉奸的人,亲戚朋友,都受人暗地骂着!

当了汉奸的人,快想法免去汉奸,被(避)免人再骂。

做什么事都可以有饭吃,何必要学汉奸!

监利第四区下车乡一百二保制

王劲哉等人的三首诗

陈习鹏

王劲哉师长行军作战,号令森严,处理军务刚不可犯,人骤遇见,似乎望而生畏,然师长在军事余暇,亦儒雅风流。平时爱文士,喜谈吐。有经学教师项尧坪,博学多才,精于医理,常为该部官兵治病。1941年秋,一日偶与王师长会晤。接谈之顷,有如故交,即携手入室,奉座献茶,继而畅谈国事。话到日寇侵略,王怒目切齿,拔笔疾书《感怀》一律:

芦沟桥畔起兵戎,万里烽烟弥太空。

抗战五年余白骨,除奸三尺乏青虹。

复仇直欲吞吴狗,扶汉有谁继蜀龙。

浩劫茫茫无底止,不堪回首听哀鸿。

项亦激情昂扬,步韵奉和一首:

痛心倭寇忽兴戎,军事翻劳陆海空。

战士血腾能浴日,书生气愤可吞虹。

浮云转眼成苍狗,跃马到头起卧龙。

举国同心争捷报,平沙万里息哀鸿。

王师长爱国心切,抗战志坚,部下官兵亦深受熏陶,无不同仇敌忾。其部有王连长,于1941年春,曾一度驻兵上车湾,刚到即森严壁垒,严控江防,在群众会上慷慨陈词,并大书一诗于罩墙云:

---

* 原载《抗日战争中的王劲哉》,政协湖北省荆州地区联络组王劲哉史料征编组编,1987年内部发行。

男儿立志出乡关,不斩楼兰誓不还。

白骨何须埋梓里,天涯到处有青山。

当时不少爱国志士,读后深受鼓舞,今人犹传颂其诗。

附记:王劲哉诗,由项尧坪的学生项开运收藏并提供。

作者陈习鹏,监利县汴河中心小学退休教师。

一二八师与荆州花鼓戏

李刃夫

我是湖北省《荆州花鼓戏志》的编撰,有机会接触到关于国民党陆军一二八师的一些史料。今将有关资料摘录如后。

王劲哉很重视兵士的文娱生活。曾指令各团、营、连队,就地开办连队花鼓戏班,开展宣教娱乐活动。一、由主办的团、营、连长兼管负责;二、由各团、营、连聘请有名的花鼓艺人当教师;三、宣教队花鼓戏班学员从连队所征召的本地青年士兵中选调,同时还可以就地招收本地青少年;四、全部生活用费由部队统一筹给。因此,自1940年开始,先后开办了"一二八师连队花鼓戏班"共一十二个,兹列表如后。

花鼓戏班别	举办单位及负责人	教师	学员
监利新沟东荆花鼓戏班	764团2营4连连长姜申连	高学慰等	赵祖光、陈华堂等18名
秦阳花鼓戏班	驻地××团团长张平海	李四一、唐香等	刘孝炳、陈强元等40名
百子桥花鼓戏班	独立五团×营营长沈家常	莫正典等	何文云等20名
北口第一花鼓戏班	2团炮兵连连长×××	童元子、胡先焕等	杨金山等16名

---

* 原载《抗日战争中的王劲哉》,政协湖北省荆州地区联络组王劲哉史料征编组编,1987年内部发行。

续表

花鼓戏班别	举办单位及负责人	教师	学员
北口第二花鼓戏班	2团2连连长胡金陔	王鬼火、刘团圆	曾祥甫、胡明新等13名
府场花鼓戏班	2团三营营长赵国良	杨笃清等	严相文等20名
监利龚场花鼓戏班	2团×营三连连长杜少良	杨花子等	江洪祖等16名
潘场花鼓戏班	"许"营营长×××	王成武等	学员10余名
新沟嘴北花鼓戏班	2团×营5连连长武建国	杨花子等	吴金海等16名
新沟嘴南花鼓戏班	一团×营6连	盛香等	王书瑶等10余名
毛市花鼓戏班	"沈"团团长沈××	莫和尚等	学员20余名
杨林关花鼓戏班	2团4连连长唐敦凤	高学慰等	徐远来等10余名

以上十二个班先后培养了花鼓戏曲演员共二百四十人左右。绝大部分都是各地农村集镇的青少年。其中有一大批成为建国前后荆州花鼓戏曲的职业和半职业演员,有一些已成长为如今荆州花鼓戏曲艺术队伍中的业务骨干,在职业和半职业剧团中继续发挥着重要作用。他们在沔阳花鼓戏曲的十分艰危的历程中,为其振兴发展起到了重要的历史作用。

王劲哉建抗日忠烈陵园

王浚川

为了表彰和纪念抗日阵亡将士,王劲哉在峰口建立了一座忠烈陵园。陵园建成后,他命令:凡本(一二八)师抗日阵亡将士或因公而献身的人员,都可安葬在陵园内。

陵园规模较大,每个墓冢前都竖有一木质碑,碑上载有死者姓名、籍贯。陵园的大门两边有一副楹联,黑底金字,为师部少校秘书长汝芳舞撰词并书:

禀天地正气以生,生岂甘作奴隶;

为国家民族而死,死有重于泰山。

横额是四个大字:忠烈陵园。陵园的围墙上有王劲哉亲笔题书的十字:

以己身报国,为死者复仇。

作者王浚川,退休医师,曾任沔阳县第四届政协委员。

---

* 原载《沔阳文史资料》第3辑(抗战时期史料专辑),沔阳县政协文史资料研究委员会1985年7月编印。

一二八师忠烈第一陵园

政协洪湖县峰口镇文史组

王劲哉与蒋介石的矛盾很多,王在第六战区活动,蒋却划他属第五战区统辖,使其处境孤立。

王劲哉为了扩大和巩固所占地盘,采取了一系列整军安民的政策和措施。他进驻峰口镇的次年修建了抗日烈士陵园(一二八师忠烈第一陵园)。

他命司令部秘书兼沔阳第四区区长汝方午具体经办修建陵园事宜。汝受命后,立即与峰口镇东之小保长白淇章商议,置地动土,以一百块银元一亩的地价,征得江小垸白好章的白田5.5亩,白楚臣的白田2.5亩,鞠明道的白田0.45亩,连同附近的塘堰、无主荒地共10亩余,作为陵园地基。

修建陵园的劳力以民伕为主,由峰口附近各保轮流派工。男伕挑土运砖,女伕磨石碑、作泥瓦小工。还有军工,按工程需要由司令部分派,有时派一个连,有时派一个营。泥瓦技工及石工则由沔城请来,按工付酬。王师长经常亲临工地督促检查。历时半年,即1940年腊月陵园落成。

第二年正月初三日,王劲哉在烈士陵园召开大会,参加军民数百人。王亲自在会上讲话说,由于局势吃紧,司令部即将转移,但抗日到底的决心不变,一定要重回峰口,讲到这里,他伤心地掉下了眼泪,以告别词代替了竣工典礼。

陵园坐西朝东,东西长百米,南北宽80余米。围墙用青砖砌成,高3米,周长约370米,间有墙墩108座。

---

* 原载《抗日战争中的王劲哉》,政协湖北省荆州地区联络组王劲哉史料征编组编,1987年内部发行。

陵园正门宽约15米，分三间，房中一间宽约10米，装两扇黑漆大门，上端修有门楼，门楼面呈三角形，上面直书"忠烈第一陵园"六个大字。正门两旁各修一间宽2.5米、深9米的平房，为守园兵士的居室。正门两旁的砖柱上用水泥浮雕成一副对联，上联是"禀天地正气以生，生岂甘作奴隶"，下联是"为国家民族而死，死有重如泰山"。正门两旁围墙之间，用石灰粉成长宽均为两米的方块十个，从右至左用水泥塑出十个大字："以己身报国，愿生者争气!"门楼面牌上部的背面，又砌两个约一米见方的鲜红大字——"中国"。

陵园内距正门约15米处修一座明三暗五的中式建筑物，高5米，宽15米，进深10米，鳌脊翘垛，雄伟庄严，这就是灵堂和享殿。灵堂正中有三合雕花隔门，左右还有对开着的两扇侧门，正门上方屋檐下高悬一块木质横匾，题为"浩气长存"。两旁檐柱上也各挂一块木质抱柱挂匾，其联为："骏骨长埋，百里寒光身浴血；精神不死，千秋正气仰忠魂。"屋内墙上还有许多对联，其中一联是："波涛秋八月，风雨夜三更。"右边隔门旁挂一竖式大木牌，白底黑字，上书"中国陆军第一百二十八师烈士陵园"。灵堂内正中墙上悬挂着中华民国国旗和国民党党旗，当中有孙中山先生像，两旁墙上分别书有烈士们的姓名、籍贯、职务及简要事迹。

灵堂内一字排列三座碑亭，居中一座碑亭最高，约3米余，砖砌，水泥粉刷，山字形顶，石碑嵌在正中，上书"永垂不朽"，旁书"纪念碑"。碑文内容是："暴日封豕长蛇，荐食上国，芦沟衅起，迫中华民族于生死存亡之最后关头，抱我铁血卫国之精神与决心。参战以来，转战万里，南越长江，北抵长城……劲哉不敏，购地辟园以慰忠魂，为文以记之。"全文叙述了日本帝国主义侵略中国的罪行，一二八师驻峰口的战斗历程，官兵浴血抗战的英勇事迹和建园的经过与意义。其余两座碑亭的式样与前相仿，只是略小一些。碑文由参谋长李德新、旅长任兰圃等人题词。碑亭两旁各有两座为在战斗中牺牲的几位军官修建的墓碑。一九三九年冬在陶家坝反击日寇战斗中阵亡的陈良弼副团长的墓碑上镌有"杀身成仁流热血，铭碑立墓仰忠魂"的对联。碑亭后面整齐地排列着阵亡官兵的坟墓，共约四五百座。

陵园南面围墙正中，开有一扇小门，烈士遗体就从此门抬进园内安葬。

陵园内遍植树木花草,林木葱郁,鸟语花香,充满生机。

陵园正门前横卧一条流水沟,上有砖石结构的拱桥横架,更使陵园显得庄严、肃穆。

陵园落成以后,前来悼念抗日烈士的百姓络绎不绝。峰口沦陷后,陵园仍然存在,以后因无人管理才逐渐荒废。

1945年冬,日寇投降,有个潜江人王汉杰冒着萧萧寒风,踏着苍苍荒草,远道而来,在陵园的遗址上抚摸残垣断碑,扼腕默哀,久久不愿离去!

王劲哉在日、伪军的重重包围下,坚持抗战数年之久,而且频繁出击,多次给侵华日军以沉重打击,在极其艰苦的环境中,又苦心孤诣修建峰口烈士陵园,而且题名为"第一忠烈陵园",看来,他是做了长期抗战的准备,似有修建第二、第三陵园打算的。

(曾祥吉等整理)

古鼎新叛变*

邹东俊

古鼎新是怎样到天门来的

古鼎新，是陕西省商县人，原国民党军一二八师三八四旅旅长，与师长王劲哉为陕西同乡。抗战爆发后，古鼎新以一旅之众，随一二八师开赴抗日前线，对日作战。先是在鄂东的黄梅、广济一带驻防，保卫大武汉。当武汉失守，国民党军纷纷溃退，古鼎新的一个旅便跟随王劲哉撤退到沔阳县属之彭场。稍事休整后，王劲哉乘机扩充势力，用强制手段，改编襄河南、北几个县的常备队。又吃掉和改编了其他一些零星部队。此外，他们还拉壮丁。不到一年的时间，王劲哉的一二八师就逐渐扩大了。

1940年春，一二八师就拥有八个旅的实力了。除他原有的三八二、三八三、三八四三个旅外，还扩充了五个独立旅，即潘尚武的独立第一旅，赵天时的独立第二旅，辛文礼的独立第三旅，薛豫屏的独立第四旅，苏振东的独立第五旅。另外还有两个独立团（只记得一个团长叫孔飞）。王劲哉就靠这些武装驻扎襄河南北，控制着天门、潜江、监利、沔阳、汉川及江陵、汉阳等几个县。为了加强对天门、汉川两县的控制，他委派古鼎新为襄北游击司令官，潘尚武为襄北游击副司令官。

古鼎新在天、汉一带的时候

古鼎新在天、汉当上襄北游击司令官后，就把司令部设在天门县的干

---

* 原载《抗日战争中的王劲哉》，政协湖北省荆州地区联络组王劲哉史料征编组编，1987年内部发行。

驿、马湾一带,成为盘踞襄北的土皇帝。

古鼎新为了保障自己的安全,他勒令各乡各保在交通要道站岗放哨,并经常派人到各哨所巡查。这些人员一到哨所,总要找些由头对群众加以刁难:人家站着他说没有坐着,人家坐着他说没有站着;开口就"妈的×",动辄用棍子打;更有甚者,如发现哨所无人照守,马上就大耍威风,扬言要抓人,老百姓怕吃亏,只有请保长说情,承认罚款,安排酒席供他们大吃大喝一顿了事。

古鼎新管辖的地带,不分军民人等,只要是违反了他的命令,轻则捆绑吊打,坐监狱,重则处死(不是用刺刀戳,就是活埋)。凡不愿为他卖命的逃兵,不管逃到何处,他都要捕捉,如果捉到手了,就当即用刺刀戳死,麻洋梁培允就是这样被害的一例。如果一时捉不到,就强迫其亲属交人,亲属交不出人来,要赔款偿命。

在军事上他一贯是"游"而不"击",从没主动和日寇打过一次仗,总以保存自己的实力为主。在经济上,他为了中饱私囊,不择手段地向群众派款,除田赋公粮外,还巧立一些名目(如"抗日捐"、"壮丁费"、"积麦"、"积谷"等等),向群众搜刮,甚至还采用土匪手段拉经济案子:把人一捉去,就诬为汉奸、土匪,要拿钱去取人,被捉去的人常常总得花大几千元或上万元的钱方能放回。这样的事在麻洋梁同顺商号就发生两次:头一个是将店员刘舜卿捉去,说人家是汉奸,要了万把元才把人放出;第二次是将徒工赵××捉去,又榨取了八千多元。他对敌占区的老百姓也派商税,如果不按时间缴纳,就调动队伍晚间出击,烧毁房屋,闹得群众苦不堪言。记得在1940年春节期间的一个夜晚,他曾派兵偷袭彭市,但不是打日本人,而是找商会要捐。那次除了将彭市伪维持会长阚茂林杀了外,还将彭市街上的房屋烧毁了几十家。他还先后两次夜袭麻洋,也未打日寇,只烧毁了很多房屋,把麻洋伪维持会长马德骏捉到马湾活埋了。

古鼎新本人的私生活更是腐化糜烂。他本在干驿讨了姨太太,后见了在干驿读书的一彭姓少女(麻洋伏岭人,年仅十八岁),又强迫人家当了姨太太。他手下的大土匪万鹏举到处抢劫,任意强奸民女,可说是步其后尘,而他对万糟蹋妇女的行为从不约束、制止，甚至指使万到处抢掠，供他挥霍浪费。

古鼎新部队经常与我新四军天汉地区部队发生摩擦。古曾派遣其部下李龙清团长偷袭我天汉县抗日政府设在沙口的税卡，杀害税务工作人员七名，抢走全部税款。

古鼎新破坏抗战，鱼肉百姓，闹得襄北天、汉两地的人民无不怨之欲其死。当时群众曾编了一首歌谣和一副对联骂他。其歌谣是："天见古，日月不明；地见古，草木不生；人见古，有死无生。"其对联是："一目高悬，全然不顾两片；双亲不见，割下只有九斤。"这副对联用"鼎新"二字拆解而成，咒骂古是"一只眼"。

古鼎新作恶多端，置人民于水深火热而不顾，连本地一些绅士也对古极表不满。如干驿的陈星源，麻洋的刘延昌，都先后写状词向王劲哉控告古的罪行。汉川县的王季常县长（据说是王劲哉的老师，县长是由王劲哉委派的）也因政见与古不和而发生矛盾，王季常乘机向王劲哉告过古的状，王劲哉得知古鼎新在襄北大失人心，违法乱纪，非常恼恨，意欲调古回襄南，而古又不去，颇觉棘手。

古鼎新投降日寇经过

由于王劲哉同古鼎新发生了矛盾，关系日益恶化。王劲哉想以召开重要军事会议为由，待古到会后，乘机除掉，但几次会议古鼎新都借故未到。1942年夏，王劲哉又召开一次重要军事会议，仍然催促古鼎新到会，古实在推辞不了，就派了一名副官前去参加。当这位副官一到达百子桥王劲哉的师部时，传达室值勤人员马上向王劲哉报告，说襄北已派人来了。王劲哉满以为是古鼎新来了，非常高兴，并准备接见，当得知来人是古派来的一名副官，马上暴跳如雷，把自己的公案桌掀倒了，并狠狠地训了这位副官一顿。王劲哉怒不可遏，随即写了一道密令，派师部传令兵直接送到襄北游击司令部交给副司令官潘尚武本人收拆，指令潘尚武将古鼎新干掉并取而代之。这个传令兵从百子桥师部出发，通过递步哨在麻洋渡过襄河，途经万鹏举盘踞的驻地,万鹏举本来就是古鼎新豢养的一条走狗,发现传令兵后便仔细盘问。传令兵受不住万鹏举的追逼,将情况如实向万说出,同时把密令信也交给了万鹏举。万鹏举见信封上写着"内密令一件,交襄北游击指挥官潘亲启",立即产生怀疑,认为既是"密令",为何不是写给古鼎新正指挥官,而是写给潘尚武副指挥官?其中必有文章。他甚至胆大妄为,把密令信拆开,看后当即连人带信派心腹押送到古鼎新处。古鼎新得信后,惊惶不安,非常恼恨王劲哉,当即派手下暗中将这个传令兵杀死,再施诡计以应事变。他将原密令销毁,根据原密令的内容,制了一道假密令,然后,一面约定时间与潘尚武会谈,一面派人到脉旺嘴与日寇勾结,准备率部投降日寇。

1942年夏末初秋的一个夜晚,古鼎新早已预备好酒席,邀约潘尚武到他处谈心议事。事前,潘尚武什么也不知道,欣然应约。潘尚武与古鼎新寒暄几句后,入席就座,开怀畅饮,无所不谈,待有几分醉意时,古鼎新突然表现出垂头丧气的样子对潘说:"你我共事两年多了,可以说情同手足。我们共同跟王劲哉,而王劲哉这个人太不仁不义了!他心狠手辣,安不得人……"说着,他便向潘出示了那道假制的密令。潘大吃一惊,脸色突变,马上向古鼎新一膝跪下,求他搭救。于是,古鼎新便和潘尚武计议投日,古鼎新还说他已派人与驻脉旺嘴的日军联系好了,事不宜迟,说拖就拖。潘尚武当时还不愿意拖到日寇那边去,但在古鼎新的威迫下又不敢不从,于是就在第二天中午,古、潘集合两部所有队伍,一道向脉旺嘴日寇驻地拖逃。古、潘两部途经田二河时,被我新四军天汉指挥部独立十一团拦腰截击。古部仓皇应战后,迅即逃窜到脉旺嘴日寇据点,当了大汉奸;潘部则被我军拦截,退回天西观音湖老巢暂住,不久又由他派一营营长倪同与天门县城的日寇勾结后,率部拖到天门城投降了日寇。

王劲哉自命令传令兵出发后,深恐情况变异,随即派参谋长李德新亲率六个团的主力赶到襄北,准备用武力解决古部问题。当李德新率部赶到干驿时已迟了一步,古鼎新部队已先一天拖到脉旺嘴去了。李德新只得暂驻干驿一带待命。王劲哉又恐古鼎新部投敌后再折回干驿驻扎,于是命令李德新:如果古驻田、干,我军宁死不退。李德新以其情况特殊,恐于己不利,不愿在襄北久留,就采取火焚干驿的"焦土抗战"政策,将干驿镇全部点火焚烧;先一天未烧尽的,隔一天夜晚又亲自督阵,命令部队家家放火,直到把干驿全镇烧完为止。李德新烧尽干驿后,率所部返回百子桥一二八师司令部向王劲哉复命。

古鼎新投降日寇以后

古鼎新率部投降日寇后迫不及待地向王劲哉报复。1943年初春,古鼎新丧心病狂地配合数路日寇,出击襄南的一二八师,他们仗着古熟悉地势,直捣百子桥王劲哉的师部,将一二八师全歼,并俘虏了王劲哉,将其押解到南京,由汪伪派人说降。日寇认为古鼎新效忠天皇,消灭一二八师有功,将古鼎新晋升为黄卫军第五师师长,并传令嘉奖。

此后,古鼎新仍驻扎脉旺嘴,经常配合襄河沿线的日寇"扫荡"我天汉湖区和县南、天东等抗日根据地。每次出发"扫荡",他都放纵部下对根据地进行奸掳烧杀,闹得根据地鸡犬不宁。更有甚者,他还充当日寇的鹰犬,派军进驻我根据地的中心腹地,如天汉湖区的韩家集、虾子沟、杨叶背,县南地区的干驿、田二河、斗埠头、张家场、蒋家场等地,不断地进行骚扰,对我军游击活动造成威胁。直到现在,人们一谈到古瞎子,没有一个不切齿痛恨的。

1944年5月,日寇驻华派遣军司令官多田骏率十几个师团的日寇侵略军,发动豫、鄂、湘、桂战役,要打通平汉路和粤汉路,一直打到广西。国民党军队均不战自逃,丢掉大片国土。日寇因缺乏兵力控制已侵占的这些地区,于是古鼎新的伪军第五师又被日寇调到湖南去防守。

1945年8月,日寇战败投降,古鼎新的汉奸队伍也随之被缴械,而古鼎新本人则在国民党六战区司令长官孙蔚如的庇护下,逍遥法外,回到他的老家陕西商县,全国解放后不久病死。

作者邹东俊同志,1942年在天汉中心县县南办事处工作,1945年任新四军五师十五旅政治部文化教员,后任独立第四旅某连指导员,信应随县区委书记,1949年后长期从事教育工作。

古鼎新媚日投敌　王劲哉兵败被俘

何德州

一、古鼎新防区民怨沸腾

"天见古日月不明,地见古草木断根;

人见古如见阎军,畜见古有死无生。"

这是抗日时期流传在天沔一带的一首民谣。这首民谣反映了古鼎新暴军给人民带来的灾难和人民群众对古军的切齿痛恨。

1939年,王劲哉摆脱了国民党第一战区汤恩伯的钳制之后,即率古鼎新部辗转河南、湖北咸宁一带,后进入沔阳、天门,当时一二八师司令部驻在仙桃镇,师长王劲哉命古旅在天门田二河驻防。不久,王又收编了盘踞在天门的潘尚武部,命该部驻守干驿镇。

古鼎新是陕西人,一只眼睛,人称"独眼龙"。古爱抽鸦片烟,瘾很大,生活也很腐化。"上梁不正下梁歪",部队纪律特别糟,官兵几乎个个敲骨吸髓,嫖赌成性,弄得防区十室九空,民怨沸腾。

二、王劲哉挥泪斩表亲

日寇为了继续西侵,于1939年,水陆并进,由武汉出发,攻打沔阳。王劲哉被迫放弃仙桃,退守洪湖,移驻峰口。1940年春,4月21日,王劲哉精心布署,夜袭仙桃镇,打得日军晕头转向,溃不成军,有的爬上兵舰,有的上了汽艇,准备从水路向武汉撤退。这时候,日寇发觉仙北始终没见动静,便

* 原载《沔阳文史资料》第3辑(抗战时期史料专辑),沔阳县政协文史资料研究委员会1985年7月编印。

重振旗鼓，用迫击炮、掷弹筒进行反扑。王劲哉的部队招架不住，只得收兵，以致袭击仙桃之役，反胜为败。

原来，王劲哉曾经命令三八四旅古鼎新部之七六七团在仙北担任阻击日军的任务。谁知七六七团团长李保蔚临期不到，贻误战机。4月2日清晨，王劲哉在峰口集合部队开大会，他脸红脖子粗，义正词严地骂李保蔚是"亡国奴"、"怕死鬼"，一怒之下，处决了李保蔚团长。李保蔚是王劲哉的中表，当年在陕西时，李是团副，王是营长。故而在祭奠李保蔚时，王劲哉挥泪致敬，泣不成声。

三、古鼎新媚日投敌

古鼎新酷嗜鸦片，治军不严，对部队的战斗力影响很大。王劲哉曾数次劝古戒烟，但古口是心非，依然嗜烟如命。又因袭击仙桃失利之后，王劲哉处决了古的团长李保蔚，兔死狐悲。于是，古鼎新对王萌生离叛之心。常常貌合神离，受编不受调。

王劲哉为了维护他"令必行、禁必止"的军威，总想撤掉古鼎新的三八四旅旅长之职。王劲哉曾暗地下令驻守干驿镇之潘尚武部，对古部进行监视，相机采取行动。然而事出意外，这个重要的密令被传令兵错看了番号，竟送到了古鼎新手里。古鼎新一见密令，又怕又气，他当机立断，先发制人，立即用电话请潘尚武到田二河"赴宴"，"面商要事"。同时派其亲信急驰脉旺嘴同日军勾结，表示"归顺皇军"。古鼎新为了保存个人势力，竟不惜屈膝投降，甘当汉奸！

四、潘尚武夜赴"鸿门宴"

潘尚武接到古的电话邀请，连夜马不停蹄，来到了古鼎新旅部。古对潘表示出异乎寻常的客气和亲热，席上酒过数巡，古便一面把王的密令摊开给潘看，一面谴责王劲哉一贯个性强，野心大，排斥异己，居心毒狠，顺我者昌，逆我者亡。并举出李保蔚被枪决一事为佐证。最后叹道："田二河非我古某久居之地。"示意要潘共同投日。潘尚武第一次遇到这种局面，脑海里云水般地翻腾：投日吧，汉奸之名难当；拒绝吧，又怕古鼎新翻脸，手下无情。只好虚言应允。潘尚武回到营地之后，连忙把古的背叛意图详尽地报告给了王劲哉。王劲哉为了制止古鼎新投日,认为事不宜迟,立即调动部队北渡襄河,指令潘尚武会合围剿古鼎新。古见王劲哉来势凶猛,便带领部队向事先联络好了的脉旺嘴日军靠拢。日寇见古部遭到追击,就组织兵力助战,用大炮、掷弹筒吊击王部。王见不能取胜,就率潘部一同转回峰口。时在1942年冬。

五、王劲哉兵败被俘

日寇在陶家坝惨败之后,视一二八师为眼中钉。这个"钉子"不拔掉,他就休想继续西侵。1942年正月中旬,中国人民的害群之马——古鼎新,竟向日寇献上了歼灭一二八师的毒计。包括:(1)利诱苏振东。驻在沔阳通海口的游匪苏振东,虽受王劲哉的编制,充任旅长,但一向不接受王的调遣。此人有粗无细,利欲熏心,只要用高官厚禄收买,是可以利用的。(2)新堤的日军距王的大本营峰口很近,可从西南方向围击王劲哉。(3)仙桃日军担任正面攻击,着重用坦克扫除前进道路上的碉堡,直捣峰口。(4)由古组织精干勇士,暗藏快慢机短枪,持古的亲笔信到百子桥去见王劲哉,假说古以抗日为重,愿意悬崖勒马,捐弃前嫌,重归于好,乘机在王的心脏发难,打出攻击信号。

果然,古的这一媚日毒计被日寇全部采纳。当古的"代表"去见王劲哉时,王不知是古的阴谋,让其所有"代表"进入了百子桥司令部。这些"敢死队"一到目的地,就掏出短枪,四处乱射。迅雷不及掩耳,使王指挥失灵。日军、古旅从四面合围,炮火愈打愈猛,碉堡里的守军弹尽援绝,纷纷撤退。而受日、古利诱的苏振东利令智昏,袖手旁观,按兵不动。日、古内外夹攻,王劲哉腹背受敌,眼看已陷入日、古的重重包围之中。王劲哉见败局已不可逆转,遂率领残部向监利败走。1943年2月25日下午,在柳关附近一湖中,为日、古搜索部队所俘。

后来有人用两句谐音俗语来概括王劲哉的最后结局,叫做"日古整劲"、"劲在湖中"。

(何醒民整理)

口述人何德州,原系天门一个乡的乡长;笔录整理者何醒民,系原沔阳县政协委员。

掩护师长突围的最后时刻*

张恒山

1943年春节,日寇以十万兵力,配合飞机、大炮,由我部叛将古鼎新作向导,向我一二八师驻地——监、沔边区猛扑过来。百子桥司令部遭重炮轰击,通讯联络线路被切断,外围工事大部被炸毁,师长王劲哉策马疆场,四处指挥、督战……情势万分危急。

正当我部决定撤退时,又传来情报:国民党江防部队堵截了我南渡长江的唯一退路。

王师长风尘仆仆地来到关圣庙,向部属说明目前形势的严重性,保住军需的重要性。他说,在监利柳关仓库,藏有八十袋现钞,五大箱金银,这是全师的"命脉"。为此,他命令我率一个排的兵力,迅速抢运出这批军需物资。

我时任师部特务连的一个排长,深感肩头担子的沉重。于是立即找到柳关仓库守军的领导——程权五旅长,传达了王师长的命令:携带钱币、金银,速运关圣庙,随师长突围。但程权五旅长和王邦林处长意见不一,争论不休,迟迟未能从柳关运出这批"命脉"。

果不出师长所料,天亮后,日寇以五千之众,附重炮数门,疯狂轰击我仓库四周工事。尽管我军士气旺盛,但敌方火力十分猛烈,竟将程旅一部分兵士埋于震垮的工事下面,紧接着开始了巷战、肉搏战……

经过一场浴血奋战,阵地上仅剩下我们一个排的兵力,即使如此,我与士兵仍集中手榴弹、机枪与敌对抗,直至薄暮时分,我才向战士发出突围

---

* 原载《抗日战争中的王劲哉》,政协湖北省荆州地区联络组王劲哉史料征编组编,1987年内部发行。

命令。

突围时,我的妻子身中数弹命亡,她怀中还紧抱着四个月的婴儿,我抱着这个呱呱啼哭的婴儿向师长汇报了情况。

此种惨状又激发了战士们的勇气,且战且退,终于突出重围。

我们只剩下十余人了,向师长汇报情况后,师长不胜感慨,神色凄然。

师长在此危急时刻,集中残部,依靠勇敢善战的杨德修团长,一道突围。

正月十八日拂晓,我部退至戴市、廖家桥附近,与日寇遭遇。

日寇的目标,正是搜寻我司令部。

王师长因战争激烈,数日滴水未进,正欲用餐,却被日寇包围。

此时,我率警卫人员隐蔽于斜坡地带,向敌人背部突然射击,几个敌人应声倒地。特务连连长许邦治率部又突袭敌人尾部,接踵而战,我军迫击炮响,杀开一条血路,我保护王师长冒着枪林弹雨撤出包围圈,向官湾方向退却。

但敌人愈聚愈多,火力愈打愈猛,迫使我军进入湖水之中,王师长身边还有五六十个士兵,左右冲闯,始终冲不出日寇愈缩愈小的包围圈。

在官湾地方,我军与部分敌骑兵、步兵遭遇,跟随师长的士兵仅剩下二十余人了,地下有埋伏的敌人伏击,天上有敌机的机枪扫射,尽管我们付出巨大代价冲出了一个包围圈,但紧接着,又进入了敌人的另一个包围圈……

此时,王师长足部踝骨被打伤,行动艰难,卫兵已全部壮烈牺牲,我被逼藏于湖中,泅入水底……一二八师从此全军覆没,我幸未被俘。

(汪烈九整理)

王劲哉被俘目击记

王德元

　　1943年农历正月，日寇进攻监利柳关一带，为了渡过内荆河，继续向北推进，便在窑湾（现柳关乡联化村）搭了一座浮桥。日军过后，浮桥未拆，但经常有日军巡逻。一天中午，王劲哉带领70多人，准备冲过浮桥向南转移。当王的部队行至官湖垸中间时，从瞿家湾来了一支巡逻的日本骑兵，他们在望远镜中发现有轿有马，装束不同一般逃兵，便在古老墩架着机枪对准王部进行扫射。王的部队被迫进行反击。但由于日寇人多，又占据了有利地形，王寡不敌众，死的死，伤的伤，逃的逃，最后只剩下王劲哉一人。王劲哉赶紧脱下戎装，换上便衣，混入逃难的群众之中。狡猾的敌人命令翻译官向群众大声喊话："凡是本地良民，迅速回到各自家中！"王劲哉无家可归，只得藏身于彭李湾后面的草堆间，躬身在篾制的团窝内匍匐爬行。有人看到团窝移动，大为惊奇，便跑来看个究竟。有人揭开团窝，王就自我介绍："我是王劲哉。"他本以为群众会掩护他，哪知有些人当面指责他："你做的工事太多了，手段太辣了，累死了不少老百姓，群众都怕你！"王劲哉连声说："我错了！我错了！"有一个叫徐国培的，要用绳子把他捆起来。王劲哉用半恳求半开导的语气说："我和你都是中国人，你把我交给日本人有什么好处呢？"言简意深，把徐说得哑口无言。但王劲哉只身逃到彭李湾的消息很快传开了。彭李湾有一个叫彭明辉的，是一个不务正业、游手好闲的人，绰号"叫花子"，他平时爱出风头，而且官瘾十足，听到这个消息后，马上向日军报告了（就因这个原因，后来彭明辉当上了黄卫军大队长）。日军赶至现场，拿出王劲哉的照片一对，认定确实是王劲哉后，就命令老百姓把他背到卢家湾。

在卢家湾,日军发现王劲哉右脚受伤,忙命军医给他敷药包扎。这时,日军要杀我和一二八师一个士兵。王赶紧说:"我是师长,有事找我,他们一个是我的马夫,一个是良民,你要统统地放掉。"日军很听王劲哉的话,真的把我们放了。王劲哉救了我们的命。

日军随即找来一张梯子,垫了棉絮,要王劲哉睡上去,派王德明、王德茂、柳光扬和我共四人,轮流抬着王劲哉去小沙口。沿途日军列队欢迎,枪头上插着用白布做的旗帜,上面用中文写着"欢迎一二八师王劲哉!"经过岗哨,日军都向王劲哉行军礼。王闭着眼睛不予理睬,只是常用手抓自己的胸部。我们问他:"你为什么要抓胸部?"他用懊悔的口气沉痛地说:"我心里难受。早知今日,悔不该脱下军装换便衣,这有损中国军人的气节,我丢了中国人的脸。"说罢,不禁喟然长叹。

到了小沙口日军指挥部(就是现在门前还存有"苏维埃十一区"牌子的那栋房子),我们几个苦力在门外看得清清楚楚,正堂上一个日寇军官得意洋洋地坐在一把大皮椅上,见王劲哉进去,急忙笑脸相迎,并把那大皮椅让给他坐。王劲哉毫不客气大摇大摆地坐了上去,日军向王劲哉敬一杯茶,他一滴未尝,就往地下一泼。又递给他一支烟,他接到手里也扔到地下。

翻译官来了,他们开始对话。日本军官通过翻译对王劲哉说:"现在是中日提携,请你和我们合作,共同击灭英美。"王劲哉瞪着眼睛,猛力地拍着桌子说:"我是中国人,宁死不做亡国奴!今日被俘,要杀就杀!如果我不死,将来拉起队伍,还要和你们打仗,捉到了日本人,我同样杀掉!"这时日本军官站起来,恭恭敬敬地向王劲哉行了三个鞠躬礼,连声说:"你是中国的大大的!"

(李开樵等整理)

作者王德元,原系洪湖县退休教师,监利县分盐区河山乡新世村人。

长江汉水、平原地区之作战[*]

邱正民

一、敌情概况

1941年底,日军发动太平洋战争后,物力财力十分困难,因而急欲打通岳阳至宜昌段的水上运输线,以便掠夺该地区物资,达其"以战养战"的目的。第二步战领长江(荆江段)南岸各要点巩固其运输线,进而占领滨湖地区,企图将第六战区封锁于湘鄂贫困山地。为此,日军发起长江汉水、平原地区作战。

日军第十一军司令官横山勇坐镇沙市指挥,具体部署如下:

1. 十三师团集结于沙市东南地区编成两个纵队,以右纵队攻占郝穴后向新厂前进,与四十师团的左纵队会师。

2. 四十师团组成左右两个纵队,左纵队于白螺矶渡江,以一部攻击朱河部队,主力经上车湾、监利与十三师团右纵队会师,完成包围圈,然后分别包围各个歼灭。

3. 五十八师团由仙桃镇进入张家沟附近,以五十一旅团自白庙以西沿东荆河北岸展开,五十二旅团自白庙以东沿东荆河北岸展开,构成包围圈。

4. 步兵第六联队由沙洋出发,沿东荆河南岸前进。

5. 仁科支队由赤壁渡过道人矶向峰口前进。

二、我方情况

1. 一二八师王劲哉部占领沔阳峰口、周家湾、新沟等广大地区,归第五

---

[*] 原载《文史资料存稿选编:抗日战争(下)》,中国人民政治协商会议全国委员会文史资料委员会编,中国文史出版社2002年版。此次战役被日军称为"江北歼灭战",时间为1943年2月中旬至3月下旬,王劲哉即在此次战役中被俘。作者邱正民当时系第二十九集团军作战科科长。

战区指挥。

2. 挺进第一、二、三纵队占领新江口、浩子口、周家口、张金河、蒋家河等地。

3. 一一八师在横沟市泥巴新厂等地构筑工事。

4. 各部利用河流湖泊有利地形,沿堤坝、村落构筑各种形式的碉堡,数以千计,有的相当坚固,甚至被山炮弹命中也能抗拒。

5. 二十九集团军令四十四军一四九师之四四六团(团长萧德宣)驻朱河,与王劲哉联系,维护其补给线,并搜索新堤方面敌情,加强朱河工事,配合机动作战。

三、战斗经过

(一)朱河方面

朱河东南依小河,西临长江,系新堤通监利的要道,当时市场繁荣。一四九师四四六团团长萧德宣率部到达后,即与一二八师师长王劲哉达成攻守作战的协议:在日军进攻时,该团伤病官兵可进入该师医院治疗,供给给养;在情况万不得已时,可退入其辖区,共同作战。2月15日,敌四十师团左纵队步兵二三四联队及山炮联队等乘夜由白螺矶附近渡江,凌晨与朱河萧团发生战斗,突破我第一线阵地后,以一部向朱河进攻,师团主力向上车湾、监利前进。右纵队由道人矶渡河后,直插周老嘴。敌站十五联队的一个大队配属炮兵、工兵等向朱河猛攻,认为可以一举歼灭,不料萧团步步设防,与敌激战两昼夜,敌不得不增援,向我围攻。我军负伤官兵200余人。此时,萧团长向王劲哉要求履行作战协定,进入其辖区共同作战。当时日军尚未向王劲哉师进攻,王劲哉怕惹火烧身,突然翻脸,严厉拒绝,并说:"如你部退入我设防区,我即以敌人对待,无商议余地。"萧团长见退路已断,当向官兵讲明,我们现在已处绝地,兵法所谓"置之死地而后生",坚持到暮,我是有办法的。现在敌人炮火猛烈,应各自为战,据守阵地,待敌步兵到达有效射击距离,我以猛烈火力,将其击退,这样才能免于当俘虏的可耻下场。战斗至暮,我伤亡虽大,敌亦伤亡累累,锐气已挫。在这种情况下,萧团长为了保持战斗力,决定乘夜突围。萧团长当时提出,我军对地形熟悉,可钻隙越出敌之包围圈。敌防我向长江突围,故沿长江大堤间隔500公尺处,烧一堆大火以预示对我有所准备,我们应大胆地出其不意,利用火堆间隙,到达长江大堤。事先,萧团长曾电话告诉王劲哉,我以攻为守,今夜向监利之敌袭击,打破敌人明天的攻势,请他饬小沙口部队采取同样行动,互相支援。一面急电一四九师师长赵璧光,请其饬四四五团火速控制大木船三只,接运部队渡过大江。萧团长在入夜后亲率部队直插长江中心的一个大沙岛——大马洲,布署重机枪多挺封锁敌之前进道路,并寻找到渔民2人,用重金租到渔船两只,乘夜偷渡。凌晨2时许,四四五团派来大木船3只,将萧团渡过长江。天明时,日军始发觉我已向长江突围,敌大队长说:"这个指挥官,大大地狡猾。"日军急追到江边,将木船及乘载马骡之木筏击沉,马骡被击,纷纷堕于江中,所有人员均已泅到对岸。午后小沙口、周老嘴方向枪炮声非常密集。事后悉,我伤员200余人,其中负重伤的连长赵伟、彭卓送入王劲哉后方医院,日军用数百发燃烧弹击中医院房屋,所有伤病人员均牺牲于一片火海中。日军这种惨无人道的行为,更激起我军健儿同仇敌忾、誓死杀敌的意志。这次战斗,萧团伤亡约400余人,剩余1200余人。二十九集团军总部令其缩编为两个营,就黄公庙墨山铺占领阵地。

(二)汪家桥、黄老潭方向的战斗

敌四十师团之二三四联队向挺进纵队守备之汪家桥、黄老潭等阵地进攻,我利用湖堤及港汊等有利地形,构筑工事,与敌战斗。因道路狭窄泥泞,敌步兵无法施展,乃用炮火猛烈轰击,许多民房被焚毁。但我仍坚守阵地。适敌第六联队与第二纵队激战至16日,突破二纵队阵地后,沿东荆河南下,向汪家桥前进,与二三四联队会合,我被敌各个包围,战斗至19日,我无增援部队,孤立作战,阵地被敌各个突破。因无后方,轻伤者只有躲藏于民间,重伤的无地收容,被敌兵用刺刀挑死,或用战刀砍死,状极凄惨。被搜出的年轻妇女,均遭奸淫。

敌十三师团于2月20日进入观音寺后,各部分别沿周老嘴至矶头河一线前进,其一部于22日晨遭我罗家桥守备部队狙击,敌中队长及士兵多人毙命。敌展开向我猛攻,由于我工事坚固,堤坝高,士兵斗志坚决,凭工事固守,击退敌人五次冲锋,打死敌官兵多人。敌见硬攻不下,入夜改由两翼包围,向我侧射,我被迫撤退。

23日敌约一个连向我守备之一二八师的矶头河阵地攻击,激战至午后3时左右,因我工事坚固,堡垒抗力强,敌使用火焰喷射器,向我射孔喷射火焰,致工事上所盖竹席等着火燃烧,一部分士兵被烧死,其余退却,为敌截击,伤亡极大。

敌一部于22日迫近周老嘴附近之王家沟。我一二八师在该地筑有坚固堡垒,其直径约5米,高约3米,侧壁亦用土坯垒积,约1米厚,敌用山炮兵第十九联队的六中队炮兵集中射击轰炸,以后又用带瞬发信管的山炮弹射击,均无法穿透。敌又改变攻击方法,先用烟幕弹射击,敌工兵作业队一中队在烟幕掩护下,向我射孔投入毒气,我官兵多人被毒死于堡垒内。

敌另一部压迫秦家场,这是这一带堡垒的中心地。敌鉴于硬攻方法伤亡大,于是又用火焰喷射器向我射孔喷射火焰,其工兵作业队携带炸药,将我堡垒炸毁,然后步兵冲击前进,秦家场被敌占领。

一一六联队之一部于22日、23日将王劲哉部所守备之黎家湾、下贺湾等据点占领。六十五联队之一部攻占了黄古湾。于是,敌十三师团各部会合于矶头河附近。为便利指挥,十三师团指挥部亦到达了该地区。我一一八师在新厂一带,敌四十师团向其攻击,正酣战中,敌十三师团之一部亦向其包围,该师见态势不利,主动由石首渡江。

敌四十师团之二三六联队于21日向我所守备之福田寺、柳家集阵地攻击,由于我工事比较坚固,敌以山炮弹轰击,引燃堡垒上所盖的席子,大火蔓延至工事内,但我守备官兵毫不畏惧,以手榴弹及暗堡火力,将敌击退。敌白天攻击无效,于是利用夜间由我西北侧之间隙突入,我守备健儿忍着饥渴疲劳与敌冲杀,终因势弱力竭,该阵地为敌所占。

柳家集阵地是沿长夏河畔的整个村庄修成的堡垒。敌占领了福田寺,于23日集中炮兵火力,并以飞机3架轮番投弹轰炸,村庄房屋被敌燃烧弹引燃,浓烟滚滚,父老儿女,哭声震天。同时敌炮弹亦在村庄爆炸,我守备官兵鉴于福田寺阵地竹席着火,遂于夜间将工事上全部席子揭开。终因敌火力猛烈,我伤亡极大,激战至入暮,我不得不撤退。

敌二三四联队向瞿家湾前进,必须经过一段湖沼地带,遂将附近的三个村庄的民房拆掉,填补成小路,以通过部队。老百姓为了生存,向敌抗拒。日军凶残成性,当场杀死数人以示淫威。人民无家可归,又逃不出敌寇的包围圈,状极凄惨。该联队攻下了大家湾,继续向瞿家湾堡垒进攻。敌借助其6架飞机的猛炸与步炮兵的协同,于23日夜攻占瞿家湾。敌另一部向周家湾我守备阵地攻击,我见形势不利,向峰口转进,该敌向小沙口前进,与其他围攻部队会合。

敌仁科支队渡江于22日向我一二八师守备之吴家堡子进攻。我据工事抵抗,与敌激战至23日夜。因得到通知,占领周家湾之敌已向小沙口急进,我退路有被截断之虞,吴家堡子守军遂乘夜撤到小沙口固守。

敌第六联队于2月15日向浩子口我挺进第二纵队攻击,激战竟日。我第二纵队左侧翼有被十三师团包围之势,被迫向西空隙退却,敌占领浩子口。16日向我防守老新口之第一挺进纵队攻击,经激烈战斗后,发现有被我方包围歼灭的可能,因我方熟悉地形,可乘夜由西钻隙进入敌后,袭击敌之后方补给。敌另一部与我守备熊口之挺进第三纵队激战,第三纵队于夜间向潜江方向转移,以游击战方式,予敌以打击。于是敌向黄歇口、黄老潭等地区的挺进部队攻击。经战斗后,我军有计划转向敌后。敌于2月21日继续占领了程家集等要点。当敌到达万福寺附近,我一二八师守备部队突然以各种火器猛烈向敌射击,并以迫击炮向敌后续密集部队射击,予敌以很大杀伤。敌在恼怒之下,用炮兵向我猛烈轰击,敌步兵在重火器掩护射击之下,向我猛冲。我凭借坚固堡垒的掩护,将敌击退。入夜以后,敌继续进攻,北口街方面阵地被毁,我乘夜退却。敌继续攻占我满部头、李家庙、三圣巷各要点,但付出相当大的伤亡。敌一部攻占施家巷与五十八师团之一部取得联系,因此该敌集中主力向我府场进攻。经激烈战斗,加之敌机6架轮番轰炸我府场据点,我不得不退向峰口,于是敌向谢仁口进攻。形势于我极为不利,峰口已被包围。在战斗中,王劲哉师长亲临前线指挥。以后知道,因王师长抗敌坚决,敌首必欲杀王而后快,派曾当过王师长的警卫连长潜入其左右。王在峰口挑选民房居住,战斗到最后率部突围。

峰口为一二八师师长王劲哉的指挥所,由于一二八师内部不团结,有两个旅长事前与敌勾结,敌五十八师团在东荆河东岸地区构成包围形势,诱其投降,因此该方面没有什么战斗。此时虽然峰口工事坚固,但已被敌四面包围。王师长曾向峰口的部队长及幕僚作了表示:"这次作战,我过于相信自己的人是抗战的,没有二心,因为投敌总是可耻的,受人唾骂的。因而在紧急关头,曾一再令东荆河东岸的某旅长务必抽集兵力侧击东荆河南岸向我进攻之敌。他们一再说,与敌五十八师团胶着战斗,负担不轻,实无法抽调兵力。我信以为真,将预备队派赴前方,以致削弱了峰口的力量。现在敌大兵一齐压在我的头上,我王劲哉是血性男儿,宁肯战死,也决不向日军投降。我们现在是孤军作战,外无援兵,峰口工事虽坚,死守无益,徒使老百姓遭殃。我们现在应乘敌正在分进尚未合围,有空隙可乘的时候,突然从全线发动反攻,分股突围,使敌判断不出我们的重点所在,以后在这个地区进行游击战,与敌周旋。各位回去准备,待命行动。"2月25日夜,我军全面向敌反扑,王师长率精锐五六百人乘夜向小沙口方向突围。虽突出敌之包围圈,但在日军层层阻击之下,伤亡极大。26日拂晓,到大家湾附近,所余人员不多,而王师长右脚受伤,行动深感困难。此时敌骑兵部队已在这一带撒下了天罗地网,手持叛国分子提供的王师长照片挨家搜查,因而王师长最终被俘。

(1987年5月17日)

王劲哉与日寇的最后决战

吴 越

武汉沦陷后,王劲哉率一二八师进驻监利、沔阳等县独立抗日。当时我二哥吴德植被"一二八"抽壮丁当上了炮兵,并参加了1943年春初日寇围剿一二八师时的那场决战。战斗中他被日寇俘获,后侥幸逃回家,向家人讲述了那场决战的始末。

1943年元宵节前后,轰炸一二八师部百子桥(今洪湖市戴家场镇)的日机突然在我的家乡月池村投下了17颗炸弹,后又急拐向西飞到监利县柳关东南的蔡家墩轰炸一二八师的驻防工事,浓烟滚滚,不一会儿工事全数被毁。王师长及一二八师处于危机四伏之中,溃败之势已成。我父亲带着这个消息到监利周老嘴附近的表叔家同我二哥见面。他刚在表叔家吃完晚饭,周老嘴与分盐下庄的数以千计的日军便同一二八师驻黄狗子湾工事外的防御步兵交火。一二八师抗击日寇的重武器是迫击炮和机关枪,轻武器有步枪和手榴弹,敌我双方的炮弹照亮了夜空,映红了半边天。工事外的步兵且战且退,战斗一直进行到天亮,步兵全退入工事。那天大地上春雾弥漫,但远近之物隐约可见。据我哥当时讲,一二八师撤进工事前,击毙了数以百计的日寇和马匹。日寇群起将黄狗子湾工事包围,鬼子兵爬上了工事,一二八师枪炮无用武之地,手榴弹用绝后,拿迫击炮弹往外扔,但是扔出去的炮弹不爆炸,在所有反击手段用尽之后,工事里伸出了白旗。

日寇进工事后,将包括伤兵在内所有一二八师战士赶出来,集合在大操场上,将未负伤俘虏的裹腿解下,一个个连环系着,将部队所使用步枪的枪

---

* 原载2007年8月14日《长江日报》。

栓卸下后挂在被俘官兵的颈子上,鬼子兵将俘虏押走,余下的一二百伤兵无论轻重,一概推进壕沟活埋。解放后曾挖出黄狗子湾原壕沟内被活埋的尸骨,还有无数子弹壳。

据当年我二哥及我家族的长老讲,黄狗子湾的这场战斗,是一二八师在1943年被日寇围歼时唯一的一场决战,形成了一定的规模,反击最激烈、持续时间最长、击毙日寇人数最多,也是一二八师死伤最多的一次。这次战斗后,鬼子将王师长弄到百子桥,王拒绝按鬼子指令走路,说:"要杀要砍由你们办,我不走了。"日寇弄来一个竹床,要王卧在竹床上,放在木梯上抬走了。

从此一二八师以监沔两地为基地的鄂中江汉平原的五年独立抗战结束了,当地老百姓开始受日寇奸掳烧杀。住在王师长司令部前的一位老人说,王错杀了他的父亲,他同王氏有不共戴天之仇,但王氏事后向他们家认错了。这位老人说:"王师长坚决抗日,不肯当亡国奴,我对他也不那么恨。"当地民谣称:"王师长手段辣,获到鬼子用刀杀。"一二八师在黄狗子湾的一场恶战,也算是他对日寇出了一口恶气。

我在旧社会的最后一段历史

王劲哉

一

蒋介石匪帮派特务捕我,不是没有原因的。在蒋介石当国的那些岁月里,他总是高喊:"攘外必先安内",因而丧权辱国,人民苦不堪言,搞得国际地位一天不如一天。他不管国土沦陷,人民死活,光是为自己的长期统治作打算。在抗日战争时期,蒋介石的丑恶嘴脸更是暴露无遗。他表面上抗日,暗地里总是与敌人拉拉扯扯,谈和谈降;在"抗战建国"的口号下,消灭杂牌军队,加强他的独裁统治力量。蒋介石的阴险毒辣在全世界都是少有的,下面举蒋对我部的几个例子来说明。

(一)指使湖北沔阳地区(我部地区)以东游击纵队司令汪步青(等于师长,黄埔军校学生)投降日军,号称所谓"黄协军",伙同日本人由汉阳向西攻打我部。他们在时间上没有联系好(汪毕竟受控于日本人,在时间上不自由),全歼我军未能得逞。汪部的一个团长苏振东还向我部投降了。为了鼓励伪军爱国,我把苏振东升为独立第五旅旅长。同时我们还获得了日蒋合击我军的"命令",我把这个"命令"用克罗版印了几百份,打算邮寄全国各军,但为了顾全抗战大局,没有寄出。

(二)蒋把我部三八二旅旅长李俊彦(渭南人)由补训新兵的老河口、宝康之间地区威胁到南阳,硬性改编(李也不贞),并扣发了我部几个月的经费和尔后每个月经费的一半。这时我部穷得吃不上饭,穿不上棉衣。虽经我

---

* 本文原载《沔阳文史资料》第 3 辑(抗战时期史料专辑),沔阳县政协文史资料研究委员会 1985 年 7 月编印。

们百般恳求,蒋方总是不理。后来我部借掩护检查所(国家收税机关)偷加了百分之十的税率,才把部队维持住了。后来陈诚把我骂得人鬼不如。

(三)把我部三八四旅旅长古鼎新(商县人)勾变。古部原系蒋在武汉沦陷前命令补入我部的。古降日后,编为日伪军第六师,为日军作向导,消灭了我部。那时,我在转移阵地中与日骑兵遭遇,所率八十多人绝大多数战死,我的右腿受伤,被俘。这是1943年2月25日下午5时10分的事。

在我部失败之前,还有几个重要的插曲也写在下面:1.何应钦派赵清廉(商县人,黄埔军校学生)在古部任司令,古为副司令,名义是伪中央直属第一支队,实际上是非法组成的。在武汉失守前补入我部时,赵嫌旅长官小没到任(副司令古鼎新被任命为旅长),来我部驻潜江北边某镇的古旅七六八团团长赵天时处,企图发动该部叛变,从而杀掉王劲哉,以赵清廉代一二八师师长。可是二赵都是商县人。而赵清廉以前常以"天子之子"自居,在经济上、职权上为古鼎新、赵天时所深恨。这一次赵清廉来到赵天时处,竟被赵团长公报私仇地杀死了,并把赵清廉带的十八支步枪和七支手枪也收了,还把皮箱中装的十三个密电本和何应钦给金巨堂专员等的亲笔信弄到了手。赵团长除将枪支、子弹留用外,派其五连连长李龙乡将信件、密电本送来向我报功。当时我认为这事办得美,也嘉奖了赵、李两人。看到信件和密电本,我非常气愤,把何应钦的亲笔信等等也用克罗版印了百把份,决定连前次印好了的东西一起寄到全国各军;但一想这对我部抗日不利,就先给何应钦打了一个电报:"潜江某地七六八团团长赵天时报告,有一股土匪被击散,遗有尸首多具,其中有一尸似赵清廉,怎么赵清廉会到这里?请查。"何应钦的回电只说:"你部经费由本月起,全部恢复,另增加一个八百人的补充营,其经费也由本月起发。"其他只字未提。因此我认为不发表印好的文件是对的。那时候,我领悟到:小孩子怕狼,一说狼来了,孩子就不哭了。何应钦怕我公布他的丑恶,还是让他尝尝"怕"为好。2.有一年春天,我受不了忍不下蒋对我的迫害,下决心冒死向蒋打电报:"抗战两年,失国土精华大半,不知抱愧赎罪,反对本部百般倾轧,尽量排除……"(还有的话记不清了)蒋的侍从室来电,把我拨归第五战区李宗仁了。3.武汉至岳州失守以后十多天中,我部在湖北通城、崇阳之间的山区,电台发生了故障,乏人修理,以致三四天没与汤恩伯总司令联系,后来找到一个大学生修好了。这时,我派营长史耀先带兵一连向湖南平江给汤恩伯送去三个日军俘虏和一些战利品。史营长回来报告说,经过九十五师驻地时,官兵拥出了好些人看三个日军俘虏,其中有人说前几天通报一二八师叛变了,今天又有一二八师送俘虏的,这究竟是怎么回事呢?这是史营长以很气愤的态度向我说的。我一听气得说不出话来。这事说明蒋帮对杂牌军队的不信任,借故中伤异己。我当时无可奈何地说:"国家不爱我,我不能不爱国家,不能不为民族出力。"4.有一次,师部在峰口商会驻扎,除地面作战之外,日本空军轮番向峰口掷炸弹,把东边邻居的房子炸毁了,尘土把我扑得不像人。我的卫士把我向后门外拖,后门外的炸弹更多,我坐下在纸上写了"旬余守机①坐,昼夜杀敌人,冤苦我受尽,荣耀留子孙"。这算是我当时的遗言了。

二

　　1946年农历八月二十八日,天刚黑我由三原城内姚家巷家中出来,走到南北大街的十字南边,后面有人叫我"王先生,王先生!"我就答应了一声,他问我到哪儿去,我说:"我到南头去。"走到跟前我细看,不认得。他就叫我到公安局去。我说:"叫我到公安局干啥?"他说:"你是不是才由延安回来?"我说:"不是。"他说:"姓王的才从延安回来,他的两个女人不让他当共产党。"我说:"你把人认错了,我是去鲁桥买麦去的(我的谎话)。"一边说一边就走,他一个走了,一个人领我到西面一个小铺门内,我看样子那个走了的人可能是叫认得我的人去了。我问他是哪里人,他说是河南新郑人,我说我在河南熟得很,河南是我的第二家乡,他和我拉得很好。我说:"好!以后再见。"我想就这样走了去,我想只要去公安局就没好事。他说:"等一会儿。"顷刻,那一个人回来了,还跟了一个穿黑上衣的人,那人只说一声:走。这两人把我领向公安局了。那穿黑衣服的很像以前在孙蔚如军长处当过手枪营

---

① "守机"是守电话机。

长的史宪章,因是夜间,我不敢肯定。

我到公安局,有个穿军装上校服的人叫我到堂屋坐下,他向我说抗日战争中他当某师参谋长,知道啥等等。我也无心听他那些闲话,他给他的人说:"叫王先生休息去。"一个人把我领到前面一个厢子房,这房子一床一桌两椅,床上有褥被,桌上点有一支洋蜡,房门口马上就站了两个拿盒子枪的人。我气得不能说了,就在床上一睡给睡着了。猛然有人把我叫起来,我走到房门外,天井边站了几个拿短枪的,还有七八个拿长步枪的,一个很庄严的军官说:"我们把你送西安去,可是我们有责任,这是晚上,要你受屈。"一边说一边由衣服插斗掏出像个半片月亮似的就向我手上戴,我当时气愤到万分,大声说:"我是国家的师长,是中将,犯了什么法了,为什么污辱我。"那个给我戴手铐的人即刻手垂下去了。说:"你犯了什么法我是不知道的,你是军人,知道服从的,我给你戴手铐是奉了命令的。"我就双手向前伸着说:"哼,请带了。"这副手铐就给我带上了。由十多个拿长短枪的人由三原东门向火车站押解。城门钥匙拿来慢,误了很大时间,到火车站,去西安的火车已开过去了,他们打电话联系,结果向永乐店站走。在路上我唱了一段秦腔的"探监"戏,还唱了一些肚子里胡编的骂人戏。他们都笑我,四个拿短枪的人中的一人说,他是在李兴中师当过连长的,我气死了,谁还听他放屁。

将到永乐店火车站时,七个拿步枪的兵回三原了,只留有四个拿手枪的特务押解我,到火车站警察驻地(车站北约一里)时,天才拂晓。特务把我交给铁路警察看守,一个河南籍的警察和我拉得很好,我认为到西安还能有啥好事,得机会能跑脱最好。我就给他说:"咱俩一路跑,我给你三十亩水地报酬,你要地也行,要钱也行。从此咱俩就结成生死之交的朋友。"他对我说:"我是头一班看你的人,我们当警察是有连环保的,我把你放跑了,家里和保人就要受连累。"这话说得很恳切,我说:"那我恳求你给我向永乐店街上曾经给我当过团长的程鹏九送一封信。"他答应了,我为了让家里人深信,把我礼帽的衬里撕下来写了"我被捕解西安",并给警察二万元的酬劳,他硬是不要,经我一再给他,他收了一万元。当日中午十点钟左右火车才开,到离长岭车站不远的地方时,因为下大雨淹了火车站,火车不能向前开了。当晚就把我在火车守车上押了一夜,天明修好了火车才向西安开去(农历八月是小月,这天是九月初一),下了火车,四个特务叫了人力车把我拉到北院,在一间房子给我取了手铐,让我喝水洗脸,又把我搁在放书的房子。停了约半个小时,有一个拿步马枪的兵坐吉普车押解我到小南门外的军法处(张家村)。军法处写了一张条子,条子是长方形印好的,用毛笔填写的,姓名栏:王步礼,籍贯栏:渭南人,犯罪科栏:走私贩毒,注意栏:防逃(我以后推测,防逃可能是永乐店车站的警察反映了情况)。军法处派了一个兵将我领上走,这个兵也没拿枪。我看到"走私贩毒"几个字就害怕了,我一生连纸烟都不会吸,这分明是给我捏造罪名,还有什么理可讲,我就想偷空跑了,给那个兵说:"我肚子饿了,咱们吃点饭。"那个兵"哼"了一声,还继续向前走,没有看见饭馆子也就无法再说话,我猛然发现路的右侧有卫兵,旁边有拒马(铁丝和木头编的挡人的网子)。我们就进去了,右边有一个大窗,窗内的人收了这个兵的条子,问了我的姓名,然后把我的礼帽、手杖、九万多元、口袋装的乱七八糟的东西、裤带等都收去。这时有人说:"把老汉的裤带给他。"我这才又勒好了自己的裤子,窗内的人出来把我领进二门,二门口有卫兵,把我领进西边最靠南的厢房,房内有一尺高的一个大土台,马上铺了两张席,给我说:"王先生,你就住在这儿。"我说:"我没有铺盖,你叫人把我的钱拿上和我一路到外边买被褥(我是想乘买被褥的机会逃跑)。"他说:"铺盖我们给你想办法。"一边说一边走出二门,卫兵把我挡住了,这时我才知道我是坐监了。不一会两个人给我拿来三条军用毯子,说:"这就是你的铺盖。"我这才知道领我来的人就是看守所所长(河南洛阳人,姓名忘记了),他把我住的门用锁子锁上了。我睡在床上想,这还得了吗?我打算在墙上挖洞逃跑。我想老鼠都能把墙咬透,我这裤带插子比老鼠的牙是硬的多了,我的人更是比老鼠劲大的多了,这样就开始挖墙了,这是土打的墙,外皮很硬,后来我想了个办法,吃饭时狠喝水,尿到空饭碗里,再把毛巾打湿,在要挖的洞上托,把土打湿,就好挖了,我一个人住着,黑夜白天都在挖,所以挖的土很多,我就把它平铺在席底下。洞口很小,我用一个洋毯子挡着,预备成功的时候用手把洞口向大一扒,用脚蹬开另一头,就钻出去跑了。某星期六的下午,人家传我问案,两个兵给我戴上手铐,拿盒子枪把我由看守所押到军法处去。问案的是一个姓谢的科长,他问我:"你三原家中贩卖大烟?"我答:"卖不卖我不知道,只管我没叫他卖,我十多年没在家,家中住有一个老朋友,渭南人张实之,六十多岁,不能在军队工作,在我家看门连管家。另有一个贺照棋,也是渭南人,我小时的同学,因为是近视眼不能在军队工作,在我家帮助张实之,也是管家的。贩卖大烟的事情把张、贺传来问个详细。"他又问:"你在三原为什么化名王步礼。"我答:"王步礼是我在家中的原名,家里封粮都是用的王步礼,因为我们伯叔弟兄的名字都是由步字起的,如步彦、步祥、步瑞、步庆、步泰,所以我的王步礼是真名,并不是化名,请直接给渭南县二科打电话叫查一查封粮的名字是不是王步礼,就可以证明。"问:"你干什么事?"我答:"我当军人,是一二八师的师长。"问:"你在哪里当一二八师的师长?"我答:"是第五战区李宗仁指挥下的一二八师师长,你可向五战区长官部参谋处查问有没有一二八师王劲哉师长。"他又问:"你当师长怎么不当了?"答:"我在湖北沔阳和日本人作战失败了,右腿负伤被俘了。"问:"被俘了,干啥?"答:"被俘了,当俘虏。"问:"你吃什么?"答:"日本人给俘虏的伙食都吃。"问:"你干啥?"答:"我没干啥,人家不让我干啥。"问:"你还愿意干吗?"答:"愿意干,干了就解脱了,但人家不让我干,因为日本人和我对抗四五年(我兼汉沔游击指挥官),对我的为人了解非常深刻,所以不让我干。"又问:"你是不是没干?"答:"日本人在南京的总司令部是投降了的,南京的汪精卫伪政府也是投降了的,请查案有无委任我当过伪官的事就可以证明了。"他又问我:"你到延安干什么去了?"我答:"我没有去延安。"他说:"你去延安有证据。"我答:"有什么证据,请拿出来。"他拿出一张在洛义住了旅馆的条子,说:"这就是你的证据。"我说:"请法官仔细看一下,那不是洛川,是河南洛阳的洛义旅馆,不是洛川(这条子是看守所从我口袋掏的乱七八糟的东西里拿出来的)。"他说:"我的问案完毕,你还有什么话要说?"我说:"我认为我们的国家就不是个国家,我在抗日战争中受尽了千辛万苦,受了人不堪忍受的难过,现在,抗日胜利了,论功行赏,我反倒坐了监狱,这是什么驴儿政府,我的话完了(这时我气哭了)。"法官对两个士兵说:"现在领回去。"那个兵就给我戴手铐。法官说："不用给王先生戴手铐，领回去就对了。"回到看守所的外边时，才看到看守所是一个独立家屋，有外墙并很高，洞挖好也不得出去，我又把洞重新填好。下星期谢科长又到看守所来过两次，都是在所长房子叫的问我。他说："王先生，你这究竟是怎么回事？还有啥事？"我说："就是那天说的那些事，再没有啥事。"看谢科长的言谈神气，就像他案问的不合上边的要求，就像是交代不下去的样子，即上边觉得我坏得很，他一问却不是那样。

犯人的房子门外边，都写有姓名牌牌，独独我的房子没有。并且把我不和这些犯人一起放风，犯人们放风时，不让我出来。根据问案、门上没有姓名牌、不和其他犯人一起放风等情况，看来恐怕不以法律裁判，而对我下毒手。家中也不见回信，也不见来人，我心中焦急万分。有一天午前，犯人放风后，我在院子地上坐，带二门卫兵的班长郭进美，用几张报纸包了一个砖头给我说："坐在地上太湿潮，你坐在这上头。"我认为这个青年对我很尊重，我很感激。就问他是哪里人，他说是扶风人，19岁了，他是监护排第二班班长（看犯人的一排兵叫监护排，是由某部队轮换的一个排）。他又问我爱看啥书，我说不出爱看啥书，他说他有一些书叫我看。他看的都是一些古书，我和他谈的很多，就又对他说："郭进美，我给家里写了几封信，不见回信，也不见来人，可能所长没有给我发出，你现在替我给家里带去一封信。"他说："王先生，不敢。人家不给你把信往出发就算了，你不敢胡写，我也不敢给你送，送的叫人家知道了就不得了，太阳庙门还有个秘密监狱，如果把你转到那里可就危险了，你就不得见人了。"我也就算了，但我总认为郭进美是可以和我说私话的人了（以后郭进美是给我送了信，并且和我家中取得联系了）。我心想，总管是要说话了，好也是这了，坏也是这了，就给胡宗南写了一封信。信是这样写的："我回陕西本来要看长官，因长官忙，我又无什么紧要事，就没有来看。这回把我押在监狱里究竟是怎么回事，请长官调查。"隔了几天军法处长孙仁山向我说："你把西安事变的情况给长官写封详细信。"他并即时把我从单人房子调到一号房子。这里有十几个犯人，多半是高级犯人。据我记得有安徽人包如礼师长，有山西人景行之游击司令等等。我给胡宗南写第一封信是这样写的："西安事变是十二月十二日的事，我这时驻在富县、甘泉、延安,旅部在富县。回到西安已经十六号了,西安事变的情况我不知道。"这封信去停了好几天,有一天天黑,军法处处长孙仁山叫我坐吉普车,还有几个穿便衣的特务把我扭上汽车,并跟着我也坐上了汽车,不知上哪儿去。一会儿才看到了小雁塔,在空礼堂上停了几分钟,有两个特务扭住我的臂膀说:"长官叫你哩。"一边说一边把我推进去,我进去胡宗南在那儿站着,我向他鞠了一个躬,他把我上下打量一番,看我穿的是士兵的灰色军衣说:"你咋穿得外?"我说:"这是看守所里的衣服。"他装得像是怜悯的样子,叫我坐在沙发上,他也坐下,给我一根纸烟,我说我不吸烟,他说这是好纸烟。我说:"长官的纸烟当然是好纸烟,我向来不吸烟。"他说:"你到延安去过,延安的地形道路是怎么个情况?"我说:"我从富县坐汽车到延安是经过甘泉,到延安时已经下午,我和程鹏九团长在延安西山上看了一下。县长请客,我和程鹏九团长都是在县政府吃饭,以后天就黑了。我住了一夜,第二天早上就回富县了。延安是山岔岔沟,去的时候,洛河在左边,回来的时候洛河在右边。"他说:"程团长现在干什么?"我说:"程团长现在在永乐店当老百姓。"他说:"我能把他叫来吗?"我说:"长官叫他他还能不来(我心想我是咋样来的)。"(解放后,在西安我见程鹏九问他见到胡宗南没有,他说没有,这说明胡宗南没叫他。)他也不问了,我也不说话了,停了几分钟,我说:"长官没事了,我回去吧!"他说:"好。"我出了房门,两个特务扭住我的臂膀,扭得很紧。孙仁山处长也来了,又上了吉普车回到看守所。第二天早上,犯人都对我坐吉普车走了很担心,他们都害怕把我给活埋了,我当时才知道看守所有活埋人的事。有一天看守所长说:"处长叫你住到优待室去。"他就把我领到头里的房子,进了大门在所长屋子西边的一个空房子,住到这里,出进都要经过所长住的地方。这时我在看守所可以自由行动,就是不能出大门。晚上我的房子门口还有卫兵,这时我觉得逃跑比较容易。打算翻大门西边的墙向外跑。但是有几夜听到墙外边有卫兵换班说话,我就不敢了,害怕跳过墙叫卫兵把我抓住了。有一天所内除了卫兵以外,都点名去了,我打算大模大样出大门走了,但又怕卫兵挡住了糟糕,所以没敢。又有一晚上天下雨,我觉得墙外不一定有卫兵,就想到用他们白天用完后,丢在菜地上的菜耙子翻墙出去；都准备要翻墙时，又听见外边有脚步声，没敢走。农历十一月初五九点多钟，所长对我说要给我照相，并要写两份自传。我很高兴，说给三原家中打电话，家里有相片。正说着，吉普车拉来了照相的和裁缝。照相的给我照了二寸像，照毕后另外又照了半身像。裁缝给我量衣服的尺码，自传是我说郭进美代我写的，写得很整齐。这时我心里很高兴，想他把我用手铐铐进来，我还能逍遥地走出去，这也是一件了不起的事。这天是星期四，我就想，能在星期日以前出去顶好。第二天晚上，所长走到我床前小声说："王先生，把你向南京送呀！先送到户县飞机场，再坐飞机去南京。给你说，是因为上次坐吉普车，回来后大家说的你很担心，所以今天告诉你一声。"我也就小声说："啥时候走呢？"他就站起来大声说："王先生，你起来，现在就送你走。"他一面说一面就向房子走去。我这时心中很后悔，逃跑的机会错过了。送到南京，还有啥好事。看到所长房子后有几个人，大概是送我的，人家把饭都吃过了，给我留下两碗面条子。我把两碗面条都吃完了。人家就给我穿了身黑袍子，又给我戴了一个气死风的帽子（只露出两个眼睛），并说这是害怕我上飞机受冷，又给我拿出一副大托墨眼镜，说是飞机上风大要戴。我说："好，那我上飞机就戴。"他马上声色俱厉地说："马上就戴！"并说："飞机上不许你和任何人说话。"这时，把我领出看守所大门。在大门内睡了一班兵，我叫："郭进美、郭进美！"没人应声。特务扭住我的臂膀说："走，还说哩！"两个特务把我押着走到军法处。院子的吉普车已准备好了，吉普车里坐的孙仁山处长、王副官、梁医官和两个拿手枪的兵，我们就开向户县。一路上用几个手电照着我，一直照到飞机场。下了吉普车后天刚亮（农历十一月初七），飞机场很冷，我在吉普车旁边转，看守的人也在我周围转，以后王副官对我说："处长和我送你到南京去，其余的人都要回去。"一会儿孙仁山站在房门口用难堪的态度把我看了几眼，我心中十分难受，气得非常。我就把吉普车上捆的面包一气吃了四个，我也没让别人，也没有问是不是叫我吃的。约到十点多钟，不见飞机，只听发动机响，我以为是要走了。王副官说："这飞机是到兰州去的，从兰州拐回来我们才走。"一直等到下午两三点钟，又来了个吉普车。王副官说："咱们上车回西安，兰州来电话，因为气候不好,飞机今天不能回来。"这时,孙仁山坐一辆汽车,我和王副官等人坐另一辆吉普车,到西安西关时,我看见城门楼子,心里难过地说:"我今生再见这一回城门楼子,都是没想到的事。"到西大街的某个巷口,孙仁山的车回了公馆,我坐的车又回到军法处。下汽车后,在院子停了很大时间。我对王副官说:"王副官,还是把我送回看守所去。"王副官说:"王先生,你就不要回去了,就住在这儿(我推测他是怕我回去给犯人说他们把我化装的那个样子),明天早上在这儿吃了饭咱们再去飞机场。"军法处的门向西,他把我再向里领一下,有一间坐北向南两檐流水的房,房子里有两张床,我脱了黑袍子,谢了帽子,拉开被子就睡了,王副官把我叫起说:"王先生,你睡到我这床上,那张床是医官的床。"我睡醒后,就看见一个兵束着皮带,坐在房里,身上没带枪,还有一个约十四五岁的小医兵。我问:"王副官呢?"小医兵说:"今天是星期六,他们都回家去了。"我问那个兵是哪一班的,他说是郭班长那一班的,他并说:"你昨夜走了以后,我们的班长一直哭到天明。"我问:"厕所在哪?"小医兵给我向东北角一指。我到厕所从墙缝都能看到外边地里的小白菜,我心中就非常高兴,认为有了机会,想晚上就从这儿逃跑。但靠东墙却有一个土墩,我想晚上这儿要站哨兵,回到房子说:天冷得很、天冷得很。就穿上袍子睡到床上(做跑的准备),这时就想,翻墙太早怕人看见,翻墙迟恐怕墩上站哨兵,又怕晚上去厕所有兵跟着。一会儿这个兵换班回去了,我给他说叫郭班长来。郭班长来了,就说:"王师长你吉人天相,到南京一定会好的。"我说:"郭进美,我有一个要求,你今晚在这服两点钟的务,我的子子孙孙都感激你,不能的话,你对我的好处都一风吹了。"我叫郭进美晚上来是要他和我一起跑,预防我不熟情况,碰见哨兵,郭进美就像是默认了。我就叫他到南大街"新兴成"去取家里送来的十万元钱。他高兴地走了,很短的时间又拐了回来,说:"王先生,我有负重托,实在对不起你,我没有力量。"这时我就害怕了,我想郭进美由愿意到不愿意,再进一步告了我就不得了了。我就对郭进美说:"小孩子读的书上有一句话叫'只要爱你不要害你'。"我领着他念了几遍,对他说:"你给我买的信封信纸还都压在床板底下,你给我取来,我写信(我的目的并不是要信封信纸,而是想让他走了,我的脑子休息一下,因为我的脑子紧张得受不了了)。"郭进美一面说一面向外走,小医兵说:"王先生,我这有信封信纸。"我只好坐在桌子旁边,刚拿起笔,郭进美在窗子外边哭着说:"王师长,我再把你叫一声。"我说:"郭进美,我再把你叫一声。"他答:"有。"我让他赶快回去,这时我提住笔,没有话写。因为要应付要信封信纸这句话,我就写了。第一封信写了"胡长官,你给我的袍子、帽子、眼镜我都用上了,很感谢你。"第二封给谢科长写的:"你问案中对我人格尊重,我生死都感激你。"这两封都装信封放在窗台上,又给看守兵写了"看守的兄弟们,我在这里,你们很关心我,我很感谢",也没有装信封,放在窗台上。另外写了一张:"令王步礼捉拿要犯,此令。处长孙仁山手令。"写了个信封,信皮上写:令王步礼执此。写好后一折,装在袍子的插袋里,预备人在盘查我时,我用这东西应付(信纸、信封都有长官部字样)。完后就睡在床上等时间,这时又换了一个看守我的卫兵来,我怕这个兵天黑时对我看守得严了,就审查这个兵,问他:"大门口有卖啥的?"他说:"有卖醪糟的。"我给他一千元说:"买两碗打鸡蛋的醪糟,你吃一碗,我吃一碗。"这个兵给我买来一碗,退回五百元钱说他不吃。这时我才放心,晚上上厕所他不会跟我的。一直到雾气下来时我睡在床上下决心对自己说:"你还候什么!"我很镇静地对小医兵说:"小朋友,有手纸没有?"他不答话,拉开抽屉说:"四张够不够?"我走到跟前一边拿纸一边说:"够了,够了!"这样到厕所脚蹬着墙缝子,翻北墙跑了。跳下墙就是白菜地,我就向东走。一边走,一边翻袍子,因为袍子里子是蓝的,面子是黑的,蓝的目标暗。西安南关西边一段没有城墙,我就这样穿过南北大街,东城都有城墙,我不知道。从难民窑门口上了东城墙不得下去,我想拐回来,害怕碰见熟人(看守所淘汰了几个河南籍的伙夫,尚没工作,我怕碰见),就坐下来从城墙上向城外蹓,东城墙大约有两丈高,把我一下倾倒地翻下去,腿崴得很重。我以为腿坏了,站不起来,坐了约十几分钟,心想,坐到天明咋办了呢?咬紧牙关,又朝起站,站了几次才站起来。一步只能走二三寸长,又想,这样走不行,就向东南方向的地里走,决定不走路上了,害怕人家追赶的人撵上我。两三个小时以后,几方面的路上都有汽车,有地方还有火把。我想大概是出动捉我的敌人,我就坐在硷硷搓我的腿,一会儿汽车的声音小了,我又站起来。城东南方向有一座塔,我总以为是哨兵(以后听说是三兆镇的塔,是不是现在还不知道),仿佛听见他拿着枪,背带的皮带环环碰的枪托响(这是心理作用)。以后又向东北方向走,这里还有抗日战争中挖的战壕,战壕的外壕很深,把我蹓了下去,这一下把臂膀摔得很重,行动更困难了,这时打算向东走。走十里铺以南过浐河、灞河向蓝田方向走。走到离十里铺几里路的西南方向,十里铺轰地一下照来探照灯。我就睡到地上,明得很,绝对不能起来。停一会,探照灯不见了,我就想不能向东走了。打算过火车路以北,这时由东来了一列火车,只带了两三节火车皮,车上好些手电灯向铁路两岸照着,可能是捉我的人。我等火车过去以后,才到火车路北,走了不远,又一次就像是探照灯一样,离我很近,轰地一下明了,我以为跑不脱了。就掏出袍兜的小剪子,插到喉头管上,预备人家捕我时,我把喉头剪断(小剪是我在走以前,偷偷拿小医兵的),好在灯头向右转走了,就是越转离我越远了。这时我害怕得不敢起来,趴在地上,又想这样趴到天明咋办?就向老百姓浇地的井桩子跟前爬。到跟前时,想下到井里,弄了一块砖头向下一扔,水很深又不敢下去。这时天快明了,路上吆车人的声音都听得显显的了。不敢走地里,就走到路上。又过了路,走到另一块地里,这块地里有东南西北方向挖的战壕。我就睡到掩蔽部里,认为这样就可以躲藏一天,心里很高兴,又出来看一下大圆的地形。发现老百姓正在填平战壕,害怕被填死在里边。就急忙出来,向东北方向走。很近就到了一个大村子,到村东的大路上,村子的人有起来的,开门声吱吱地响着。我看北斗星,才知我向正北走了。心想走到渭河岸上咋办?想向东走,恰恰就有很大车路。怪得很,走到前边,原来是老百姓的起土壕。壕低土梁高,有起出的墓洞,我就向东南方向的一个墓洞钻,睡在洞中给洞口挡了几块大土块。刚挡好,老百姓打土坯的来了,推土的,拉土的也来了。往来的人很多,我在洞里一天没吃没喝没大小便。到下午四五点钟,来了一群小孩子,在起土壕里玩。我这时最害怕小孩子玩的钻到洞里来。不一会儿,打土坯的人和小孩子一起都回去了,这是初八一整天的事。雾气下来了,听到老百姓场里有扬场声,我就向老百姓走去。场上只有一个老头,我就问他看见一对青年夫妇没有（我怕他盘查我,我先哄他）。老头说:"我忙得很,谁还顾得看他!"老头跟住说:"你问那个干啥?"我说:"相公把儿媳妇领跑了,听说向新筑镇走了,我是赶他的。"老头说:"黑夜里走到灞河滩里,叫迷糊子把你迷住,连你的老命都失塌了。"我对老头说:"我走得急,没有吃东西,我给你五百块钱,你给我弄一块馍吃。"老头说:"我都没馍吃,还给你。你还是不要走了,东城门里有一家盖房子叫的有木匠,你就在木匠那吃饭,住下明天再去。"我给老头说:"那你把我介绍一下。"老头气得说:"谁给我介绍你来,你去!"我就走了。东城门里头路北一家门口有几个四五十岁的女人,我就说:"相公把儿媳妇领跑了,我追赶,出来急了,没吃饭。请把馍给我买几个?"女人们心里很慈善,有一个说:"老汉绊住了（遭了事）,给老汉取馍。"一下就拿出四五个馍,我一面吃一面说:"给我一碗凉水喝。"一个老婆婆说:"这么冷的天,不敢喝凉水,我给你取开水去。"我跟着她就朝门里走（怕在门外围的人多了,被别人发现）,院子里一个很年轻、穿得很排场的女的,像个太太的样子,很突然地问我:"你在哪里呢?"我说:"在西安。"她又问:"在西安哪里?"我说:"在南大街新兴成铺子里。"她说:"我娘家也在西安。"她一边说一边把晌午吃剩的油馍给我拿了半片,老婆婆说:"这是连长太太。"老婆婆又对连长太太说:"老头的儿媳妇给人家领跑了。"太太说:"连长点名去了,一会儿回来我叫连长给你想办法。"我一听心中很害怕,跟住就说:"我到火烧壁去追赶去。"出了大门我脑子又糊涂了,又要到看城门的那儿住,看城门的老头不让我住,说他有家小,并说:"你从这往北走,头一个村子就是光台庙,那里有饭店子,你去住去。"他并给了我一个树权让我拄着去。我到光台庙听村上人说话,我就喊:"店在哪里?"有人说这里没店,我说我是办公的,叫你保长为我找个住的地方。他说判官庙住去,那是热炕。夜落后人都各回各家,我想再问也见不上人影了。我就去叫庙门,一个人为我开了门让我住在腰殿。这是个空房子,砖铺地。我就找了个砖头,枕上就睡到地上。睡得冻醒来了,我就在和尚的窗子上叫门,让他们弄些火让我烤一烤。他们不给我弄火,一会儿再叫,他们都不应声了。我说:"把我冻死了咋办呢?你给我开大门我走呀!"他们一个对一个说:"这个人不是个好人,天黑来的现在要走,天明叫警察把他盘查一下。"这话是有意叫我听的,我说:"只管把我冻死了,天明再说。"我又睡到腰殿的地上,这时我想翻庙墙跑了,觉得此刻不必冒险,我又扒到和尚的窗子口上叫:"老师父,老师父,我冷得受不了了(这是初八日夜)。"和尚说:"你倒是干啥的?"我说:"丢人的事,不好说,是相公把我儿媳妇领跑了,我是向新筑镇方向赶儿媳妇的。"他说:"你这又没有亲朋,有啥丢人的。你早给我说,我都给你把门开了。"他叫小和尚给我把门开开,烧锅煮稀饭,叫我烤火。天明我出三千块钱,老和尚给我雇了个牵牛的人,叫我骑上到新筑镇去(这里的牛能骑是出乎我意料之外)。新筑镇有我一个同事李觉先(从前给孙蔚如当过秘书),他的二儿子李炳章抗日战争时在我部队的军事学校里当过学兵。觉先给我通信是新筑镇某药铺,我想:到新筑镇的药铺问李觉先,请李觉先给我想办法,掩护我。走到新筑镇西边约六七里的地方,有四五个到新筑镇看戏的人走在我头里,我就问一个五十岁左右的人:"老哥,你知道李觉先么?"他说:"你还能认得李觉先?"我说:"李觉先是我的老同学。"他说:"你寻李觉先就不要到新筑镇去了,李觉先在孝义庄子住,你从这里直向东南走,就到孝义庄子了。从这走只要六里路,要走新筑镇就要十几里路。"我到孝义庄子村外就让牵牛的人走了(害怕他知道李觉先的地方),恰好炳章在地里挖葱,就把我领到他家里。觉先不在,我叫炳章到街上叫他父亲,并说叫他父亲给我弄五万元。炳章回来了,说他父亲有要紧事,得到天黑才回来,叫他好好招待我。觉先回来说:"街上唱戏人多得很哩,有三汽车便衣队拿的你的相片捉你哩。我等到天黑是看便衣队走不走,咱要定办法,我回来时便衣队还没走,还在街上。按这情况,咱家里你不能住,我把你送到临潼山背后我老婆的娘家去,那里比较偏僻。"我筹思了一会,说:"在那里,我只认得你的亲亲,有个什么风声我就没法办。你设法把我送到渭南塬上我老家,那里人熟地熟办法多。"这时他就叫本家的叔李登瀛(卖油的人)来,我们整整商量了一夜,天将明时,他叔牵了个驴送我走。经过临潼东的代王庙,稀河沟,马额镇。在马额镇东边沟里有敌人八匹马,十多个兵,几乎被那些兵把我们赶上。以后知道这是追捕我的敌人,我们上了沟,拐到另一条向东北方向的小路,才避开这股敌人。天黑经过铁炉镇北边（镇子驻有敌人），经过邓家沟村，经过南董村南头负曲镇的北头，到达北杨村杨万全（我的妻弟，是教书的）家，李登瀛在这里吃了饭，天未明就让他拐回去了。李登瀛为送我下的苦很大，牵的母驴走着走着就卧下了，他把我抱上抱下。有敌人追赶时，他更是对我担心。李登瀛、李觉先对我的恩情很重，我感激万分，每年春节我都给他们送点礼物。在杨万全家里住了三夜，转到该村我表叔杨春典（已去世，儿子是卖豆腐的）家，他把我藏到他家的柴房子，婶子把我整整侍候了十六天，给我送饭倒屎倒尿。我弟王步祥拉骡子把我送到郭（家）坡村东的窑里（野伙沟窑，编者注）住了几天，我弟步庆由家中送些馍馍吃了几天。我想到陕北去参加革命，但不知腿是否能好，自己是个残废人，不是个健全人，于是决定等腿好了再说；又转到西边沟里一个姓杨的家里住了几天，又转到寺南村张耀生（我表弟，以前给我团当过军需，以后我革命他叛逃了）家；又到我下边村子王新贤（在旧社会他给我当过营长，我革命，他叛逃被惩办了）家；又转到半坡里张拴凡（我小时的同学）家，这里树木很多，只有他一家人；又转到负曲镇南边的瓜南（牛寺挽，编者注）我表妹家（只她一家人，爱人是卖豆腐的）里；又转到芦董村下窑里李维庆（朋友的朋友）家里，这沟里只住两家人，僻背得很；以后我的腿好些了，塬上我的风声也特别大了，敌人的军队捉了几回。我怕敌人白天把村子围住走不脱，有几天就在王明村的沟里，芦苇子里（笁子园，编者注）钻了几天（白天钻，黑了出来在村子弄吃的）；又转到北韩村（离县十里）的李子美（给我当过连长，中医）家；又转到北韩村的另一家（姓名记不清了）；又转到县西十里路良田坡刘俊杰（他与我同事多年，给我当过团副）家，他开的饭馆子；又转到他的妻弟郭正银家；又转到郭正银的妹妹家；又转到县西仵家村张恒山（他给我当过卫兵排长）家；又转到张恒山女人的舅家、渭河岸上张家村住了几天，这几个村距刘俊杰家都不过十里。在这几个村，刘俊杰每天都来看我，给我送报，叫我知道大的方面的消息。

有一天刘俊杰来给我说："县西乡有个农民在淳化种庄稼，回来收这里的麦子来了。说共产党虽然从延安退了，但还留的有人，在淳化北从老百姓那里还能问出共产党。"我就给俊杰说："我给毛主席写封信，你给我送去能行么?"他说:"行!"我就在白绸子上给毛主席、朱总司令、贺总指挥写了一封信。信是这样写的:蒋匪帮把我逼得没办法,我以万诚之心要参加革命,请给我下命令打敌人。刘俊杰把信装在草帽的帽带里走了。刘俊杰走到耀县附近,听说共产党人把耀县打开走了,他就向西赶去。到铁王附近,赶上四纵王世泰司令员,把信交给王司令员。王司令员不认识刘俊杰,对有些事有怀疑,问和他工作的一个杨俊杰(他跟我当过工兵营长),杨对王司令员说:"刘俊杰是王劲哉跟前最亲信的人,也是我的同事,这事不会有错。"这时王司令员才叫刘俊杰等回电。等了几天,到四七年五月十二日刘俊杰回来给我说:"王司令员说,上级来电报,叫王劲哉任陕西自卫军纵队司令员,并把以后联络地点写好,我就写的我家'良田坡'。"从此,我就到了党的怀抱,到了革命阵营。我很高兴,认为我有了政治前途。我就搞了几十个人的游击队,活动了几个月。马拦还派白益琳又名白浪涛同志(临潼人)来讲了两回话,到农历十月组织派尹省三(化名魏平)把我们七个愿回边区的人带进解放区。下一段活动情况属于内部的事,我在这里就不详述了。

回忆王劲哉先生*

孙仲铭

王劲哉先生原是西北军杨虎城部四十九旅旅长，"西安事变"后，受蒋介石改编为新编三十五师师长。1937年，王先生奉命率部抗日，开赴山东省曹州府一带与日军作战，战争异常激烈残酷，其部伤亡惨重，全师人马所剩无几。后奉汤恩伯总司令之命撤退，开往江西至咸宁一带整训，改为一二八师，参加保卫武汉的战役。后因汉口等地相继失守，一二八师于1938年冬来到湖北省沔阳的彭家场，同日、伪军时有接触，之后进驻湖北省沔阳县的仙桃镇。

1939年春季，师部住在一大商号院内，王先生因操劳过度，以致染伤寒重病，数月卧床不起，经军医官精心治疗，日夜守护在侧，方由危转安。此时，日军又大举进犯仙桃镇。王先生因病体初愈，交战数日后，终因敌众我寡，遂退往沔城一带，师部住峰口商会大楼里边，我因生孩子住严家湾民宅。1941年夏初时，日军又进攻峰口，战事十分激烈，最后达到焦土抗战的地步。师部遂迁往百子桥，家住后院，那儿的房子均是士兵用芦苇秆、泥土等做成，墙壁周围通风，冬天很冷，夏天很热。房子后面挖有防空洞，因为敌机经常空袭。防空洞并不坚固，只能避避弹片。我们每日都能听到隆隆的炮声和飞机的嗡嗡声，在这种炮声、飞机声的环境中，度过了五个年头，经过大小战役不计其数。

1943年初，日军以十万大军，配以飞机、大炮、坦克、毒瓦斯全线进攻我

---

* 原载《抗日战争中的王劲哉》，政协湖北省荆州地区联络组王劲哉史料征编组编，1987年内部发行。

一二八师各个防地,形成了大包围圈。王先生带领少数人及眷属等突围,我在戴家场同王先生分散,未能走出,拂晓被俘。王先生在廖家桥同敌人激战,他身边官兵和警卫员全部战死,一人到了瞿家湾。因腿部中弹受重伤,无法行走,又在水里边泡过,伤口十分严重,他到一民房里坐下,不能再走了,遂被俘。在那里住了几日。日军把他送往监利县,由监利县送汉口集中营。王先生失败被俘,皆因古鼎新旅长的叛变投敌,致一二八师惨败,给沔阳人民也带来不幸,使沔阳全县人民及父老兄弟姐妹们受到了日军凌辱,思之十分痛心。

我同李参谋长夫人唐女士,由沔阳送往汉口,住一洋行内最高楼层,由日宪兵看管,我们人虽被俘,而心里实在难忘受难的沔阳人民。

此次战事中,王先生的小女孩不到一岁,由奶母抱着走到瞿家湾,亦丢失于战场,至今下落不明,有人说已死亡。

1944年,日军把王先生同我们又送往南京,住在白下路一旅馆内,由日宪兵便衣看守,实行拘禁,只能在室内行走,不能外出。直到1945年日军投降后我同王先生回归故里陕西三原县家中,不到三天又被蒋介石特务抓起来,押送西安军法处关押,准备送往南京,不料飞机发生故障,不能起飞,当晚住一商号管押。王先生因去厕所小便机会越墙逃跑,到城门口,有胡宗南所部把守不能出城,他从城墙上跳下,致使腿部受到重伤,不能行走,白天躲进墓坑内,夜晚爬行,一直爬到坝桥(距西安市三十里)到一老友李觉先家中,由李老先生护送到陕西渭南老家,在家休养,伤好后派家乡友人刘俊杰去陕北延安联系,陕北马拦军分区指令王先生为"陕西自卫军纵队"司令员。由于当地民团、国民党部队经常骚扰百姓,烧毁民房,所以,在渭南一带与国民党展开游击战争。

1946年冬,陕北延安派尹省三同志把王先生接到陕北,在延安交际处学习。1949年全国解放,王先生由陕北回来,任渭南军分区副司令员职务。1950年调西北军区任高参,1951年转业回陕西,任陕西省政府参事室参事、陕西省政治协商会议常务委员之职。

王先生一生历经沧桑,为了保卫中华民族不受外强侮辱,身先士卒,英勇善战，出生人死，视死如归，参加战斗不计其数，全身上下，有五六处弹伤，手关节被打坏。他带兵纪律森严，要求部队不得侵犯百姓，帮助当地百姓抢收庄稼，爱国爱民，深受人民敬仰。

他的生活俭朴，虽身为中将师长，而家庭仍然是平民化，粗茶淡饭，布衣布鞋，从不讲究。他未有一点官气，同家中佣人都是说笑自若。他虽性情刚烈，但平易近人。

1966年"文革"开始后，王先生及家庭受到了冲击，身心受到了严重摧残，不幸于1968年突患脑溢血医治无效，于3月27日逝世。所遗子女九人，现都工作在各条战线，积极为"四化"建设服务。我年已七旬，身体多病，为不能为党工作而感愧疚。

作者孙仲铭，系王劲哉先生的夫人。

日本防卫厅所编战史中
有关王劲哉的记载[*]

胡逢林　毛道海

日本政府防卫厅防卫研究所战史室编著的《昭和十七、十八（1942、1943）年的中国派遣军》一书（中华书局，1984年10月版）中的"江北歼灭战"，即指昭和十八年（1943年）二月中旬至三月下旬日军在我"连接汉口、岳州、沙市的扬子江北岸地带"进行的一次战役。全章分"第一期作战"、"第二期作战"、"第三期作战"三大部分，洋洋洒洒长达九万余字。这虽是一份军国主义的侵略史，但将其和我们所编的王劲哉史料对照阅读，既可以让我们从反面得到一些佐证，又可启发我们对某些问题做一些较为深入的思考，因此特向广大读者择要做如下介绍：

"江北歼灭战"的"作战原委"

日军发动"江北歼灭战"的目的是消灭长江与汉江之间锐三角形地区的国民党军队，日战史（指"江北歼灭战"一章，下同）在记载国民党军队的分布情况时，把王劲哉的一二八师摆在"作战对象"的首要地位，并毫不隐讳地承认日军面对的现实就是："中国军以沔阳为中心逐步增强阵地。"

昭和十七年（1942年）五月，日第十一军五十八师团曾与王劲哉进行了一次被称之为"沔阳作战"的战斗，"作战部队于五月五日黄昏从张家沟（沔阳北十五公里）东西线发起攻击，击溃了敌人，并于六日摧毁了沔阳附近敌

---

[*] 原载《抗日战争中的王劲哉》，政协湖北省荆州地区联络组王劲哉史料征编组编，1987年内部发行。

军阵地,阿南司令官也于六日访问了师团战斗司令所,激励了官兵"。乍一看,"沔阳战斗"是日军的一个漂亮的胜仗,但文中却又称:王劲哉扬言"击退了日军",他还"以这次作战为契机,逐步扩充势力,增设和加固堡垒,借以巩固该地防御,并且加强了策动态势"。这事实上是告诉人们:王劲哉不是"扬言",而是名符其实地"击退了日军"。因此日军就"痛切感到,如果现在不把该地之敌歼灭,势必贻有后患"。日军甚至还恼怒地叫嚣,要"集结战力,采取用牛刀杀鸡的方式使部队体验一下必胜的作战实践"。

日军还为这次战役制定了作战"方针":一曰"隐蔽作战意图,实行欺骗,佯动";二曰"兵力要数倍于敌,处理要干净利落";三曰"要对敌人实行穿插、突破,并实施以包围,继而缩小包围圈,彻底歼灭之";四曰"要进行攻击堡垒的训练"。这便是日军发动所谓"江北歼灭战"的"原委"。从这个所谓"原委"里不难看出,当时的王劲哉部的确是阻止日军西进的屏障,是日军的眼中钉,日军必欲消灭而后快。

投入"江北歼灭战"的日军部队

日军既然叫嚣要"采用牛刀杀鸡的方式"对付王劲哉,那么他那把牛刀究竟有多大呢?据日战史记载,日军为了制服王劲哉,仅以"参加作战的主要部队"看,调遣的将军级将官就有:第十一军司令官横山勇中将,军司令部参谋长小园江邦雄少将,第十三师团师团长赤鹿里中将,第十三师团步兵旅团长多田保少将,第三十四师团师团长秦彦三郎中将,第四十师团师团长青木成一中将,第三十四师团步兵系团长步兵团长河野毅少将,第五十八师团师团长下野一霍中将,步兵第五十一旅团长野沟三彦少将,步兵第五十二旅团长古贺太郎少将,塘支队第三步兵团长:塘真策少将,两角支队支队长两角业作少将。

日军所用的这把"牛刀"计有四个师团,两个支队,一个旅团,还有军直属四个联队,按日战史所说,也至少有"四万"之众。日军以这样庞大的兵力来应对一个中将师长王劲哉,"牛刀杀鸡",可算名副其实。况且王劲哉在当时又"远离重庆军,处境孤立,和重庆军关系不融洽,不时出现互相攻击和对抗"。这对王劲哉来说的确有乌云压城之势了。这便是日战史所述当时参加"江北歼灭战"的日军势力。

日战史中王劲哉部队的性质

日战史在"三角地带概况"一节中竟然有这样的记述："一二八师及挺进军第一至第三纵队是昭和六、七年（1931、1932年）由汇集的共产党系统的杂牌军编组而成,他们是在所谓共产党向西北大转移（指中国工农红军二万五千里长征——译者）（昭和九、十年）时在三角地带留下的部队。"日战史还说,它（指王劲哉部）在部队编制、训练、战术,对民众工作等方面,带有浓厚的共产军色彩。王劲哉一二八师当时的性质以及和共产党的关系,在有关史料中都有清楚的叙述,而且战史为了炫耀其战绩,故意对一二八师凭空地渲染,甚至把一二八师说成是共产党军队,并且煞有介事地将所谓"来龙去脉"也说得确凿无误。这一手法只不过为了说明日军所面对的是中国的精锐势力,因此,他们在"江北歼灭战"中立下的是赫赫战功,欺骗别人也欺骗自己。

"江北歼灭战"中的王劲哉部队

王劲哉御敌着重依靠堡垒战。日战史使用了"关于堡垒"和"攻占堡垒的特殊训练"两节介绍堡垒及堡垒战的情况。前节称"一二八师……以峰口为中心,沿北口街（沔城西南十二公里）——周老嘴（北口街西南十七公里）——毛家口（监利东北十五公里）以东,长夏河畔以北的地区构筑特殊堡垒,其数量,大小总计数百余,其中仅大型堡垒（通常是角型）即有八十个"。这些堡垒"有在沿堤坝形成的村落周围修筑的（通称村落型堡垒,如柳家集等）,但多数修筑在堤坝旁（特别是交叉点）",还总结其类型有"角型"、"圆型"和"圆筒型"三种。后又称："这次作战一个重要问题就是攻占堡垒问题。"还说日军所有参战部队都进行了关于攻占堡垒的"特殊训练"：事先提供"堡垒位置、类型、结构的情报资料及航空照片",部队再依据这些资料制作"模型或沙盘"进行战术研究,并进行攻占堡垒的"演练"。日军还准备了

"竹梯子"、"投锚"等攻占堡垒的器材。

1943年2月13日,日军对王劲哉开始全面进攻之后,日战史对堡垒战这样记述:22日黎明,塘支队"进入万福寺附近,突然遭到预备堤的堡垒(角型大堡垒)方面守敌迫击炮和各种枪支的猛烈射击"。

第十三师团的藤仓大队"于22日早晨遭到罗家桥敌人阻击。第一中队长大井义隆中尉以下四人战死,随后大队于十点左右攻击易家集堡垒。这个堡垒没有覆盖席子,最初由第一中队担任攻击,见习士官以下七人战死,攻击未成功。接着各中队挑选士兵,从十五点开始攻击,持续一个小时也不成功。"

22日早晨,第十三师团的海福联队在王家沟堡垒受阻,"该堡垒直径约十五米,高约十米,呈圆筒型,侧壁是用土坯堆积的,近一米厚,用带有瞬发信管的山炮或步兵炮也无法穿透……按原来训练的方式穿过敌军弹雨接近堡垒……向里面投掷手榴弹,但是敌人犹如海螺闭入壳内,既无反抗,又纹丝不动"。

22日中午,第四十师团的小柴部所属高桥第二大队"进入福田寺角型大堡垒面前……在步、炮兵及飞机的火力支援下,以第八中队(中队长,佐佐木春隆中尉)为第一线,展开了攻击。尽管这个堡垒覆盖的席子在机枪燃烧弹射击下着火,并有一部分枪眼已喷出火焰,但守军凭借手榴弹及右方触角堡垒方面射击而顽强抵抗,白天攻击没有成功"。

在所谓"江北歼灭战"中,王劲哉一二八师虽被彻底击溃,甚至连王劲哉本人也受伤被俘,但从日战史的这些记述来看,日军也累遭挫折,伤亡惨重。日战史说,"敌遗弃尸体二千二百具",而他们自己也"战死二百五十四人,负伤八百九十人"。

有关王劲哉被俘的记载

有关王劲哉被俘的史实,日战史记载也是值得一读的。日战史称,王劲哉是日第四十师团骑兵队"捕获"的。25日凌晨,四十师团所属小柴、户田部分别占领了小沙口市和戴市。担任户田部前卫的山崎大队"在戴市东二公里处与敌便衣队遭遇,在朝雾弥漫的广阔草原上展开了白刃战……俘虏五六十名敌人……"战斗结束,日军"从缴获品中发现有一个王师长的手杖上面刻有名字";因而"判断",王劲哉已从他们眼下溜走了。

早八时,日骑兵队奉命开始"沿长夏河畔搜索判明已经逃走的王师长一行","连日急追,于17点30分左右在长夏河畔六家湾附近发现了王师长,将其捕获"。日战史引用了直接抓到王劲哉的骑兵分队长安艺武伍长的一段手记:二十五日傍晚,正当搜索部队准备停止前进,就地隐蔽时,突然发现"东面草原约有一个团的兵力在骑马官率领下正向六家湾方面行进",于是他们"把重机枪架在民家屋内,从门板穿孔中伸出枪口,同时又做好骑马袭击的准备",后来,"将敌人冲得七零八落,在追杀中进行了一场激战"。对此,王劲哉在《我在旧社会的最后一段历史》一文(载本书)中回忆说:"我在转移阵地中与日骑兵遭遇,所率八十多人绝大多数战死,我的右腿受伤,被俘。"我们将这两种叙述加以比较,足见长安在夸大其词。他故意把王劲哉的九十人说成是"一个团"以表示他劳苦功高。显见长安是在邀功请赏了。长安还说,他们"鼓起干劲,忍耐着身体的疲劳……连村落房子每一间屋的顶棚也不放过,一直搜索到日落"。当他们发现百米左右的前方"有一个黑东西在蠕动"时又写道:"我端着刺刀抢上前去……大喝一声是王劲哉吗,这个男人笑了一笑,连说'我的王师长',笑的时候口里露出了金牙。我心里忽地一下,骤然间感到全身极度紧张;等平静下来时想起在传阅的照片背面还写着这样一段文字:'右手腕有北伐时被枪弹打穿的伤疤',拉过来一看,明显的有那样的伤疤,在他那头发斑白的头部还有军人特有的一直线晒黑的痕迹。因此,和小队长商量的结果都认为也许错不了,于是飞速向部队长报告:'安藤小队捕获一个人,像是敌将王劲哉。'我……想要尽快把敌将押解到部队本部……他……右脚脖子被枪弹打穿,可是事不容迟,不得已只好把他扛在右肩上向前飞跑。右肩上的敌将感觉到我的心脏跳动很厉害,他连连地说:'谢谢!谢谢!'"

长安为我们勾勒出了王劲哉受伤被俘的具体形象,至于王劲哉对日军"我的王师长"的回答以及连声的"谢谢"等发自内心的声音,更为我们提供了研究王劲哉的一个依据,我们可以进行研究体会。

有关古鼎新叛变的记载

王劲哉在《我在旧社会的最后一段历史》中说:"古部原系蒋在武汉沦陷前命令补入我部的。古降日后,编为日伪军第六师,为日军作向导,消灭了我部。"日战史所记也证明古鼎新投敌的确是导致王劲哉全军覆没的一个重要原因。

"江北歼灭战"中对古鼎新的称呼是"一个旅长",早在"江北歼灭战"发动之前,日第五十八师团长小野一霍中将即授意参谋部的立石中尉和一个叫片山的翻译,通过"中国军前少将刘某"与古鼎新进行"间接接触",并与古签订了四条密约:"一、向师团详细报告第一二八师的兵力、配置、行动等情况;二、迅速提供王师长的照片及体貌特征;三、提出日军作战时该旅出走的方向、集结地点和时机等行动概要。有关细节,在师团作战行动开始后在张家沟(仙桃镇西南十五公里)战斗司令所进行联系;四、对协定事项严守秘密,决不泄漏。"后来,师团就有关与古鼎新旅的联络方法和古提供的情况向军部作了报告,而且将王劲哉的照片"复制成名片一千张,连同其有关体貌特征与书面材料一并提到军部"。

古鼎新向日军提供了王劲哉照片和体貌特征,我们从前面长安的"手纪"中已经得到证实。

22日,五十八师团参谋部,按照古在协议中讲的逃出时间、集结地点,派出了步兵通讯班长小川中尉以下十一人,携带五号无线机赶到约定的地点等待古的到来,古并没有当天如约。第二天夜晚,小野"夜不成眠,一心等待捷报。临近夜半时,收到了无线机的发报'联络成功',这才放了心"。小野还说,古鼎新先后向日提供了以下情况:

(王师)一部分可能是向东出走,两个旅可能向西,多半是向白露湖方向出走;

为了射杀王师长,派一个曾经当过王师长警卫长的属下连长潜入王师长左右;

王师长在峰口市外挑选了两个独立民房,轮流居住,以便逃避日军飞机轰炸扫射；

据为射杀王师长而潜入其内部的密探报告,王师长已经出走,去向不明……"

日战史还记载:"在第五十八师团对敌工作中与之协力的敌军旅长,在这方面作战结束后,集合了部下,向该方面的警备司令官第五十二旅团古贺少将申请归顺。"

日战史关于古鼎新投日的记载同王劲哉所述及我们所了解的情况存在一定的出入,特别是投日时间、方式等,真伪是非虽难一时察辨,但它终究是一篇有用的材料,它为古鼎新叛国投敌,出卖民族利益的罪恶行径从另一个绝对不同的角度提供了有力的证据。

作者胡逢林、毛道海,分别在原中共潜江县委党史办公室、潜江县政协文史资料研究委员会工作。

王劲哉的后半生

白明东

一、被俘以后

王劲哉被俘后,初拘监利,3月16日解到汉口,9月16日解送南京,21日到达,住白下路国民饭店。十天后,敌派会说中国话的宪兵藤井专程往南京,送给王九十几万元生活费,后移居锅底溏77号,住正房三间,两边厢房各四间,允许他在南京城内自由活动。不久,有伪中央政府参事黄吉兮(沔阳仙桃人)求见,献计王劲哉,请求汪精卫调他到伪国民政府,并代王写了报告,后因汪精卫病逝而未果。1944年冬,有一山东人张某找到王劲哉,说他有一支人马,要王劲哉去带领。王一听大喜,立即报告日本宪兵准尉高桥。几天后,敌人派宪兵大尉立花和高桥,同王、张去郑州。到郑州后,张某西洋镜被戳穿,狼狈而逃。这时,立花大尉要王劲哉到河南叶县当招抚使,王问:"有多少军队?"立花说:"请王阁下在地方号召。"王劲哉装病谢绝,遂同高桥到开封。在开封买了十两大烟土带回南京卖了,并送给高桥一些礼物,取得了高桥的信任。高桥每天晚上出外嫖妓,深夜要王伴送回家,以免被妻子怀疑。后来,高桥又伙同王劲哉派人到郑州贩卖关金(钞票)数次,最多一次得利二千多万元,王劲哉就拿三百、五百万给高桥。因此,高桥在上级面前尽说王的好话,说王愿意协同皇军打英米(指英、美两国。当时口号:"大东亚是一家,共同消灭英米")。

1945年2月,高桥同王劲哉坐飞机到汉口。高桥见人就说:"王阁下要当总司令了。"日本驻汉当局也设宴欢迎王劲哉。这时在汉的伪军官生怕王

---

* 原载《沔阳文史资料》第2辑,沔阳县政协文史资料研究委员会1984年9月编印。

劲哉来后夺了他们的权,有的暗中串联反对,有的个别劝王离开武汉。这样,王劲哉又回到南京。一天,高桥要王劲哉开名单找汉口俘虏营要人成立军队。4月,高桥去武汉,5月给王带来三十几个人,二十七条破烂枪,在王劲哉的门口挂上了"皖南司令部驻京办事处"的牌子,王劲哉遂成为挂名司令,在他卧室里安上了专用电话机。

王劲哉在南京住了两年,当时他想些什么?1956年,他给陕西省委书记处书记赵伯平同志信中说:"我与蒋贼势不两立,我能逃,逃到哪里去?没路;到共产党方面去,总得有些本钱(军队)。所以,我那时总想做个既入虎穴(被俘了),不得已入了,他既没杀,我就学个越王,弄些军队,一方面能够保我的命,带到中国的偏僻地方去看蒋贼所为,一个方面到共产党方面来。"

二、抗战胜利以后

在1945年8月15日日本投降后,王劲哉所带的几十人仍住南京。这时,李品仙部的李本一师长到南京,王劲哉找到了李本一,李答应王回十战区,给王一些步枪和六支手枪,并向浦口俘虏营要了四百名兵士,编成五个连,仍用一二八师番号,由南京开安庆,途中截住日本汽船三艘,缴步枪三十余支、重机枪五挺及若干军需品。到安庆后,李品仙宣布王劲哉为四十师师长,开驻宿松县。同时,王劲哉派人到武汉收容旧部属。在宿松住了一个多月,突遭何应钦所派部队袭击,王部退至黄梅以西的北凉亭河,准备投奔李先念将军,但一直没有联系上;加上不断遭到国民党军队的袭击,力量逐渐减少。最后,王劲哉只好化装逃往汉口。此时王的家属亦由南宁来汉,王即安置家属回陕西三原,王本人到郑州。在报上看到五师突围西去,王大失所望,遂由郑返陕,先住华山,后偕妻返三原,杜门谢客。是时,王年五十有二,心灰意冷,只想做个老百姓。岂知祸从天降,不久即为国民党胡宗南所捕,拘押西安南门外张家村胡宗南的军法处。

王劲哉初寄希望于胡宗南,给胡写信说:"我被禁闭不知犯了何罪,希念抗日负伤被俘之苦,调查处理。"王劲哉在狱中几经审讯,始送西安市小雁塔与胡宗南会晤。胡宗南态度暧昧,问了一些情况就派小车送王回狱。接着王劲哉又给胡宗南写信说:"在抗日时期,汤总司令对我如何不好,影响了杂牌军人对委员长的信念,你在天水,曾送我饼干,爱护周到,至今感激。"胡接信后,将王劲哉移送优待室,王暗暗高兴,盼望出狱。一天早晨,看守所长要王写个履历,王认为履历一交就可释放了,因而兴奋得不能入睡。少顷,所长来告:"现在送你到南京,军法处长一同去,你赶快起床,坐汽车到户县(陕西)机场。"王换上送来的一件黑袍子,戴上一顶风帽,一副黑眼镜。穿戴完毕,看守所长又说:"在机上不准和任何人说话。"王劲哉一听,知道大事不好,他的幻想彻底破灭了,他又气又急。适逢天气不好,飞机不能起飞,仍被送回军法处。这时,王劲哉借小便之机,察看了地形,发现围墙不高,便起了逃跑之意,他焦急不安地等到天黑,趁哨兵未上岗之机,越墙逃之夭夭了。

三、参加革命以后

逃出狱后第三日,他到了新筑镇的孝义庄,寄居在友人李党先家中,派人与解放军某部的王世泰司令员联络,并请代转给毛主席一封信,不久王劲哉被任命为陕西自卫军纵队司令员,从此加入了革命阵营。1948年在绥德经中共西北局批准,吸收王劲哉为特别党员。1949年王随军到关中,任渭南军分区副司令员,1951年被停止党籍,因某种原因,调西北军区参议室任参议;1952年调陕西省人民委员会参事室任参事;1953年加入民革;从1952年起,曾任陕西省政协一、二届委员、常委等职。王劲哉参加革命工作后,工作吃苦肯干,曾在邠阳参加土地改革运动;在参事室工作时,经常外出调查研究,主动要求工作,后患病住院,多次与人谈话,感激共产党,认为共产党是他的救命恩人,为不能工作而感到难过;出院后,终因下肢行动不便而常住家中,经常鼓励其妻做街巷居民工作,他有时还尽力帮助做些工作。晚年,他对前半生作了回忆,在给省委书记赵伯平同志的信和自传中写道:"我在旧社会的生硬作风,以及一些草菅人命的事,我深深感到也认识到这是罪恶,今后只有加强学习,争取为人民当一个少犯错误的勤务员,赎我前半生之军阀罪恶了。"

王劲哉1968年春,病逝于西安,终年七十二岁,对其历史功过自有人评论,但事实必须澄清,只有搞清事实,才能作出正确的评价。鉴于王劲哉的复杂的一生,对他作出结论,只有靠历史工作者去考证了。

1984 年 4 月 27 日

附记:

　　因为分工我搞抗战史料,才接触到王劲哉的一些传闻。为了弄清王的问题,1983 年,我曾专程到西安查阅了他的档案,访问了他的家乡。对这样一个人物,我有了个人的看法:觉得要为他写传,难度是很大的。因此,我不打算在他身上花工夫了。最近,县文史资料编辑部约我写稿,说沔阳人看了《沔阳文史资料》第 1 辑有关王劲哉的情况后,反映非常强烈,很想知道王劲哉后半生的情况。我作为曾经调查过王劲哉情况的人,很难推辞这一任务,只好就我掌握的资料写了这篇材料,敬献给有志于研究王劲哉的同志参考。

　　有关王劲哉的材料,仅陕西省统战部保存的部分档案就长达 650 页,陕西省政协也保存一部分,他在沔阳长达五年之久,沔阳人对他的情况也提供了一些资料。我看到的资料大部分是在五十年代以后写的,那时"阶级斗争"是非常激烈的,那时写他材料的人,经过二十多年后对他又有新的看法了,有的甚至否认了原来的观点。据我考证,原来有些材料的确是张冠李戴,不真实的。但彻底弄清事实,又非我力所能及,于是我采取了另一办法,主要以王劲哉的自传为主,兼而参考当时的组织结论、旁证材料,使两者的距离缩小,然后写成此文。匆匆命笔,错误在所难免,敬请读者指正。

　　　　　　　　白明东,当时在沔阳县党史办公室工作。

沔阳抗战时期史料概述

白明东

抗日救亡活动

1937年7月7日芦沟桥事变后,中国革命进入伟大的抗日战争时期。蒋介石国民党慑于全国人民要求抗战的压力,不得不向日宣战,承认中国共产党的合法地位。9月23日,他在庐山发表谈话,响应共产党提出的国共合作、团结御侮的宣言。以第二次国共合作为基础的抗日民族统一战线正式形成。对此,毛泽东指出:"这在中国革命史上开辟了一个新纪元。这将给予中国革命以广大的深刻的影响,将对于打倒日本帝国主义发生决定的作用。"(见《毛泽东选集》合订本第335页)

同年11月份,我县在湖北省第二监狱被押的共产党员雷泽民等八人,经过中共代表董必武营救出狱,他们回到了家乡,积极组织抗日救亡群众运动。同时,金华龙从贺龙领导的一二〇师调回武汉,由湖北省工委派回沔阳,恢复共产党的组织。1938年3月,成立了中共沔阳县特别支部,直属省委领导。金华龙任特支书记。在全县重建了四个党支部,有九十多个共产党员恢复了组织关系。从此,在中共沔阳特支的领导下,开展了轰轰烈烈的抗日救亡活动。4月份,在何场真觉寺成立了"战时乡村促进会沔阳筹备委员会";同月,以彭涛为首,在彭场镇组织了"青年救国团"。这两个群众团体,以共产党员为领导核心,广泛吸收各阶层爱国人士参加,影响遍及全县城乡。

---

* 原载《沔阳文史资料》第3辑(抗战史料专辑),沔阳县政协文史资料研究委员会1985年7月编印。

1938年8月,正当救亡运动深入开展之际,武汉卫戍总司令陈诚于是月17日,下令解散"青年救国团"等十四个群众抗日救亡团体。沔阳反动势力见有机可乘,对共产党下了毒手,国民党县长王愚勤密使保安中队长郑海东到彭场逮捕了中共沔阳特支委员朱同科、汪文翰,并将朱同科杀害。汪文翰被保释后出走河南。9月22日,特支书记金华龙亦遭郑海东杀害。沔阳共产党组织被迫停止活动,救亡运动随即夭折,全县又处于白色恐怖之下。

国民党一二八师与抗战

1938年10月25日,武汉沦陷。11月,王劲哉率领一二八师残部从嘉鱼偷渡江北,潜入我县太阳垴、沙湖一带,匿迹休整。1939年暮春,王劲哉羽毛渐丰,以不及一营之众击溃彭场国民党驻军邹兴部,复乘胜追击,赶走驻仙桃的金亦吾部,彭场、仙桃遂为王所控制。

王劲哉原为西北军杨虎城旧部,同蒋介石有矛盾。他初来沔阳,兵力不足两个团,经过四年经营,收编杂牌武装,征集壮丁,队伍发展到两万余人,号称四万之众,编成十个旅、三十个团,并在夏家门设有兵工厂。王劲哉以沔阳为中心,势力扩及天门、潜江、监利、汉川等县。王劲哉占据沔阳期间,独揽大权,政如猛虎,动辄杀人,为人所惧。境内土匪绝迹,加上年年农业丰收,积粮如山,因之能长期盘踞沔阳。1941年春,熊剑东勾结日寇,大举向一二八师进攻。王退至通海口,正月十五、十六两日,王命部属火焚沔城、峰口,实行所谓"焦土抗战"。后扼守东荆河以南地带,大筑土垒工事,每日民夫万人,不管天气严寒,昼夜不停,敌机扫射,民夫也不敢离开。因做工事,民夫死亡甚众。工事建成之后,对抵御日寇进攻起到一定作用。《抗战史料》记载:"三十年(公历1941年)夏秋之交,日寇万人进攻施家港,飞机大炮攻击'工事',七昼夜无效",此役,敌"全军覆没,事后调查统计,死敌千计。此役参加者,为六一一六部队及酋木野坂司令,敌人大震恐。"事实可能夸大一些,但可见王劲哉与日作战是有一定战绩的。

1942年10月,王劲哉部旅长古鼎新叛变投日。《抗战史料》有如下一段记载:"古鼎新所部程权五、潘尚武两团,纪律欠佳,王劲哉将程拘押土牢,时潘随古游击天门,即以电话饬古杀潘,取其首级晋见,潘苦求古云:'师长滥事杀戮,职微躯不足惜,而程团何事,亦将处杀。今旅座两团同遭根株,恐众叛亲离,为椳期不远。'言之声泪俱下,古为所动,遂告叛离,于是绞死汉川潘县长,捆押政工人员。随即下令所部离开天门,并大肆抄抢,星夜东窜汉川。"

王劲哉自古旅叛变后,三日未进饮食,深恐部属效尤踵起,随见官晋升一级,并释团长程权五,升为旅长。1943年正月,日寇引兵西上,古鼎新为向导,正月二十四日午刻,王劲哉在监利境内受伤被俘,全军覆没。

日寇入侵沔阳经过

公元 1938 年 10 月底,沔阳南大门新堤镇沦陷。11 月 11 日,敌机首次飞本县侦察。21 日,敌机二十余架穿梭轰炸县城、峰口、通海口三处,投弹四百余枚,死伤六百余人,毁房五百余栋。23 日,敌机十余架轰炸县城六次,毁房屋二十余栋,同日,敌机三架轰炸沙湖,毁房屋八十余栋,死伤二百余人。1939 年 4 月 7 日,敌机六架又轰炸沙湖,炸毁房屋二十余栋,死伤三十多人。10 月 2 日至 9 日,敌酒井部队窜扰仙桃,11 月 1 日,敌警备司令青赖,率部三百余人进攻沔城,2 日进驻,一日后撤退,将沔城掠夺一空。11 月 10 日,敌陷张家沟、白庙,11 月 12 日敌陷峰口。

1940 年 10 月 20 日,敌机三十五架狂炸沙湖,死伤八十余人,毁房屋一百余栋。11 月 6 日,日寇进驻仙桃。12 月,进驻张家沟、白庙。12 月 30 日,白庙敌川岛率部进犯崔家场。川岛被我军击毙。

1941 年 1 月 30 日,日寇进驻沙湖;2 月 12 日,进驻通海口;2 月 13 日进驻县城,驻上关一带。2 月 26 日至 3 月 17 日,陶家坝激战,一二八师夺回施家港,敌军自峰口撤退。1943 年 2 月,敌军五路进攻一二八师驻地,王劲哉被俘,全县沦陷。

日寇入侵期间,奸淫烧杀,掳夺财产,奴化、毒害人民,罪恶累累。沔阳人民处于水深火热之中。

共产党领导下的抗日根据地的建立

1941年11月7日,新四军十五旅配合天汉地方武装打击伪定国军第一师汪步青部,至次年2月,全歼伪一师,同时在王家场、胡家台两处直接打击了日寇。我军威大振,伪军闻风丧胆,不久,我军主力部队北撤。我县老共产党员葛聘山受命组建汉沔工委和汉沔支队,在柳沟周围建成了小块游击根据地。1942年北撤至襄北。

1943年国际国内战场发生了重大变化,鄂豫边区根据当时的形势,决定开辟襄南根据地,从东西两翼楔入襄南。新四军三军分区参谋长李人林率领四十五团一个营作为先遣队南渡襄河,从西翼插入襄南;彭怀堂、范敏夫率领襄南挺进支队二十六人,从东翼进入汉沔地带,首先依靠消泗沟士绅陈八爹在那里扎住了脚,以消泗沟为中心向周围运动。7月,两支部队会师洪湖,襄南万余平方公里的广大农村连成一片,以洪湖为中心,建立了监沔、天潜沔、汉沔、川沔、沔东数块抗日根据地。

沔东抗日根据地

创建于1943年秋,初名沔东联乡办事处,属监沔县委管辖。1944年7月,为了加强领导,李蔺田来沔东,在下丰岸组建了中共汉沔中心县委会,李蔺田任书记,陈秀山任副书记。成立同级政权机构——汉沔政务委员会,陈秀山为主席,范精秋为副主席,同级的军事机构为汉沔指挥部,下辖汉沔、川沔、监沔及江南的嘉蒲县,还直辖五个中心乡。

汉沔根据地

1943年夏季创建,以大垸子为中心,南至长江以北的姚湖、燕子窝、龙口、东至汉阳近郊,西至沙湖,北至襄河。首任工委书记彭怀堂,接任的有范敏夫、张进、张兴炎等。

川沔根据地

1940年开始至1944年春建立。首任工委书记彭怀堂,1945年由周树槐接任。根据地以芦林湖为中心,北至襄河,南至州河,西至排湖,东与汉沔根据地相连,现在的彭场区、西流河区、长堉口区及张沟区的一部分均属其管辖范围。

监沔根据地

范围:西起瞿家湾、柳关,东至下新河、杨家嘴,南至长江,北至沔城,大部地区为现在的洪湖县所辖。首任县委书记李秉范,后为王全国。

天潜沔根据地

天潜沔根据地以桃河岭为中心,西起潜江城,东至排湖,南至通海口,北至襄河,设有九个中心乡,二十四个分乡,中心乡现属我县范围的占七个,即:三伏、横口、同兴、珠矶、谢场、毛场、范关。1943年8月建立天潜沔县委会,县委书记先后有杨知时、李秉范、陈贻训、洪范。

以上根据地,就其范围讲,互相交错,经常变动,不容易说准,上面讲的只是大致的轮廓。根据地在政治上、军事上、经济上都有建树,特别是1943年以后担负着在襄南地区抗击日寇的任务,不断取得胜利。详情从略。

抗日民族统一线战

我们党的正确路线,战胜了王明的"只要联合,否认斗争"的右倾投降主义路线。制定了"发展进步势力,争取中间势力,孤立顽固势力"的方针,实行了又团结又斗争,以斗争求团结的策略,使我党领导的抗日民族统一战线得以胜利发展。

天潜沔行委会成立后不久,1943年12月组建了临时参议筹备委员会,次年8月天潜沔临时参议会正式成立,并民主选举产生了行政委员会。议员三十余人,议长许荣藻是清末秀才,后毕业于北京京师法政学堂,曾任江西浮梁县和临川县法院检查官。在"大生产运动"中,为了解决机关、部队的供应,他将九十亩良田交出搞军耕生产。副议长、行委会副主席许家俊拥有五百亩土地,带头减租,1945年春他单枪匹马到敌占区彭市河推销建国公债。

1943年冬,监沔县建立了临时参议会,其中著名人士有邓东平、吕幼鹤(秀才)、张泽厚(大地主)、张南溪(留日学生)、方云霞、徐金庭等二十余人。张泽厚在土地革命时期反共反人民,但在抗日战争时期,他没有依附于日伪势力,当上了临参会副议长。为解决洪湖地区排涝问题,他受命赴新堤找伪政权谈判,解决了水的出路问题。

汉沔临参会的议长宋平阶,是歌剧《洪湖赤卫队》中彭霸天的原型,但他愿意抗日,共产党就既往不咎,团结他。辛亥革命时期的武昌军政府内务部长杨舒武经常出入汉沔政务委员会进行联系。辛亥老人朱树烈,在抗战困难时期担任国民党沔阳县长,依附一二八师。当王劲哉全军覆没时,他被当地农民保护下来,后跑到汉沔政务委员会,交出了国民党县府大印,当上了参议员,为抗战作出了贡献。

各级政府还注意改造两面或者三面政权,使其为抗战服务。

对伪军注意做分化瓦解工作。汪步青部之所以被迅速歼灭,共产党人在伪军中做政治工作起了重要作用。

1945年日寇投降前夕,中共汉沔县委派人做嘉鱼县长张国兵的工作,促其起义,被委任为汉沔指挥部副指挥长。对少数顽固不化的汉奸,则坚决惩处。

沔阳人民为夺取抗战最后胜利作出了巨大贡献

抗日战争"是战争史上的奇观,中华民族的壮举,惊天动地的伟业"。我县人民继承革命传统,在中国共产党的领导下,英勇抗敌,为中华民族的解放事业付出了巨大的代价,蒙受了惨重的损失,沔阳的英雄儿女有五百二十二人的热血洒在抗日战场上,为民族的解放献出了生命。全县人民前赴后继踊跃参军、参干,总数约在两千人以上,不脱产的游击战士遍布全县。沔阳有着丰富的资源,在财力、物力上对战争的支援尤为显著,是鄂豫边区的重要财源地之一。汉沔每月收行商税十万元左右,天潜沔每月三万元左右。

农业税的数目也很可观。而所有这些贡献,只有在建立起抗日根据地之后才能得到实现。

王劲哉领导的一二八师在抗战期间同共产党有过统战关系,共产党团结他抗战,给他支持,他取得了一定的成绩。由于他的路线的错误,终免不了覆灭的命运。由此证明:只有在共产党的领导下,结成抗日民族统一战线,建立抗日根据地,才能夺取抗战的最后胜利。

1945年8月15日,日本政府正式宣布无条件投降,8月底,日军二千余人先后集中于仙桃,待命受降。

抗日悍将王劲哉

张燃明

抗日战争时期,有国人评论:"国难当头,谁是英雄,谁是领袖,当今中国只有两个半,一个是浙江人蒋介石,二个是湖南人毛泽东,半个便是陕西人王劲哉。"

国民政府曾追封王劲哉陆军二级上将,授一级青天白日勋章,称其为民族英雄。抗战时期,享受此种殊荣的只有两位将军,另一位是抗日民族英雄张自忠。

日本侵略者编写战史,用了九万字叙述同王劲哉作战的经过。在记载中国军队分布情况时,把王劲哉的一二八师摆在作战对象的首位,并毫不隐讳地承认日军面对的现实就是:"中国军以沔阳为中心逐步增强阵地。"

王劲哉的一二八师被称为中国抗日第一师。王劲哉是抗战时期的传奇英雄,名扬中外,在江汉平原上更是家喻户晓。

生吃狼肉的少年

王劲哉(1897—1968),陕西省渭南县(今渭南市临渭区)阳郭镇康坡村人,原名王步礼。父亲给他取这个名字,是希望他长大后知书识礼。但他对读书不感兴趣。他家所在的旱塬上,常有狼出没。狼是凶残的,吃完肉还要啃骨头。每到日落西山时,村民们就闭门关窗。而小名"虎子"的王劲哉却不以为然。爷爷叮嘱他:"浑小子,当心被狼叼去啃了!"他不服气地说:"走着瞧,看是狼啃我还是我啃狼。"有一天,他在一位猎人手里借了一副套狼的

---

* 出自月华老人的博客 http://blog.sina.com.cn/21944。

铁夹子,悄悄地安装在狼经常出没的路口。第二天早晨,村民们发现有一只狼被套住了,围在路口观看,不敢动手打狼。王劲哉抡起锄头,朝狼的头部一阵猛砸,直到把狼打死。在场的人都说他"有能耐,胆子大"。他抬头一看,见爷爷也赶来看热闹,想起曾经在爷爷面前夸下的海口,就砍下一条狼腿,啃了一口,笑嘻嘻地说:"哎呀,狼肉好臭!"爷爷见了,跺着脚骂道:"老子怎么出了你这样的精怪!"

王老虎的威名响彻秦陇大地

王劲哉啃狼肉之后,胆子更大,对舞枪弄棒产生了兴趣,学得一身好武艺,考入西北讲武学堂。1925年,王劲哉追随孙中山先生,加入于右任、胡景翼领导的陕西省靖国军担任连长。1929年,王劲哉入杨虎城部十七路军任营长。1930年因战功卓著升为团长。1932年十七师师长孙蔚如部驻甘肃,命令王劲哉攻打定西城。王劲哉采取搭云梯的办法攻城。他身先士卒,打着赤膊,口叼大刀,双手攀梯,向城头攀登。敌人见了,一齐开枪向他射击,子弹像暴雨一样朝他射来。他仿佛有刀枪不入的功夫,冲破敌人的枪林弹雨,率先登上了城。由于随行的将士在登城时全部牺牲了,他寡不敌众,只得沿着云梯返回,召集城下的部队再次向城头攀登。经过三次向城上冲锋,终于率领部下登上城头,吓得城上的敌兵惊呼:"没见过这么厉害的兵!"慌忙弃城逃走。孙蔚如称赞他"像老虎一样"。"王老虎"的威名,从此响彻秦陇大地。

1935年,王劲哉被提升为三十八军十七师四十九旅少将旅长,驻防陕北富县、甘泉。此时,西北军、东北军与红军关系改善,言和休战。王劲哉在驻地设交通站,为红军输送物资和人员,在富县暗中为红军架设电台。周恩来、李克农等红军领导称赞王劲哉旅长为红军的好朋友。

主张杀蒋介石 挨了杨虎城一巴掌

在震惊中外的"西安事变"中,王劲哉担任西安警备旅旅长,是捉拿蒋介石的急先锋。王劲哉带兵将西安城内的国民党中央派驻机构重重包围,囚禁了陈诚、卫立煌等国民党军政大员。东北军捉到蒋介石之后，毛泽东主张不杀，派周恩来到西安，和平解决"西安事变"，以免国中无主，日寇乘虚而入。而西北军少壮派代表人物王劲哉和东北军少壮派代表人物孙铭九等人，坚决要杀蒋介石。王劲哉不顾人微言轻，当众振臂一呼："杀！杀掉独夫民贼蒋介石以谢天下！"他的激愤行为，无异于在缓解"捉蒋放蒋"工作中又火上浇油。对此义举，以国事为重，顾全大局的杨虎城将军好生恼怒，一巴掌掴过去，王劲哉的脸上立刻浮现出五个红色指印。他羞愧难当，回到警备司令部召开营以上军官会议。会上，他大呼一声："裤裆里带把子的都跟老子打日本鬼子去！"愤然拖出一个团，在中条山一带同日寇展开血战。

在攻打沅曲城的战斗中，王劲哉先在城外伏击小股日寇，然后强攻龟缩在沅曲城内的敌人。战斗进行得异常激烈。一名营长抱着炸药包去炸城墙，敌军用机枪射中了这位营长。这位营长受伤倒下，仍死死地搂着炸药包……打了三天三夜，日军急忙从河南、河北抽出兵力到晋南对付王劲哉的部队。面对时局，王劲哉提出游击战的战略思想，将部队化整为零，把每个丛林、村庄都变成了消灭日寇的战场。据不完全统计，王劲哉在中条山同日军战斗20余次，每战必身先士卒，赤膊上阵，亲手斩杀日伪军百余人。

1937年，"长腿将军"刘峙接连丢失保定和石家庄。溃不成军的刘峙欲借王劲哉的声威为自己壮胆，派王劲哉的同乡关麟征将军邀王劲哉编入其部。经过谈判，刘峙答应王劲哉的全部要求。王劲哉率部进驻开封，改换装备，领取军饷，职务为三十五师少将师长，兼开封警备司令。

当时，山东省主席韩复榘未放一枪就擅自撤离防线，丢失山东。韩复榘率部进入河南后，其部下在开封为非作歹，闹得民不聊生。蒋介石下令杀一儆百。当韩复榘去郑州开会的专列路过开封时，王劲哉亲率特务连，跳上飞速行进的火车，首先镇住了韩复榘的随从保镖，生擒韩复榘。

用"淞沪抗战荣誉纪念日"作一二八师番号

1938年春天台儿庄大战，李宗仁率40万中华儿女与日寇作战，战斗异常残酷。日寇凭借装备上的绝对优势，动用飞机、大炮、坦克对我军阵地进行狂轰滥炸。李宗仁率部浴血苦战三个月，斩杀日军2万人，后被迫撤退。日军扬言不杀李宗仁誓不罢休，派出精锐部队追杀李宗仁。王劲哉闻讯后，率数千将士阻击追杀李宗仁的日军，让李宗仁将军安全脱险。徐州会战中，王劲哉同四川名将王铭章立下赫赫战功。王劲哉受伤，王铭章战死，"二王"的英雄事迹感动全国人民。蒋介石参加完王铭章的追悼会后，传令嘉奖王劲哉，南京军事委员会据1932年1月28日这个"淞沪抗战"的荣誉纪念日授予王劲哉所部为"一·二八"师（人们习惯地称为一二八师），封王劲哉为中将师长，该师成为中国军队的200个正规师之一，归汤恩伯指挥。王劲哉部队的番号，在军事编制上别出一格，不是按战斗系列编排的，而是用"淞沪抗战荣誉纪念日"来命名的。"淞沪抗战"是抗日战争全面爆发之前，中国军队抗击日军侵略的最英勇的一次战争。八百勇士孤军奋战，显示了中国人誓死不当亡国奴的决心，其爱国精神闻名中外。用"淞沪抗战"纪念日作番号，正是向世人宣布：这支部队抗日最坚决，最勇敢。一二八师从此被誉为"中国抗战第一师"。此后，王劲哉率部参加了保卫上海、南京、九江、武汉的战斗，屡立战功，令日寇闻风丧胆。

脱离蒋介石，独立抗日

武汉会战时，日寇攻陷九江，沿长江南北两路向武汉进军。此时，南京已沦陷，国民党中央政府撤退至武汉。南岸一路日寇沿瑞昌向湖北大冶攻击前进。参加这一带防守的一二八师给了日军有力的打击，削弱了日军的攻势。日军举步维艰，在将近一个月的时间里，平均每日仅能推进二三公里。武汉会战后，汤恩伯命令一二八师进入咸宁地区。汤恩伯是蒋介石的亲信，经常按蒋介石的旨意吃掉杂牌部队，绰号"汤剥皮"。他有时借改编、整编的名义，用嫡系吞并杂牌；有时以提拔干部的名义，明升暗降，削掉杂牌部队首脑的兵权等等。王劲哉率一二八师到达咸宁地区之后，汤恩伯决定调王劲哉到湖南浏阳训练新兵，由副师长代理王劲哉主持师部事务，并电话通知王劲哉即刻到总部开会。王劲哉当即识破了汤恩伯的阴谋，在电话中与汤恩伯据理力争。为了暂时稳住汤恩伯，王劲哉派副师长去参加会议。

他料想汤恩伯不会容忍他这样做,迅速将部队撤离汤恩伯的防区,整编队伍,形成七六三团、七六四团、七六七团、七六八团等四个团,在长江南岸的通城、崇阳、蒲圻、嘉鱼等地与日寇打了一段时间的游击战。而汤恩伯则以他不服调遣为由,停发了军饷。他见到自己缺吃少穿的将士,面对国难当头的现实,想起蒋介石对他耿耿于怀、处处刁难的往事,愤恨地说:"找个'明主'比碰见鬼还难!"下定决心自作主张,脱离蒋介石,独立抗战!同时派旅长李俊彦率两个团渡过长江北上,屯驻保康,以保存实力。1938年冬天,他手下仅剩200人,经侦察,得知日军在江汉平原立足未稳,便率部进入沔阳县的彭场、沙湖。他采用铁的手腕,迅速收编了周兴、管子芳、周干臣、潘尚武等几股抗日武装,还征募新兵,在仙桃办军校,招收青年爱国学生,成立军事训练大队,培养军事骨干,使一二八师力量迅速壮大。在不到一年的时间里,将队伍扩大到15个团,占有鄂中六县,成为鄂中的抗日领袖。他以少胜多,歼敌数千,战果辉煌,吓退了日寇,惊动了重庆,五战区司令长官李宗仁加封王劲哉为汉沔游击司令。

杀了表弟,又抱着表弟大哭

1940年,王劲哉所部驻扎在仙桃。1月15日,王劲哉得到情报:日军将向仙桃进攻。

王劲哉深知军机重要。他用做寿宴请团长、旅长赴宴的名义召开会议,亲手亮出一包香烟,令军官们各抽一支,烟内卷着一张条子:"今晚9时撤离仙桃,急行至沔城集结待令。绝密,火焚纸。"午后两点,又请商会、区警人员"赴宴",酒后他神情严肃地说:"明天午后,日军来袭。请于晚上八点通知市民,收拾细软,向四乡转移,本部将于适当时候打回仙桃。本密令如有在天黑前泄出者,杀。"

入夜,军队悄悄开拔,老百姓挽包携子,悄悄走向农村。16日拂晓,仙桃镇已变成一座空城。

16日上午9时,3架日机飞临仙桃,抛掷一阵燃烧弹,使仙桃四处起火。10时许,日舰来到仙桃,向城区不断发炮。中午,日军以半月形从汉阳、汉川、东荆河向仙桃扑来。日军进入镇内时，发现仙桃竟是一座空城，敌指挥官气得嚎叫起来。

此时，一二八师在百子桥练习夜战，虚言要进军监利，远征长沙。两个月后的3月21日，王劲哉突然带兵抵达仙桃郊区。

23日夜晚，一二八师官兵很快攻入市区。正在梦中的日本军官野坂被铺天盖地的枪声惊起，急令伪军抵抗，而自己则率领日军准备登上舰艇，撤兵武汉。当野坂走上沿江大堤时，发现东、南、西三面火力密集，只有北面无战火，立即下令登舰的日军进行猛烈地反扑，致使即将获胜的一二八师官兵被迫败退。原来，担当北面进攻的七六四团团长李保蔚鸦片瘾大发，忘记进军仙北，由此铸成大错。

李保蔚是王劲哉的嫡亲表弟。王劲哉自责犯了任人唯亲的过错，返回百子桥后，即命各团团长前来参加紧急军事会议。

那天，在百子桥师部教场前，齐整整地摆列着32副担架，担架上躺着进攻仙桃阵亡将士的尸体。教场的东端，数十张方桌临时搭成平台，台前挂出了丈许长的横幅，上书"一二八师校级军官大会"十个大字，气氛异常凝重。

不多时，师参谋长李德新宣布大会开始，请王师长讲话。王劲哉手托军帽，伫立良久，一字一板地讲道："各位！当今国难深重，日寇疯狂，军人为国守土，责无旁贷！我师官兵自抗倭以来，为国捐躯者已有成千。日前一战，东、南、西三方将士勇猛杀敌，可恨北边无动静，致使日寇反扑，我军失利！这里的32位指挥官，都是在阵前即将取胜时倒下的。此战因北面失职而功亏一篑，使仙桃民众再陷水深火热之中。痛心乎？流泪乎？抚手顿足乎？烈士不甘瞑目，幸存者饮恨无穷。如此重责，谁来承担？由大家议定。"

整个会场，鸦雀无声。李保蔚心知事态严重，但想到自己与师长是姑表至亲，又存有侥幸心理。他心绪烦乱，不由得掏出一包"白面"（鸦片），低头一吸。

王劲哉见台下无反应，便又继续讲话："既然各位难以启齿，总不能冷场。我现在命令逮捕七六四团团长李保蔚！"话音一落，4名师部卫士一拥而上，将李保蔚捆绑起来。

王劲哉两手叉腰,大声喝道:"开始宣判:李保蔚身为团长,抗拒命令,贻误战机,万民切齿,罪过无补。师部决定,判处李保蔚死刑,立即枪决!"

李保蔚扑通跪倒:"表哥!你要记住姑母呀!她怎么嘱咐你的啊,我是娘17岁守寡的独根子呀!"

"报告师长,我虽传令,一没督促,二没检查,罪不可饶。李团长自陕至鄂,屡立战功,请免一死,处罚我吧!"李的顶头上司、旅长古鼎新为之求情,古旅中数十名校级军官一齐跪倒在地。

"将李保蔚带至担架前,枪毙!"王劲哉扫视了一眼会场,不听劝阻,语意坚决地下达执行命令。

两个"搀扶"李保蔚的卫士无意举枪。王劲哉气得跳下台来,要首先枪杀拒不执行命令的卫士。卫士长吴天成恐怕无辜者送命,迅速举起枪来,照李保蔚的脑袋就是一枪,李保蔚应声倒下。

王劲哉见了,"扑通"一声跪在李保蔚的尸体旁边,抚摸着李保蔚的尸体,放声大哭:"表弟呀,我杀你是为公,哭你是为私!我要厚葬你!"

王劲哉枪杀姑表兄弟的消息,传遍了一二八师辖区,震惊了敌伪。

日军"牛刀杀鸡",被王劲哉打得丢盔弃甲

王劲哉驻守的江汉平原乃华中腹地,它威胁武汉,阻挡日军西进,成为日军的眼中钉。1940年夏初,日军以9架飞机轮番轰炸一二八师阵地施家港,白庙日本驻军也前来"配合",向一二八师阵地发动攻击,致使一二八师200名官兵壮烈牺牲。

就在施家港陷落、武汉伪报报道一二八师覆灭的当晚,王劲哉指挥七六八团团长陈良弼、连长王万云率领百余健儿,向日军实施晚间袭击。行至敌营跟前,陈团长命令小部分士兵从东南向敌营射击,吸引敌人火力,自己则带着大部分士兵割掉敌人的电话线,从西北面向敌人发动猛烈攻击,使日军晕头转向,终于弃营而逃。一二八师一夜收复施家港,王劲哉亲临前线慰问,调集上万名民工在全师各防地加固工事,严防日军报复。

果然,1941年夏末,日军万余人在飞机、坦克的掩护下,对驻守沔阳、监

利等地的一二八师全线出击。王劲哉得到情报,即令部队配齐火力,进入紧急战备状态,并抽出郭兴团组成敢死队,做好与日军开展白刃战的准备。

敌人来势凶猛,飞机、坦克、大炮一齐对准一二八师施家港至陶家坝阵地,疯狂轰击,成吨的炸药倾泻在不到10公里长的狭长地带。大批日军在坦克掩护下冲到阵地前沿,与守军展开激战。到处是枪声、炮声,双方士兵交杂在一起搏斗着,谁也不肯后退一步。终于,日军的首次冲锋被扼制住了,丢下一批尸体和枪支开始回撤。

战场上逐渐平静下来。王劲哉深知这短暂的沉寂正预示着将出现新的战斗。他告诫手下官兵不能有丝毫懈怠,抓紧时间收集弹药,清点兵员,恢复被炸毁的工事。他针对敌坦克掩护步兵进攻的特点,立即重新配置火力,准备了集束手榴弹,并挖了一些陷阱、拓宽了堑壕。

经过一番准备,敌人下了"牛刀杀鸡"的决心,以更多的兵力卷土重来,飞机、坦克、大炮的轰鸣震耳欲聋,大有一举吞掉一二八师的态势。一二八师官兵严阵以待,待敌兵逼近,各种火器突然齐发,一枚枚手榴弹投向敌群,敌人顿时倒下了一大片。可是,日军毫无退意,仰仗坦克的优势继续向前推进。王劲哉一面命令加强火力,切断敌冲锋兵和坦克同后续部队的联系;一面命令爆破手出击,消灭日军坦克。只见爆破手们跃出战壕,冒着弹雨,迅速朝敌坦克接近,前面的倒下了,后面的继续往上冲。他们将集束手榴弹掷向坦克的要害或薄弱部位,只听"轰""轰"几声炸响,几辆敌坦克趴下不动了,但爆破手也很少有生还的。

日军并未被完全阻止住,有的甚至攻上一二八师的前沿阵地,没被炸毁的坦克仍在隆隆地朝纵深开进,局势十分险恶。王劲哉亲临阵前,严令各部坚决顶住敌军。一二八师官兵们都杀红了眼,端起刺刀,跃出阵地,与日军展开肉搏战。一时间,血肉横飞,杀声震天,两军拼死相争,互不相让。就在这关键时刻,日军深入阵地的坦克由于不熟悉地形,纷纷跌入陷阱,或陷入稻田和沼泽,威风大减。日军步兵眼见失去掩护,只好撤下坦克,端枪越过沼泽,向一二八师核心阵地进逼。王劲哉站在地堡上,看到这一情况,认为战机已到,便大吼一声:"弟兄们,为国家出力的时刻到了。冲啊!"被炮火熏烤得面色发黑的敢死队首先响应,挥舞着大刀,奇迹般地出现在日军面前。他们凭着平素练就的本领和一股凛然正气,勇敢地闯入敌群,一顿猛砍猛杀,将敌兵打得丢盔弃甲,抱头鼠窜。一二八师军心大振,全线发动反攻,人人奋勇,个个当先,直至将敌人全部赶出阵地。

经过长时间的鏖战,日酋见无便宜可占,只得下令全线撤军。一二八师获得了抗战以来空前的胜利,仅打扫战场搜集到的日军钢盔就装了好几船。

王劲哉的像与蒋介石的像并排挂在中堂上

施家港—陶家坝一战,使一二八师在武器乃至被服等军需上都得到大量补充,尤其是获得许多大炮及炮弹,更使得王劲哉如虎添翼。全师9旅18团,占地6县20镇,雄踞江汉平原。

部队扩充后,中下级军官多了,司令部召开军事会议的会场须相应扩大,王劲哉下令营造司令部会议厅。有一天,司令部秘书汝芳舞不知从什么地方找来一张全身戎装的蒋介石肖像,挂在会议厅正中央。汝芳舞背着双手来回踱步,欣赏自己的"厅堂布置"。恰好王劲哉入内,见到蒋介石威武的画像,回想起当年蒋介石在西安被捉的丑态,觉得十分好笑,便不以为然地对汝芳舞说:"这位总裁,至多占半边!偌大一个中国,拱手让给日军大半边,还好意思把中堂占满?天大的笑话,哈哈……"汝芳舞听罢,赶快把蒋介石的肖像移到左方,恰好占了中堂的二分之一,回首等师长表态。王劲哉一笑,问道:"空下半边,挂谁的像?有现成的吗?"汝芳舞灵机一动,马上说:"在我们防区内,惟师长是最高司令长官,这半边位置,理所当然地挂师长肖像。"王劲哉摇着脑袋,大声说道:"不成,不成。就是要挂,也没有现成的大像。真是笑话!"汝芳舞心领神会,拿着师长两寸半的相片,找到一家画摊,照相片画了一张大像,然后一声不响地把画像挂到蒋委员长像旁,两边又加挂了"革命尚未成功,同志仍须努力"的条幅。第二天师部召开军事会议,到司令部开会的校官们,见堂上同时挂起两幅画像,情不自禁地鼓起掌来。王劲哉看到自己挺胸扬眉、威严气派的画像,胜过了总裁像,更是雅兴大发,当即挥毫泼墨写下两条:"你蒋委员长如抗日到底,我王劲哉誓死不做汉奸。"

挂在画像两边。顿时,将士们一齐拍手叫好。自此,王劲哉在江汉平原上搞独立王国的消息不胫而走,这也许就是国人称他半个领袖的来历之一。

"日古打劲",一二八师全军覆没

王劲哉手下有个旅长叫古鼎新,是汤恩伯派来的人,肩负着"打入王劲哉部,视其火候,相机取代"的使命。王劲哉枪毙李保蔚的时候,他就担心哪一天他也会成为王劲哉的刀下鬼,于是派人与伪定国军军长、冈村宁次的学生刘国钧取得联系,议定了投降事宜。刘国钧要他伺机而动。王劲哉三次通知古鼎新开会,古鼎新均找借口回绝,大有"将在外,君命有所不受"之势。

对古鼎新的不轨行为,王劲哉早有察觉,也曾几次派人打入古旅,以防有变,但派的人不是被古监视,就是被借故诛杀。驻扎襄北的另一位旅长潘尚武密报:"古旅长近来杂人甚多,并常派人过襄河来往于沙湖、皂市之间,似有他图。"

王劲哉思筹多日,下达了处决古鼎新的手令。不想事态突变,赴潘旅的传令兵过麻洋镇时,被古旅守军扣押,密令也被古鼎新拆启。古鼎新立即行动,威逼潘尚武一道投日,并通过刘国钧向日军详细报告了一二八师的兵力配置,提供了王劲哉的照片。

1943年2月25日凌晨,日军两万余人,伪军八万人,共十万兵力,在古旅引导下,攻下峰口,占领了小沙口镇和戴市。一二八师官兵仅三万人,在朝雾中与敌展开白刃战,终因情况不明,寡不敌众,仓促应战,伤亡惨重,被迫分散撤离。日军骑兵团穷追不舍,于当天下午在长夏河畔陆家湾发现王劲哉一行。激战中,王劲哉所率80余人大多战死,王本人右腿负伤被俘,被日伪军关押。直到现在,洪湖地区还流传着"日古打劲"这一成语,说的就是汉奸古鼎新勾结日本人搞垮王劲哉的故事。

"此路不通,去找毛泽东"

1945年八九月间,侵华日军扯起白旗,俯首投降。

王劲哉得知日本投降,设法冲出监押点,跑到第十战区司令长官李品仙的受降司令部报到。李品仙对王的境遇极表同情,立即拨给他步枪12条,手枪6支,又从浦口伪军俘虏营中调出200名伪军,交其编成5个连队,重又扯起"一二八师"的大旗。王劲哉亦不甘寂寞,四处招兵买马,收缴日军武器,不足两月,部队不仅汽车、大炮、轻重机枪样样齐全,还添了几辆半新不旧的日本坦克,驻扎在宿松地区。

不想祸从天降。王劲哉一系列惨淡经营之举,都被国民党上层实权人物何应钦看在了眼里。当年,何曾派人到鄂中取代王劲哉,反让王给干掉。今天获知敌手在皇城脚下起事,于是,何派出全副美式装备的加强师秘密开往宿松,只一个晚间突袭,就将王劲哉未来得及编练的部队完全瓦解。王劲哉被迫只身逃到湖北的黄梅,接着潜入武汉,与从南宁归来的妻儿相会,在老友家中避难。王劲哉的这种遭遇,国民党杂牌军的大部分将领都经历过。抗日战争结束后,蒋介石专心于排斥异己,将非嫡系部队置于死地,许多抗日爱国部队被解散,大批抗日将领遭逮捕通缉。这些将领报国无门,呼出一句口号:"此路不通,去找毛泽东!"纷纷弃暗投明。王劲哉在武汉听说何应钦已下令捕捉自己,促使他下了最后决心:"投奔新四军第五师李先念部!"哪知,王一家4口乘火车刚刚到达郑州,就听见报童们大声叫道:"全部消灭共军第五师! 李先念失踪!"王劲哉不禁茫然……

王劲哉见新四军五师下落不明,大失所望,遂偕妻携子返回老家渭南,意欲安度余年。可是他万万没有料到,"西北王"胡宗南一纸"请帖"把他送入了西安大雁塔监狱。监狱内阴暗潮湿,令人难以入眠,王劲哉百思不得其解,于是提笔写信逼问胡宗南:"我被禁闭,不知犯了何罪? 祈调查处理。"

军事法庭很快开庭审判。那天,王劲哉坐在被告席的木凳上,只听法官喝道:"王劲哉! 你不要自恃抗日有功! 你与共军勾结,反对中央的事实俱在,已是无功可言! 最终如何发落,自有中央明断,本庭仅代为收监,让你认罪伏法。你王劲哉盘踞沔阳,士卒不过千人,武器不足半数,之所以能抗击日寇,皆因沔阳各界之健儿流血流汗。你王氏为一时之枭雄,头脑封建,别具野心,自绝中央,骄悍孤立,加以任性杀戮,令人人自危,部属疑惧,以致有古旅之叛变……"未等法官说完,王劲哉便高叫:"抗日者有罪,罪当关押而后诛之;叛变有功,功在大总裁,故尔放纵之。哈哈,这是一种什么样的逻辑啊!"庭内骤然大哗,法官不禁恼羞成怒:"左右,给我押下去!"草草宣布休庭。就在审判之后的一天,胡宗南忽然召见王劲哉于小雁塔,并派车将王送入优待室。

王劲哉原以为胡宗南会优待并最终释放自己。可是他在优待室仅住了两天,看守所长便把他押至大院广场上,小声说:"现在用飞机送你去南京。你在飞机上绝对不允许与任何人交谈,更不允许暴露自己的身份。这是军法处长的指示。"至此,王劲哉刚刚萌生的幻想破灭了。随后,一辆挂着黑帘的车开来,两个全副武装的士兵把王劲哉推入车座,向户县机场疾驰而去。

事有凑巧,那天天气恶劣,飞机没法起飞,王劲哉被押回优待室。王劲哉决定逃跑。下午5时,正值岗哨换班时刻,王劲哉突然走到即将下岗的哨兵面前:"报告,肚子疼痛,去厕所解手。"哨兵点头。他快步跨入紧靠围墙的厕所,一面观察如何跃上围墙,一面紧张地等待着接岗人的到来。机会出现了。就在两个哨兵面对面私语之时,王劲哉一纵身爬上厕所顶部,继而跃上墙头,翻身而下……

3天后,王劲哉终于逃脱了胡宗南的魔掌,赶到了新筑镇解放区,受到当地驻军首长的热情欢迎。在那里,他养好了伤,又转赴陕北,见到了毛泽东。

镇压反革命运动时,周恩来保了王劲哉

1949年全国解放,王劲哉从陕北回到渭南,任渭南军分区副司令员。1950年调西北军区任高参。1951年镇压反革命时,江汉平原六县均收集到检举控诉王劲哉的材料。其中有许多是真实的。例如,王劲哉实行焦土抗战,放火烧毁了沔阳城,致使千年古城毁于一炬,数万百姓无家可归;古鼎新图谋投降日军时,王劲哉派人捣毁古鼎新的老巢,两次烧毁干驿镇一条街,损失的却是百姓的财产;有一次打仗,两位下级军官,一个战死,另一个活着回来,王劲哉认为另一个配合不力,立即杀了;王劲哉搞"独立王国"时,峻刑厉法,杀人如麻。当时,各县派人去抓王劲哉,而王劲哉是军队干部。他们

就汇集起来,找到曾是周恩来下级的两位干部,要这两位干部赴京直接向总理反映。两名干部从湖北风尘仆仆地赶到北京找周恩来,递上一包王劲哉的罪证材料,急切地向周恩来说:"王劲哉,浑号'王老虎',杀人不眨眼的魔王啊!"周恩来沉吟许久,问:"你们想有个什么样的结果?"两名干部斩钉截铁地说:"根据他的罪行,给予公审,镇压!"周恩来大吃一惊,又过了一会儿,终于带着责备的口气说:"你们可知道,他是我们党的好朋友?!"两名干部悄悄私语几句,向周恩来许下诺言:"回去做做工作。"王劲哉又免了一死。他1951年转业回陕西,任陕西省政府参事室参事、陕西省政协常委。"文革"开始后,王劲哉身心受到严重摧残,于1968年7月23日突患脑溢血去世。

作者张燃明,湖北省洪湖市实验中学教师。

未尽乡情恨未回：一位八旬台湾"一二八"老人的故园情*

吴国庆　许立菊

"故园睽违多少年，盼来开放返故园。方艰国事犹分立，幸赖民心尚互联。喜见梓桑文采盛，欣观两岸共尧天。九州庆赏婵娟月，一统山河万事延。"这是唐祝三老人写的《七律·盼望山河一统天》。唐祝三今年83岁，通海口人，十几岁参军，曾参加抗日民族统一战线，戎马倥偬。上个世纪四十年代，老人到了台湾。半个多世纪里，从青丝到黄发，他始终情系家乡。

忆峥嵘岁月：一二八师在沔阳抗日的最后一役

唐祝三回忆，自己十几岁参军，和抗日部队一起，越野翻山，南征北战，抗击日寇，保卫家乡。

"那是1943年2月的事。"当年，唐祝三所在的国民党一二八师三八二旅七六四团二营在东荆河南岸沿堤赶建碉堡，每隔三五百公尺一座。他们征调四乡民工，士兵们都像熟练的泥瓦工人，砌墙垒土。冬季，时任师长的王劲哉验视之后，命令在每个碉堡外层加盖麦草秆，部队一律进驻堡内。

第二天，日寇开始攻击碉堡。炮弹"轰隆"一声，瞬间传来阵阵硝烟味，弥漫堡内。一百多个全副武装的官兵，冒着烟尘和危险，穿越枪林弹雨跑出碉堡，伏在堤坡，与鬼子决一死战。阵地上血肉横飞，但将士们顽强不屈，坚守阵地，英勇还击。

战争持续到黄昏时刻，下起大雨，部队开始向师部所在地百子桥撤去。

---

* 出自华夏经纬网 http://search.huaxia.com/s.jsp?iDocId=1030230。

雨越下越大,天越来越黑,部队冒雨行军,蜿蜒走在田埂上,忘记了饥饿和寒冷。半夜,他们来到一个集镇,在屋檐下避了几个小时雨。天亮后,部队继续赶路,中午在一座破庙休息。

后来,唐祝三和同伴陈济侑与部队士兵会合途中,不幸被俘。他们誓死不投降。后被鬼子关在牛栏里,浑身湿透,冻的直打哆嗦。翌日,他们被日本鬼子带到禾场,百般凌辱,吊到了堤坡一棵小树上。两人赤足被吊起、放下,放下、吊起,痛彻肺腑。但他们表现坚强,咬紧牙关,不吭一声,忍受着折磨。

日寇见他们不招供,便将他们推进早已挖好的土坑,准备活埋。突然,远处传来一阵马蹄声,一个顾长魁梧的军官及时赶到,"把他们扶起来!"唐祝三和陈济侑得救啦!

原来,救他们的是一名叫廖炳煌的台湾人,曾在日本留学。他说:"我看到我们中国人遭遇的苦难,心里难过极了,却也只能救一个算一个。"获救后的唐祝三后来又加入了抗日部队,1949年随国民党部队去了台湾。

遥望故园路漫漫:为家乡燃烧一份余热

唐祝三到台湾后,曾任《中华时报》记者。

离开家乡的时间越长,那份思念之情就越深厚。他积极参与组织沔阳同乡会,倾吐思乡之情,为家乡尽一份心,"一生爱国未曾偏,无愧炎黄葛氏根"——是他的心声。

2008年3月28日,沔阳旅台同乡会在高雄市举办了一场联谊会。唐祝三说:"一下子聚集了这么多讲同样口音的老乡,满厅'您那'称呼声不断,宛如置身朝思暮想的故乡。正是:美不美,家乡水。亲不亲,故乡人。"

联谊会上,播放了由台湾东森电视台拍摄的宣传仙桃的电视专题片。唐祝三看到,在体操学校里,八九岁的孩子们翻滚蹦跳,精神抖擞,似乎看到了未来和希望;台商旺旺在仙桃投资生产,一派红火景象,现代化的景象让老人激动不已;在养鹅场里,万鹅攒动,"这是我们幼年在家乡没见到过的。家乡变化真大啊"。老人不禁感慨万千。

"我们要尽绵薄之力,为家乡做点事情。"在唐祝三老人的倡议下,大家纷纷捐款,你五千,他一万,有的捐作奖学金,有的捐作修路资金,很快捐出数万元。

他还写了一首词表达喜悦的心情:"映演缤纷诚瑰丽,仙桃崛起欣蜀具,体育鹅肝加旺旺,开颜笑,一堂沔客齐欢喜。均盼早开直航路,故乡来往如邻里,耄耋天涯如忘浪迹,多美好,同享荣光大世纪。"

唐祝三对家乡一往情深,近年来,他资助过我市多所高中的贫困学子,却不求任何回报,"我总是想着如何尽自己有限的能力,去栽培未来的国人,促进祖国统一,使中国社会更加富强"。

他的谦逊发自内心,将惠济他人和奉献社会作为自己立身的准则。

故乡是一道永不褪色的风景,故乡是一段永远不会忘却的记忆,因为那段融入生命里的故乡情结,不仅铭刻在游子们的心中,也流淌在我们每一个人的血液里。

抗战第一师：
一个"一二八"老兵的回忆*

许生兵

"头可断，血可流，宁死不做亡国奴！"每当我和老人聊起他当年从军抗日的经历时，老人总是神情庄重地向我讲起这句曾经响彻他们全师的口号。他就是原国民党陆军一二八师直属工兵营1连2排5班的中士班长刘元，也是我的外公。

外公现在已是83岁高龄，膝下无子，只有一女——我母亲，现住在仙桃市彭场镇陈院村二组，和老伴一起耕种一亩多地艰难度日。但是，只要和他谈起抗日战争，老人就来了精神，满脸自豪地和我谈起他的一二八师师长王劲哉、营长杨振华和那场惨烈的战斗。

外公16岁被抽壮丁应征入伍，在一二八师是工兵，在湖北的洪湖和沔阳一带与来犯的日寇多次交战，曾在洪湖锅底湾下过水雷，炸沉日军军舰一艘。他最为辉煌的，也是他永生难忘的一场战斗就是在洪湖峰口镇与日军的一场阻击战。当时是民国三十年（1941年）正月，日军由武汉而上，分三路围攻驻洪、沔一带的一二八师，当天是正月初九，大雪纷飞，地上铺满厚厚的积雪，凌晨战斗打响，日军向驻扎在洪湖峰口镇的一二八师发起疯狂地进攻，而一二八师的将士们在峰口桥头筑起工事，架起两挺重机枪打退日军一次又一次的进攻，直至晚饭时分日军也没能攻破峰口桥。日军进攻受阻后调来飞机参战，师长王劲哉无奈不得不命令部队撤退，并下令火烧峰口镇，留下工兵连布雷断后，掩护大部队撤退，外公和另一个战友埋伏在公路旁，

---

* 出自wjz128的博客 http://wjz128.blog.163.com/blog/static/714678262008711103736433/。

一人守着两个地雷，前面的工兵已经阵亡，当日军尖兵踏上他们的雷区时，战友请示班长引发地雷，他没有发，他要炸日军的大部队，当日军的大部队踏上雷区时，他向战友一声令下，四雷齐发，炸得日军血肉横飞，当场炸死日军二十余人，日军仓皇退缩回去，不敢继续前进。他和战友一起向前面的一条干沟撤退，日军发现他们后用机枪不停地扫射，直到他的双腿中弹倒在雪地里不再动弹了才停下来，战友臀部受伤，以为他牺牲了，爬入沟中，顺沟而下，追赶大部队而去。天色已黑，他躺在雪地里奄奄一息，幸得当地群众相救，辗转送回老家陈院村。家人卖了田地，遍访名医，经沔阳县杨林尾镇名医肖作仿(后任解放军第四野战军军医)诊断：双腿股骨粉碎性骨折，历时一年半的医治，总算保住了双腿，可落下一长一短的终身残疾。

看着外公一瘸一拐地行走，抚摸着他腿上子弹穿过留下的疤痕，谈及晚年清苦的生活，我忍不住问他："您后悔吗？"他说："你们年轻人没有经历那段历史，对日军的暴行没有亲身体验，他们在中国奸、掳、烧、杀，无恶不作，我能亲手炸死二十多个日本鬼子已经是感到无比骄傲，我们的师训是：一重良心；二尚道德；三明大义；四尽职守；五爱团体；六信命令；七知待遇；八要孝忠；九亲人民；十卫国家。我已经铭刻在心，受了伤我无怨无悔。"是啊，是他们抛头颅、洒热血，为我们创造了今天和平幸福的生活，我们永远也不该忘记他们的不朽功勋。

值此抗战胜利60周年之际，我谨以此文纪念在湖北地区英勇抗战的国民党陆军一二八师的全体将士！

抗日老兵的光荣[*]
——访一二八师师长王劲哉警卫兵黄铁成

汪烈九

国民党一二八师进入沔阳地区是1938年秋末,兵败则在1943年早春。历史过去了70多年,一二八师还有健在的将士么?谷雨季节,我得到一条令人振奋的消息:王劲哉的警卫兵黄铁成已经93岁,岂止健在,还耳聪目明呢。

今年4月的一天,春光明媚。我专程前往沙湖镇红土湖村,拜访了这位抗日老兵。

问:您当兵的部队番号是什么,怎样入伍的?

答:我在一二八(师)司令部警卫连当兵。记得是己卯年(1939年)冬一二八(师)的劝勉队(相当于后来文工团的功能,但也管抽壮丁)到王家场,搭台唱戏,劝勉队的队长与联保处已经登门造册征兵,口号是"三抽一,五抽二,唯有独子不当兵"。我家三兄弟,老大老二已经结婚生子,我19岁,未有家室,就该我当兵了。

问:当兵在什么地方?具体干什么事?

答:一二八师司令部从咸宁迁到沙湖镇,再迁到仙桃,第三个地方是沔城,第四个地方是峰口镇,最后是百子桥。我经过检验,到沙湖镇集中,有我认识的杜窑人:张业楚、张业还、杨远清、陈福堂;红旗人:彭雷仿、刘秋舫;柳潭人:熊山扬……新兵无枪,只搞下操,手托砖块等动作,随即分配到连队。我们这批熟人都分散了,我到百子桥司令部报到,警卫连连长名叫许邦治,

---

[*] 原载2013年5月27日《仙桃日报》。

陕西人，我的排长名叫张恒山，陕西人，特别精明、干练，但他人不在连队，只有空名，还有我的直接上级是班长朱怀德，也是陕西人。连、排、班约近百人，任务是守卫司令部、站岗、放哨，还要监管牢房、土牢，唯独排长张恒山等上十人吃住都在司令部，张恒山伺候王师长左右。

问：您记得的王劲哉是什么样子？还有他的家人，您见过吗？

答：王劲哉师长、李德新参谋长，都身材魁梧，从不见他两人抽烟，听说也不喝酒。尤其是王师长，总是着一身土布军装，挂斜皮带，别手枪，马裤、皮鞋，走路挺胸健步。因守卫司令部，我早晚都能见到师长，他出门看天气，他查岗哨，又急速而返，因为挂满电话的司令部里，电话铃响了。他常在地图前点头瞌脑；从不正儿八经在餐桌上就餐，总是边啃馒头边接电话。有时还批复下面的条呈。有天，警卫连参战打了胜仗，王师长批给连长许邦治一张纸条："奖十块银元，购猪肉打打牙祭。劲。"我们全连传看，真像过大年。师长有两位夫人，老兵悄悄告诉我们：大夫人是妹妹，二夫人是姐姐。大夫人叫孙仲铭，对我们这些警卫兵蛮和气；她的大女儿只有七八岁，会唱一二八师军歌和京戏，可惜记不得了（笔者轻声朗诵："长江水，黄河浪，一二八师上战场。中华男儿扛起枪，起来保家乡，烈火炼金刚……"老人此时双目奇亮，兴奋不已，忙说，是这样，是这样唱的）。

问：您是王师长的警卫兵，职责是守卫司令部及看管重要犯人，直接参加过战斗吗？

答：王师长非常精明，思考周全，警卫兵一是轮流下到连队接受考察，二是上前线参战。1941年9月间，正是收割季节，一二八师七六三团团长张平海，行军至范关，遭遇从襄河里开来的大批日军（日舰停泊在黄家场），战斗打响，师长得到前线电话，即令警卫连百人急行军增援张平海团。这就是给我们一个实战机会。这场战斗不分胜负，敌人主动撤离战场。但我军伤亡很大，我受了重伤，晕死过去，在医院睡了两天才因腹痛醒来。这时我才知道，我的伤是子弹从右腰侧打进腹部去，又伤了警卫兵左手掌心（说着，老人便解衣现伤）。住了20多天才出院，回到警卫连休息。许邦治连长说我已被当成死人，是一二八师王怀之游击队，搜索战场才发现我的。据王怀之队长说,我人晕死了,右手握紧的枪支硬是剥不下来。说是战地医院,其实就是几间草屋,放几张从老乡家借来的竹床,铺点棉絮,医院设在福田寺。

问:受到奖励吗?

答:怎么没有?警卫兵连长也受了伤,我,还有警卫兵王清国(后来因伤口复发病亡)同时被通知,师长要亲自接见我们。我们平常看到的王师长,一脸严肃,今天见到我们,满面春风。我们三人立正行礼,师长回礼,随即亲手为我们三人别上纪念章,还说了鼓励的话。别上纪念章后,师长又发给我们每人一双皮靴。我回到连里,忙从胸前取下纪念章细看:银质,铸三排字:"负伤纪念章,师长王劲哉,功在民族。"总共14个字。

问:您说除了守卫司令部还有看守牢房与地牢的责任,请问,看守了哪些人?

答:印象深的是,看守了由战场俘虏的两个日军,还有洪湖府场的联保主任张中福,张不仅向日伪报告我师行动情报,还贪污了国课,再是一位特殊犯人——吸食鸦片的程权五团长。我就说说程团长,一二八师规定,天王老子,只要你吸毒贩毒,无条件地杀。王师长爱惜人才,程团长会打仗,他在陶家坝一战中,以士兵加集束手榴弹,炸毁了两辆日军的坦克,为取得陶家坝一战的胜利,立了大功。他命令吸毒的程团长坐地牢,不见天地日月,饮食、倒粪桶都由警卫连士兵动手,一共关了20天,才放出来,陈团长的烟瘾戒掉了,提拔当旅长的命令也下来了。

问:那两个日俘和联保主任呢,是怎么个结局?

答:这两个日俘和保长张中福关了几个月,王师长几次提审他们。尤其是对日俘,师长不打算马上杀掉,总想从他口里多抠些情况。但是,到了癸未(1943年)年春节过后,凭感觉,形势有些紧张,司令部几乎电话铃声不断,看师长的样子,怕是每晚都在熬夜。我们警卫连也感到,恐怕又有行动,要搬迁司令部了?警卫连连长许邦治去见了师长,回到连部,向6名警卫兵(包括我)传达师长命令(先望了望我们,然后向日俘挑了挑嘴)准备,拉到路旁:刀决!因为经过了范关增援战,我一点也不紧张,看了看两名日俘,日俘这时候说:"我的,嗦啰嗦啰的有!"我们朝夕相处,吃一样的饭,睡一样的地铺,眼神和言语都有交流,所谓嗦啰,就是杀。说话时并无恐怖表情,他也知道这是迟早的事,我也就释然了。倒是那位保长,上绳子的时候,哭起来了,一再嘱咐"好点做",他还不知道"刀决"是用步枪上刺刀戳死。我戳死了一个日俘。

问:刀决了保长、日俘后,司令部搬迁了吗?

答:不是搬迁,而是遭到灭顶之灾。我们在正月十几的一天(确切日子记不清了)的上午九点多钟,听到嗡嗡的飞机声,由远而近,师长下令:立即疏散,但须仰卧,瞄准日机,打!许邦治连续传达三遍。嗡嗡声变成轰隆声,12架敌机,3架一组,向下俯冲时,三间大瓦房,两间草厢房,还有伪装的大炮,立即被炸、起火,我们都朝敌机开枪了,但都没有打中,奇怪的是,4组飞机投弹非常准确,司令部仅隔一沟的民舍,还有我们警卫连的宿舍都没有遭到轰炸,12架敌机的燃烧弹,弹弹都命中司令部。所有电话、机房及其他设备都葬身火海,司令部与各旅各团的联系完全切断,地下甬道里的官兵、碉堡群中的官兵,都得到命令:一律朝南——洪湖、监利方向撤退。这时候,师长的贴身警卫员,我们警卫兵的排长张恒山为师长换上了礼帽、棉袍,在天上的敌机轰炸声中,在地下敌军的炮声中离开了百子桥。而这时,遍地都是日军和古鼎新的士兵了,简直像蝗虫,铺天盖地。

我看到了一幅败兵如山倒的凄惨景象,听班长朱怀德的话,我照着他将身上一切有一二八师标志的东西:服装、兵帽、枪械乃至负伤纪念章……都投到河中,向老百姓讨了一身烂棉衣,回到了老家。

问:您是1939年被抽丁加入一二八师,1943年春因一二八师解散而回家的,一共当了4年兵。回家后怎样生活?解放后又怎样生活?

答:我23岁回到西流河镇王场老家,适逢有人提亲,就是现在的老伴,她小我几岁,因老伴家在沙湖镇的红土湖村,家境比我家好,我就到女家落户,但所生孩子均仍姓黄。在这里我是农民,从无做过别的事情。在红土湖几十年,我已是这里的人了,所以解放后,我一直很安逸,因为我守口如瓶,未出任何岔子。从不提我当过一二八师的警卫兵,还杀过日本人,同时,我身上的枪伤从不示人。因为我看到当了国民党兵的,或戴坏分子帽子,或遭另眼看待,当了官的更不消说得,坐牢判管戴"反革命"帽子。我有时做梦,我又打仗杀日军了。我知道,我如果暴露了我当过"一二八",不仅自己不安逸,还会祸及子孙。

问:事情过去了这么多年,怎么现在才敢接受采访呢?

答:简单得很,我的两个儿媳,有的是公务员,有的是人民教师,他们不止一次地告诉我:"当抗日战士,打过日本人,杀过日军,不仅不是错误而且还是光荣。"

91 岁抗战女兵的传奇人生

周 琦

她曾经是天门县长之女,她曾经因为枪法出神,名噪一时,获部队领导奖励一块 19 钻瑞士金表。抗日战争中,她被日军击中腹部受伤,没有子女。1943 年,因部队叛变,不肯屈服的她,脱下军装做起普通老百姓。她叫程银宝,一位 91 岁的老人。而今,她生活在一间不到 10 平方米的小屋里。她说了整整一个下午,都没能讲完自己的故事。老人说:"我要守着我的老屋,到走不动的那一天。"

志愿者发现 91 岁老女兵

天空下着瓢泼大雨,走过一条泥泞小路,拖着沾满泥巴的鞋终于找到了程银宝的小屋。

这已经是关爱抗战老兵公益志愿者老姜第四次来到这个小屋,小屋位于天门横林镇卢埠老街。小屋不到 10 平方米,用红砖搭起来盖上石棉瓦,四角透风,没通水电。

低矮的屋门,只有低头才能进去,连一把伞都撑不开,漆黑的屋里摆着一张床,几床棉絮揉在床上,没有被套。屋里唯一的家具就是一个老式柜子,柜子上摆着一张素描画像。

"他怕照相,说照相就离死不远了。"程银宝说,老伴生前没有留一张照片,这张遗像是老伴走了以后请人画的,和老伴并不像。

一条黄狗躺在屋子中间,这条黄狗是被人赶出家,老人把它留了下来,

---

* 原载 2012 年 5 月 30 日《长江商报》。

是她唯一的伴。

平房对面,一个茅草屋,几块砖头搭起来的灶上放着一口锅,屋角堆着一些柴火。"老人平时就在这里做饭。"老姜说,老人的记忆力极好,故事几天也讲不完。这里,算得上是个老屋。从2007年变卖了家里的老房子后,她便住进了这里,一住就是5年。

她曾是"家里的宝贝"

听说大家要听她的故事,程银宝的话匣子马上就打开了。

"这就是我的名字。"老人指着手腕上的一处刺青,上面写着"艮宝"两个字,"那个'银'字没有刺完,被老师发现后不让刺了。"老人说,她还有个名字叫程凤美。

"'银宝'就是说我是家里的宝贝。"说起这个,一丝欣喜掠过脸颊。老人确实是家里的宝贝。她说,她的父亲程家宜是天门岳口镇人,是当地的名门望族。母亲家是皂市镇人,和父亲家族门当户对。母亲方氏家里有兄弟姐妹9人,排行老三。

民国时期,程家宜在监利县政府供职,方氏接连生了6个孩子都没能保住,直到1921年阴历四月初十,第七个孩子出生,这个女儿成了家里的宝贝,所以起了个"银宝"的名字。

6年后,程银宝同父异母的弟弟出生了。程家一子一女,后继有人。

然而,在程银宝10岁那年,父亲重病而亡。幸好家大业大,程银宝的生活并没有受到多大影响。

13岁进军校读书

家境不错,她又是"家里的宝贝",老人自小受到了良好的教育,家里给她请了专门的师傅。

"人之初,性本善……""昔时贤文,诲汝谆谆。集韵增广,多见多闻……"老人背起《三字经》和《增广贤文》,虽然已是91岁高龄,但她依旧能倒背如流。

"我小时候在家里读私塾,有专门的先生。"老人很健谈,走路稳当,头不昏眼不花,虽然人也清醒,可毕竟是过去了70多年的事情,她已经说不上来准确的年代,只能以自己的年龄来回忆。她13岁那年,当时政府选派了600余名名门望族之后上军校。程银宝入选后到了四川读军校。

在军校学国语、历史、音乐等课程。"有时候会在桥上吹箫。"小小年纪就出门在外,因为思念母亲,她常常一个人在学校附近吹箫来排解。

那时候程银宝年纪还小,在学校里还有攀比之风。程银宝几个舅舅都在部队,成为她炫耀的资本。16岁那年,伴着这份优越的炫耀资本,她毕业了。

骑着旅长的高头大马训操

程银宝从军校毕业后,直接到了第一二八师。当时的国民政府军第一二八师驻扎在豫鄂边区。师长是王劲哉,二旅长潘尚武。程银宝又认了二旅长做义父。

"凤美,你就出去喊操吧。"到了一二八师,潘尚武让程银宝训练新兵。可16岁的小女孩如何训练一群老兵呢?

压不住操,镇不住邪。可程银宝硬是没有哭鼻子,她骑着旅长的高头大马,"这匹马可威风了,一身皮毛发光,脖子上挂着一口大铃铛"。程银宝对这些老兵们说:"听见旅长的马铃声,就如旅长督军,你们谁敢不服。"在惩罚了几名不服的新兵后,程银宝的话算数了。

程银宝还记得当时教导士兵们"不要空拿饷,不要当土匪",除了树立军威,程银宝也很会搞好关系。"我当时有钱啊,买了不少烟专门送人。"程银宝说,那个牌子的烟叫"小大号",上面印着蒋介石的头像,她买了不少烟,给部队里的战士们发,和他们之间也渐渐没那么剑拔弩张了。

神枪手获19钻金表嘉奖

当然,能镇住新兵,更让新兵们佩服的,还是程银宝的枪法。

"那个时候用的是十连子。"程银宝说,当时她打55米开外的靶,一打一个准。由于枪法出神入化,第一二八师有一个小女神枪手的事传开了,但高层对此表示怀疑,上级部门让程银宝到郑州的军校表演。

程银宝带着一个通讯兵和两个同事赶到郑州的军校。"那是50米的靶,更容易了。"程银宝说,当时让她表演一下枪法。头几个人打了几次,都没有打中。她拿起自己的十连子,第一枪命中,第二枪又命中了,围观的人都十分惊讶。她又接连打出3发子弹,枪枪命中。

这一连串枪打得连部队领导也称赞不绝。部队领导命人奖给她一块19钻瑞士金表以示嘉奖。

被日本兵打伤腹部

老人说,当年驻守在鄂中江汉平原的第一二八师,是日军的眼中钉。

1940年,程银宝19岁。当年,日军派出2000骑兵,在40辆坦克和30架飞机的配合下,向第一二八师陶家坝阵地发起猛烈进攻,准备剿灭第一二八师王劲哉部。

"那一场战斗打了7天。"程银宝记得,在施家港打了3天3夜,在百子桥打了2天2夜时,第一二八师没有子弹了,还是新四军支援了弹药才能打下去,接着又在葫芦坝打了2天。

当时的她,在尖刺班,由于战斗十分激烈,她经常拿着旗子冲了出去,喊道:"不怕死的,跟着我的旗子冲。"

遇到战事胶着,士兵士气低下,她常常跟战士们做思想工作,"我们不在这里拼命,家里人还有宁日么?"

百子桥一战,第一二八师的弹药全部打完,就要挡不住日军的进攻,幸好新四军送来了弹药,这一场战斗也取得了胜利。就在程银宝返回师部的途中,她中了一名日本兵的冷枪,子弹打中了左腹部。

程银宝捂住左腹,冲上去给了放冷枪的日本士兵一枪,说了句:"我没有被你打死,你就要死在我的枪下。"那个日本兵,就倒在了她的枪下,当场毙命。

之后,程银宝被战友们用担架送往师部医院,她也成了战斗英雄。只是，这次受伤，也影响到了她的正常生活。因为这一枪，她再也不能生育。

"我不想当叛徒，回家当百姓"

第一二八师驻守鄂中江汉平原，和新四军也时有摩擦。

程银宝记得有一次，师部在汉川和新四军准备打仗。突然天空一片漆黑，双方一枪没打，等了一个小时后，双方各自散去。

1941年春，王劲哉自感与重庆关系紧张，又遭日军连续进攻，若再打新四军，恐腹背受敌，难以维持，遂提出谈判请求。新四军第五师师长李先念为争取王部，派代表与其谈判。双方达成了合作抗日、互不侵犯的协议。

1943年，日军为歼灭第一二八师，以其第十一军五万兵力，在60架飞机掩护下，发起了"江北歼灭战"。此前，日军已经收买了王部旅长古鼎新为内应。

"古瞎子把王师长的弟弟打死了，我就知道他叛变了。"程银宝说，古鼎新的外号叫"古瞎子"。她连忙骑马赶往汉川脉旺告诉义父潘尚武。

然而，当程银宝赶到脉旺时，日军扛着旗子出门迎接，她知道义父也不得已投降了。失望之极的程银宝脱下军装丢到湖里，她跟义父说："我不想当叛徒，我还是回家当我的老百姓吧。"

程银宝回到老家，母亲劝她不要再出去了，"我只有你这个孩子，你要尽忠孝"。她便安心当个普通老百姓了。

只要走得动就守在这里了

16岁那年，程银宝就结了婚，丈夫王月成是潘尚武旅中的卫士。潘尚武将王月成提为营长后，两人双双回到程银宝老家，此时家境还算殷实。

由于中了日本兵一枪，程银宝失去了生育能力，丈夫王月成和前妻有一子。程银宝在老宅开了个油榨房，可是1953年的一把大火，将半边老宅烧垮。上世纪80年代，儿子也离开了老家到外地教书。

2001年，86岁的老伴离她而去。旁边村民们逐渐建起楼房，程银宝的老屋地基较低，潮湿且污水横流，2007年她将老屋卖了2.5万元。而那块曾经珍藏的19钻瑞士金表,也在几年前卖了1.4万元。

"村里要给我每个月100多块的低保,我没好意思要。"说起往事,程银宝的眼泪不禁滑落,她不经意之间将泪水抹去。"就在最困难的时候,我也没有偷过粮食,没捡过别人家的柴,我饿一餐就饿一餐,但是我不能没有人格。"

老姜说,老人十分坚强,从来不在外人面前流泪。志愿者们问老人愿不愿意去养老院,老人说:"我只要还能走动一天,就要守在这里,到走不动的那天,我再去吧。"

一位幸存一二八师老兵的自述

冯银香

我叫冯银香,出生于1921年3月7日,现年95岁。

1938年我正值十八岁,这一年,抗日战争进入了最为艰难的时刻,国家与民族也到了快要灭亡的边缘。1938年武汉失守后,王劲哉师长率一二八师由河南转战崇阳、通山进入沔阳,在沔阳建立抗日根据地。

一二八师在沔阳安营扎寨,招兵买马,迅速地扩大根据地。东面:汉南,黄蓬山;北面:汉川、汉阳;南面:监利、潜江;西面:天门、宜昌。在这广阔的江汉平原上坚持抗战五年之久,有效地阻击了小日本的进攻。1938年冬,在一二八师的师训"九亲人民,十卫国家""宁死不当亡国奴"的感召下,我参加了一二八师,成为了国民革命军第一二八师的一名新战士。

我被编入新兵连七班,当时七班班长是苏子荣(河南人),战士有何治百(杨林尾镇友好人)、朱大林(杨林尾镇白字人)、朱宝成(杨林尾镇戴家桥人)、石关阳(杨林尾四丰院人)、朱显达(王市口接阳人)等,排长李自学(陕西人)、连长马玉建(河南人)、营长杨俊山。

我们排当时驻扎在小沙口,主要是协助地方安全,保卫一二八师司令部,每天早上四点起床,开始操练,项目有队形队列、投弹射击、刺杀、徒步追击、战斗队形变化等科目,上午战士到讲堂学习,王劲哉师长要求我们每个中国人、每一名抗日战士,必须做到"一重良心,二尚道德,三明大义,四尽职守,五爱团体,六信命令,七知待遇,八要效忠,九亲人民,十卫国家","宁死不当亡国奴"。下午拉练,从小沙口到大沙口,还游击到郑道湖、吴家台等地,主要任务是维护抗日根据地的安全。一二八师的这些训示,牢牢地铭记在我的脑海里,它影响、鼓舞了我们一代人同小日本血战到底,视死如归,取得了抗日战争的胜利。

1939年春,我们新兵已训练有大半年了,开始换防,我们在排长李自学的带领下,由小沙口换防到阳民一带。1939年春季,日本鬼子也开始了春季攻势,小日本妄想从东面的汉南进攻一二八师,日本的小分队已经驻扎在了平房一带,一二八师司令部得到情报后,命令排长李自学带领我们向平房一带游击,摸清敌情寻找战机,消灭小日本鬼子。我们排五月悄悄地进入了平房一带,在那里游击了半月。我清楚地记得,有一天,我们部队在平房江泗口一带巡逻,发现了小日本前来进犯一二八师的部队。突然尖兵跑来报告排长:"江泗口发现小日本,人员大约三百人。"排长李自学立即命令各班进入战斗,要求各班保持一定距离,组成包剿队形,把小日本吃掉,战斗开始,双方打得都很艰难,我们拼死拼命地把日本鬼子团团围住,一枪一个打,一步一步地向小日本的阵地推进。小日本的火力确实优于我军,战斗打得非常残酷。我记得小日本鬼子的一发小钢炮落在了我的附近,一声巨响,我被泥土埋住,等我从泥土里爬出来时,眼睁睁地看着我的战友肖明成(彭场人)被小日本的钢炮炸得面目全非,惨死在抗日的战场上,我顾不上这些,继续跟着部队向前推进。这场战斗一直从中午打到傍晚,小日本鬼子在我们抗日战士的顽强打击下,终于放弃了阵地,带着残兵败将向武汉方向溃退,这场战斗我们缴获了敌人的一批武器,打死鬼子一百几十人。这场战斗成功地阻止了小日本以武汉为后方,向南、向西进犯的步伐。每当回忆起这些往事,我就更加充满了对小日本的仇恨,对死难战友的哀思。

汉阳消泗九沟,我最难忘的地方

1939年冬季,我们排换防到汉阳消泗九沟,一二八师司令部命令我排在汉阳消泗九沟一带修筑工事,筹粮筹弹。国军一二八师修筑的工事、战壕是江汉平原的典范,也是整个抗日战场的典范,小日本鬼子遇到国军一二八师的工事那是寸步难行,举步维艰。

我们在排长李自学的带领下,在汉阳消泗九沟驻扎了半年之久,把老百姓的抗日热情发动起来，加紧构筑防御工事。1940年春暖花开，一二八师司令部得到情报，小日本鬼子见东面进攻一二八师腹地行不通，改从北面进攻，小鬼子想侵占汉阳，再进攻一二八师部队的腹地沔阳。一二八师指挥部摸清了小日本的意图后，命令我们驻扎在汉阳消泗九沟一带的抗日战士日夜挖战壕，征集民用物资，加紧构筑工事，同时一二八师司令部也派出由副师长李德新率领的一行人员到前线部队进行战斗动员，我们每个战士宣誓："宁可前进一步死，决不后退半步生""亲人民，卫国家，宁死不当亡国奴。"我们的战士和汉阳消泗九沟人民的抗日情绪高涨。

一天傍晚，天空阴云密布，夜黑风大，小日本仗着自己先进的武器，偷偷地向汉阳进犯，半夜时分，前方突然传来枪声，排长李自学迅速集结部队。此时，传令兵来报，前方尖兵已和小日本干上了。战士们顿时摩拳擦掌，带好武器弹药，迅速进入工事，天渐渐明亮，战斗也进行得非常激烈。四百多日本鬼子，由战车开路，小钢炮轰炸，一步一步地向汉阳消泗九沟一带逼近，阵地几次丢失，又几次夺回，中午过后，战斗越打越激烈，战士们成排成排地倒下，下午我的班长苏子荣牺牲了，日本鬼子还在继续向前推进。排长李自学在阻击日本鬼子的进攻中，身体多处中弹，战死在战壕里。阵地上，我方战斗人员越来越少，到处是死尸和流淌的鲜血。下午四点，汉阳消泗九沟的最后一道防线也被日本鬼子撕开了。就在这万分危急的时刻，连长马玉建带来增援部队，顿时战场形势急转直下，我们在连长马玉建的组织指挥下迅速夺回了阵地，把日本鬼子逼到死角，日本鬼子怕惨遭全军覆灭的下场，慌慌张张地收缩部队，丢下二百多具鬼子的尸体，乘坐战车向武汉逃跑。

这场战斗，稳固了一二八师的抗日地盘，打破了日本鬼子妄想从北面进攻一二八师腹地的梦想。

1961年冬，我实在割舍不下生活战斗了快一年的消泗九沟，也实在割舍不下和我一起在汉阳消泗九沟抗击小日本的战斗中死去的战友，他们是否在黄土下安息？也实在割舍不下汉阳消泗九沟的老百姓为支援前线、支援抗战所作出的牺牲。隆冬时节，我到了消泗九沟。消泗九沟的一位白大爷带着乡亲们接待了我，他们对我就像见到了失散多年的儿子一样热泪盈眶。白大爷说:"几百具抗日战士的尸体是我帮忙掩埋的,愿他们安息吧。"走出屋子,我来到了昔日的战场,久久伫立在那里,眼里只有泪水。

打死小日本的犹木野坂司令,一二八师名扬海内外

1942年,驻守在武汉的日本司令部,对活动在沔阳一带的一二八师恨之入骨,总想拔掉这颗抗日的钉子,直逼国民政府重庆,可是,在一二八师形式多样的工事面前,他们又无法前进半步,总被纪律严明、训练有素的一二八师抗日战士打得蒙头转向。

这一次,小日本鬼子派出了他们的精干部队,在野坂司令的带领下,从南面洪湖对一二八师的腹地开始了规模空前的进攻。我一二八师司令部得知情报后,立刻召开军事会议,研究如何打野坂、怎样消灭野板,命令七六五团在洪湖崔家拐角一带正面阻击敌人,其他各驻军原地待命,听候调遣。战斗打响后,敌我双方多次进行拉锯战,小日本仗着自己精良的武器,在野坂司令的督战下,气焰非常嚣张。战斗非常吃紧,我方伤亡人数很大,一二八师在师长王劲哉的带领下,迅速调整部署,同时命令我排在排长朱显达的带领下,从姚嘴出发,增援崔家拐角的战斗,我们排经过一夜的急行军,赶到了崔家拐角一带,一到阵地,迅速地投入战斗,炮火照红了天空,子弹在头顶上呼啸,小日本野坂司令的部队自认为有小钢炮、有战车,硬是拼死拼命地向我一二八师腹地突进。下午增援部队陆续赶到,野坂司令和小鬼子都陷入了一二八师所做工事的泥潭中,进也进不了,退也退不出。一二八师指挥部抓住有利战机,迅速下达了合剿小日本野坂司令的战斗。什么叫血流成河,什么叫尸积如山,崔家拐角一战再现了这一惨烈的战争场景。这场战斗,打死了小日本鬼子的野坂司令,取得了自一二八师进驻沔阳以来一次决定性的胜利,极大地鼓舞了中国人民抗击小日本鬼子的决心,受到了国民党中央的嘉奖。

我还参加了汉川港口战斗、侏儒山保卫战、彭场通顺河伏击日本小火轮等战斗,大小战斗几十次。

一连歼灭四名日寇的高在新

胡慧娟

在全面抗战胜利70周年的日子,7月8日下午,以赵福汉为首的"寻找荆楚抗战老兵"志愿者,前往杨林尾镇四丰村寻访一位名叫高在新的抗日战士,仙桃电视台许、杨二位记者跟踪采访,我与他们随行,有幸寻访到一位老兵。下面带您走近那段烽火岁月,感受抗日英雄的事迹。

从镇上出发,坐轮渡至保合渡口,一路交通不畅,有的路段还很泥泞,驱车半个钟头才到达天合垸四丰村五组高老爹家中。

我们来到高老爹家,说明来意,高老爹热情地接待了我们。这位九十多岁的老人,气色不错,精神矍铄。我们坐定后,自然聊起了老人当年参加抗战的历史,只见他的喉结在上下游移,眼角也有些湿润,直向我们摆手,那不堪回首的一幕幕场景如骨鲠在喉!

是啊,日本侵略者肆虐荆楚大地的日子,日月无光,血雨腥风。万恶的日本强盗,夺去了多少同胞的生命,摧毁了多少美丽的家园!

在儿孙们的宽慰下,高老爹一字一句地讲述,为我们重现了我抗战军民奋起抵抗日寇的烽火岁月……

高老爹出生于1924年7月8日。1939年8月,年仅15岁的他被抽壮丁,编入国民党第一二八师独立五团二营六连一排三班,当了一名普通士兵。

很快,话题转到高老爹当年的战斗经历。老人两眼放光,显得是那么自豪。"我参加了两次战役",他的双手比划着,"有一次是部队在杨林尾镇官垱村附近遭到日军伏击,所幸流弹从我小腿边缘擦过,留下了一块伤疤。"说着,老人捋起裤管,那伤疤依然清晰——七十多年的岁月,未能磨平战争的创伤!

"另一次是在施家湾附近,部队与日寇打了一场遭遇战。"高老爹说,他的连队奉命绕到敌后,发现了日军!高在新自告奋勇向排长要枪射杀日军,射程有两三百米远,排长不相信他:"射程太远,万一打不中,被日军发现就完了。"

"班长,你只要给我枪,我保证干掉他!"在高在新一再恳求下,班长给了他一杆79式步枪和5发子弹。高在新迅速将愤怒的子弹压进枪膛,将准星的"十字"对准了一名指挥官模样的日寇的胸膛,"嘣",一颗子弹结果了他的性命!紧接着第二声枪响,另一名日寇又被击毙!见此情形,另外两名日寇惊惶逃窜!两声枪响,他们也随之倒地!据后来查证,最早射杀的果真就是指挥官!这时高在新劝说排长赶紧撤退,于是连队迅速撤离战场。

高老爹略带颤抖的激情叙述,让在场人员无不动容!

作者胡慧娟系仙桃市杨林尾镇党委办公室公务员

忆抗战中的外公赵彭年

张毓琴

今年是世界反法西斯战争暨中国人民抗日战争胜利七十周年,在祖国繁荣富强,举国上下纪念缅怀抗战英雄的特殊时刻,我不禁思绪万千,想起了我的外公赵彭年。

我的外公是沔阳县彭场镇人,1920年10月出生于当地赵氏家族。彭场镇商业繁荣,外公之母段氏一族经营绸缎铺,其父赵氏一族拥有两个商号,分别是赵复茂和赵复生,其中赵复生开设药行并有郎中坐诊,赵复茂经营粮行,并设有沿街商铺和加工厂,配置水陆码头,高宅大院,风光一时!外公是赵家独子,其母段运姑是大家闺秀,端庄秀丽,通达事理,居内室打理家务。父亲兄弟两个,伯父赵观榜经商,父赵欢凯以教私塾为继。富裕的家庭条件,让外公从小就能够学文习武。据外公讲,当时家里专门请来一位山东籍拳师赵春普传授武艺,此人武艺精湛,飞檐走壁,轻功了得。民国年间,他因在武汉中山公园打擂,几个回合轻松击败对手,而声名大噪。

在外公十岁左右,他的伯父赵观榜不幸染病去世,伯母刘寿姑生育一女,中途夭折,膝下无子,为了能让家中老人安心,我的外公遂过继给了伯母。此举是那时流行的做法,可以慰藉老人,是孝亲之举。从此,外公改口称伯母为娘,称亲生母亲为"姨娘",这一叫就是一生。当时我听到这些,因年少无知,并不知道这声"娘"的份量,现在才渐渐体会到这一声"娘"的亲爱之意,让我流下热泪。

话说外公十五六岁时已能文能武,一表人才。改口后的娘为他选定了一门亲事,对方是当时沔阳县铁匠湾村一家境平实的农户李开辉和文又喜之长女李再姑，端庄得体，仁厚贤惠。可天有不测风云，在外公十八岁正待择吉日完婚之际，灾难突临。那天，保长带着两名士兵突然闯进赵家，从暗楼上将外公搜出，就地五花大绑，两把刺刀抵住外公身体，不由分说，强行拖走，当时的惨况可想而知。赵家叫天不应，叫地不灵！我要控诉那万恶的人吃人的社会，老弱遭此厄运，孤苦无助！后据外公讲，那时适逢一二八师征兵抓丁，可为什么会抓独子呢？后来才知是保长受贿，用我外公顶替了别人去当兵。当时民国政府征兵的政策是三抽一，五抽二，长子独子不抽，更何况我的外公从小过继给伯母，算是两家共一个独子，从哪一点来讲都不够条件抽丁，更难容忍的是被士兵闯入家门捆绑押走！从那天起，可怜的外曾祖父母上告无门，到处求人，赵家被逼到绝境！外曾祖母天天叫着外公的名字，茶饭不思，两手无助地在地上抓挠，鲜血直流，整天痛哭，双目几近失明！外曾祖父也几乎崩溃发疯！彼时，此种痛楚与折磨不是我辈所能知晓的。后来，外曾祖母只身踏上寻找儿子的艰难之路。一双小脚，拄着拐棍儿，带上碗筷和几件换洗的衣服，沿街乞讨，风餐露宿，从彭场出发，一路打听，沿着行军路线，千辛万苦地到达监利时已是衣衫褴褛，眼泪哭干，却仍然没有获得外公的消息，外曾祖母此时饥饿疲劳，万念俱灰，失声痛哭起来，加之在此地无亲无故，最后只得原路返回彭场家中。哪知，待她回家一看，房屋早被战火烧得一干二净，徒留一片焦土，见此情景，老人绝望痛哭……外曾祖母常对我说："去时哭儿子，回时哭房子。"此情此景，实在惨不忍睹！这就是战争让老百姓生命财产朝不保夕的真实写照。以上是当时我外公家在日本人占领沔阳时所遭受的厄运与打击。

话说两头，我外公被抓到一二八师编入了新兵队伍，集中起来接受长官训话，学习列队、操练、文化等。每当下操后，想起遭人迫害被抓入伍的冤屈，加上思念亲人，外公就忍不住偷偷哭泣。有一次列队，正好碰上王劲哉师长亲自巡视，他一一询问壮丁出处，家里人口情况等。当问到我的外公时，外公情难自禁，哭了出来，并将自己如何抽丁入伍的实情告知王师长。师长听后，立即宽慰外公，思虑片刻，便将他带回司令部，特准留在身边，成了他的贴身勤务兵。此后外公一直跟随王师长在江汉平原上抗击日寇。这一干就是四年,在此期间,由于职务的特殊性,外公未给父母亲人写过一封家书,与家人音讯阻隔,令父母亲人苦苦思念,每忆及此,我都热泪盈眶。外公为了抗日,舍了小家至亲,这种为民族解放事业无私奉献的精神,无时不激励着我的人生!

我从一出生就被母亲抱到了娘家,从小到大,经常听外公提起那段从军的经历。外公是王师长的勤务兵,跟着王师长东奔西走抗击日军。他不仅照料王师长的日常生活,还严格监管着王师长的一日三餐,严防有人投毒,以保护王师长及家人的饮食安全。他一人值守伙房,夜晚就在地上铺几捆稻草和衣而卧。由于长期打地铺,湿寒入骨,落下了病根,这是后话了。外公的忠诚赢得了王师长的高度信任,放心地把家眷交给外公照顾保护。外公常对我说,王师长和夫人都待他极好,把他当成自己的孩子一般,有一次,他因为在伙房长期打地铺,感染寒症发热生病,昏睡中迷迷糊糊喊着娘亲,是师长夫人亲自在身边安抚,喂汤喂药,师长军务繁忙中亦过来探望多次,并嘱咐夫人多加照料等等。每当谈起这些往事,外公都无比激动,内心充满感恩之情。

说起在王师长身边的点滴,外公总有道不尽的感念。他说,王师长事无巨细,事必躬亲,所以他总是抢在天未亮师长起床前,为他准备好洗漱用品,王师长是个最为心细之人,他出门前,总不忘回头交代我外公再小憩一会,要养足精神,这种对普通士兵关心爱护的事例在四年中不胜枚举。外公跟在王师长身边,亲证了他与军民同甘苦共患难的艰辛四年,师长不讲究吃穿住,生活非常节俭,军装总是在正式场合才使用,平时就穿一些粗棉布制成的衣衫,与官兵百姓无异。吃饭就更加简单,多数就是馒头、面和辣咸菜,面吃完后,碗中剩下的油汁盐汤,还要用馒头蘸干净吃掉才算,他告诉外公,粮食来之不易,尤其是在战争年代,不要小看这一点点粮食,积攒起来也是可以救命的,要格外珍惜才是!师长的教诲影响了外公的一生,他老人家劳动了一辈子,不知辛苦疲倦,吃穿住行都是极其简单,他把王师长的"我是良心人,良心人是我""吃饭不做事的人,是国家的罪人"等鞭策时常挂在嘴边,令我耳濡目染,深受其益。

在这些回忆中，最让外公念叨的是1943年，古旅长等人勾结日本人叛变，重兵围攻一二八师，因叛徒将一二八师整个军事布防向日军泄密，敌人首先摧毁了一二八师的指挥系统，致其首尾难顾，失去控制，各自为战，渐被击溃。在司令部遭到围剿，战况最危急时刻，王师长不顾个人安危（身边卫士不断牺牲）对我外公说："你赶紧换下军服离开，你的父母还在家里等着你！"在这生死关头如父母般的关爱，让外公深深铭记于心，直到他老人家去世，整整感念了一生……我因那时年纪尚小，无法体会理解老人的这种情怀，现在想来，心中却是无法言状的缅怀与感恩之情！

王劲哉是杨虎城第十七路军第三十八军第四十九旅少将旅长，"西安事变"后力主杀蒋而埋下祸根，处处受制于人，有被分化瓦解吞并之危。王师长机智勇敢，胆识过人，声东击西，突然脱离战区，直插湖北沔阳境内，进入湖泊沼泽地区，积极开辟抗日根据地。他爱民如子，纳粮增兵，除土匪杀恶霸，维护地方安全，还经常出其不意突袭日军，开展了遍布江汉平原的游击战。其主力部队大力狙杀日军，宣传抗日救国思想，用十条训令（一重良心、二尚道德、三明大义、四尽职守、五爱团体、六信命令、七知待遇、八要效忠、九亲人民、十卫国家）、"宁死不当亡国奴"、"穷死不当汉奸，饿死不当伪军"等等气壮河山之标语训令，广泛发起群众抗日救国。在无外军援助，物资严重匮乏，武器装备低劣，弹药不足，四面环敌的危境中，王师长率领一二八师军民在江汉平原坚持抗日达五年之久。

就是这样一位爱国抗日将领，治军有方，军纪严明，视军民如子的最高指挥官，为何不顾道义情理，在得知我外公被迫害抓丁的情况后，居然不严惩肇事人，送外公回家，反而把外公留在身边？后来，我终于明白了王师长的良苦用心。在那个战火纷飞的年代，各种意外频发，人命贱如蝼蚁，王师长索性将外公留在身边，一则是外公忠厚本分，文武兼备；再则是王师长身边确实需要忠厚可靠之人。王师长惜才，将他留在身边，四年来从未让他上过前线。此举实是保护外公，不忍外公在战乱中沉浮度日，朝不保夕。就这样，外公跟随王师长转战沙场，至1943年一二八师全线溃败之际，王师长还能考虑到外公的安危，让他乔装离开，不想这一别，竟是天各一方，今生不复相见。外公历尽艰险逃回家乡后终于与双亲团聚,与苦等他四年之久的外婆成婚,上养老下育小,一生勤勉,将儿女养大成人,终因积劳成疾,于1991年病故。算起来,外公离开我已数十年了,但他老人家的音容笑貌依然清晰地印在我的脑海中。我为有这样一位为了民族解放事业,舍了父母,别了妻子,成为一名抗日战士,贡献了美好青春的至亲,而感到无比自豪和骄傲!他老人家这种爱国精神,将永远激励着我勿忘国耻,爱国爱家,清醒认识到我们今天安定环境的来之不易,更加珍视今天的幸福生活,并有责任坚决维护国家的安定团结,让我们的祖国更加繁荣富强。

谨将此文献给铁血抗日名将王劲哉师长!献给我亲爱的外公!献给所有为保卫祖国而英勇抗敌的英雄们!愿生者争气,死者安息!

一二八师老兵王振中的抗战经历

王明权

王振中,1927年生于沔阳县峰口镇(现隶属洪湖市)一个贫苦家庭,二岁丧父,进私塾两年后因家贫辍学,十一岁帮工学徒。1940年,在新堤隆昌药店做学徒期间,他听说洪湖湖区有新四军抗日军政大学,就与同在新堤当学徒的肖洪才、王志恒等七个小伙伴在冬天离店出走,期望进入红色革命根据地读书深造,不料当行至洪湖螺山镇时,遇到国军一二八师与日伪军激战,七个小伙伴随即被战事冲散。王和肖洪才、王志恒则被一二八师收留,并向他们宣传一二八师也是抗日军队,其抗日军事学校——陆军一二八师军事训练大队正在招收学员,遂被送往当时陆军一二八师师部所在地戴家场百子桥,受到师长王劲哉接见,且给每个小伙伴发放法币五元以示投奔一二八师的奖励。是日便送到军事训练大队所在地侯家湾,编入军事训练大队三中队(即学生队,也称急基队,中队长是张育颖,陕西人)。师长王劲哉为体现重视学员教育和兵源素质,亲自担任军事训练大队长,参谋长李德新任副大队长。学生队的培训方式是:以学习为主,打仗为辅。由于王振中训练刻苦,学习努力,成绩优秀,不到半年便被任命为三班班长。

1941年夏天,王振中所在中队三个班和一个迫击炮连(连长周晓光)约一个营的兵力,由一二八师七六三团团长李钰亭率领,夜袭洪湖汉河口的日军小队,激战约一个晚上,炸毁鬼子碉堡一座,击毙日军十余人,俘虏日军一人并押回师部。王振中当时虽仅志学少年,但参战勇敢,奔跑灵活,后来执行任务首长都喜欢带上这个小战士。

除这次夜袭汉河口外,王在一二八师还参加了两场重要战斗。一是一九四二年初的监利分盐保卫战。当时日伪军为了打通进攻一二八师师部的通道,从空中和陆路进攻分盐一二八师驻军,企图速战速决,夺取分盐这个咽喉要地。一二八师官兵在团长贺洪范的指挥下,坚守阵地,不断加固土堡,日军虽然凭借空中优势,用几架飞机对国军阵地狂轰滥炸,派兵多次冲锋,但由于土堡坚固,官兵作战勇敢,激战三天四夜,日军始终未能得逞。王后来回忆说:"那时敌机炸弹就在土堡上面轰炸,土堡内满是硝烟,有时吃饭时都看不见旁边的战友,阵地首长也十分爱惜我们几个小兵,只要求我们在土堡和壕沟等工事内活动,主要帮忙运送弹药和背运伤员,不允许出壕沟作战。"另一场战斗大约发生在一二八师住天门三八四旅旅长古鼎新公开叛变前后,由贺洪范率领一个团的兵力前往东荆河一带阻击向监利、洪湖侵犯的日军。王跟随部队在陶家坝构筑工事,深挖壕沟,并在壕沟内填充大量淤泥,以迷惑麻痹敌军。在这次战役中,官兵个个不怕牺牲,浴血奋战,日军地面部队虽有飞机坦克的配合,并没有取得什么进展,且大量坦克在通过壕沟时被淤泥深陷而变成一堆堆废铁。日军无奈派士兵匍匐前进,用肉体堵国军土堡的枪眼炮眼,但也没能越过一二八师的阵地工事。战斗异常激烈,持续了近一个星期,我方击毙日军200多人,但终因敌人通过叛降旅长古鼎新掌握了一二八师的全面兵力部署和防御工事,迂回包抄了一二八师在百子桥和侯家湾的总部机关,致使陶家坝、崔家拐等地的一二八师守军失去了后援补给,与师部也失去了通讯联络。在弹尽粮绝的情况下,贺洪范团长不得不命令官兵向监北撤退,中途遭遇日军截击。剩余部队撤退至监利新沟嘴时,一二八师内部有人企图接受日军招安归顺,搞所谓"和平起义",建立"和平救国军",并将一二八师军事训练大队的"学生兵"裹挟,收缴枪支武器,让每个学生兵背上一发炮弹,以防逃跑。王振中和战友胡经益(后来参加重庆号巡洋舰起义成为中国人民海军战士,并受到朱德总司令接见)看到转眼之间国军将要蜕变成日伪军,义愤填膺,发誓不当汉奸亡国奴,中途伺机跑到一家商店柜台里,卸掉炮弹和军服,回到家乡。

回到峰口才知家乡早已沦陷,被日军占领,母亲和弟弟也不知去向,不及弱冠之年的王振中不得不又开始在外漂泊辗转,于1944年在湖南清吉峰找到国军,该部队后被编入国军一二二军二一七师六五〇团,并于1949年9月在重庆随部起义,加入中国人民解放军第二野战军第十一军军官训练团第六大队五中队。王振中1950年5月因母亲病危回家,后在当地参加工作,现退休在家颐养天年。

幼年家庭的贫苦磨练和青少年在国军一二八师接受的爱国抗日教育,使得王老先生这一生都能秉持同情穷人、乐于助人的朴素感情,坚持爱国大于天的家国情怀。在国民党部队当兵执勤期间,他遇到家乡因饥荒到监利用渔船换大米的农民兄弟被当地劣绅讹诈,加之部队浮桥禁行而不能返回家乡,便请求战友帮助,令劣绅归还被扣押的大米,又冒险砍断部队临时浮桥,让被阻拦的运粮渔船返乡救灾。在平时工作生活中,王老先生也喜欢仗义执言,打抱不平。1948年,他在国军一二二军二一七师六五〇团当军需副官时,就时常接济穷人,并在迎接全国解放关键时刻主动冒险做团长饶汉启的工作,保护团里的地下共产党员,主动联系刘邓大军,促成该团和平起义加入解放军。

作者王明权,现为荆州市国税局工作人员。

王劲哉师长教育军事训练大队学员的几件事

王启红

　　1939年，日本侵略者占领沔阳，鬼子所到之处烧杀奸淫，无恶不作。1940年，王小花从彭场步行一天到达一二八师驻扎的峰口，自愿要求参加一二八师打日本鬼子。因年龄尚小，他先进入一二八师军事训练大队学生队学习，编入急基二中队，他在军事训练大队学习时的名字叫王肇华。军事训练大队设在戴家场的侯家湾。他回忆在学校学习的课程有：内务规则、步兵操练、野外勤务、陆军礼节、防毒常识、防空常识，还学习文化课如语文、算术、英语，他的学习成绩很优秀。一二八师军事训练大队是王劲哉师长培养军事后辈人才的摇篮，他做了长期抗日的准备，每个星期都要到学校讲话，通报军情，鼓励学生刻苦学习，毕业后带兵打日本鬼子。以下是王小花回忆师长的几件事。

注重精神奖励，亲自考察学员

　　入校第二年九月，中队长刘仰武在王小花获得第一名报送师部的成绩单上批写：品行端正，学术优良，可钦可嘉，须再努力，报请校长。王师长回复：学生不能用经济奖励，可印200个落款"陆军一二八师军事训练大队急基二中队"的信封以作鼓励。

　　一个星期后的星期六下午，王师长找王小花谈话，对话如下：

　　王师长：想家不？

　　王老：团体就是家。

王师长：孝不孝敬父母？

王老：忠孝不能两全，要国而忘家，公而忘私，舍小就大。

王师长突然说道：卧下！

王老马上卧下。

王师长：起立！

王师长将他搀起时说：好学生，你要以学校为基础，做好师的栋梁，要学习好，休息好，去上课吧。

重视维护学员的人伦亲情

因堂兄王功彪当兵时开小差，特务三连将王小花父亲王中达带到连部关押20多天，要求交丁换人。王小花看到家里来信后才知道这件事，随后实情告知中队长刘仰武，刘仰武当即批假要他亲自去找王师长。王小花进办公室时，王师长正忙着打电话，师长叫他先坐下、喝茶。等师长打完电话后，王小花报告师长实情。王师长了解情况后，告诉他：安心学习，晚上就把你父亲送至学校，你陪他玩两天。当晚，王小花父亲被送到学校，他连夜送走了父亲。

爱国教育与战术事例教学

王劲哉师长对学员进行爱国教育，讲日本鬼子在中国如何为非作歹，奸掠烧杀，搞细菌战，无所不为等，随后讲到一二八师在陶家坝战役中用"麻雀战"取得胜利，还讲到他本人在峰口的战斗中飞机投弹时立即卧下，躲过轰炸，保护自己的事例。

关于古鼎新叛变

1942年10月，王师长安排人送信给古鼎新身边的潘尚武团长，要求他除掉古鼎新，没想到这封密信在途中被古鼎新安排在天门仙北渡口茶亭的暗哨截获，并将古字改为潘字，潘当时看到信后，求情于古，古要求潘与他一条心，一起对付王师长。此事是王师长给学员讲课时说出来的，言下之意要求学员做事要细致、慎重。